国家社会科学基金特别委托项目（批准号：12@ZH019）

闽台缘丛书编委会

总 主 编： 袁荣祥
副总主编： 冯潮华　林　辉　杨健民
编　　委：（按姓氏笔画为序）
　　　　　　冯潮华　刘小新　刘兴宏　许维勤
　　　　　　陈　飞　陈支平　杨健民　林国平
　　　　　　林　辉　周雪香　郑衡泌　徐晓望

闽台缘丛书

总主编 袁荣祥

闽台缘丛书

总主编 袁荣祥

文化同根

闽台文缘

Cultural Relationship between
Fujian and Taiwan

刘小新 主编

社会科学文献出版社
SOCIAL SCIENCES ACADEMIC PRESS (CHINA)

总　序

袁荣祥

在纷繁复杂的人与自然、人与人的关系中，总是蕴藏着某种或某些特殊的关系。这种关系像一条红线，把看似毫无联系的人、事物乃至世界联系在一起；又像一座桥梁，把看似无法跨越的鸿沟变成通途，这就是所谓"缘"或"缘分"。"缘"不但在人际关系中广泛存在，而且在地区与地区之间也普遍存在，形成错综复杂的各种各样的关系。

20世纪80年代以来，学术界根据海峡两岸自古就有的特殊关系，不断研究、总结两岸同胞之"缘"，并对"缘"的内涵和外延做了卓有成效的丰富和拓展，其研究成果逐渐被大家所接受。闽台关系，即闽台之间地缘相近、血缘相亲、文缘相承、商缘相连等，这是福建省立足闽台历史关系对自身区域定位和发展的理性思考。闽台关系中，地缘相近是指福建与台湾一水之隔，具有天然的地理联系，台湾的自然史与文明史，与祖国大陆紧紧地联系在一起；血缘相亲是指闽台人民本是同根所生，血脉相连，台湾现有居民中约80%的祖籍是福建，闽台一家亲；文缘相承是指闽台文化一脉相承，具有历史同一性和不可分割性，是中华文化的宝贵财富；商缘相连是指自古以来闽台经济关系密切，互补互利，合则双利，通则双赢。

我们认为，无论从历史角度、现实联系，还是从相邻的区位、同缘的文化来看，闽台关系是闽台区域文化的具体表征，也是维系和发展两岸民众文化认同的重要历史基础；它们深刻地影响着闽台区域历史乃至中国历史的发展，对当今两岸关系的和平发展起着不可替代的积极作用。一方面，"闽台缘"为建构两岸人民共同的精神家园提供了重要的历史支撑和文化基础；另一方面，"闽台缘"所蕴含的凝聚力、协同力、创新力，在当代文化实践进程中将升华为一种影响深远的文化软实力，为两岸关系和平发展夯实文化基础。近年来，学术界对闽台关系进行了广泛而深入的研究，取得了一大批研究成果，为两岸关系和平发展提供了许多有益的理论思考和实践借鉴。但这些研究还缺乏系统性和完整性。有鉴于此，我们组织一批学者编撰"闽台缘"研究丛书，由《海峡两岸——闽台地缘》《血浓于水——闽台血缘》《文化同根——闽台文缘》《商海泛舟——闽台商缘》4本专著组成，力图在前人研究的基础上更系统更深入地探讨闽台关系的历史形成及其当代发展，努力拓展闽台区域文化研究的认识论空间。

《海峡两岸——闽台地缘》以认知和认同为主线，结合丰富的闽台地方历史文献和扎实的实地考察，将闽台地缘的地理意义变迁，放置在长时段的历史区间内，观察其地理区位和空间意义的演变和闽台间长期一贯的紧密关联。通过梳理台湾地域垦拓经历和景观变迁来探讨闽台地域认同的形成。

《血浓于水——闽台血缘》采用文献考证和田野调查相结合的方法，探究古代闽越族与台湾原住民的历史渊源、宋元以来闽台之间的人口迁移与人口流动，回顾与梳理分居海峡两岸的闽台族人在编修族谱、修造祠堂、祭祀祖先、沿用辈序及相互继嗣、相互扶助等方面的密切联系，阐释闽台族群结构与渊源关系。

《文化同根——闽台文缘》运用当代文化理论和闽台区域文化研究的成果，具体阐述闽台教育体系、文学艺术、宗教哲学、语言风俗、民间信仰以及史学等方面的亲缘关系，深入探讨闽台文化的传承、互动和文化认同的复杂关系。闽台两地风俗相通、习性相同，民间信仰相通，儒学教化一体，这些塑造了闽台常民相同或相近的"感觉结构"。

《商海泛舟——闽台商缘》运用经济学和历史学的研究方法，研究考察从新石器时代到近现代闽台之间的商贸史，阐释闽台商缘相连关系。闽台商人一直都是一个共同体。商缘像一条红线将闽台民众拉近，成为闽台经济合作的重要动力。

需要指出的是，"闽台缘"丛书是十几位学有专攻的学者经过两年多的努力完成的。在编撰过程中，我们就丛书的选题范围、写作体例、取材手段、论证方式等问题，多次召开专家学者和对台实际工作者参加的论证会，认真吸收各方面的宝贵意见，力求做到以下几个方面：一、系统性。以集体攻关的形式对闽台关系展开系统性的研究，在广泛占有历史文献资料和充分借鉴以往研究成果的基础上，力求对闽台关系做出全面系统且具有说服力和权威性的诠释。二、创新性。坚持实事求是的原则，在认真分析研究的基础上，提出新观点、新见解，对于一些老问题，努力做到不人云亦云，客观准确地提出自己的观点和看法；对于一些有分歧的问题，既不回避，也不厚此薄彼，而是通过摆事实、讲道理，鲜明地表述自己的观点。三、学理性。从理论高度来探讨闽台关系，初步建构闽台关系研究的理论框架，使之具有较高的学术价值。四、资料性。坚持以事实说话，藉史料立论。丛书作者不但在大陆广泛收集资料，而且到宝岛台湾访学、收集资料。有的学者为撰写本书专门赴台湾访学调研一年，搜集了不少第一手资料，为丛书编撰奠定了坚实的基础。五、现实性。把"以史为鉴、服务现实"作为编撰本丛书的目的之一。丛书作者尊重历史，立足现实，面向未来，在字里行间透露出强烈的历史责任感和社会责任感。

当前，两岸关系处于和平发展的新阶段。党的十八大明确提出，要全面贯彻两岸关系和平发展重要思想，巩固和深化两岸关系和平发展的政治、经济、文化、社会基础，为和平统一创造更充分的条件。该丛书的出版，对巩固和深化两岸关系和平发展具有现实意义。阅读本丛书，有助于增进维护一个中国的共同认知，使强烈的统一意识成为深植在每一个中国人内心深处的价值标准与政治理念，增强两岸关系和平发展的政治基础；有助于人们从闽台热络的商贸史中吸取经验，获得启示，促进两岸经贸合作，厚植互利双赢的共同利益，夯实两岸关系和平发展的经济基础；有助于两岸同胞增强一脉相承的民族认同，共同弘扬中华文化优秀传统，筑牢两岸关系和平发展的文化基础；也有助于让人们认识到两岸同胞同属中华民族，是血脉相连的命运共同体，进一步密切双方往来，融洽亲如一家的同胞感情，强化两岸关系和平发展的社会基础。呈现在各位面前的"闽台缘"丛书，是否实现编写的初衷，达到要求和目标，还需要读者的评判。

闽台关系相当复杂，内涵非常丰富，可以研究的课题还有很多，待拓展的理论空间还很宽阔。本丛书的出版既是前一阶段闽台关系研究的总结，更是闽台关系研究的新起点。希望学界能以此为基础，更加深入开展闽台关系的研究，为推进两岸和平发展，实现中华民族的伟大复兴做出更大的贡献。

在丛书的编撰过程中，我们得到中宣部领导及国台办、省台办等相关部门的关心和指导，得到两岸专家学者的诸多指点和鼓励，得到社会科学文献出版社的大力支持，还得到国家社科基金特别委托项目的资助。在丛书付梓之际，一并表达对他们深深的敬意和衷心的感谢！

前　言

时至今日，两岸文化合作进入了崭新的历史时期，面临难得的历史机遇。两岸间的政治、经济、文化日益升温，民间交流呈现勃勃生机。在新形势下进一步推动两岸文化交流合作与发展，是人文社会科学研究领域的重要课题。十八大报告已经对两岸文化合作与发展提出了新要求："全面贯彻两岸关系和平发展重要思想，巩固和深化两岸关系和平发展的文化基础。""深化经济合作，厚植共同利益。扩大文化交流，增强民族认同。密切人民往来，融洽同胞感情。"新形势下的两岸交流亟须研究如何拓展文化合作与发展空间。福建是两岸文化交流的前沿平台和重要基地。闽台之间有着深厚的历史渊源，地缘近、血缘亲、文缘深、商缘广。近年来，闽台之间的经贸合作和文化交流日益深化，闽台文化交流与合作面临着新阶段、新机遇和新挑战。新形势下，我们必须深入研究闽台文化交流与合作的历史基础，系统总结闽台文化交流与合作的历史经验，在此基础上，探讨进一步拓展两岸文化合作与发展空间的路径与对策。

闽台文缘是闽台文化关系中至关重要的一缘，也是两岸文化关系的重要组成部分。本书写作的目的在于从区域文化视角探讨两岸文化亲缘关系，夯实两岸和平发展的文化基础。本书聚焦于闽台两地文化的历史传承与发展的内在关联，阐释闽台区域文化的形成与演变，描述闽台区域文化的具体表征，阐述闽台区域文化认同的历史基础，在此基础上探讨如何进一步拓展闽台文化交流与合作的空间和新的可能性。

闽台文缘研究是一个内容丰富、涉及面广的课题，广泛涉及闽台教育体系、文学艺术、宗教哲学、语言风俗、民间信仰及史学等方面的亲缘关系。本书包括以下十章："闽台教育之融合""闽台儒学源流""闽台文学情缘""闽台方志与史学""闽台佛教渊源""闽台民间信仰""闽台音乐戏剧渊源""闽台传统美术之传承""闽台风俗习尚""闽台方言关系"。本书主要采用历史文献分析和文化研究相结合的方法，较为全面地梳理和描述闽台文化的亲缘关系，探讨闽台区域文化的诸种表征形态，以文化传承与认同建构为中心探讨闽台区域文化的形成与演变，力图在前人研究的基础上有所发展和创新。

闽台文缘是闽台区域文化研究的核心问题之一。近十年来，在两岸关系迈入大交流大发展的时代语境下，区域历史学和区域文化研究界对闽台文缘问题兴趣日趋浓厚，也产生了一系列的研究成果。刘登翰、林国平和杨华基组织专家编写了"闽台文化关系研究丛书"，包括《中华文化与闽台社会：闽台文化关系论纲》（刘登翰）、《闽台先民文化探源》（卢美松、陈龙）、《闽台客家社会与文化》（谢重光）、《闽台方言的源流与嬗变》（马重奇）、《闽台教育的交融与发展》（黄新宪）、《闽台民间习俗》（方宝璋）、《闽台民间信仰源流》（林国平）、《闽台文学的文化亲缘》（朱双一）、《闽台民间戏曲的传承与变迁》（陈耕）、《闽台民居建筑的渊源与形态》（戴志坚）、《闽台闽南语民歌研究》（蓝雪霏）、《闽台佛教亲缘》（何绵山）、《闽台民间美术》（李豫闽）等，从各个方面分析探讨闽台文化的关系，探讨了台湾文化和大陆文化的根的关系。汪毅夫的《台湾近代诗人在福建》和《闽台缘与闽南风》、慧严法师的《台湾与闽日佛教交流史》、黄兰翔的《清代台湾传统佛教伽蓝建筑在日治时期的延续》、阚正宗的《台湾佛教一百年》、梁华璜的《日据时代台闽关系史》、刘登翰的《文化亲缘与两岸关系：以闽台为中心的考察》、陈名实的《闽台儒学源流》和王碧秀的《五缘文化与两岸关系》等也是闽台文缘方面的重要成果。这一批研究成果打开了闽台区域文化研究的学术空间，奠定了闽台文缘研究的基础。现今，需要进一步研究的问题包括三个方面：第一，闽台文缘研究的当代性问题，即闽台文化的历史渊源和当代问题如何结合的问题；第二，学术领域的闽台文缘研究如何大众化？如何普及化？这两个问题关涉到人文学术的社会影响力，关涉到闽台文缘研究如何更有效地为当前和今后两岸文化交流服务这一历史性命题；第三，闽台文缘问题镶嵌在东亚乃至全球化的政治、经济和文化进程和网络之中，具有历史的复杂性和文化的交错性。如同台湾学者黄美娥教授所指出，闽台文缘研究空间的进一步拓展需要建立"新认识论"。

闽台文缘研究不只是一个纯粹学术性课题，还是一个富有实践意义和当代性意味的课题。"当代性"的含义应该包括两个互相关联的层面：其一是指文化研究中所具有的"现实视角""问题意识"和"当代方法";其二是对当代文化问题给予更多也更充分的关注。当代视野中的闽台文缘以区域文化史的研究为基础,但研究历史的目的则着眼于理解和阐释当代文化现实问题。本书对当代闽台文化的交流与互动给予了较多的关注,在"闽台教育之融合""闽台文学情缘""闽台佛教渊源"等章中都有所体现。我们的意图在于描述出闽台文化亲缘关系当代发展的大概面貌,探讨当代丰富的文化实践活动如何在历史的基础上重构闽台文化的亲缘关系。

闽台文缘课题涉及的内容十分广泛,对我们而言,这显然是一个颇具难度和挑战性的研究任务。好在两岸学术前辈在这个领域长期耕耘已经取得了十分丰硕的成果,我们的描述与分析参考了学术前辈丰富的研究成果,特此致谢!我们的讨论还很初步,真正深入的研究有待日后的努力。

目 录

第一章 闽台教育之融合 ………………………………………… 1
- 第一节 历史视野中的闽台教育 ………………………………… 1
- 第二节 闽台教育交流的发轫 …………………………………… 6
- 第三节 清代：闽台教育交流的黄金时期 ……………………… 9
- 第四节 日据时期闽台教育交流步履维艰 ……………………… 18
- 第五节 战后初期闽台教育合作 ………………………………… 23
- 第六节 当代闽台教育交流合作的发展与展望 ………………… 27

第二章 闽台儒学源流 …………………………………………… 33
- 第一节 明郑时期闽台儒学的亲缘关系 ………………………… 33
- 第二节 清代闽台儒学关系 ……………………………………… 44
- 第三节 鸦片战争至日据时期的闽台儒学关系 ………………… 56

第三章 闽台文学情缘 …………………………………………… 68
- 第一节 明末至晚清时期闽台文学的亲缘关系 ………………… 68
- 第二节 日据时期闽台文学的亲缘关系 ………………………… 80
- 第三节 闽台文学亲缘关系的当代建构 ………………………… 92

第四章 闽台方志与史学 ………………………………………… 107
- 第一节 清代台湾地方志编修概况 ……………………………… 107
- 第二节 福建与清代台湾方志编修参与者 ……………………… 112
- 第三节 清代台湾方志与福建的传承关系 ……………………… 118

第四节　继承修志传统　弘扬民族精神……………………… 125

第五章　闽台佛教渊源……………………………………………… 132
第一节　明末至乙未的闽台佛教关系…………………………… 132
第二节　日本殖民台湾时期的闽台佛教交流…………………… 143
第三节　1945年以降闽台佛教交流……………………………… 154

第六章　闽台民间信仰……………………………………………… 167
第一节　福建移民与台湾民间信仰的产生……………………… 167
第二节　闽台共同信仰的神明…………………………………… 174
第三节　福建民间信仰神灵入台方式…………………………… 185
第四节　闽台民间信仰的交流与互动…………………………… 188

第七章　闽台音乐戏剧渊源………………………………………… 200
第一节　《陈三五娘》戏本在闽台两地的传衍………………… 200
第二节　1895年以前：以移民为媒介的原乡输入……………… 204
第三节　1895—1949年：福建戏班密集赴台及其影响………… 219
第四节　1949年以后：以歌仔戏为代表的闽台双向交流与互动…… 233

第八章　闽台传统美术之传承……………………………………… 243
第一节　福建与台湾传统书画艺术……………………………… 243
第二节　福建与台湾民间美术…………………………………… 263

第九章　闽台风俗习尚……………………………………………… 295
第一节　衣食住行习俗…………………………………………… 296
第二节　岁时节庆习俗…………………………………………… 305
第三节　人生礼仪习俗…………………………………………… 318

第十章 闽台方言关系 …… 326

第一节 闽台闽南方言及其文化探源 …… 326

第二节 闽台客家方言的渊源关系 …… 336

第三节 从闽台方言看海峡两岸的文缘 …… 344

参考文献 …… 354

后　记 …… 365

第一章 闽台教育之融合

第一节 历史视野中的闽台教育

　　福建、台湾一衣带水,同根同源,闽台关系之密切,有目共睹。在漫长的历史长河中,闽台两地在政治、经济、文化各方面都有十分紧密的联系。其中,闽台教育领域的亲缘关系,同样源远流长,成为两岸文化交流的重要表征。早在明郑时期,台湾教育就开始受到福建的深刻影响。康熙二十二年(1683),清朝统一台湾后,闽台教育完全融合,进入一体化时期。日据时期,闽台教育交流虽受到限制,但联系并未停止。台湾光复以后,两岸教育关系有了新的发展。1949年两岸隔绝,教育联系完全终止。从20世纪80年代至今,两地教育交流日趋活跃,已然成为历史潮流。闽台教育的交流与融合,范围广泛,层次分明。在教育思想、教育制度和教育实践等层面,闽台之间都展开了十分密切的交流。两地教育的互动与合作,相互影响,互相促进,既对台湾社会文化产生了积极的影响,也有力地促进了福建社会文化的发展。

　　闽台教育的结缘,是有其历史合理性的。

　　台湾与福建仅一水之隔,相距不远。闽台不仅地理位置接近,其气候条件、地形地貌也相似。地理上的优势,给闽台两地教育的结缘创造了得天独厚的优势。这种优势主要体现在两岸教育人员往来便利、教育信息传播快捷等方面。

　　历史上,台湾孤悬海外,开发较晚。作为一个移民社会,台湾接纳了大量来自大陆的移民。汉族移民中,福建人(主要为闽南人)到台湾最早,人数最多。据统计,1926年,台湾汉族居民为375万多人,其中闽籍移民人数高达312万人，占台湾汉民总数的83%。[①] 时至今日，台湾有80%居民讲闽南话。以福建人为主的汉族移民将家族观念、宗教信仰移植台湾，为中华教育在台湾的传播和发展奠定了坚实基础。因此，台湾教育的发展，不可避免地带上了福建（特别是闽南）文化的色彩。闽台人民血浓于水的历史渊源，为两岸教育的交融提供源源不竭的动力。闽籍知识分子、仕宦和游学之士在台的教育实践活动，对闽台文化教育融合起到了至关重要的作用。

清朝统一台湾以后，在很长的历史时期内，台湾是隶属福建的一个府。在统一的政治制度与教育制度的规划、引领下，台湾建立了与祖国大陆统一的教育体系，逐渐形成了闽台教育区域一体化的格局。台湾教育的设计者、负责人、执行人，也大多来自福建。可以说，在台湾建省以前，台湾教育就是福建教育的翻版，两岸教育水乳交融，融为一体。

此外，中华传统文化对两岸教育交流的发展，也产生重要影响。早在明郑时期，台湾就引进儒学教育制度，普及中华传统文化。清政府继承了这一做法，在台湾建立各级儒学，使以儒学为主导的中华传统文化深入人心。特别是在福建影响很大的朱子学，在台湾地方官员和学者的努力下，传入台湾并产生重要的社会影响。广大台湾士子在儒家思想的长期熏陶下，产生强烈的民族认同感和爱国热情。这对维系两岸教育交融，密切闽台联系，有着潜移默化的影响。

闽台教育亲缘关系的形成，有一个漫长的历史过程。

早在明郑时期，郑氏政权就开始在台湾重教兴文，系统地推行儒学教育体制。郑成功父子及其主要追随者（如陈永华）都来自福建，他们所规划的台湾教育蓝图，不可避免地打上了福建教育的烙印。郑成功、郑坚、陈永华等人对台湾教育的开创与影响，直接体现了明郑时期闽台文化教育之间的传承关系。

清朝统一局面的形成，大大加速了大陆人民向台湾移居的速度。随着大陆人民，尤其是闽粤两省人民的大量迁入，闽南与客家文化开始成为台湾社会的主流文化。这一时期，海峡两岸教育水乳交融，联系之密切程度达到空前水平。

[①] 台湾总督府官房调查课编《台湾在籍汉民族乡贯别调查》，台湾时报发行所，1928，转引自台湾省文献委员会编《台湾省通志》卷二"人民志·人口篇"，（台北）众文图书公司，1972，第187页。

清朝设台湾府，隶属福建省。此外，专设台厦道，加强对台湾的行政管理。朝廷每年还从北京派出巡台御史，加强中央与台湾的联系。清政府治理台湾期间，十分重视台湾的文教事业。台湾的教育等地方官员多数派自福建，他们大多认同礼乐教化的理念，在台湾重教兴文，推广儒学。在他们的大力倡导下，福建各级学校和各项教育制度都被移植到台湾。福建不仅向台湾派出了大量的教育官员，也为台湾儒学提供了绝大多数的师资，其中尤以福州籍、闽南籍为多。同时，由于闽台的亲缘关系，台湾儒学的名额，在很长一段时间内，多为福建特别是闽南籍子弟所占据。也有不少福建学子入台求学，考中秀才后，返回原籍参加乡试。这种状况一直维持到清末。

大陆盛行的书院制度也被移植到台湾。从清初至晚清，都有不少福建人陆续入台开办或主持书院，为台湾书院教育开创新风。台湾书院在教育理念、教学内容、书院学规、书院藏书、祭祀礼仪、组织管理各方面，都受福建书院极大影响。其中福建最高学府鳌峰书院，为台湾书院的创建提供了理想的样板。同时，福建书院也在提供师资、招收台湾学生、造就人才各方面，为台湾教育的发展作出贡献。此外，清代台湾书院的学风，亦深受福建影响。在福建大儒蔡世远、蓝鼎元和地方官员陈瑸、张伯行等人的大力推介下，在福建影响很大的朱子学，伴随着闽台教育的交融，传入台湾并产生重要影响。

清政府还引进科举制度，鼓励台湾士子参加科举考试。台湾是隶属于福建的一个府，其科举考试完全遵照福建程式运行。由于乡试在省城福州举行，台湾生员需渡海赴福州参加考试。为鼓励台湾学子应试，清政府提供了各种优惠政策，如为台湾士子保留录取名额，专门派遣轮船护送台湾生员赴福州考试，等等。这些特殊政策的示范和推动，大大激发了台湾学生的应考热情。直至台湾建省后，仍有台湾生员到福州应试。

日据时期，日本殖民者在台湾强制推行殖民同化政策和"皇民化运动"，中华文化受到极大的压制，海峡两岸原本一体化的文化联系被强行割断，但闽台血浓于水的历史渊源是不可能被轻易割断的。闽台两地仍然以教育为媒介，建立起一定程度的联系。这一时期的闽台教育联系就如潜溪暗流，虽然不明显，也时断时续，但毫无疑问，是客观存在的。

当时台湾青年以各种方式到祖居地福建接受教育。日据初期，不少台湾士子不愿当亡国奴，纷纷寄籍闽南城镇，读书教学，参加科举考试。科举制度废除后，台湾青年赴大陆就读者有所减少。五四运动以后，随着民主与科学思想风行大陆，来大陆求学的台湾青年越来越多。除了不少进步青年自行赴闽求学，一些家族或民间社团也千方百计派送子弟到福建上学。值得注意的是，这时期到大陆来求学的台湾青年多自称"福建人"。其中，一些台湾学生还在福建从事反日爱国活动。他们成立尚志社、闽南台湾学生联合会、厦门中国台湾同志会等爱国组织，积极开展抗日活动。他们还利用各种社会关系，广泛联络台湾岛内的爱国团体，救济岛内爱国者，体现了闽台间存在着的一定程度的教育联系。

此外，有相当数量的台湾籍民在厦门、福州等地定居，日方遂开设籍民学校，为台籍学童提供教育。籍民教育受日本台湾总督府掌控，实施的是赤裸裸的奴化教育，对福建进行文化渗透，但毕竟吸收了近代教育的一些成果，在一定程度上弥补了福建公私学校的不足。加之，籍民学校不仅招收台湾籍学童入学，也吸收一些本地生源，使两地儿童有机会沟通和交流。因此，从某种程度上说，籍民教育是日据时期闽台教育关系得以勉强维系的重要体现。

台湾光复以后，闽台教育缘的发展进入一个新的历史时期。台湾教育的重建，担负着培养人才、清除日本殖民教育的遗毒、复兴中华文化、促进两岸融合的历史重任。源远流长的闽台教育交流，以"去殖民化"运动为契机迅速发展，在推动战后台湾教育的重建，实现台湾文教的祖国化，促进台湾与祖国大陆的重新融合中，发挥了重要作用。早在光复前的1944年5月，福建省就筹划设立国立海疆学校，为台湾培育师资力量。光复后，福建省不仅为台湾提供一大批急需的现成师资，还大力支持台湾在福建聘任教师员工的工作。除输送师资外，福建还向台湾派出相当数量的教育管理干部，在台湾教育界发挥广泛影响。从福建来台的大批教育人才，极大促进了光复后台湾教育事业的重建和发展，在台湾教育的祖国化中发挥了重要作用。

光复后，闽台教育交流在各领域、各层面广泛进行。不少福建学生踊跃赴台湾就读，积极投身于战后台湾社会的重建，给台湾社会增添了生机与活力。福建赴台参观、学习、考察的团体络绎不绝。众多专业人员通过赴台参观考察，扩展了专业视野，掌握了先进知识，促进了福建院校教学、研究水平的提升。不少福建学者应邀到台湾讲学，增进了两岸学术界的相互了解。福建高校还采取降低录取分数、设立单独考区等优惠措施，积极招收台湾学生前来就读。从光复后至1949年，厦门大学是全国招收台湾学生较多的大专院校之一。随着闽台教育交流的深入发展，福建各高校纷纷在台湾成立校友会组织，在密切两岸教育界联系中发挥了积极的作用。

自1949年两岸对峙以后，在30年的时间里，闽台教育联系被迫停止。直到20世纪80年代，两岸关系才朝正常化方向发展，中断已久的闽台教育交流得以迅速恢复。随着两岸经济与社会交流的不断拓展，闽台教育关系不断深化，闽台教育交流蓬勃发展。自20世纪80年代末以来，福建吸引了越来越多的台湾学生前来就读。闽台高校交流日益广泛，人员往来络绎不绝。

然而，由于两岸缺乏政治互信，台湾方面对进一步拓展两岸教育关系顾虑重重，当前闽台教育交流形式较为单一，层次难以深入，常规性合作及长远规划很少，相关规定、基本原则尚不完备。此外，台湾方面对陆生赴台资格、数量和学历采认亦采取限制，这些都极大制约了闽台教育合作的深入开展。因此，当前闽台教育关系发展势头虽好，但两岸教育合作仍有很大提升空间。

闽台源远流长的教育缘，对闽台社会的发展产生重大而深远的影响。

首先，闽台教育的融合，促使祖国大陆的教育制度被完整地移植到台湾，为台湾教育体系的建置奠定了坚实基础，有力推动了台湾文化教育事业的发展。长期以来，福建教育领先于台湾，两岸教育的交融主要表现为福建教育事业向台湾的拓展，无论是教育思想、教育管理、教学方法，台湾均深受福建影响。随着闽台教育交融的不断深入，台湾社会的读书氛围日渐浓厚。至清末，台湾教育的发达程度甚至超过大陆不少地区。文教事业的发展，为台湾培养了大批取得功名的士子，催生出与大陆一样的士绅阶层，草莱初辟的台湾很快演进为与祖国大陆相似的文治社会。[①]

其次，闽台教育的融合，密切了闽台关系，强化了台湾与祖国大陆的血肉联系。由于台湾特殊的地理环境与人文条件，福建教育在移植台湾的过程中，容易形成适应台湾社会的某些特点。但正如教育史学者所指出的，从总体上看，台湾教育并没有脱离祖国大陆的教育体系，两岸教育一直呈现一体化格局，一段时间的"逸出"和"背离"在长期的交融史上并不是主流。闽台间持久、广泛的教育联系，推动着中华文化在台湾不断普及。

---

① 参见黄新宪《清代海峡两岸教育交融史论》，《教育研究》1998年第11期。

两岸教育共同的文化背景，使台湾士子普遍受到爱国思想的教育和熏陶，形成一代又一代台湾同胞自强不息的精神、恋土归根的意识、内聚外合的情感和心向统一的愿望。① 在鸦片战争、甲午战争期间，许多台湾士子挺身而出，奋勇抗敌。在割台后，台湾文人多能心系故国，其诗作均富有民族志节。这些都体现了闽台教育的深厚渊源。

最后，闽台教育的深度融合，不仅对台湾社会文化影响深远，同时对福建社会发展也产生了积极的作用。以教育为例，闽台教育交流并非仅福建影响台湾，而是相互依存、互相影响、难分彼此、共同发展的。长期以来，尽管台湾的师资多来自福建，但一些台湾士子在科举入仕后，也被派往福建任职。仅在清领台湾期间，台湾就有80名科举人物被派往福建任职，有的还在福建连任数职。台湾一些士绅还以各种形式支持福建办学，为福建文教事业发展作出重要贡献。此外，有不少福建学子入台求学，考中秀才后，返回原籍参加乡试。日据时期、光复以后，也都有不少福建学生到台湾读书、实习、工作和考察。当前，随着两岸关系的发展，台湾方面在承认大陆学历问题上取得进展，越来越多的福建学生赴台湾高校读书。闽台教育各有特点，互补性很强，合作仍有很大空间，两岸教育交流的发展势头极好。

闽台教育交流的发展，符合两岸社会发展进步的需要。在新形势下，福建省将充分发挥闽台地缘近、血缘亲、文缘深、商缘广区域优势，以中华文化为纽带，以教育交流为平台，为拓展两岸教育交流与合作，推动两岸关系的和平发展贡献力量。

第二节　闽台教育交流的发轫

台湾、福建一水之隔，台湾地域文化与大陆主体文化渊源久远。早在旧石器时代，台湾和祖国大陆就发生了联系。宋元时期，台湾、澎湖就正式载入中国的版图。南宋时期，澎湖隶属泉州府晋江县管辖。元代，朝廷在澎湖设立巡检司。明代中叶以后，东南沿海的海商集团以台湾为活动据点，进行贸易活动。在荷兰人到来之前，就有不少汉族移民在台湾进行拓垦开发了。明末，大陆移民开始大量迁入台澎地区。

---

① 参见黄新宪《清代海峡两岸教育交融史论》，《教育研究》1998年第11期。

迁入台湾的移民,其祖居地主要为邻近的闽、粤两省,闽南籍移民又占其中的大多数。随着闽粤移民的大量到来,闽粤民间文化也被带入台湾地区,主要包括宗族制度、饮食、节庆、婚丧,甚至闽、粤两省的械斗恶俗。除了民间文化外,儒家文化也传入台湾。

荷兰殖民者窃据台湾以后,派遣传教士深入边远地区,大力推行宗教教育。盘踞在台湾北部的西班牙人也在其占领区内设立学校,开展殖民化教育。这时期,台湾教育主要为殖民地教育,闽台间并不存在官方的教育交流,但移民是文化传播最活跃的主体,通过闽台两地往返移民的歌吟诵说、口耳相传,闽台两地存在着一定程度的民间教育交流。

郑成功收复台湾后,立即致力于清除西方殖民教育的遗毒。他不仅建立与大陆相同的行政机构,还将大陆文化系统地引入台湾,在台湾初步建立中华文化体系。郑成功在闽南时期,就设储贤馆、育胄馆,用以优待儒生,储备人才,培养官吏。郑成功收复台湾后,将这套儒学体系移植到台湾。不久郑成功去世,其子郑经秉承乃父遗风,在台湾建立儒学与科举制度,大力推行教化。而负责具体实施的则是他的智囊陈永华。

陈永华(1634—1680),字复甫,福建同安人,早年在储贤馆就读,受教于名儒曾樱、徐孚远,是一位深具儒家文化理念的士人。其父陈鼎因拒降清朝而自缢殉国。陈永华先任郑成功参军,后辅佐郑经,大力推进教化,对台湾文教制度的建立贡献卓著。南明永历十九年(1665),陈永华建议郑经尽快建圣庙,兴学校。郑经认为台湾初辟,地方局促,人口稀少,应当从缓。陈永华辩驳说,当年商汤地仅百里就称王,周文王开基时地不过七十里,关键在于国君能够选贤任能。台湾沃野千里,民风淳朴,如果能够举贤材,善治理,则十年生长、十年教养、十年成聚,三十年即可与中原比肩。现在衣食丰裕,理当大力宣扬教化,涵养人才。结果郑经采纳了陈永华的建议,于次年正月在承天府建立先师圣庙,旁置明伦堂。圣庙建成之日,郑经亲率文武行释菜之礼,观者数千人。

建立圣庙之后,陈永华参照明朝福建的儒学教育制度,在台湾建立起一套从"小学"到"太学"的完整教育体系,设立从"州试"到"府试""院试"的科举考试制度,选拔人才。永历二十年(1666),在陈永华建议下,郑经在台南设立学院,并以陈永华为主持人,叶亨为国子助教。接着下令各村社遍设学校,延聘教师,招收八岁以上儿童入学,课以经史文章。

明郑时期,台湾儒学教育的特点是,反对理学末流空谈心性、不切实际的学风，强调通经致用，提倡经世之学。具体表现在放弃元明时期盛行的朱熹《四书集注》，而改以"五经"为主要教材。这一特点颇具功利色彩，反映了明郑政权反清复明、富民强国的愿望，与福建大儒黄道周经世致用的道德实践哲学是一脉相承的。

对台湾少数民族的教育，明郑政权也十分重视，并制定各种优待政策，如新港、目加溜湾、萧垅、麻豆四社子弟能就读乡塾的，就免除他们的徭役。清初地理学家郁永河赴台湾游历，曾到过上述四社。他在《裨海纪游》中感叹道："虽皆番居，然嘉木阴森，屋宇完洁，不减内地村落。余曰：'孰谓番人陋？人言宁足信乎？'"① 可见，即便在清初人看来，明郑时期对台湾少数民族的教育，也是极有成效的。

一般认为，明郑时期，台湾也引入了科举考试制度。《台湾外纪》记载："议两州三年两试，照科、岁例开试儒童。州试有名送府，府试有名送院。院试取中，准充入太学，仍按月月课。三年取中式者，补六官内都事，擢用升转。"② 由于明郑政权存在时间短，开科较少，当地人口不多，考试者亦少，从科第中产生的人才自然不多。但这一制度的引进，在一定程度上促进了中华传统文化在台湾的传播。

由于明郑政权中闽南人影响很大，台湾教育从一开始就带上了浓重的闽南文化色彩。明郑时期台湾教育的主要设计者陈永华就是一个有着儒家情怀的闽南文士。他仿闽南府州之例，在台湾创建儒学制度，在府一级学校设教授、训导，州一级学校设学正、训导，主持教务工作。这些教授、学正和训导也大部分是闽南人。明郑政权遥奉南明永历正朔，接纳明朝遗臣，大力推广以儒家思想为主导的人文教化。据连横《台湾通史》估计，跟随郑成功东渡台湾的明朝士大夫有八百余人，其中不少为闽南名士，如泉州惠安人王忠孝，同安人卢若腾、郭贞一，南安人沈佺期，漳州龙溪人李茂春等。他们到台湾后，多以传授诗书经史为业，常教育生徒恪守民族气节，保持忠孝仁义的道德操守。此外，郑氏在台湾修建文庙、学校，往往聘请闽南工匠主持，建筑材料也多取自闽南，故这些建筑大体为闽南风格，从侧面体现了闽南文化从一开始就对台湾教育产生影响。

---

① 郁永河：《裨海纪游》卷中，《台湾文献史料丛刊》第7辑（123），（台北）大通书局，1984，第17页。
② 江日昇：《台湾外纪》卷十三"周全斌金厦大战 陈永华东宁建国"，（台北）文化图书公司，1972，第204页。

郑氏父子和陈永华等人对教育与科举实施的积极举措，使台湾教育粗具规模，为台湾文化的发展奠定良好基础。在明郑政权的努力下，台人好学，教化大兴。这种情形，给清初入台的一些官员留下深刻印象。康熙年间，台厦兵备道周昌说："本道自履任后，窃见伪进生员，犹勤藜火；俊秀子弟，亦乐弦诵。"① 明郑政权作为地方政权，受各方面条件限制，这时期台湾的文教建设，大体以移植闽南教育为主，总体水平不高，但仍然为台湾文教事业的发展创造了有利的条件。

第三节　清代：闽台教育交流的黄金时期

康熙二十二年（1683），清廷统一台湾，此后200余年，台湾隶属福建管辖，直到光绪十一年（1885）台湾建省。这一时期，闽台教育往来频繁，海峡两岸的教育逐渐融为一体。

清朝统一台湾之后，设台湾府，隶属福建省。此外，专设台厦道，除执行一般道台职任外，还兼掌布政使、按察使、学政使的职权，以加强对台湾的行政管理。雍正年间，改台厦道为台湾道。同时，朝廷每年还从北京派出巡台御史，加强中央与台湾的联系。台湾建省之后，清政府在台湾推行新政，加强海防，促进台湾社会、经济全面发展。

清政府治理台湾期间，十分重视台湾的教育、文化建设。首任台湾知府蒋毓英大力提倡兴办学校。他认为礼乐教化，实为致治的根本，应该在台湾一府三县广设儒学。首任台厦道周昌也重视教育，他认为一府三县应照内地事例，建立文庙，以崇先圣。在他们的倡导下，府学、县学逐渐开办起来。除了官办的儒学以外，大陆盛行的书院、社学、义学也在台湾兴起。由此，大陆的各项教育制度都被不断移植到台湾。

清代各地设府、州、县学，统称儒学。各级儒学均设教官，府学称教授，州学称学正，县学称教谕，主持月课、季考诸事。由于闽台的亲缘关系，清代台湾教官几乎全部来自福建，其中尤以福州籍、闽南籍为多。据《台湾省通志·教育志》统计，从康熙二十六年（1687）至道光二十四年（1844），台湾府儒学教授共有50人，全部由福建的进士、举人、贡生等担任，其中福州籍和闽南籍各21人；从雍正十二年（1734）至道光二十五年

---

① 周元文：《重修台湾府志》卷十"艺文志"，《台湾文献史料丛刊》第1辑（3），（台北）大通书局，1984，第296页。

(1845)，台湾府儒学训导共35人，也都来自福建，其中福州籍9人，闽南籍12人。台湾各县儒学的教官，福州籍与闽南籍比例同样不少。① 福建籍教官不仅人数多，而且学识渊博、人品高尚，舆评甚佳。如首任台湾府学教授林谦光，长乐人，笃学励行，诲人不倦。台湾府学教授林庆旺，晋江人，整肃学规，训迪有方。台湾府学教授丁莲，晋江人，倡明经术，海外化之。台湾府学教授吴开业，海澄人，爱民礼士，学者宗之。台湾府学教授施德馨，南靖人，捐修文庙，建启圣祠，学校改观，士风日上。台湾府学训导刘家谋，侯官人，怜才爱士，勤于执教，因积劳成疾，卒于任上，年仅40岁。台湾嘉义县学教谕谢金銮，侯官人，热心办学，整饬学风，曾撰《蛤仔难纪略》6篇，阐述治台主张，见解独到。这些福建籍教官在台湾任上重教兴文，教学有方，为台湾学校教育的发展作出了巨大贡献。

清代府、州、县学的学生称为生员，需经过科举考试，取得秀才资格方能入学。学生分廪膳生员、增广生员、附学生员三等，享受不同待遇。初期台湾人口稀少，生员名额较少。台湾府学岁进文、武童各二十名，科取文童二十名；廪膳生、增广生各定二十名。三县县学比照内地之例，岁进文、武童各十二名，科进文童十二名；廪生、增生亦减内地之半，各定十名。② 以后，随着人口的增多和行政机构的增设，官办儒学及其生员名额逐渐增加。与台湾儒学教官基本为福建人一样，台湾儒学的生员名额，在很长一段时间内，也多为福建特别是闽南籍生员所占据。康熙年间，首任台厦道周昌就指出："盖在台湾户口，尽属南闽之人；天姿多有聪慧，机智多有明敏，一经学问，化同时雨。"③ 此外，还有不少福建学子东渡台湾，入泮求学。成书于康熙五十六年（1717）的《诸罗县志》记载："诸罗建学三十年，掇科多内地寄籍者。庠序之士，泉、漳居半，兴、福次之，土著寥寥矣。"④ 至乾隆二十九年（1764），巡台御史李宜青上疏时仍称："台湾四县应试，多福、兴、泉、漳四府之人，稍通文墨，不得志本籍，则指同

---

① 台湾省文献委员会编《台湾省通志》卷五"教育志·教育行政篇"，（台北）众文图书公司，1969，第18—23页。

② 刘良璧：《重修福建台湾府志》卷十一"学校"，《台湾文献史料丛刊》第2辑（23），（台北）大通书局，1984，第329—331页。

③ 周元文：《重修台湾府志》卷十"艺文志"，《台湾文献史料丛刊》第1辑（3），（台北）大通书局，1984，第299页。

④ 周钟瑄：《诸罗县志》卷五"学校志"，《台湾文献史料丛刊》第1辑（12），（台北）大通书局，1984，第80页。

姓在台居住者认为弟侄，公然赴考；教官不及问廪保，互结不暇详，至窃取一衿，辄褰裳以归。是按名为台之士，实则台地无其人。"① 此类事例在族谱资料中也比较常见。据现存谱牒资料粗略统计，清代单单南靖一县东渡台湾冒籍应考、进泮求学者就有20余人。②

清代台湾的府、县学与福建一脉相承，其教育思想、教学内容、祭祀礼仪等与福建基本一致。各校均尊理学，祀孔孟，以传播儒家思想为主要教学内容。使用的教材，与福建一样采用经书和艺文，以准备科举考试。

除了官办府、县儒学教育外，书院及社学、义学、私塾、书房等教育也对儒学在台湾的推广贡献很大。为笼络汉族知识分子，消除明郑政权的影响，同时发展文化教育事业，培养人才，清政府鼓励在台湾设立书院。康熙二十二年（1683），施琅创办西定坊书院。接着又有七年后蒋毓英创立的镇北坊书院等。不过，早期"书院"都不是实际意义上的书院，称其为"义学"似乎更恰当。台湾真正意义上的书院应始于康熙四十三年（1704）创建的崇文书院。在地方政府的推广下，台湾书院数量逐渐增加。据统计，从康熙四十三年（1704）至光绪十九年（1893），台湾共创建书院45所。③ 其中不少书院是由福建士绅直接创办的。如乾隆初，永定人胡焯猷移居台湾淡水，创立明志书院。此外，福建人士致力于书院教育者亦比比皆是，譬如闽县人薛士中、侯官人蔡征藩等，从清初至晚清络绎入台主持书院，均能笃学励行，诲人不倦，为台湾书院教育开创新风。

台湾书院的建设和发展，受福建书院影响极大。在文化思想、教育理念、教学内容、授课方式、书院学规、书院藏书、祭祀礼仪、组织管理等方面，台湾书院无不以福建书院为范本。特别是当时福建影响最大的学府鳌峰书院，以其完备的教育教学制度、得天独厚的物质条件、独立的学术品格和办学特色，为台湾书院的创建提供了学习的典范。台湾书院的办学模式、典章制度、教学内容、祭祀典礼，多照搬鳌峰书院。如台湾道刘良璧为海东书院制定学规，就参考鳌峰书院学规的诸多内容。海东书院学规要求学生"明大义、端学则、务实学、正文体、慎交游"，就体现了鳌峰书院在弘扬理学方面"经世致用"的学术取向。值得注意的是，鳌峰书院还

---

① 《福建通志台湾府》，"诏谕"，《台湾文献史料丛刊》第2辑（24），（台北）大通书局，1984，第8—9页。
② 参见李祖基《冒籍：清代台湾的科举移民》，《厦门大学学报》2011年第1期。
③ 参见林仁川《大陆与台湾的历史渊源》，文汇出版社，1991，第211—213页。

为台湾书院提供许多图书资料。道光六年（1826），福建巡抚孙尔准赴台巡视时，曾从鳌峰书院的藏书中拨出《史记》《诸葛武侯集》《二程语录》《杨龟山集》《罗豫章集》《李延平集》《朱子文集》《朱子语类》等共45种166本藏书，赠给台湾仰山书院，"以为诸生稽览之佐""足以为修己治人之资"。① 此外，福建书院也在提供师资、招收台湾学生、造就人才各方面，为台湾教育的发展作出了贡献。

大陆乡间的社学、义学也在台湾兴起。社学是民间启蒙学校，台湾社学分为汉人社学和少数民族社学两种。清代台湾的汉人社学出现得很早，康熙二十三年（1684），台湾有三所汉人社学，其中两所在台湾县东安坊，一所在凤山县土墼埕。少数民族社学也大约同时设立。康熙二十五年（1686），诸罗县令樊维屏在该县四处番社各设一所社学。康熙末年平定朱一贵起义之后，清政府更加重视台湾的民间教育，尤其是少数民族教育。台湾作为福建的一个管辖区，其社学的设立被闽台官员纳入一个统一的体系之中。雍正十二年（1734），分巡台湾道张嗣昌建议各土著村社各置社师一人，以教番童。在福建地方官员的推动下，台湾少数民族社学发展很快，社学逐渐扩散到台湾南北各地。据余文仪《续修台湾府志》记载，乾隆二十五年（1760），台湾县有少数民族社学5所，凤山县有8所，诸罗县有11所，彰化县有21所，淡水县有6所，共51所。②

义学，俗称义塾，是设在各府、州、县内，延请名师，为聚集孤寒生童励志读书而设立的教育机构。义学也有汉人义学、土番义学两种，经费主要来自义仓的利息。清代台湾义学的设置始于康熙四十五年（1706）。康熙末年，随着朱一贵起义对同属基础教育的汉人社学的严重冲击，在蓝鼎元的大力提倡和推动下，汉人义学在台湾广泛兴起并逐渐取代了社学的地位，成为帮助台湾乡下儿童读书识字，向民间普及文化知识和儒家道德的主要教育机构。及至同治年间，随着台湾熟番的不断汉化，土番义学也得到发展，并进而取代了土番社学。

私塾和书房性质相同。私塾是有别于官学的私立启蒙类学校。私塾可分为两类：一类教读书识字，俗称"蒙馆"；另一类教诗文论策，俗称"经

---

① 陈淑均：《噶玛兰厅志》卷八"杂识（下）"，《台湾文献史料丛刊》第1辑（17），（台北）大通书局，1984，第436页。

② 余文仪：《续修台湾府志》卷八"学校"，《台湾文献史料丛刊》第1辑（4），（台北）大通书局，1984，第361—362页。

馆"。台湾私塾多为蒙馆。私塾多由富户创办，经费由创办人负担。

上述基础教育学校的设立和发展，与福建官绅的大力推动是密不可分的。如推动台湾义学建设的先驱者蓝鼎元即闽南漳浦人。蓝鼎元对台湾义学的发展起了筚路蓝缕的作用，在他的积极支持下，台湾义学得以蓬勃发展。再如台湾最为著名的两所义学即芝山的文昌祠义学和板桥的大观义学也是由闽南士绅创办和主持的。前者为漳州人潘定民于道光二十年（1840）创办，泉州名儒傅人伟受聘主持教务。后者为漳州富绅林维让、林维源兄弟于同治二年（1863）创立，泉州名士庄正受聘担任主讲，诏安书画家谢颖苏等也曾应聘担任讲学。台湾少数民族区域内社学和义学的渐次发展和繁荣同样也与福建地方官员的努力分不开。如康熙五十二年（1713），台湾北路营参将漳浦人阮蔡文在巡察北路番界时，曾召集社中土番学童背诵"四书五经"，成绩优者赏赐布匹银两，鼓励番童学习汉文化。[①] 同治、光绪年间，台湾土番义学的兴起亦首先得益于福建官员的努力。沈葆桢，福建侯官人，民族英雄林则徐的女婿。同治十三年（1874），时任福建船政大臣的沈葆桢奉命赴台办理对日交涉事宜。在台一年多的时间里，沈葆桢悉心筹划台湾政治、军事、经济、文化诸方面的建设。其中，很重要的一点就是大力兴办义学，狠抓教育，以此提高当地居民的整体素质和抵御外侮的能力。在他的努力下，至光绪元年（1875），台湾地方官员共设土番义学40所，其中埔里社26所，恒春县8所，凤山县6所。沈葆桢办学为台湾土番义学的建设起了很好的带头和示范作用。后来的丁日昌、刘铭传等均继承了沈葆桢重视台湾番民教育的良好传统，进一步使义学推广于番民居住区各地，取得很好成效。此外，台湾的私塾也有不少是由闽南塾师赴台创办的。如咸丰年间，同安人彭培桂、安溪人卢春选等均在淡水设塾课徒，及门多俊士，巨室争聘之。

清代台湾的学风，深受福建影响。在福建影响很大的朱子学，伴随着闽台教育的交融传入台湾，并产生重要影响。清代台湾学校的教育内容不局限于宋明理学，但朱子学始终是其教育的重点。清代台湾学校朱子学的普及，同福建的闽学传统及大儒蔡世远、蓝鼎元和地方官员如陈瑸、张伯行等人的大力推介是分不开的。

陈瑸（1656—1718），字文焕，广东雷州人，康熙三十三年（1694）进

---

① 周钟瑄：《诸罗县志》，《台湾文献丛刊》第141种，（台北）台湾银行经济研究室，1962，第134页。

士，康熙四十一年（1702），调任台湾知县，重教兴文，颇有治声。翌年，陈璸为孔庙撰写《台邑明伦堂碑记》，阐发其朱子学伦理思想。康熙四十九年（1710），陈璸升任台厦道兼理学政，任上重修府学，力倡朱子学。康熙五十二年（1713），捐建朱子祠，并撰《新建朱文公祠碑记》，阐述朱子学的重要意义。

蔡世远（1681—1734），字闻之，号梁村，福建漳浦人，康熙四十八年（1709）进士。父蔡璧，曾任福州鳌峰书院山长。康熙五十一年（1712），蔡世远受福建巡抚聘请，主鳌峰书院讲席。曾应邀赴台编纂《诸罗县志》，并在台湾撰写《诸罗学碑记》，阐发朱子学的基本思想，对台湾学子影响甚大。

蓝鼎元（1680—1733），字玉霖，号鹿洲，漳浦人，毕生推崇朱子学。他在《东征集》《平台纪略》等治台方略中，提出振兴文教，普及儒学教育的重要性。康熙六十年（1721），蓝鼎元在《复制军台疆经理书》中阐述了其文教治台的思想。后来，他在《与吴观察论治台事宜书》与《经理台湾疏》中进一步指出应将开展民间教育作为转移台湾民风，实现台湾社会稳定的重要手段。

在陈璸、蔡世远、蓝鼎元等人的努力下，朱子学很快从福建传入台湾，并成为台湾儒学的主流思想，对台湾社会文化产生了深刻影响。台湾在清统一之前，各方面都远落后于祖国大陆，朱子学的普及与传播，儒学教育的全面开展，无疑使台湾迈入知书达理的文明社会。

清统一台湾后，将科举制度全盘移入台湾。台湾长期为隶属于福建的一个府，在200多年间，由于台湾为福建的一个府，其科举考试完全遵照福建程式运行。清初台湾文教草创，生源较少，录取名额依大陆例减半。台湾考生经过台湾岁、科两考之后，须渡海赴省城福州参加乡试，考取举人。由于名额有限，旅途艰辛，应考者寥寥无几。为鼓励台湾生员参加乡试，推动台湾文教事业的发展，闽台官员尽量争取在福建省的定额中为台湾士子留取名额。康熙二十六年（1687），福建陆路提督张云翼请按甘肃、新疆例，在福建乡试中为台湾生员另编字号，给台湾府保留一个名额。此项政策的效果立竿见影，当年就有5人渡海到福州参加乡试，结果凤山人苏峨中举，成为台湾第一位举人。康熙三十六年（1697），闽浙总督郭世隆要求撤去另编字号，导致台湾应考生员数量大减。雍正七年（1729），巡台御史兼提督学政夏之芳提请援照旧例，为台湾考生另编字号，获得清廷批准，台湾的保障名额得以恢复。以后，随着台湾文教事业的发展和应试生员的增加，台湾的保障名额一再增加，至咸丰九年（1859）共有8个。受交通条件限制，从台湾渡海到福建经常发生海难。为保障台湾生员安全，同治十三年（1874），清政府开始用轮船将台湾考生从淡水港送至福州，名曰"官送"。这些特殊优惠措施，极大激发了台湾举子到省城考试的热情，推动了台湾科举事业的发展。光绪十一年（1885）台湾建省后，仍有台湾生员不畏艰险，赴福州应试。乡试中式者有资格赴北京参加会试。台湾与大陆远隔重洋，赴京应考殊为不易。为鼓励台湾学子赴考，乾隆三年（1738），朝廷规定，在福建名额内，参加会试的台湾举人可另编字号，保证取中一名。因当时台湾应试者很少，尚不足以另编字号，至道光三年（1823），台湾进京会试的举人已满10名，礼部方允准台湾取中一名，此后台湾会试登第者日众。

在这些特殊政策的示范和推动下，台湾出现大批取得功名的士子。据统计，有清一代，台湾考中举人者共有251人，其中康熙朝9人，雍正朝6人，乾隆朝56人，嘉庆朝34人，道光朝41人，咸丰朝29人，同治朝31人，光绪朝55人。此外还有武举人284人。进士共35人，其中乾隆朝2人，道光朝6人，同治朝7人，光绪朝20人。此外，另有武进士10人。①除通过科举出仕外，台湾生员还可以通过贡生转入仕途。自康熙二十七年（1688）开始到光绪二十年（1894）割让台湾前，台湾共有贡生960人，其中岁贡644人，恩贡200人，拔贡90人，优贡6人，副贡20人。②

台湾科举还有一个值得注意的现象，即不少科举功名是由东渡台湾的福建士子"冒籍"考中的。如前所述，在较长的一段时间内，由于台湾文化相对落后，入学考试及乡试前的岁、科两试通过率都比较高，加之朝廷的照顾政策，台湾士子考中乡试会试也有保障名额，这就给那些久困场屋的福建士子提供了获取秀才资格和考中举人进士的好机会。这样，不少福建士子东渡台湾，入泮读书，日后返回大陆参加乡试。有的甚至在临考前渡台，考中秀才后即返回大陆参加乡试。如从康熙三十二年（1693）至乾隆十六年（1751），龙溪县士子渡台考中秀才后又被荐为贡生的就有16名。从乾隆元年（1736）至乾隆二十年（1755），晋江县也有10名士子赴台考中秀才后又考中举人。这些人往往被称为"冒籍"。清政府后来规定，凡台

---

① 林国平主编《文化台湾》，九州出版社，2007，第181—206页。
② 林仁川、黄福才：《闽台文化交融史》，福建教育出版社，1997，第229页。

湾出生且渡海参加科举考试的，方属台湾籍，才能享受相应的优待。不过有人认为，"台湾同胞的原籍多在大陆，要认真计较籍贯确实比较麻烦"。如台湾第一个举人苏峨，实际上是泉州人。上述现象足以表明，在科举考试方面，闽台之间的渊源关系是十分紧密的，两者密切地融为一体。[①]

清代中后期台湾人在科举上的优异表现，体现了其教育事业的进步。至日据前夕，台湾教育已有相当的发展，甚至不逊于大陆一些地区。这时期，受洋务运动影响，台湾出现一些新式学堂，如台湾巡抚刘铭传在台北设立的西学堂、电报学堂及番童学堂等。教育的发展，对台湾的社会文化产生极为深远影响。而这一切，都是闽台教育密切交融的成果。以下略述之。[②]

首先，闽台教育的结缘，有力推动了台湾教育的发展。清代台湾附属于福建省，其教育制度完全照搬福建。遍及福建各地的官学、私塾、书院，在台湾应有尽有，其规制、课程与福建大同小异。此外，其教育官员、师资多来自福建地区，部分生源名额也为福建学生所占据。派往台湾的福建官员大多不遗余力地推行教化，希望通过文教改变其社会风气，进而巩固清政府的统治，这又使台湾社会逐渐出现浓厚的尚文之风。当时，台湾各界以各种方式，积极鼓励生童读书、参加科举考试。社会上也常以科举成绩的好坏，来衡量学校的办学成就。如澎湖书院在乾隆丙戌（1766）、丁亥（1767）两试中共有6人考中秀才，从此声名鹊起，备受推崇。闽台教育的交融，促进了台湾教育水平的提升和社会风气的转变，为中华传统文化在台湾的传播，为台湾迅速进入和大陆一样的文治社会奠定了坚实基础。

其次，闽台教育的结缘，促进了台湾士绅阶层的形成，对台湾社会结构产生不可估量的重要影响。早期台湾是一个移垦社会，士绅数量不多。当时的实权人物，大多是一些以血缘为纽带的闽粤移民领袖，如林成祖、林石、吴沙、郭百年等。随着文教事业的不断发展和科举制度的全面推行，台湾社会出现了大批具有功名的士人。至同治、光绪年间，士绅已成为台湾社会的主导阶层。清代台湾著名的士绅有林维源、林朝栋、黄南球等。他们是台湾基层社会的领导力量，有实力，有影响，有热情，备受乡人尊重和依靠。随着有号召力和领导力的士绅阶层的不断壮大，台湾迅速从早

---

① 参见黄新宪《清代海峡两岸教育交融史论》，《教育研究》1998年第11期。
② 参见黄新宪《闽台教育结缘对台湾社会的影响——以清代为中心》，《教育评论》2000年第4期。

期的农垦社会走向文治社会。

台湾士绅的主要业绩有开垦、抚番、举办团练、兴办教育等，对台湾的经济、政治、文化均产生重要影响。在经济开发方面，台湾士绅热衷兴修水利、主持拓垦等社会事务，对开发宝岛台湾贡献卓著。这些社会事务需要投入大量人力物力，协调各方面关系，一般平民无能为力。而士绅社会地位高，经济实力雄厚，与官府又有千丝万缕的联系。他们操办这些社会事务，具有其他阶层人士所难以比拟的优势。如宜兰著名的水利设施——金结安圳，就是由当地士绅林瑞圭、黄缵绪修复的。又如光绪年间，林维源奉旨帮办台北垦务，垦田七万余亩，成效巨大。在社会观念方面，台湾士绅致力于淡化台湾社会广泛存在的畛域观念，弥合各个族群之间的裂痕，促进了台湾社会的安定和进步。台湾的闽粤移民多聚族而居，各族群经常因各种利益冲突发生械斗，对台湾社会破坏甚大。台湾士绅虽然也是移民的后代，但长期接受儒家教育，又有科举功名和做官经历，眼界较为开阔，在乡族矛盾中立场较为超脱，倾向于寻求和解，维护基层社会的稳定。如开台进士郑用锡于咸丰三年（1853）发表《劝和论》，阐明了士绅阶层对械斗的否定立场。板桥林氏兄弟、大龙峒陈维英等则通过自己的社会影响，成功化解了不少械斗事件。此外，台湾士绅还通过赈济孤贫、修桥铺路、创办义仓、赞助庙宇等各种公益事业，扩大社会影响。

最后，闽台教育结缘，增强了台湾对祖国的向心力。闽台共同的教育背景，使中华传统文化的影响深入人心，培养了台湾人的民族精神和爱国情怀。无数事实表明，台湾士子在外敌入侵时，都能够挺身而出，奋勇抗敌，维护祖国统一。如在鸦片战争期间，进士郑用锡率家人伏击英国侵略者，并俘虏4人。中法战争期间，武举王廷理、周玉谦等率领乡勇在基隆抵抗法军，毙法兵十余人。1895年3月，清政府被迫将台湾割让给日本，在京台湾进士叶题雁、李清琦，举人汪春源、罗秀蕙、黄宗鼎等联合上书都察院，随后参与了"公车上书"，坚决反对割台。在反割台斗争中，进士许南英、举人江呈辉、秀才吴汤兴等，均身体力行，亲自组织义军，与日军殊死战斗。台湾被日本占领后，不少士人或退隐山林，或内渡大陆，拒绝与日方合作，誓死不当亡国奴。割台后，许多台湾士人诗风变得忧郁、苍凉。他们纷纷通过诗歌，抒写其留恋故国、心系同胞、收复失地的爱国情怀。如施士洁内渡厦门，有《别台作》三首，其三云："逐臣不死悬双眼，再见英雄缚草鸡。"进士许南英《丙申九月初三日有感》云："今日飘零游绝国，海天东望哭台南。"进士丘逢甲《送颂臣之台湾》云："十年如不死，卷土定重来。"此外，谢道隆、林朝崧、王松、林幼春、刘育英、陈凤昌等台湾士绅的诗作也富有民族气节。

　　闽台教育的结缘，不仅深刻影响台湾社会，对福建教育也产生积极影响。由于闽台地缘接近，一些台湾士子在取得功名后被派往福建任职，为福建教育事业的发展贡献力量。如陈维英，台湾淡水人，咸丰间为福建闽县教谕，任内多有作为。有的人还在福建连任数职。如刘其灼，台湾东安坊人，雍正间任福建长泰训导，乾隆间升任长汀教谕，深受当地士子尊重。此外，进士庄文进，凤山县人，历任泉州、福宁教授。举人李维梓，台湾县人，历任闽县、安溪教谕。岁贡生林萃冈，台湾府人，历任兴化、清流训导。蔡复旦，台湾府人，历任闽清训导，漳平、永安教谕等。根据《台湾通志》等地方志资料的不完全统计，清领时期，台湾共有80名科第人物被派往福建任职，其中进士1名、举人18名、贡生61名。除赴福建任教外，台湾人士还积极在福建兴办教育，回馈福建原籍地的教育事业。如台湾士绅吴洛，捐资修建泉州学宫，又为泉州清源书院购买良田。士绅林尔康之妻陈氏秉承夫志，捐资创办全闽师范学堂。这些事例表明，清代的闽台教育，是相互依存、相互支援、不分彼此、共同发展的。

　　由此可见，清代闽台两地同属一个行政体系，两岸教育的交流极为密切，几乎达到水乳交融的程度。因此，清代可以说是闽台教育交流的黄金时期。两岸教育互相交流，互相浸染，对闽台社会的发展与变革都产生了积极影响。

第四节　日据时期闽台教育交流步履维艰

　　光绪二十一年（1895），清政府被迫签订《马关条约》，将台湾割让给日本。为巩固殖民统治，将台湾民众彻底"同化"为日本人，日本殖民当局一方面破坏台湾传统的教育制度，压制中华文化的传播；一方面在台湾建立较为完备的近代教育体系，培养服务于殖民统治的劳动力。此外，还在台湾强制推广日语，将日本的风俗习惯引入台湾。

　　台湾割让给日本后，两岸之间血浓于水的民族感情并没有断绝，台湾人实质上仍然是中国人。这一点，即便是日本殖民者也有深刻的认识。"本岛当地人都同原来二百年前或几十年前自中国之泉、漳、潮诸州移居而来者有关,其血统与抱负亦纯同中国内地人无异。"[①] 因此,将台湾人民同化成"日本人",成为日本殖民当局绞尽脑汁所要达成的一个目标。在日本当局的竭力阻挠下,闽台人员往来锐减,经贸交流受阻,这为日本殖民者推行同化政策创造了外部条件。

为施行同化政策,日本当局除采取阻隔两岸联系的政策外,还竭力破坏台湾原有的教育机构,如清廷在台湾建立的府学、县学、书院、义塾、书房等,限制汉文的传播,进而压制中华文化的传播与影响。日本据台初期,先下令废除清朝时期台湾建立的各级官立学校,而对台湾社会普遍存在的书房(私塾),则采取逐步禁止的方针。1898年随着战乱的平息,日本殖民当局开始逐步禁止书房,推行公学校制,企图以新的机构来取代传统的书房教育。初期,日本对日台儿童实行隔离教育,设立小学校、公学校、蕃人公学校,分别招收台湾日人、台湾汉族和高山族儿童入学。1922年《台湾教育令》颁布后,日台学生开始共学,台湾儿童可就读小学校,日本儿童可就读公学校。在台湾总督府的强力推动下,台湾学童就读公学校和小学校的比率不断上升。至1939年,台湾公小学校共有957所,学生达592990人。[②] 相形之下,书房教育日渐衰微。至1937年,私塾教师仅剩24人,学生665人。[③] 1943年,日本当局颁布废止私塾令,彻底终结了中华传统教育模式在台湾的历史。

伴随着中华传统教育模式的结束,近代教育在台湾兴起。应该承认,日据时期,台湾教育取得一定发展,基础教育得到普及,教育体系逐步完备,并且实行义务教育制,形成近代化的教育体制。[④] 但应该看到,台湾作为日本的殖民地,其教育的主观目的不是为了提高台湾人民的整体文化素质,而是同化台湾人民,培养一批能够服务于殖民地建设的中下级技术人才。台籍学生从小学到大学,在各个阶段均受到不平等对待。据1945年日本殖民当局统计,台湾学龄儿童小学入学率为71.31%,台湾日籍儿童小学入学率高达99.62%。而中学录取率,1944年在台日本学生的录取率为49.5%,台湾学生则只有21.17%;同期中专以上的学校(包括大学在内),

---

① 台湾总督府警务局编、王洛林总监译《台湾抗日运动史》第4册《台湾总督府警察沿革志》,(台北)海峡学术出版社,2000,第1009页。
② 陈小冲:《日本殖民统治台湾五十年史》,社会科学文献出版社,2005,第305页。
③ 王诗琅编《日本殖民地体制下的台湾》,(台北)众文图书公司,1980,第188页。
④ 参见陈小冲《日本殖民统治台湾五十年史》,社会科学文献出版社,2005,第307—308页。

日籍学生录取率为34.34%，而台籍学生仅为11.96%。[1] 在台湾教育发展的背后，台籍学生所受的歧视，两岸交流所受的阻滞，中华文化所受的摧残，都是不能忽视的。

为加速实现同化，日本当局在台湾不遗余力地推行日语教育。除通过公学校对台湾儿童灌输日语外，当局也通过设立日语传习所、日语普及会、日语练习会、日语研究会等机构及举办日语演讲会、推广日语广播等方式，向一般台湾民众普及日语。

此外，日本当局还在长期的殖民统治中，废止汉文、禁说汉语，鼓励"日台人通婚"，改用日式姓名，拆废传统寺庙，推行日本神社，废止中华传统节日，禁止祖先崇拜……凡此种种，令台湾中华文化饱受摧残，给台湾社会文化带来难以估量的影响。在此大背景下，闽台教育联系遭到遏制而不甚活跃。但闽台两地血浓于水的渊源关系是日本殖民者所无法割断的。即便在日据时期如此困难的情势下，闽台教育往来仍然是客观存在的。以下略述之。[2]

一　台湾学生赴福建就读

日本吞并台湾后，立即取消科举考试，一些台湾士子便内渡闽南等地，寄籍于当地学校就读，准备参加祖国的科举考试。国仇家恨，激发了台湾学子的读书热情，他们的成绩往往名列前茅，不少人最终成功取得很高的功名。如台湾举人陈浚芝寄籍安溪，于1898年考中进士。晋江县学1900年以后的岁科三试，寄读的台湾士子成绩优异。台湾秀才高选锋寄籍厦门，于1902年参加福建乡试考中举人。1903年泉州府学考试，来自台北的庄庆云获得优等。台湾举人汪春源寄籍漳州，于1903年成为台湾历史上最后一位进士。科举制度被废除以后，赴大陆读书的台湾青年数量有所减少。晚清以后，台湾学生赴大陆求学往往首选离台湾距离最近、语言风俗相同的厦门。如台北市首届参议员林凌霜，曾就读于厦门鹭江学院；台湾板桥林家子弟林熊征，早年曾在鼓浪屿上学。离乡背井、寄籍读书的经历，给这些台生留下深刻印象，他们事业有成之后，积极回馈曾经收留过他们的闽南城镇。同时拥有闽台两地的教育背景，也让他们日后成为促进两地教育

---

[1] 中国第二历史档案馆、海峡两岸出版交流中心编《馆藏民国台湾档案汇编》第37册《日人统治下之台湾教育》，九州出版社，2007，第229—230页。
[2] 参见黄新宪《日据时期的闽台教育关系》，《河北师范大学学报》2000年第1期。

交流的桥梁。林熊征后来为厦门旭瀛书院提供奖学金，资助台生到闽南求学，也资助闽南学生赴台学医。

辛亥革命后，大陆政局一度很混乱，同时由于日本殖民当局的阻挠，台湾青年赴大陆求学者为数不多。五四运动以后，大陆社会发生巨变，新思潮风起云涌，新事物层出不穷，令台湾青年心驰神往。他们或取道日本，或冒险偷渡，去大陆求学、参加学生运动，接受新思想的洗礼。据统计，从1920年年初至1923年10月，仅假道日本赴大陆求学的台湾青年就从19名猛增到273名。值得一提的是，这时期到大陆来求学的台湾青年多自称福建人，或"福建台湾人"。

20世纪20年代初，厦门大学创立后，招收一些台湾学生就读。据统计，1922年至1924年，厦门大学有台生9人，其中本科生3人，预科生6人；1925年，有预科生2人；1934年，有本科生1人。人数虽然不多，但标志着台湾青年开始在福建接受高等教育。1923年，厦门有台生195人，其中20余人在中专以上学校就读。1926年，在厦门中专以上学校就读的台湾青年共有29名，其中厦门大学3名、闽南佛学院13名、厦门美术学校2名、博爱医院附属医科学校7名、鼓浪屿商业专门学校3名、禾山商职1名。此外，尚有一定数量的台湾青年在福建接受普通教育。据日本驻厦门领事馆调查，1926年，在厦门及其周边地区接受中等教育的台湾青年有175人。

日据时期，除台湾青年自行赴闽求学外，台湾一些民间社团也考虑派送子弟到福建求学。1931年7月，台湾中华总会馆曾派员与厦门地方政府商讨选送子弟就读事宜。

除到福建就读外，日据时期，还有一些台湾学生冲破重重阻碍到福建开展"修学旅行"活动。如1920年11月，台北医科专门学校四年级学生一反过去赴日本"修学旅行"的惯例，组织观光团到祖国大陆旅行，厦门是其中一站。

二 台湾籍民在福建接受教育

籍民指日本占领台湾之后被编入日据"台湾籍"的台湾人，其中不少人居住在祖国大陆。在福建省定居的台湾籍民为数不少，主要分布于闽南地区。据统计，厦门地区，1917年有2800余人，1929年有6879人，1937年有10217人。此外，尚有未登记者15000人。籍民旅居福州者初期数量相对较少，1913年以后逐渐增多，1929年为1121人，1937年达1777人。

　　籍民的管辖权不归当地政府，而归日本使领馆。由于在福建定居的台湾籍民为数不少，为解决其教育问题，日本驻台湾总督府决定成立籍民学校。1898年，日本在福州成立东文学堂，总教习为日本人冈田兼次郎，是为福建地区第一所籍民学校。1899年，日本在厦门设立东亚书院。此外，还有1902年创办的泉州彰化学堂、1903年创办的漳州漳华学院、1907年创办的福州东瀛学堂、1908年创办的石码瀛夏书院和厦门旭瀛书院。

　　日本人牢牢掌控着籍民教育的管理权，由台湾总督府为其提供经费、师资，实施赤裸裸的奴化教育，并对中国进行无孔不入的文化渗透，故而遭到中国人民的坚决抵制。为了籍民教育能够更好地在福建生存与发展，20世纪初，一些籍民学校便与地方合作，聘请士绅担任名誉性的领导职务，还允许学生参加科举考试，但日本人仍紧握管理权毫不松手。"九一八"事变后，随着中日关系的恶化，籍民教育开始走下坡路，办学规模日渐萎缩，虽然抗战期间在日军刺刀的保护下曾一度回光返照，但随着抗战的胜利而最终走向消亡。

　　籍民学校主要招收台湾籍学童入学，同时也吸收一些本地生源，使闽台两地儿童有机会沟通交流。日方曾一度执行与福建地方当局合作的政策，使双方在管理、教学方面存在一定交流。此外，籍民学校的学制、课程设置较为先进，在一定程度上弥补了福建公私学校的不足。因此，从某种程度上说，籍民教育是日据时期闽台教育关系得以维系的重要体现。

三　台湾学生在福建的爱国活动

　　日据时期，台湾人民开展了长期的反抗斗争，许多台湾爱国人士来到祖国大陆从事光复台湾的民族解放运动。其中，在闽南地区求学的台湾青年学生表现尤为活跃。

　　1923年6月，厦门大学学生李思祯在厦门成立尚志社，是为闽南地区最早的台湾爱国团体。该社曾声援台湾民选议会请愿团活动，产生较大社会影响，遂遭到日本驻厦门总领事馆迫害，很快解体。1924年4月，李思祯又与就读于厦门的郭丙莘、王庆勤、翁泽生等组建"闽南台湾学生联合会"。此外，在闽南地区成立的台湾学生爱国组织还有：20年代中期在厦门成立的"厦门中国台湾同志会"，20年代末期在漳州成立的"台湾解放运动牺牲者救援会"，30年代初在厦门成立的"闽南学生联合会"等。这些组织通过印制传单、创办刊物、组织游行、筹划歌舞戏剧演出等方式，积极宣传爱国主张，开展抗日活动。他们还利用其成员假期回台湾的机会，广泛联络台湾岛内的爱国团体，支援岛内抗日活动。

虽然上述爱国团体存在的时间都不长，活动影响也有限，但都致力于使台湾摆脱日本的殖民统治。福建人民深受其爱国行为的鼓舞，纷纷伸出援手，给予庇护。在福建人民的支持下，他们的抗日爱国活动，产生了广泛的社会影响。

四 福建学校师生赴台湾学习、工作、参观和实习

日据时期，不仅有台湾人士来福建学习交流，福建方面也有不少人赴台从事教育活动，闽台教育交往仍然是双向的，如曾任国民政府主席的林森，早年曾赴日本统治下的台湾工作。由于日本当局的限制和阻挠，福建官方组织的赴台教育交流凤毛麟角，但仍存在。1916年，福建省立甲种农业学校邱文鸾、刘范征、谢鸣珂等同学到台湾修学旅行，参观台北"养蚕所"。1929年6月，厦门集美水产航海学校、集美中学组织20名学生赴台参观实习。1935年1月，闽南教育界组团赴台考察职业教育。1933年，陈仪任福建省主席，主张改善中日关系，曾数次组织规模较大的考察团赴台湾考察，其中有两次派出了教育界的代表，与台湾教育界有一定交流。抗战期间，日军一度占领厦门。1939年10月，伪厦门市政府组团赴台考察教育，团长为日本人，团员18人为教育界人士。

综上所述，日据时期，海峡两岸原本一体化的文化联系被日本殖民当局强行中断了，但闽台两地深厚的历史渊源，注定了闽台教育缘是不可能被彻底隔绝的。一方面，台湾青年克服种种困难，以各种方式到福建读书、实习、参观、考察，有的还在福建从事反日爱国活动，体现了闽台间存在着一定程度的教育联系。另一方面，日本当局在福建开设籍民学校，与福建进行有限的合作，同时对福建进行文化渗透，这从一个侧面反映了这一时期闽台教育关系的复杂性。日据时期的闽台教育联系就如潜溪暗流，虽然不明显，时断时续，但毫无疑问，仍然顽强地存在着。

第五节 战后初期闽台教育合作

1945年，抗日战争胜利，台湾光复。10月25日，中国战区台湾地区受

降典礼在台湾省台北市公会堂（今中山堂）举行，正式宣告了日本殖民统治的结束，台湾终于回归祖国的怀抱。

经过五十年日本殖民统治，尤其是"皇民化运动"，台湾传统中华文化备受摧残，台湾的社会景观和民众生活，都不可避免烙上日本文化的印记。在教育方面，台湾民众始终无法获得公平的教育机会，而不得不接受日式的教育。因此，光复后台湾社会文化的最大变化，就是复兴台湾的中华文化。就台湾教育而言，就是要打破殖民地教育的窠臼，从教育的形式和内容上清除日本"皇民化"思想和军国主义思想的遗毒，在学制、教科书、师资等各个方面进行革新，使中华文化成为台湾学校教育的主要内容。因此，在光复初期，作为台湾文化重建的重要组成部分，台湾教育的重建，担负着去殖民化的历史重任。其任务在于：彻底铲除殖民主义教育制度，改造长期殖民统治所形成的社会奴化心理，推广国语、国文和国史教育，培养教育人才，促进两岸教育重新融合。以台湾光复为契机，海峡两岸原本源远流长的教育交流，得以迅速恢复和发展，台湾教育重新回到祖国的体系之中。

一　福建为台湾培养和提供教育人才

抗战胜利前夕，日本败局已定，福建省临时参议会提出为光复后的台湾教育培养师资的问题。1944年5月，陈仪致函教育部长陈立夫，也提出为台湾培训师资。经规划，国民政府最后确定在福建设立国立海疆学校（福建师范大学前身），为台湾培育师资力量。这是抗战胜利后闽台教育联系的一个重要方面。

除设校为台湾培养师资外，福建省还给台湾支援了不少现成师资。光复后的台湾，日籍教师大批撤走，各校师资紧缺，台湾便在福建、北平、上海、重庆等地大量招募教师。闽南与台湾地域相近，语言相通，习俗相同，台湾方面时常在这里大规模招聘师资。1946年2月，台湾行政长官公署委托厦门市政府在闽南招聘240名语文教员，要求师范毕业、年龄在26岁以上、能操国语及闽南语。1947年9月，厦门市政府又受澎湖县政府委托招聘40名中小学教员。台北师范学院的美术教师大多来自福建师范学院，如黄启龙、周瑛、宋友梅、吴承砚等。光复初期台湾大专院校的音乐科系最早的师资是由福建省立音乐专科学校教师渡海来台。台湾中等学校的音乐教师，也几乎都是福建省立音乐专科学校的毕业生。在福建地方政府的积极配合下，台湾方面在很短时间内就招募到合格、足额的教员。以台北师范艺师科和台中女中为例，1946 年至 1963 年，台北师范艺师科专业教师共有 15 人，福建赴台任教的就有 8 人，超过半数。[1] 而据台中女中档案记载，1946 年，台中女中共有 50 位在职教师，大陆赴台教师有 39 位，占总数 78%，其中来自福建的就有 30 位，占教师总数 60%。

  福建还向台湾派出相当数量的教育行政干部，为清除日本殖民教育的遗毒，恢复中华传统文化的影响，作出重要贡献。如福建仙游人王家骥任"台湾省行政长官公署教育处督学"，并先后担任台湾省立台东师范学校（今台东大学）、台湾省立高雄中学（今高雄市立高雄高级中学）等学校校长。福建大学兼职校长海澄县人邱汉平先后担任东吴补习学校和东吴大学校长。泉州人庄长恭任台湾大学校长，连江人陈鹏任台东县教育科长，负责接管台东、台中教育的谢真和罗文祥也是福建派去的。福建省立师范专科学校校长唐守谦教授赴台担任台北师范学校校长，1955 年参与创办东海大学并任教务长及暂代校长之职。国立福建音乐专科学校校长萧而化赴台协助台湾师范学院音乐系，担任台湾省立师范学院音乐专修科主任。光复初期，福建教育界人士对台湾的中学教育重建贡献良多。福建省长江中学校长金树荣担任省立台中第一中学校长，兼任省立台中第二中学校长[2]；福建永定中学教务长姜子荣担任台南第二中学校长；莆田中山中学训育主任林一鹤担任高雄第一和第二中学校长；福建古田人钟治同担任校长接管省立屏东中学；福建永泰人、福建大学毕业生陈颐担任台湾省立高雄女子中学校长（1949）。此外，台中女中校长余丽华、台中男中校长陈洒苏、屏东中学首任校长钟治同、屏东市立一中校长郑亨观、省立花莲中学校长林民和等都是毕业于厦门大学的福建籍教育工作者。

  福建为台湾输送大批教师和教育管理人才，直接促进了光复后台湾教育制度的重建和教育事业的发展，在台湾教育的祖国化中发挥了重要作用。

---

[1] 黄冬富：《战后初期台北师范艺师科（1947—1963）》，（台北）《美育》第 168 期，2009，第 79 页。

[2] 在《李敖自述传奇人生：李敖回忆录》一书中，曾如是记述："当时台中一中校长是外号'金乌龟'的金树荣，福建林森人，四十六岁，他在 1945 年 12 月 1 日就到一中了，是接收大员，资格最老，热心办学，人也有霸气，当时一中师资集一时之盛。"见该书第一部分·第四章"台中（2）"，http://vip.book.sina.com.cn/chapter/240989/312266.html。

二　福建学生赴台湾读书、工作

经过日本殖民者数十年的经营，台湾建立起一套现代化的教育体系。各类专科院校规模庞大，设备完善，技术领先，职业教育优势明显，对大陆特别是福建的学生有较强的吸引力。为充分使用光复后台湾的教育资源，福建方面积极筹划选派学生赴台进修，以培养专门人才。如1948年，厦门市长黄天爵提交《关于保送闽南学生赴台深造的提案》，得到福建省政府行政会议的批准。当时，闽籍学生遍布台湾大学、台湾师范学院、台南工学院等台湾著名院校。著名人类学家、福建泉州人李亦园，就是在这时期考入台湾大学的。

八年艰苦抗战的胜利，极大激发了广大福建高校学生的爱国热忱。他们毕业后，纷纷主动要求去台湾工作，为台湾战后重建贡献知识和力量。1945年9月，厦门大学的8位应届结业生，不待校址回迁厦门，就从闽西长汀出发，辗转抵达台湾，成为第一批赴台工作志愿者。至1948年4月，在台湾工作的厦大校友已超过300人，遍布台湾各地。1947年，国立海疆学校首届毕业生计162人，多数选择去台湾工作。大批福建毕业生积极投身战后台湾社会的重建，反映了闽台间深厚而久远的亲情。

三　福建师生赴台湾教育交流

台湾回归祖国怀抱之后，福建赴台教育交流十分活跃。在短短的一年多时间里，福建各主要大中专院校如厦门大学、国立海疆学校、福建医学院、福建农学院、福建音乐专科学校、厦门集美高级商业学校、林森师范学校、龙溪师范学校、国立侨民第一师范学校等都组织专业考察团赴台观摩学习。众多专业人员通过赴台考察，扩展了专业视野，掌握了先进知识，对福建院校教学、研究水平的提升有积极影响。福建一些高校的负责人、著名学者也纷纷应邀赴台考察、讲学，如私立福建学院教授陈遵统、福建协和大学训导长孟良波、厦门大学校长汪德耀先后前往台湾考察文化教育，洽谈闽台教育合作事宜。1947年7月，厦门大学教育系教授郭一岑、李培囿、陈景磐和中文系教授虞愚等应邀赴台讲学；1948年，虞愚教授再次应台湾省政府邀请赴台"担任该省举办之教育人员暑期讲习会之专题演讲"，开设"怎样复兴中国文化""中国人生哲学"等讲座[①]；法学院院长王亚南

[①] 王玉国：《厦门大学与台湾光复》，《台湾建省与抗日战争研究：纪念抗日战争胜利60周年暨台湾建省120周年学术研讨会论文集》，鹭江出版社，2008，第553页。

也应邀前往台湾讲学。两岸教育高层借此增进了合作和了解，推动闽台教育交流更上新台阶。

随着闽台教育关系的不断发展，福建高校纷纷在台湾成立校友会组织，为开发和建设台湾出力。1946年5月，协和大学台湾校友会在台北成立。1948年6月，厦门大学在台北成立校友会，并在台南等地设立分会。1948年12月，旅台闽南同学会在台北成立。这些校友会组织的存在，为进一步增进两岸教育交融、密切两岸教育联系奠定基础，标志着闽台教育交流与合作达到一个新的水平。

四　台湾学生来福建读书

应该指出的是，光复后的闽台教育交融并不是单向的。除了有大批福建师生赴台工作、学习、参观、考察，支援台湾建设之外，还有不少台湾学生通过各种途径来福建读书，有力地促进了两岸教育的交融发展。福建方面为吸引台湾学生就读，出台各种便利措施。1946年12月，厦门大学新生院特别设立台籍学生国语、国文补习班，首批参加学习者即有30余人。同时，允许台湾学生以补习成绩来替代国文成绩。长期的殖民教育，极大损害了台湾学生的中文能力。1947年2月，福建省教育厅要求各中等学校降低录取标准，让台湾学生有更多的机会被录取。为方便台湾考生升学，福建一些大学在台湾单独设立考区，直接录取台湾学生。1947年6月，福建协和大学率先在台湾设立考区。此后，厦门大学甚至提出免试录取方案，即通过成绩审查的方式录取台生，这有很大吸引力，仅1947—1948年，就录取了55名台湾保送生。厦门大学是福建省最知名的高等学府，向来深受台湾学生青睐，在1949年之前，一直是全国招收台湾学生较多的大专院校之一。

由此可见，在台湾光复后的短短的三四年间，闽台教育交流和融合有了长足的发展。海峡两岸教育交流的发展，不仅积极推动了台湾文教事业的重建，而且在更深的层次上，有利于消除两岸因长期分离而形成的心理文化隔阂，也有利于两岸共同的情感结构和血缘联系的重建，对战后台湾祖国文化认同的重建起着十分重要的推动作用。

第六节　当代闽台教育交流合作的发展与展望

1949年中华人民共和国成立，在此后30年的时间里，海峡两岸一直处于紧张的对峙状态，闽台间的教育联系被迫停止。20世纪80年代初，随着大陆改革开放的推进，海峡两岸关系有了很大的改善，中断已久的闽台教育交流也得以恢复。1987年台湾解除"戒严"后，两岸的紧张关系大为缓解。随着两岸经济与社会交流的不断拓展，闽台教育关系不断深化，促进了闽台教育交流的蓬勃发展。

20世纪80年代末以来，来祖国大陆高校就读的台湾学生逐年增多。福建是祖国大陆最早招收台湾学生的省份。如设在泉州的华侨大学自从1985年率先开展对台招生以来，至2007年，已累计招收台湾学生3247人。目前，全省共有厦门大学、华侨大学、福州大学、福建师范大学、福建医科大学、福建中医药大学、福建农业大学、仰恩大学等8所高校招收台湾学生，并形成包括进修生、预科生、函授生、本科生、硕士生、博士生在内的完整招生序列。

为进一步鼓励台湾学子来闽就读，深化闽台教育交流，福建方面出台一系列优惠政策，给予台湾学生诸多便利和优待，为闽台教育交流的深化创造良好氛围。台湾学生不仅可以免试进入福建高校插班就读，还可以通过教育部对港澳台侨子弟实行的"联招联考"报考福建高校，甚至可以通过单独考试，进入福建师范大学和福建中医学院学习，渠道可谓多种多样。

闽台特殊的历史渊源，使台湾学生得以迅速融入福建的学习生活。校方也在生活和学习上多方关心，让台湾学生感受到同胞的亲情和热情。如厦门大学多方筹集资金，完善教学设施，配备师资力量，扩建学生宿舍楼，添置餐厅设备，为台湾学生营造良好的学习和生活环境。各高校每年假期还组织各种活动，丰富台湾学生的课余生活，增强他们对中华文化的认同。当台湾学生遇到困难时，福建有关方面给予极大关注。如1999年9月台湾南投发生7.6级地震后，各高校马上采取措施，对来自灾区的台湾学生提供各种帮助和慰问。

福建省在做好招收台生工作的同时，积极开展两岸教育交流。据《台湾工作通讯》2007年第1期报道："近6年来，来闽访问的台湾教育界人士已有近千批、7700多人次；福建教育系统也有近500批次、1250多人次专家学者赴台讲学、开展学术交流等活动。10多年来，福建省举办的两岸学术研讨会达100多场。与此同时，两岸大中学生科技、教育、文化等方面的交流日益频繁。许多高校开展了闽台大学生夏令营、社会实践等活动。从

2002年起,福建省连续举办了五届海峡两岸大学生辩论赛(其中第四届在台北举行),参赛队从首届的10支增至16支,在海峡两岸大学生中产生了广泛影响。"①

2008年国民党重新执政以后,台湾当局对大陆政策逐渐朝松绑、开放的方向推进。在海峡西岸经济区中居主体地位的福建省,近年来紧紧把握时机,积极开展对台教育交流工作,在学术交流和师生互动等方面,不断拓展闽台教育交流合作领域,构建两岸教育交流的良好平台。主要形式包括:

闽台高校的高层互访。2004年以来,泉州师范学院多次组团赴台湾高校考察,并开展合作。2007年,福建省组织11所高校的校长赴台考察。2008年,华侨大学校长赴台参加学术论坛。2009年,泉州市组织高校教育考察团赴台考察。对于福建高校的合作愿望,台湾高校积极响应。2010年3月,台湾组织21所职业院校的校长和教授来泉州考察,与福建签订了24项合作协议,硕果累累。两岸高校高层的频繁互访,进一步增进了闽台教育界的相互了解,扩大了两地教育的交流合作。

闽台高校的师生交流。2000年以来,两岸人员往来络绎不绝,各领域交流不断发展。2009年秋,福州大学、福建师范大学、福建农林大学等14所高校选派200名学生赴中兴大学、中洲技术学院、建国科技大学、朝阳科技大学等四所台湾高校留学,为期一年。这是大陆官方首次大规模资助高校学生赴台学习。据统计,仅2009年度,福建省就有近500人次学生赴台学习交流。2008—2010年,台湾淡江大学、东海大学、中正大学、逢甲大学等校共选派41名学生赴厦门大学学习。不少台湾学者接受福建高校礼聘,如台湾著名诗人余光中,音乐家林文乐,知名学者管中闵、郑志宏等被华侨大学聘为客座教授。为进一步促进闽台高职院校的师资交流,2009年7月,福建省教育厅出台"闽台高职院校2009—2012年联合培训师资"的规划,取得良好效果。据2012年福建省教育系统统计,近6年计有近500批次、1250多人次专家学者赴台开展合作科研、学术交流等活动,其中仅厦门大学就有282批741人次赴台进行学术交流和访问讲学等,是目前大陆高校赴台人数最多的院校。② 福建师范大学、厦门

---

① 《闽台教育交流合作日益密切》,《台湾工作通讯》2007年第1期,第34页。
② 参见赵叶珠、郑蔚《闽台高等教育生源互动的现状与问题》,《教育与考试》2012年第1期。

大学、福州大学等高校也常为台湾学者举办各种学术讲座,推进两岸学术交流。此外,闽台高校经常联合举办各种活动,增进两地学生的友谊。夏令营是闽台师生进行交流的重要途径。1999年8月,厦门大学、台湾东海大学联合举办"闽南文化研习"夏令营,来自闽台12所大学的105位学生,在闽南地区进行了为期10天的考察。2010年9月,台湾成功大学、泉州师范学院、厦门大学等校联合举办"台湾·闽南文学之旅"夏令营。近年来,福建方面也陆续组织"丝绸之路""民族风情""黄河文化寻根""中华大地行"等夏令营活动。夏令营之外,两岸还通过各种形式的研讨会、运动会、辩论会、文化节,如"海峡两岸大学生辩论赛""两岸青年学生友谊赛(如篮球赛等)""海峡两岸和谐文化节""和谐之声·海峡两岸大学生校园亲情歌咏大赛""美丽中华·海峡两岸大学生摄影大赛""海峡两岸口译大赛"等,丰富台湾学生的课余生活,促进两岸大学生在广阔的学科领域相互交流。

由此可见,20世纪80年代以来,闽台教育关系发展势头很好。2010年8月,台湾当局通过"陆生三法修正案"(即《两岸人民关系条例》《大学法》《专科学校法》),对大陆985高校学历予以正式承认,并有限度地开放大陆学生报考台湾高等院校。这是两岸教育关系的一大进步。但应该看到,两岸政治互信基础尚且薄弱,受台湾政治生态的影响,闽台教育交流与合作政策难免存在波折。台湾当局始终坚持台湾对大陆的教育政策只是其大陆政策的一部分,并不是单纯的学术、教育交流问题。而且,台湾方面有人还一直担心,放开陆生赴台求学,可能冲击台湾青年的价值观,进而威胁台湾的安全;势必"稀释台湾高等教育资源",甚至"排挤台湾学生的受教权益",从而"威胁下一代的教育生存权";还会降低台湾高校的整体教学质量,进而影响其办学声誉;等等。[①] 因此,尽管是国民党执政,也不能完全放开限制,相关政策显得很矛盾。如上述的"陆生三法修正案"对陆生赴台读书采取诸多限制,特别是不承认大陆专科学历,给两岸教育合作蒙上一层阴影。[②] 总体而言,当前闽台教育交流主要是大陆方面向台湾的单

[①] 参见许明、黄鸿鸿、黄艳平《闽台高等职业教育交流与合作的政策探析》,《福建论坛》2011年第11期。

[②] 台湾"陆生三法修正案"有所谓的"三限六不"规定:大陆本科生只能就读私立学校,硕士、博士虽然可选择公立大学,但学历受承认的大陆高校只有41所(2013年增加到111所),而且限制承认医事学历;大陆学生不得报考"安全机密"相关系所、不得参加公务员考试,等等。

向开放,请进来多,走出去少,而且层次不高,形式单一,相关制度规则不够成熟完备,这些都极大限制了双方合作的深入发展。但从另一个角度来看,未来两岸教育合作有很大提升空间。

闽台高等教育各有特点,各有优势劣势,具有很强的互补性。台湾的高等教育相当发达,有大专院校172所,其中有10余所大学跻身全球500强之列。台湾大学师资力量强,办学特色鲜明,国际化程度高,比福建大学优势明显。但持续走低的人口出生率,导致台湾高校生源紧张,给台湾高等教育的长远发展带来很大威胁。而福建高校面临的困境则有:一是高等教育稍显供不应求,二是竞争力有限,三是国际化程度相对落后。可见闽台高等教育可以通过交流与合作,共同把握机遇、应对威胁,实现资源共享,优势互补,共同繁荣。这当中,政治影响是关键。两岸应共同努力,提升政治互信,为两岸教育交流制定长远规划。闽台双方都要完善相关规章制度和基本配套措施,努力推动学历互认的方式途径,深入探索交流合作的新模式、新渠道,共同推动两地教育的繁荣发展。

近年来,随着两岸实现"大三通"、两岸签署金融监理合作备忘录(MOU)与两岸经济合作框架协议(ECFA),闽台关系进入快速发展期。福建省作为"海西"的核心区域,充分利用闽台区域文化资源优势,发挥福建省在对台交流合作中"先行先试"的作用,积极探索闽台高校教育合作交流的新模式,为海峡两岸教育交融发展作出突出贡献。目前,已有部分闽台院校在互相承认学分、互相开放教育资源、共同制定课程质量标准、共建科研平台、共同申请课题等方面,展开卓有成效的合作。2009年8月,福建省副省长陈桦率团赴台访问,宣布福建将推出10条加强闽台交流合作的措施,包括设立"两岸教育合作实验园区"。这一宏伟的规划,给未来闽台教育的交融描绘了美好的蓝图。2012年,由福建师范大学牵头,两岸高校和科研院所共同参与的"海峡两岸文化发展协同创新中心"成立;2013年,由厦门大学牵头,复旦大学、福建师范大学、台湾大学等单位协同共建的"两岸关系和平发展协同创新中心"挂牌成立,提出建设两岸文化教育融合平台的构想和规划;2013年7月,福建省计划在厦门大学、华侨大学、福建师范大学、福建农林大学、集美大学等高校创建五个闽台修学旅游基地,将分批邀请万名台湾青年学生来闽修学旅游……这一切表明闽台教育文化交流与合作领域正在不断深化和拓展。

总体而言，闽台教育合作的前景是光明的，道路是曲折的。当前应在巩固现有成果、完善现有交流平台的基础上，努力推动实质性的合作项目，持续拓展闽台教育交流的新渠道，探索两岸教育合作的新载体、新模式、新途径，最终促成双赢，共同发展。

（本章撰稿：许莹莹）

第二章 闽台儒学源流

第一节 明郑时期闽台儒学的亲缘关系

闽台儒学关系始于明郑时期儒学的经闽入台。从儒学思想体系传播的历史轨迹看，福建儒学是台湾儒学的本源——"台湾亦闽学之台湾也"[①]。福建儒学是中国传统儒学传入福建后，经由历代福建儒学知识分子的传承与发展而形成的带有鲜明的理论特性的儒学体系。福建儒学以朱熹的学说（即"朱子学"或称"闽学"）为主要代表，李贽、黄道周等人在不同的向度上拓展了福建儒学的面宽。福建儒学中侧重点不同的思想价值取向，在东传入台的历史时段里产生了不同的影响，显现出闽台儒学亲缘关系的不同表现面貌。

一 福建儒学与明郑儒学价值观念的生成

从理论体系性和代表性的层面上看，福建儒学成型于宋代。北宋时期，周敦颐、程颢、程颐、张载等儒学大师在北方创立了濂、洛、关等理学学说流派，丰富了儒学的思想体系。随着中国的经济文化重心在宋代的南移，北宋诸儒的学说也在南方得到了传承和发展，其巅峰就是朱熹的学说。朱熹师承于福建南平人李侗，承袭了程颢、程颐兄弟的洛学，又博采众家之长，在融汇北宋以来理学学说的基础上吸取了佛、道思辨哲学的理论养分，其理论思辨色彩浓厚，代表了理学发展的巅峰水准。由于朱熹出生于福建，其学说与学派形成于福建，主要的门生弟子也都是福建人，因此，朱熹的学说也被称为"闽学""考亭学派"或"朱子学"。朱熹的学说以正心诚意

[①] 潘朝阳：《从闽学到台湾的传统文化主体》，《明清台湾儒学论》，（台北）台湾学生书局，2001，第110页。

为核心,以格物致知为前提,以修身为根本,以复性为归宿,以治国平天下为目的[①],将儒家"仁""义""礼""智""信"的"五德"和"君臣""父子""夫妇"的"三伦"上升为固有的天理,对宋后的社会观念和思想道德产生了巨大的影响。在朱熹之外,福建儒学的重要代表人物还有明代的李贽和黄道周。李贽貌似叛逆,实则向往传统儒学的价值世界。黄道周在学说上力主调和程朱与陆王,在倾向于程朱之学的立场上,希望以陆九渊的学术思想救朱熹之弊,又用朱熹的学术思想补陆九渊之不足[②],同时黄道周也极为重视传统儒家思想中"经世致用"的观念,并在明末王朝覆亡的历史风云中践行自己爱国为民的儒家理想。

从闽台儒学亲缘的发生角度而论,朱熹的学说及郑成功对儒家精神的理解与实践,构成了儒学"道之东传"最重要的资源。"台湾四百年来,有两个儒学和儒教传统,其最早且最重要者乃是明郑延平郡王带来台湾的东林、浙东儒学,彼特富抗拒夷狄之精神,并恒能在否极的时代,以轰烈或渊默的方式将儒家常道慧命加以复振。台湾精神就是在这种抗拒和复振型儒家学教之护育下,长期潜培而发展出来……另一个儒学儒教传统则是清治之后,从福建渡海东传的朱子学;其多透过治台贤吏的政教而传播……而在台文人秀士的言行亦率多遵循朱子学,乃至传统台湾的社会文化以及一般人民的生活标准,基本上实乃儒家紫阳夫子之规范。……四百年来的汉人台湾,其实即是儒学儒教的台湾。"[③] 郑成功和朱熹所代表的台湾儒学的两个传统都在福建孕育成熟,并经由福建东传入台。从文化地缘关系上说,福建儒学是台湾儒学形成的最重要且直接的因素。

崇祯煤山自经之后,明王室遗族在清军的追击下一路南逃至福建,闽地的士大夫在"节义"的旗号下集聚反清,形成了此时福建儒学思想的主要面目,也决定了儒学东传台湾之时的内容主体和价值倾向,即"节义忠烈"的价值观念和"经世致用"的入世态度。作为儒学东传主要载体的明郑政权,其领导者和臣属都鲜明地体现出明末福建儒学的精神气象,儒学思想也以这样的面目在闽地和台海的抗清战火中传播到了台湾。郑成功既是儒学由闽入台最主要的施行者,也是明末闽台儒学的代表与典型。郑成功(本名森,字

---

① 李申:《简明儒学史》,中国人民大学出版社,2006,第236页。
② 陈名实:《闽台儒学源流》,福建教育出版社,2008,第93页。
③ 潘朝阳:《抗拒与复振的台湾儒学传统:明郑至乙未》,《明清台湾儒学论》,(台北)台湾学生书局,2001,第157页。

大木）少时，曾有相士预言其"实济世雄才，非止科甲中人"。郑成功"性喜《春秋》，兼爱《孙吴》。制艺之外，则舞剑驰射；楚楚章句，特余事耳。事其继母颜氏最孝。于十一岁时，书斋课文，偶以小学'洒扫应对'为题，森后幅束股有'汤、武之征诛，一洒扫也；尧、舜之揖让，一进退应对也'。先生惊其用意新奇"①。这段文字刻画出一个深受传统儒家思想影响的郑成功形象：侍母以孝、博学众艺、胸怀天下。郑成功接受过较系统的儒学教育，七岁开始在家乡泉州南安学习儒学，十五岁入县学，二十一岁即以贡生身份入南京太学，师从钱谦益，同年明朝覆亡。也正是从此时开始，儒家思想价值观念在他身上的深远影响开始显现出来。因父亲不听苦谏执意降清，郑成功即以儒家春秋大义为本，移孝作忠，终其一生践行"节义忠烈"的儒家价值观念。"盖自古大义灭亲，从治命不从乱命，儿初识字，辄佩服春秋之义，自丙戌冬父驾入京时，儿既筹之熟，而行之决矣。"② 在郑成功身上，民族气节与君臣孝义是相互融合的两个儒家价值向度。

郑成功的民族气节包含着浓重的"华夷之辨"气息，这也是传统儒家思想在传播过程中日常伦理化的重要内容之一。从孟子开始，儒家便认为接受"亲亲尊尊"的儒家观念的人才可以称之为人，而违背了这些观念的人则等同于禽兽。在很多情况下，中国人并没有将儒家文化圈外的人视为真正的人，而是视之为"番"，并以他们对中国文化的熟悉程度分为"熟番"和"生番"。《孟子·滕文公上》有句名言："吾闻用夏变夷者，未闻变于夷者也。"明末之变对绝大多数儒家士大夫而言，绝不仅仅意味着改朝换代，而是意味着以道德与文化的沦丧为标志的"亡天下"。顾炎武在《日知录》中提出的"亡国"与"亡天下"之辩，即在于强调在儒学教化之外的清朝政权在伦理与道义上的非法性，宣称清朝的建立将导致"仁义充塞""率兽食人""人将相食"的"亡天下"之景。"天下兴亡，匹夫有责"的号召表明，明清易代之际的皇权交替，还伴随着文化上以儒学为价值核心的身份想象与观念生产。对"华夷"的身份区隔，以及对君臣伦理的坚持，这些儒家伦理观念成为包括郑成功在内的明末闽台区域抗清武装斗争的信念支柱。江日昇的《台湾外纪》以小说的文体保留了许多闽台历史的痕迹，记录了一大批在闽地抗清战争中殉明的人物形象，无论是原本就是福建人的黄道周、曹学佺，还是在福建殉明的周之藩、傅冠、陈启泰、段应举、

---

① 江日昇：《台湾外纪》，（台北）台湾银行经济研究室，1960，第39页。
② 杨英：《从征实录》，（台北）台湾银行经济研究室，1958，第42页。

郭承汾，都散发着儒家殉道者所特有的人格魅力。江日昇坦承自己书写《台湾外纪》的动机是为了留存这种儒家"节义忠烈"的价值观念："但成功髫年儒生，能痛哭知君而舍父，克守臣节，事未可泯。况有故明之裔宁靖王从容就义，五姬亦从之死；是台湾成功之蹶，实为宁靖王而蹶，亦蜀汉之北地王然。故就其始末，广搜辑成。诚闽人说闽事，以应纂修国史者采择焉。"① 也正因此故，"义士、忠臣、烈女、节妇，凡有所见，皆笔于书"②。就此层面而言，明郑儒学价值观念既是福建区域中抗清斗争的自然产物，也是传统儒家思想经闽入台的必然趋势。

"闽学就其儒家道统的传承而言，实有其源远流长的道术脉络，朱子的儒宗规模和气象乃是从这样的道术脉络中远绍而来，而非福建一地之产；称闽学，固然就其福建地望而言，但更应直探闽学内在的一贯传承，实乃孔孟始源的儒家道德理想主义。"③ 明郑儒学也如同闽学一般，可以追溯到传统的儒家观念。传统儒家思想经闽入台的突出表现之一，就是闽台抗清人士秉持的儒家价值观及其践行方式的高度类似性，即对"节义"矢志不渝、义无反顾的追求。始终得不到崇祯帝重用的黄道周悲愤于明朝的覆亡，在拥立隆武而心知复国无望的情况下，自募亲友乡族北伐，终究力竭被俘，于南京殉难。黄道周留给历史的最后一段场景是："三月五日，骑拥过西华门，坐不起，曰：'此与高皇帝陵寝近，可死矣。'方刑时……乃裂衿啮指血大书曰：'纲常万古，节义千秋。天地知我，家人无忧。'"④ 金门人卢若腾抗清战败后受明郑政权礼遇，长期在金、厦生活。1664年卢若腾与沈佺期等东渡台湾，至澎湖时突然发病，恰值崇祯殉难忌日，卢若腾因悲恸过度而亡故，遗命题其墓曰"有明自许先生之墓"。⑤ 郑成功无论是作为"叙述者"还是"被叙述者"，都表现出与黄道周、卢若腾同样的儒家气节观念。"焚服哭庙"是儒者郑成功的典型事迹之一："成功虽遇主列爵，实未尝一日与兵枋，意气状貌，犹儒书也。既力谏不从，又痛母死非命，乃悲歌慷慨谋起师。携所着儒巾、襴衫，赴文庙焚之，四拜先师，仰天曰：'昔

---

① 江日昇：《台湾外纪》，（台北）台湾银行经济研究室，1960，"自序"第3页。
② 江日昇：《台湾外纪》，（台北）台湾银行经济研究室，1960，"郑序"第9—10页。
③ 潘朝阳：《从闽学到台湾的传统文化主体》，《明清台湾儒学论》，（台北）台湾学生书局，2001，第110页。
④ 黄道周：《黄漳浦文选》，（台北）台湾银行经济研究室，1962，第371页。
⑤ 朱双一：《闽台文学的文化亲缘》，福建人民出版社，2005，第56—57页；《台湾诗钞》，（台北）台湾银行经济研究室，1970，第16页。

为孺子,今为孤臣;向背去留,各有作用。谨谢儒服,唯先师昭鉴之!'高揖而去。袒旗纨族,声泪并俱。"① 显然,"焚服哭庙"不是意味着与儒家学说的"决裂",而是以一种决绝的仪式来表明自身坚定的价值立场,即以弃文从武来捍卫儒家关于政治与伦理的基本价值观。在郑成功的诗文中,"节义"也是其念念不忘的主题。《陈吏部逃难南来,始知今上幸缅甸,不胜悲愤。成功僻在一隅,势不及救,抱罪千古矣》(二首):"闻道吾王赋式微,哀哀二子首阳薇。频年海岛无消息,四顾苍茫泪自挥。""天以艰危付吾侪,一心一德赋同仇。最难忠孝两难尽,每忆庭闱涕泗流。"诗后自注曰:"太师为满酋诱执,迫成功降,再四思量,终无两全之美,痛愤几不欲生;惟有血战,直渡黄龙痛饮,或可迎归终养耳,屈节污身不为也。"② 有学者认为郑成功是儒家孟子学与春秋大义的真正实践者,"其以一少年儒生英豪之姿,独力奋勉,航渡抗清拒夷之义师于东南大海,双手撑举忠孝节义之正气旗帜于滔滔浊世,以此浩然正气对抗夷狄之道的满清,而展现出中国常道慧命永不断灭的刚健雄浑之力。噫!微郑成功,则华夏儒宗的浩然正气与正道,或将从此永绝;若微成功之渡海开台,亦将无一常道慧命润育培护的台湾。郑成功于华夏和台湾,其功德深矣远矣"③。将郑成功儒学抬至如此重要地位,显然是考虑到明郑儒学发生的背景及其对台湾所产生的深远影响。

二 闽台抗清斗争与明郑儒学"经世致用"的实践取向

价值观念及其实践,构成了传统哲学中"知"与"行"的互动关系。明儒善辩、好攻评、热衷立言,在节操上持论特严,明朝灭亡之际士人巨量的死亡被视为一种"忠义之盛"。崇祯自杀既是明亡之际以死殉节风潮的开端,也被认为是一位"非亡国之君"的君主以身作则颁布的道德命令。秉持"忠孝节义"的明末士大夫们,大多以方式不同的"死"为结局,有所谓"死社稷""死封疆""城亡与亡""有死无贰""吾此心安者死耳""以死为道"等诸多表现。以死明志的价值取向不可避免地趋于极端化,尽管有儒家知识分子如陈确者将"节义"与生存或生命的态度相联系,但舍

---

① 郑亦邹等:《郑成功传》,(台北)台湾银行经济研究室,1958,第5页。
② 郑亦邹等:《郑成功传》,(台北)台湾银行经济研究室,1958,第129页。
③ 潘朝阳:《论台湾儒家政教传统的创建——郑成功的抗清与治台》,《明清台湾儒学论》,(台北)台湾学生书局,2001,第73—74页。

生取义似乎已经成为士大夫们的不二之选——不能"死节"者除了要面对巨大的道德压力和身份歧视之外，也面临着现实的风险。新主可能随时变更允诺，而即便是朝不保夕的南明弘光政权，也有"命封疆失事诸臣不分存殁，俱着法司分别议罪"之举。① 虽然明末士大夫殉节的方式并不完全相同，但抱定舍生取义的必死之心是其最大的共同点，无论是否承认明祚气数已尽，这批士大夫都已然意识到抗清之于个人命运的终结性。尽管在儒家价值立场上与明末死节的士人保持了高度的同一性，但郑成功集团主导的闽台抗清斗争却代表了另一个意义向度上的实践取向，即以"经世致用"之思想经营反清复明之大业。郑成功不仅将儒家的春秋节义作为抗清的伦理依据，也将儒家奋发经世的担当精神作为社会建设与文明培育的精神动力，从而包含了更多积极的因素——与一心求死殉节的士大夫相比，这是一个从考虑"怎么死"到考虑"如何生"的重大转变。

"经世致用"的实践取向源远流长，孔子的"仁政"、孟子的"王道"等思想都传达出儒家知识分子入世治国、平天下的担当情怀。明末乱世之际，黄道周代表了福建儒学对明朝东林一脉实学传统的直接继承与发扬，他主张"经世致用"，认为学问必须有益于国事与民生，构成了武装斗争之外抗清的另一实践路径。黄道周三十五岁时自述，"夙年著书数十万言，明天地之道、帝王之义、万物变化之纪，极博穷微"②。他认为"读书知言，又在知人安民"③，学以致用的目标，即是为了爱人安民，"古之圣人，爱人以立体，知人以致用。其所知者不过数人，其所爱者及亿万。人知其道无他，亦曰能爱人安民而已"④。黄道周"爱人安民"的思想，明显是传统儒家知识分子治世情结和担当精神在明末的再现。《孟子·万章上》云："思天下之民，匹夫匹妇有不被尧、舜之泽者，若己推而内之沟中。其自任以天下之重如此。""自任以天下之重""乐以天下，忧以天下""以天下为己任""以天下风教是非为己任""先天下之忧而忧，后天下之乐而乐"等，构成了儒家思想中鲜明的"入世"和"担当"情怀。有学者认为，儒家是

---

① 赵园：《明清之际士大夫研究》，北京大学出版社，1999，第23—57页。
② 庄起傅：《漳浦黄先生年谱》，黄道周《黄漳浦文选》，（台北）台湾银行经济研究室，1962，第412页。
③ 黄道周：《答刘念台书》，《黄漳浦文集》（上），（悉尼）国际华文出版社，2006，第227页。
④ 黄道周：《求言省刑疏》，《黄漳浦文集》（上），（悉尼）国际华文出版社，2006，第16页。

"价值优先"的文化体系，其价值优先是道的优先、理的优先、义的优先。①而作为"天下古今公共之理"的"道"，对身处易代之际的儒家知识分子而言，既包括强烈的节义诉求，也包括安民济世的角色担当。黄道周"爱人安民"的济世之志迫于时势而未能得到系统的展开，但其有限的实践仍洋溢着充沛的"知其不可而为之"的儒家风骨气质。

儒学"经世致用"传统在明末闽台区域的系统化实践，是郑成功在坚持武装抗清时着手进行的另一项重大工程。从历史视角来看，这项实践是台湾开化的肇始。早在劝谏其父郑芝龙不能对降清抱有幻想之时，郑成功就意识到了武装抗清与社会建设的内在关联：固本安民是反清复明的基石所在。"以儿细度，闽粤之地，不比北方得任意驰驱，若凭高恃险，设伏以御，虽有百万，恐一日亦难飞过。收拾人心，以固其本。大开海道，兴贩各港，以足其饷。然后选将练兵，号召天下，进取不难矣。"② 固本、兴商、足饷，都是为进取天下做准备，而收拾人心、获得民众的认同则是郑成功集团"经世致用"实践的直接目的。

由于抗清军事行动日渐艰难，占据的福建诸城先后被清军攻破，郑成功遂东进驱逐荷兰人收复台湾，并在台湾岛上详细展开了儒家治世思想的具体实践。郑成功深知久战伤民，人心思定，在台湾实施了一系列符合儒家仁治思想的、德教与严法并行的行政措施。郑亦邹等在《郑成功传》中的记叙反映了儒家"仁"的观念对郑成功在台施政的影响："成功既闻迁界令下，叹曰：'使吾徇诸将意，不自断东征，得一块土，英雄无用武之地矣。沿海幅员上下数万里尽委而弃之，使田庐丘墟、坟墓无主，寡妇孤儿望哭天末，惟吾之故。以今虽披猖，亦复何用。但收拾余烬，销锋灌燧，息兵休农，待天下之清未晚也。'乃立兴法、辟刑狱、起学宫、计丁庸、养老幼、恤介特、险走集、物土方；台湾之人，是以大集，郑氏遂安。"③ 郑成功"经世致用"的仁政实践，包括息兵养民、严法安民、重视儒学人才培育、安抚宣慰土著居民、驻军垦荒屯田等诸多方面，台湾民生与文化由此得到极大的发展。明郑政权覆亡之后，清人郁永河在《裨海记游》中记录说："成功立法尚严，虽在亲族有罪，不少贷；有功必赏金帛珍宝，颁赉

---

① 陈来：《儒家思想传统与公共知识分子——兼论现代中国知识分子的公共性与专业性》，许纪霖主编《公共性与公共知识分子》，江苏人民出版社，2003，第21页。
② 江日昇：《台湾外纪》，（台北）台湾银行经济研究室，1960，第90—91页。
③ 郑亦邹等：《郑成功传》，（台北）台湾银行经济研究室，1958，第21—22页。

无吝容；伤亡将士，抚恤尤至，故人皆畏而怀之，咸乐为用。"① 康熙朝时任福建分巡台湾厦门道兼理学政的高拱乾，在其主修的《台湾府志》中也承认明郑"经世致用"政策的功绩："台在昔，为雕题黑齿之种，断发文身之乡。迄今，风俗凡几变矣。……夫但知争利，又安知礼义哉？嗣是而郑氏窃据兹土，治以重典；法令严峻，盗贼屏息。民间秀良子弟，颇知励志诗书。"② 郑成功幕僚中的核心人物、"举止翩翩，有轻裘缓带之风"的陈永华，是郑氏经世致用思想的重要执行者和推广者。陈永华"亲历南、北二路各社，劝诸镇开垦；栽种五谷，蓄积粮粮；插蔗煮糖，广备兴贩。于是年大丰熟，民亦殷足。又设立围栅，严禁赌博。教匠取土烧瓦，往山伐木斩竹，起盖庐舍，与民休息。以煎盐苦涩难堪，就濑口地方，修筑丘埕，泼海水为卤，暴晒作盐；上可裕课，下资民养"③。有学者指出，陈永华的施政作为明显是熟读《农政全书》《天工开物》《皇明经世文编》等儒家经世之学书籍的结果。④ "民皆悦服，相率感化，路不拾遗者数岁"⑤。郑经主政时期，陈永华推行的儒家仁政已经显现出良好的社会效应。

三 以闽为本：明郑儒学的制度化移植

明郑儒学"经世致用"的实践取向，属于"制度儒家化"范畴。明郑在台的执政措施具有鲜明的儒家王道色彩，在政府的行政建制和管理机构的设置方面，都完全遵照儒家的皇权意识形态标准。郑成功改称台湾为"东都"，设"承天府""天兴县""万年县"，用儒家五常仁、义、礼、智、信为军队编制名称。郑经除改"东都"为"东宁"，升"天兴""万年"二县为州之外，还照搬明朝六部制设立吏、户、礼、兵、刑、工六官，一些地名如"文贤里""仁和里""仁德里"等更是儒家思想观念的直接反映。在另一个层面上，明郑政权的"儒家制度化"也在展开，即以台湾"以闽为本"的儒家制度化移植。

地缘因素决定了闽台间人员往来的密集，由于明郑抗清，闽地人士大量入台。施琅在《尽陈所见疏》中说："查自故明时，原住澎湖百姓有五六千人，原住台湾者有二三万，俱系耕渔为生。至顺治十八年，郑成功亲带

---

① 郁永河：《裨海记游》，（台北）台湾银行经济研究室，1959，第50页。
② 高拱乾：《台湾府志》，（台北）台湾银行经济研究室，1960，第185—186页。
③ 江日昇：《台湾外纪》，（台北）台湾银行经济研究室，1960，第235页。
④ 陈昭瑛：《台湾儒学的当代课题：本土性和现代性》，中国社会科学出版社，2001，第7页。
⑤ 郁永河：《裨海记游》，（台北）台湾银行经济研究室，1959，第52页。

去水陆伪官兵并眷口共计三万有奇,为伍操戈者不满二万。又康熙三年间,郑经复带去伪官兵并眷口约有六七千,为伍操戈者不过四千。"[①] 康熙实行迁界政策之后,也有许多沿海居民迁入台湾。查继佐在《东山国语》一书中说,"按台湾延袤三千余里,虽有守御,人民稀少,土尽芜。自大军安集,闽浙居民附舟师来归,烟火相接,开辟芜土,尽为膏腴"[②]。这构成了闽台儒学制度化移植的大背景。

明郑政权以闽为本的儒学制度化移植,首先体现为其政权中儒学人才多出自闽地,或因抗清活动经闽入台。这批由福建进入台湾的儒学名士,构成了台湾儒学生根发芽的土壤。惠安人王忠孝、南安人沈佺期、郑成功渡台时奉命留守厦门的辜朝荐先后从福建入台,同安县人卢若腾、纪许国虽未曾真正入台,但对明郑政权都有相当的影响力。郑成功父子及其幕僚如陈永华者,更是闽儒入台的典型代表。

明郑政权以闽为本的儒学制度化移植,其主体是教育机构和教育机制的复制。由于明郑政权内重视文教的幕僚重臣如陈永华等都是福建人,其机构和机制的设置也与福建无二。陈永华被认为是台湾儒学制度化的创始者。"就台湾而言,儒学与儒教始于明末漂流来台的浙儒沈光文,但以国家形式而在台湾始播儒学、儒教者,应推明郑漳浦儒生陈永华之立圣庙、建太学于台南"[③]。明郑政权在台湾站稳脚跟之后,陈永华重拾"文教兴台"的既定方略,创建了台湾第一所儒学学校。陈永华向郑经进言:"开辟业已就绪,屯垦略有成法,当速建圣庙、立学校。"他认为王业的成败与土地是否广阔无关,重要的在于君主能以儒学为教化之本,并拥有能施行教化的儒士队伍。因此,孔庙及儒学学校的建设就尤为重要。"昔成汤以百里而王,文王以七十里而兴,岂关地方广阔?实在国君好贤,能求人材以相佐理耳。今台湾沃野数千里,远滨海外,且其俗醇;使国君能举贤以助理,则十年生长,十年教养,十年成聚,三十年真可与中原相甲乙。何愁局促稀少哉?今既足食,则当教之。使逸居无教,何异禽兽?须择地建立圣庙、设学校,以收人材。庶国有贤士,邦本自固;而世运日昌矣。"[④] 陈永华的建言得到了郑经的采纳,"经大悦,允陈永华所请。令择地兴建圣庙,设学

---

① 施琅:《尽陈所见疏》,《靖海纪事》,(台北)台湾银行经济研究室,1958,第6页。
② 查继佐:《东山国语》,(台北)台湾银行经济研究室,1963,第98页。
③ 潘朝阳:《明清台湾儒学论》,(台北)台湾学生书局,2001,"自序"第2页。
④ 江日昇:《台湾外纪》,(台北)台湾银行经济研究室,1960,第236页。

校。于承天府鬼仔埔上,鸠工筑竖基址,大兴土木起盖"①。这也是现有资料可证的明郑时期台湾唯一的儒学学校。文庙建成以后,郑经亲往祭祀,表明对儒学教育的重视和对陈永华兴建儒学学校的肯定。郑经随即任命陈永华执掌这所儒学学校,成为台湾儒学制度化的标志。"康熙五年丙午(附永历二十年)正月,建立先师圣庙成(今台湾府府学是也),旁置明伦堂。又各社令设学校延师,令子弟读书。……三月,经以陈永华为学院、叶亨为国子监助教,教之养之。自此台人始知学。"② 陈永华之父陈鼎是明末举人,任同安县教谕,清兵破城时殉国。陈永华从小就成长于制度化的儒学氛围之中,从其经历来看,这所学校的建成完全是福建儒学的复制。

明郑政权在儒学制度化过程中设置的机构,还包括储贤馆、储材馆、育冑馆等。郑成功的系列政务实践,包括了奉永历为正朔、善养明诸流亡宗室等意识形态方面的内容,但更重要的还在于其施政力图续接儒家道统的价值理想。明郑集团延续了明朝六部制的政治架构,为王道理想的复兴而设置储贤馆、储材馆、育冑馆,从多种渠道吸纳并培育儒家英才。储贤馆中的名士如王忠孝、卢若腾、沈佺期、辜朝荐、徐孚远、纪许国等,都得到郑成功极高的礼遇和尊重。"此数人,郑之名客也,军国大事,时以咨之。"③ 育冑馆是郑成功专为抗清阵亡将士的后代设置的育才机构。储贤馆、育冑馆等机构的设置,是明郑政权建设其儒家人才培养体系的举措之一,储贤馆、育冑馆等机构与儒学学校相互补充,共同建构起台湾儒学制度化的机构内容。

教育机制的移植无疑是"以闽为本"的台湾儒学制度化的核心部分。台湾儒学学校建成之后,执政当局在效仿明代福建儒学科考制度的同时,依据当时台湾的实际情况,作出相应的变通:"议两州三年两试,照科、岁例开试儒童。州试有名送府,府试有名送院;院试取中,准充入太学,仍按月月课。三年取中式者,补六官内都事,擢用升转。"④ 制度的建立为台湾儒学的生根与发展提供了政策保障,也为儒学的承续与发扬提供了文化空间。在这套从福建移植过海的儒学教育机制中,一名合格的儒学人才必须经过严格的专业培训。尽管处于政权草创期的明郑集团不可能在台湾一

---

① 江日昇:《台湾外纪》,(台北)台湾银行经济研究室,1960,第235—236页。
② 江日昇:《台湾外纪》,(台北)台湾银行经济研究室,1960,第236页。
③ 郑亦邹等:《郑成功传》,(台北)台湾银行经济研究室,1958,第12页。
④ 江日昇:《台湾外纪》,(台北)台湾银行经济研究室,1960,第236页。

岛上建立起类似于明朝中央政府那样繁缛而严整的多级化的科举制度，然而没有开科取士制度的明郑政权依然树立起儒学的权威地位，并且将儒学教育延伸到了台湾少数民族的生存空间之中，践行着儒家"有教无类"的教育理想。清人游记《裨海记游》记载了明郑时期儒学教育之于台湾原住民的深远影响："是日过大洲溪，历新港社、嘉溜（音葛辣）湾社、麻豆社，虽皆番居，然嘉木阴森，屋宇完洁，不减内地村落。余曰：'孰谓番人陋？人言宁足信乎？'顾君曰：'新港、嘉溜湾、殴王、麻豆，于伪郑时为四大社，令其子弟能就乡塾读书者，蠲其徭役，以渐化之。四社番亦知勤稼穑，务蓄积，比户殷富；又近郡治，习见城市居处礼让，故其俗于诸社为优。殴王近海，不当孔道，尤富庶，惜不得见，过此恐日远日陋矣。'"① 这也从另一个角度佐证了明郑政权儒学教育体制在移植后的日渐完善和成熟。从制度层面而言，明郑政权在使儒学进入台湾的同时，也完成了"以闽为本"的儒学制度化移植，从而使自身所秉持的意识形态得到广泛的认同，并拥有自我再生产的能力。

明郑政权"以闽为本"的儒学制度化移植，其历史意义与影响得到了包括清政府官员在内的人们的广泛认同。长期流寓台湾、被称为台湾文化开山祖师的沈光文，在其《台湾赋》中描绘出明郑政权入台之前台湾的风土人情："及言乎其俗也，滨海之家，大约捕鱼；依山之族，惟知逐鹿。伏腊岁时，徒矜末节，冠婚丧祭，争好虚文。病则求神而勿药，巫觋如狂；贫则为盗而忘身，豺狼肆毒。娈童若女，傅粉涂朱；少妇常耕，蓬头跣足。及言乎其性也，慈祥恺悌，先天似未生来；礼让谦恭，后进何知力学！有势而父子方亲，多财而兄弟乃熟。"② 显然当时的台湾社会还处于较为原始的状态。经过明郑集团的儒学教化之后，台湾风俗民情为之一变。清领台湾时，第一任台厦道周昌在《详请开科考试文》中说道："本道自履任后，窃见伪进生员犹勤藜火，后秀子弟亦乐弦诵。"③ 这与沈光文的描述显然迥异。

"在那个败亡纷乱时代，惟有郑成功的抗清集团真正地依一套客观政教制度以推展内部建设并维护生存，成功复将此种客观性体制带到台湾，而为在台汉人树立客观的'国家形式'；换言之，若无郑氏以一套客观政教制

---

① 郁永河：《裨海记游》，（台北）台湾银行经济研究室，1959，第 17—18 页。
② 沈光文：《台湾赋》，侯中一编《沈光文（斯庵）先生专集》，（台北）文海出版社有限公司，1980，第 94—95 页。
③ 高拱乾：《台湾府志》，（台北）台湾银行经济研究室，1960，第 235 页。

度带来台湾，则历史上将无一个属于汉人国家形式之台湾也。"① 经过明郑政权"制度的儒家化"和"儒家的制度化"的经营，儒学在台湾的存在已然超出了制度或学术的层面。尤其是在明郑政权控台的初始阶段，儒学通过日常教化和移民过程中所接续的中原生活方式，将其观念渗入民众的日常生活之中，从而使儒学在很大程度上成为"日用而不知"的一般知识、观念甚至信仰。恰是这种进入了百姓日常生活观念的儒家思想，构建了台湾的文化基础与慧命常规②，也确立了台湾根深蒂固的中华身份意识。

第二节 清代闽台儒学关系

1683年，清军攻破明郑澎湖军事防线，郑成功之孙郑克塽向清政权议降，明皇族遗民朱术桂自杀身亡，作为明朝遗脉的明郑政权覆灭，台湾纳入清朝版图。与之前的非汉族统治政权一样，清朝领导层并没有能力提出一套新的意识形态系统，用以取代从汉武帝开始逐步成形的传统文化观念。通俗地说，"被汉化"成为清廷别无二致的文化选择。在此背景下，居于传统文化观念核心地位的儒家思想必然得到清政府的承认及改写。福建朱子学占据了这种"被重写"的儒学意识形态的核心，在其播散台湾的过程中，深度参与了台湾社会文化观念的认同塑形。"清代的儒学，根本上就是朱熹建立而由朱子学弟子们代代传承下来的儒学。清代以后台湾传统儒者基本上都以闽学的学风为学风，闽学的气派为气派，因此台湾传统文化主体基本上包容在朱子儒学的思想体系之中，不仅与闽学，而且与整个中国传统的文化精神都是一脉相承的。"③

一 朱子学的经典化与台湾儒教制度化的再启动

清政权在武力统一全国之后，仍面临着文化领导权方面的巨大挑战。传统的历史沉积为明末清初儒家知识分子的抵抗提供了强大的道德伦理能量，在此情形之下，清政权的领导者意识到"修正"或者说提出另一套符合其统治利益的儒家学说，是争夺文化领导权和阐释权最为简洁有效的方

---

① 潘朝阳：《论台湾儒家政教传统的创建——郑成功的抗清与治台》，《明清台湾儒学论》，（台北）台湾学生书局，2001，第94页。
② 张文彪：《儒学与当代台湾》，福建人民出版社，2010，第3页。
③ 张文彪：《儒学与当代台湾》，福建人民出版社，2010，第8—9页。

法。文字狱的兴起和朱子学的独尊,实际上是这种策略"一个硬币的两面"。爆发于雍正朝的吕留良案表明,清政权决不容许儒生将它视为非法的异族统治者。而在吕留良案发之前的康熙朝,以朱子学为核心的儒家意识形态重建就已然大规模展开。

康熙皇帝对朱子学在清初的发扬光大至关重要。在康熙朝编纂或开始编纂的众多大型图书文献中,六十六卷的《朱子全书》赫然在列。康熙五十一年(1712)的《谕表章朱子》中,康熙自述:"朕自冲龄,即好读书,亦好写字;一切经史,靡不遍阅成诵。在昔贤哲所著之书,间或字句与中正之理稍有未符或稍有疵瑕者,后儒即加指摘,以为理宜更正。惟宋之朱子注明经史、阐发载籍之理,凡所撰释之文字,皆明确有据,而得中正之理。今五百余年,其一句一字莫有论其可更正者。观此,则孔、孟之后,朱子可谓有益于斯文,厥功伟矣。朕既深知之而不言,其谁言之!"① 康熙五十二年(1713)六月,康熙还特意为《朱子全书》撰写序言,对朱子学说给予高度的评价,将之树立为中华文化的菁华,赋予朱子学浓重的御用色彩和经典地位。《御制朱子全书序》这样评论朱子其人其学:"至于朱夫子集大成而绪千百年绝传之学,开愚蒙而立亿万世一定之规,穷理以致其知,反躬以践其实。释大学则有次第,由致知而平天下,自明德而止于至善,无不开发后人,而教来者也。……至于忠君爱国之诚、动静语默之敬、文章言谈之中,全是天地之正气,宇宙之大道。朕读其书、察其理,非此不能知天人相与之奥,非此不能治万邦于衽席,非此不能仁心仁政施于天下,非此不能内外为一家。读书五十载,只认得朱子一生所作何事。"② 在此情形下,作为朱子学发源地的福建,朱子学说更是远盛于其他省份。有学者将清朝初年福建朱子学盛行的原因归结为三个方面:一是朝廷对福建朱子学的重视,康熙朝重臣、福建安溪人李光地是有名的朱子学者,康熙常与其谈论儒学入夜,乾隆也称福建为理学之乡。二是福建最高行政长官的重视和提倡。笃信朱子学的张伯行于康熙四十六年(1707)出任福建巡抚,在任上极力表彰福建朱子学家,在福建编辑出版了大量的朱子学著作,兴建鳌峰书院作为宣扬朱子学的场地,延请福建朱子学名家做书院院主和教授,他自己还向鳌峰书院捐赠古今书籍达460余种数万卷之多,为福建培

---

① 刘良璧:《重修福建台湾府志》,(台北)台湾银行经济研究室,1961,第9页。
② 玄烨:《御制朱子全书序》,朱杰人、严佐之、刘永翔主编《朱子全书》(第二十七册),上海古籍出版社、安徽教育出版社,2002,第845—846页。

养了大批的朱子学后继人才。三是福建作为朱子学的故乡有阐扬朱子学的传统。南宋以来,福建朱子学集中了濂洛关之学精华,有雄厚的理论基础和大量的拥护者。[①] 这些都为以朱子学为主的儒学东传台湾提供了重要的条件。

与福建一海相隔的台湾,在明郑政权覆灭之后,反清复明的观念仍在民间拥有大量的认同。这些隐而不发却又坚定不移的认同观念对清朝治理台湾形成了潜在的巨大威胁。明郑政权经营台湾多年,其以"华夷之辨"和"经世致用"为主色调的儒学思想,逐渐演化为遗民的政治伦理认同和自由务实的儒学学风,并得到了台湾士民的广泛认同。为推广符合其统治利益的文化认同观念,清廷对明郑时期"以闽为本"的儒学教育体制进行大规模的改动。准确地说,这是明郑之后的台湾儒教制度化的再启动。"在一个给定的社会构成中,被组成这一社会构成的集团或阶级之间的权力关系置于教育行动系统统治地位的教育行动,无论从它的强加方式来看,还是从它强加的内容及对象的范围来看,都最全面地符合统治集团或阶级的客观利益(物质的、符号的和此处涉及教育方面的),尽管采取的形式总是间接的"[②]。清政府施行台湾儒教制度化再启动的第一步,即"去明郑化"。"去明郑化"实际上也是对闽台之间儒学关系的总体调整,在认定闽台文化渊源不可分割的基础上,清政权着力以福建朱子学为核心,重塑台湾儒学乃至文化的身份认同与价值观念。

清政府"以闽为本"的台湾儒教制度化再启动,在以下几个方面得到明显表现。

从儒学的发生环境上说,康熙二十三年(1684),清政府决定设立台湾府,辖台湾、凤山、诸罗三县,隶属于福建省。明郑所用"承天府""天兴州""万年州"等地名全部被废除,其儒学的教育政策也自然被废止。台湾儒学不再被视为正统的余脉所在,而恢复了其地域学说的特性。

从儒学的内容主题上说,明郑儒学因其服务于武装抗清之目的而侧重的"华夷之辨"和"经世致用",也被由清政府着力强调且改写过的福建朱子学所替代。"朱子学虽然得到复兴,但其自由的学风已被抹杀,对政治的

---

① 高令印、陈其芳:《福建朱子学》,福建人民出版社,1986,第369—370页。
② 〔法〕布尔迪约、〔法〕帕斯隆:《再生产:一种教育系统理论的要点》,邢克超译,商务印书馆,2002,第15页。

清议已被禁止,对学术的探讨被视为异端……实际上是在僵化中的复兴。"[1] 朱子学在经典化和制度化传播过程中,已经演变成为清政府统治合法性的文化辩护工具。"康熙作为一个王朝的统治者,看到了儒学,尤其是朱子学之所以能成为中国传统政治合法性的主要资源,当然并不仅仅在于儒家的观念适合传统的政治形式,更因其所标举的理想和价值观更符合中国人的理想,呈现出一种超越性和普适性。正是通过朱子学的传播,解决了如何重新安排台湾社会秩序等问题。"[2]

从儒学教育的管辖体系上说,清政府出于地缘和亲缘的考虑,基本上都将台湾儒学教育作为福建儒学教育管辖的一环。资料显示,清代兼任台湾最高教育行政长官"提督学政"的台湾官吏与福建官僚系统有着密不可分的关系。这种密切的关系大致表现为六个不同的阶段。(1)自康熙二十三年至雍正五年(1684—1727),分巡台厦兵备道兼任提督学政。分巡台厦兵备道于1684年设置,隶属于福建省,道署设于厦门。(2)自雍正五年至乾隆十七年(1727—1752),由巡台汉御史兼提督学政。雍正五年,台厦道改称台湾道,不再兼管学政。福建分巡台湾道是台湾道的主官正式官职,即台湾最高级别官员。(3)乾隆十七年至光绪二年(1752—1876),由福建分巡台湾道兼提督学政。(4)光绪三年(1877)岁试,由福建巡抚兼提督学政。(5)光绪四年至光绪十四年(1878—1888),由福建分巡台湾道兼提督学政,其间台湾于1885年建省。(6)光绪十四年至光绪二十年(1888—1894),台湾建省之后,由台湾最高行政长官台湾巡抚兼提督学政。[3] 从中不难看出,台湾最高教育行政长官一般都是由闽台官僚系统中的要员兼任,这也从建制上表明,清治台湾时期儒学的制度化,始终与闽台一体的客观历史渊源有着密切的关联。

从儒学考试与官僚队伍选拔机制上说,清政府将台湾儒学考试纳入全国考试机制中时,也针对台湾具体情况作出调整。生员享受一定的社会待遇,经过严格的考试之后,升为贡生的生员就有机会出仕,进入官僚队伍。台湾科考的名额、选拔等往往与福建密切相关。台湾参加乡试的秀才必须到福州参加乡试,而中举的名额也与福建有一定的关联。康熙曾诏令在福

---

[1] 陈名实:《闽台儒学源流》,福建教育出版社,2008,第206—207页。
[2] 张文彪:《儒学与当代台湾》,福建人民出版社,2010,第10页。
[3] 台湾省文献委员会编《重修台湾省通志》卷六"文教志·教育行政篇",(南投)台湾省文献委员会,1994,第31—32页。

建乡试中将台湾另编字号，保障台湾有一个举人的名额。这种政策倾斜在雍正、嘉庆、道光朝又有增减反复，至道光八年（1828）将台湾保障名额固定为4名。台湾举人参加会试也受到一定的政策保护。乾隆三年（1738）时，台湾举人会试名额也参照乡试的范例，在福建名额中另编字号，确保一个名额，但因应试台湾举人人数过少，直到道光三年（1823）这项政策才得到实践。清初台湾进士大多是福建刚移居台湾的儒生，或是台湾儒生回福建原籍就学，然后再回台湾以台湾生员名义参加科举之人。到了清中期之后，随着台湾文教水准的不断提升，台湾本土进士也随之诞生，郑用锡、许南英、施士洁等都是代表。[①] 这也表明，台湾儒学日益融入了以福建为代表的内陆朱子学的文化共同体。

二　仰止鳌峰：台湾书院对福建书院的追慕与承继

作为闽台两地最重要的儒学教育场域的书院，集中地展示了闽台儒学之间的传承关系和亲缘关系。推动台湾儒学发展的重要闽地人物及其作用、台湾儒学师法福建儒学后的发展、闽台儒学培育学生的方式、台湾书院对福建书院规制的移植，等等，都在台湾书院中得到了详细的展现。"福建鳌峰书院是清代台湾儒吏和儒生推展文教的楷模。……清代在台设置书院以教台湾儒士者，均以闽学为楷模也，不谓'海东'与'鳌峰'隔海对峙；台湾所有书院在精神、原则以及作风上，均是闽地朱子学的传播和延续。"[②] 官方色彩浓厚的鳌峰书院，在人才培育、科考制度、师资调度、书院规制等方面，都对台湾儒学产生深远影响。台湾书院对福建书院的追慕与承继，构成了闽台儒学传承亲缘关系的主线。

台湾书院对福建书院的追慕与承继，缘起于福州鳌峰书院典范性的确立。鳌峰书院于康熙四十六年（1707）由时任福建巡抚、理学家张伯行创建，是清代福建最高学府。鳌峰书院走出了一大批文人名士，如林则徐、梁章钜、陈化成、蔡世远、赵轩波、蓝鼎元、张际亮、陈寿祺等，对清晚期的闽台近代史产生了深远的影响。据《鳌峰书院志》的统计，从1707年创建至1838年的130多年中，鳌峰书院培养出进士248人，占清代1700余福建进士的1/7，堪称清代福建470所书院的翘楚。据《张清恪公年谱》记

---

① 陈名实：《闽台儒学源流》，福建教育出版社，2008，第175—205页。
② 潘朝阳：《从闽学到台湾的传统文化主体》，《明清台湾儒学论》，（台北）台湾学生书局，2001，第141—142页。

载:"康熙四十六年丁亥,公年五十七。三月升福建巡抚,六月抵福建巡抚任,冬十月建鳌峰书院。闽自龟山载道而南,四传而得考亭,朱子集诸儒之大成,理学独盛,故称海滨邹鲁。公谓此邦人士可与讲道,力欲振兴遗绪,乃建鳌峰书院于九仙山麓。备有志者入院肄业,资其供给衣服,并给往来路费,一时有志之士慕道偕来几数百人。公余之暇,辄为学者指道统之源流,示入圣之门路。"①

《鳌峰书院志》也记载了张伯行之于鳌峰书院学风形成的重要作用:"仪封张清恪之创鳌峰也,博探知名之士,令郡县以礼征聘,其来者与之讲学编书,清恪与文勤书以为士风,奔竞成俗。"②作为示范性书院而存在的鳌峰书院,其办学理念、问学风格乃至教授人员,都对台湾书院产生了巨大的吸引力。

据周元文在《重修台湾府志》中的记载,康熙二十二年至康熙四十八年(1683—1709)台湾有9所书院,分别是唐熙二十二年(1683)的西定坊书院、康熙二十九年(1690)的镇北坊书院、康熙三十一年(1692)的弥陀室书院、康熙三十二年(1693)的竹溪书院、康熙三十四年(1695)的镇北坊书院、康熙三十七年(1698)的西定坊书院、康熙四十三年(1704)的西定坊书院、康熙四十四年(1705)的东安坊书院、康熙四十八年(1709)的西定坊书院。③但这些书院基本上旋生旋灭,往往仅具备书院的雏形。较为正规意义上的台湾书院的出现,一般认为是康熙四十三年(1704)由台湾知府卫台揆创建的崇文书院,而16年后由福建分巡台湾厦门道梁文煊建起的海东书院,则是全台唯一的直属于福建的府级书院,已经清晰地显示出了闽台儒学间的传承关系。连横在《台湾通史》"教育志"中记载:"台湾为海上新服,躬耕之士,多属遗民,麦秀禾油,眷怀故国,故多不乐仕进。康熙四十三年,知府卫台揆始建崇文书院。五十九年,分巡道梁文煊亦建海东书院;各县后先继起,以为诸生肄业之地。"④台湾书院渐渐普及之后,台湾儒学教育体系化中相应的系列问题也逐步"以闽为

---

① 张师栻、张师载编《张清恪公年谱》,北京图书馆出版社,1998。转引自叶宪允《简论张伯行的教育成就——以鳌峰书院为例》,《河南师范大学学报》(教育科学版)2006年第3期。
② 《鳌峰书院志》,赵所生、薛正兴主编《中国历代书院志》第十册,江苏教育出版社,1995,第384页。
③ 周元文:《重修台湾府志》,(台北)台湾银行经济研究室,1960,第36页。
④ 连横:《台湾通史》"教育志",(台北)台湾银行经济研究室,1962,第274页。

本""以鳌峰为的"地展开。

台湾儒学本土化建设方面。台湾海东书院的创立实际上包含两个方面的意义：继承福建儒学制度与加速台湾儒学本土化。这两方面的意义，旨归在于台湾儒学的体系化建设。台湾在行政建制上隶属福建，台湾书院以福建省会的鳌峰书院为模本，在当时乡试考场设在福州的情况下，台湾儒生常需要漂洋过海到福州鳌峰书院参加儒学课程学习和考试，甚至有部分台湾生员为入读鳌峰书院而移籍回归。《泉州府志选录》记载，曾任台湾府教谕的晋江人张有泌"九岁能文；十一岁，府试居前。十九岁，为台湾诸生，移归本籍。驰骋经史，为文一归醇雅。遴选入鳌峰书院肄业"[1]。杨二酉、连横指出了此背景下海东书院的意义：一是承继鳌峰精神，以其为标榜教育生员，"意选内郡通经宿儒充教授为良师，允堪作育多士，与鳌峰并峙"[2]。二是提升台湾本土儒学教育质量，鼓励台湾生员奋发进取。台湾要员刘良璧、觉罗四明、徐宗干等人或以制定学规的形式，或以亲身参与教学的形式显示出对海东书院的重视。海东书院还在经济上对到福州参加乡试应考的学员给予相应的补助，并对成绩优异者予以奖赏。"初，台士乡试，例由海东书院给发盘费，以助肄业诸生。建省以后，官船往来，改发船票。而会试者从前新科举人在院肄业者给以百圆，虽不在院而连捷者亦同，否则仅给四十圆。应赴书院监督报名，而后分发。……其所以奖励科举者至矣。"[3] 这无疑是对鳌峰精神的实践与阐扬。

台湾儒学师资方面，与鳌峰书院也有着密切的联系。"鳌峰就是闽学的象征，其重要人物与台湾书院文教关系亦深远。"[4] 出于语言和习俗等多方面的考虑，台湾的儒学教员多数选择闽南和福州籍的人员，在台湾儒学尚未形成自我人才培育机制之前，清代许多主管台湾官学、书院的官员或教员也都从福建调任。"从清领台湾以后的两百多年时间里，对当地儒学发展起着最重要作用的是闽籍儒吏、儒士。"[5] 儒学学者或从闽入台，从台入闽再返台，都是两地儒学亲缘关系的表现。前文提到的张有泌，从台湾入学

---

[1] 《泉州府志选录》，（台北）台湾银行经济研究室，1967，第170页。
[2] 杨二酉：《海东书院记》，范咸《重修台湾府志》，（台北）台湾银行经济研究室，1961，第690页。
[3] 连横：《台湾通史》，（台北）台湾银行经济研究室，1962，第275—276页。
[4] 潘朝阳：《从闽学到台湾的传统文化主体》，《明清台湾儒学论》，（台北）台湾学生书局，2001，第142页。
[5] 张文彪：《儒学与当代台湾》，福建人民出版社，2010，第2页。

福建鳌峰书院，又在中举、登明通榜后回到台湾任儒学学官的教职，就是一个闽台儒学教育一体化、福建儒生融入台湾儒学教育的例子。这方面，鳌峰书院对台湾书院的意义是不可替代的，张伯行、陈瑸、陈梦林等都是体现鳌峰书院与台湾书院密切关系的重要人物。"台湾书院对鳌峰书院的继承，兼具制度与学术内容二方面。在人才选任上，来台任官或任教者，包括蔡世远、蓝鼎元、薛仲寅、丁莲、张有泌、郑兼才等人，其学问皆自鳌峰所出。"① 蔡世远虽然未曾涉台，但他对台湾儒学文化传播所产生的影响，却难以被忽略。

台湾儒学学规的制定，同样与鳌峰书院关系密切。晋江人丁莲"康熙五十二年进士，任兴化府教授；以学行纯粹，巡抚陈瑸延主鳌峰书院。教士一循白鹿洞规，多所成就。调台湾府学；倡明经术，海外化之。"② 鳌峰书院在从张伯行到陈瑸等官员的任期内，学规都以白鹿洞书院学规为典范，并推动此风气遍及全闽。台湾各地书院也以此学规为办学宗旨，如澎湖文石书院讲堂扁额即书"鹿洞薪传"四字，以立正学。③ 鳌峰书院代表了福建朱子学的最高成就，许多台湾书院学规实际上与鳌峰书院保持了从价值标准到内容规范方面的高度相似性。鳌峰书院的《大中丞觉罗满公保学约》规定八条学规：一曰立志，一曰立品，一曰尊经，一曰守约，一曰虚心，一曰乐群，一曰敬业，一曰课文。④ 这种形式在台湾书院中被广为采纳。刘良璧的《海东书院学规》提出"明大义、端学则、务实学、崇经史、正文体、慎交友"，其"端学则"一条直接将白鹿书院和鳌峰书院学规的相关内容综合起来："程、董二先生云：'凡学于此者，必严朔、望之仪，谨晨、昏之令'。'居处必恭，步立必正，视听必端，言语必谨，容貌必庄；衣冠必整，饮食必节，出入必省；读书必专一，写字必楷敬；几案必整齐，堂室必洁净；相呼必以齿，接见必有定；修业有余功，游艺有适性；使人庄以恕，而必专所听'。此白鹿书院教条，与鳌峰书院学规并刊，工夫最为切

---

① 林朝成、卢其薇：《从鳌峰书院到海东书院：论清代台湾朱子学的二个向度》，（花莲）《东华汉学》2009年6月第9期，第314页。
② 《泉州府志选录》，（台北）台湾银行经济研究室，1967，第152页。
③ 林朝成、卢其薇：《从鳌峰书院到海东书院：论清代台湾朱子学的二个向度》，（花莲）《东华汉学》2009年6月第9期，第306页。
④ 《鳌峰书院志》，赵所生、薛正兴主编《中国历代书院志》第十册，江苏教育出版社，1995，第302—304页。

近。"① 有"全台文教领袖"之称的海东书院，其学规中反映出的对白鹿和鳌峰两学院的追慕，在台湾无疑是有代表性的。

三 多重面相中的闽台儒学关系：建筑、碑文与秘密会社

书院既是儒学最重要的认同载体与再生产之源，也是闽台儒学传承关系最重要的表现形式。但在书院之外，闽台儒学传承的亲缘关系还可以在多种形式上表现出来。建筑、碑文、祭祀与会党结盟，都是闽台儒学传承关系的有力佐证。

就广义而言，儒学建筑并不仅仅指读书、讲学、弘道的地方。作为得到官方意识形态支持的主流思想和生产官方意识形态的观念母体，儒学建筑大多集多种实用性功能和象征性功能于一身，而实用性功能和象征性功能之间，往往存在着紧密的互文性关系。在很大程度上，庙学合一、学庙共存，成为儒学建筑与众不同的典型特征。"儒学"本身就包含着"儒家学说"和"传播儒家学说的学校"两种意涵，也在说明儒学建筑内容和形式的有机统一。位于台南的台湾府儒学的兴建，与闽台官吏的大力倡导和扶持密不可分。由于作为讲学场所的儒学基本都置于文庙之内，因此很大程度上台湾府儒学与文庙是"一体两名"。资料记载，台湾府儒学先后经历了数次修整。康熙二十四年（1685），分巡台厦兵备道周昌、台湾知府蒋毓英在明郑儒学旧址上创建台湾府儒学；康熙三十九年（1700），分巡台厦道王之麟初建明伦堂；康熙五十一年（1712），台厦巡道陈璸重修，创立斋舍，又于学宫之左建起朱子祠和文昌阁；乾隆十年（1745），台湾道摄府事庄年再次重修。修整之后的台湾府儒学格局为："中为大成殿，东西两庑；前为戟门，又前为棂星门、泮池；后为崇圣祠。祠左右，建十二斋。东庑下，为斋宿房；西庑下，为藏器库、庖湢所。左为名宦祠，右为乡贤祠。祠外为礼门、义路，又外为大成坊、泮宫坊。明伦堂在殿之左，两傍斋舍为诸生肄业所。学廨在明伦堂后。"② 至此，与内陆文庙经典布局高度相似，但又保存了闽台儒学传承关系的台湾文庙建筑格局形成。台湾文庙的总体结构采自于曲阜本庙而以漳、泉二州的文庙为具体蓝本，分巡台厦兵备道周昌在《详请开科考试文》中也说，台湾府学建学、考校的"未尽规条，应

---

① 刘良璧：《海东书院学规》，《重修福建台湾府志》，（台北）台湾银行经济研究室，1961，第560页。
② 范咸：《重修台湾府志》，（台北）台湾银行经济研究室，1961，第271页。

俟题允之日，于泉州就近移查学政事宜，次第修举可耳"①。更为富于台湾儒学"以闽为本"色彩的是陈璸于康熙五十一年（1712）建起的朱子祠和文昌阁。陈璸兴建的与儒学教育相关的建筑文昌阁，"阁制度：高、广、宽、长各若干，一准福州府庠奎光阁体式"②，佐证了儒学经闽入台的历史。更重要的是陈璸为朱熹单独建祠这一举动的意义，朱熹实际上已经被供奉于文庙西庑的先儒之列③，专祠的建立在客观上反映了福建朱子学之于台湾儒学的意义和分量。

朱子祠不仅在建筑空间形式上强调了朱熹教化八闽、泽及台湾的文化意义，也在祭祀层面上鲜明地反映出台湾儒学书院"以闽为本"的特色。布迪厄认为，国家是符号权力的集大成者，它成就了许多神圣化仪式，并就此确认符号受众的身份与认同。④ 显然，祭祀朱子的仪式意味着台湾儒生对以朱子为代表符号的儒家学说的认同，在此意义上，朱子祠的文化意义极为重大。台湾许多书院规定主祀朱子神位，共有十八所书院主祠朱熹或者包括朱熹在内的五位儒学学者。祭祀朱子或五子，成为闽地书院的共同特色，而台湾书院也在闽地学风的带动下，将这种祭祀形式移植到了台湾。⑤ 通常规模较大的官办书院，都有供奉朱熹或其他儒学先贤牌位，如明志书院"中为讲堂，后祀朱子神位"，文开书院"中祀徽国朱文公，两旁以海外寓贤八人配享"。至于一般书院，虽然大多以文昌帝君为主神，但朱熹仍然与民间信仰的神祇一道配享。⑥ 道光年间，鹿仔港同知邓传安在《文开书院从祀议示鹿仔港绅士》的开篇即说："书院必祀朱子，八闽之所同也。"⑦ 他还在《新建鹿港文开书院记》中再次强调了台湾书院祭祀朱熹的文化传承关系："闽中大儒，以朱子为最，故书院无不崇奉，海外亦然。"⑧

---

① 周元文：《重修台湾府志》，（台北）台湾银行经济研究室，1960，第 299 页。
② 陈璸：《新建文昌阁碑记》，范咸《重修台湾府志》，（台北）台湾银行经济研究室，1961，第 685 页。
③ 高拱乾：《台湾府志》，（台北）台湾银行经济研究室，1960，第 164 页。
④ 〔法〕皮埃尔·布迪厄、〔美〕华康德：《实践与反思——反思社会学导引》，李猛、李康译，中央编译出版社，1998，第 302 页。
⑤ 林朝成、卢其薇：《从鳌峰书院到海东书院：论清代台湾朱子学的二个向度》，（花莲）《东华汉学》2009 年 6 月第 9 期，第 303—304 页。
⑥ 潘丰庆：《清代台湾书院的儒学教育及其影响之研究》，高雄师范大学国文学系硕士论文，2010，第 20 页。
⑦ 邓传安，《蠡测汇钞》，（台北）台湾银行经济研究室，1958，第 19 页。
⑧ 邓传安：《新建鹿港文开书院记》，《台湾教育碑记》，（台北）台湾银行经济研究室，1959，第 41 页。

还有一例能说明福建儒学之于台湾儒学本源性的书院祭祀案例，则出现在与台湾一海之隔的澎湖文石书院。嘉庆二十年（1815）澎湖通判蒋镛续修文石书院时，文石书院祭祀人物中包括了"非典型性"的儒学人物，即胡建伟等四人。胡建伟任福州知府时兼澎湖通判，在岛上建起文石书院。并非儒学大家的胡建伟得以位列文石书院的祭祀对象，主要是由于他以福建官员身份为台湾儒学发展作出的贡献。

从建筑的功能形态上看，无论是讲学还是祭祀，儒学建筑都形成了一个巨大的儒家学说展演空间。"空间是政治性的、意识形态性的。它是一种完全充斥着意识形态的表现。"[1] 台湾儒学建筑既是以朱子学为代表的儒学的再生产场域，也浓缩了台湾儒学发展的历史和对福建儒学的师法痕迹。

碑文的历史源远流长，是传统文学中重要的文类，儒学碑文在某种意义上成为台湾儒学的常备元素。尽管记载碑文的石碑不能说是一种建筑，但石碑上的碑文同样以空间存在的形式展示着闽台儒学之间的渊源。清代儒学碑文基本围绕着四个主题展开：由贤入圣的心性修养、实学的双重性及其统一、五经与五伦相表里、对文史的重视。"清代台湾教育碑文中罕见谈天说理的高论，但多处表现了对朱子之伦理学、修养论的发挥。这些碑文一方面证明了台湾儒学与福建朱子学的渊源深厚；另一方面则揭示出，在宋明儒学各派中朱子学最有益于儒学教化的推动。"[2] 陈瑸的《台邑明伦堂碑记》《新建朱文公祠碑记》《新建文昌阁碑记》，邓传安的《修建螺青书院碑记》《文开书院从祀议示鹿仔港绅士》《新建鹿港文开书院记》，蔡世远的《诸罗县学记》，杨二酉的《海东书院记》等，都保存了以朱子学为代表的儒家学说经闽入台的文化轨迹。巡台御史杨二酉的《海东书院记》表达了台湾儒生仰止"鳌峰"的文化情结："台阳海峤，隶闽之东南郡；相去榕城，约千余里。诸生一仰止'鳌峰'，且不免望洋而叹也。"[3] 蔡世远的《诸罗县学记》则还原了当时台湾儒学对福建儒学的渴慕："世远时应中丞雷阳陈公之招，主鳌峰书院。吾友陈君梦林客游于台，周侯介陈君以书来求记；且曰：'诸罗僻居海外，诸生观化聿新，愿有以教之也'！世远寡陋

---

[1]〔法〕勒菲弗：《空间与政治》，李春译，上海人民出版社，2008，第46页。
[2] 陈昭瑛：《台湾儒学：起源、发展与转化》，华东师范大学出版社，2012，第29—47、30页。
[3] 杨二酉：《海东书院记》，范咸《重修台湾府志》，（台北）台湾银行经济研究室，1961，第690页。

何知，爰即鳌峰诸友，相与砥砺者而告之曰……"① 这些文献对台湾儒学产生了相当大的影响。

尽管在清廷的大力推行下，朱子学迅速成为台湾儒学的文化核心，然而，闽台儒学传承的面相并不能被理解得如此单一。明郑政权的意识形态残留始终未能被彻底清理，华夷之辨、实学传统构成了清朝闽台儒学传承关系的潜流。清政府虽然废除了明郑政权的体制痕迹，但不能改变台湾仍然处于开发期的历史境遇。在这种大环境下，明郑儒学的实学传统仍然有很深厚的生长土壤。由于基层台湾官吏时常侵扰台民，台湾民众的反清意识仍然十分坚定，源起于闽南的秘密会社结盟，就成为这种情绪的有效表达途径。明亡之后，福建、台湾地区的反清武装行动屡剿不绝，就是因为反清的秘密会社方式，得到了儒家华夷之辨思想的政治伦理支持。从这种华夷之辨思想牵引之下的台湾秘密会社反清斗争中，也不难看清其发源于福建的组织演变历史。闽南会社组织曾在清军入闽之时起事，失败之后随明郑力量退入台湾，并在台湾将这种组织形式广为流传。清代台湾两次大规模的结社起事，都可以看到明郑政权华夷之辨、反清复明的旗号，以及福建民众的参与和组织。福建长泰人朱一贵于康熙六十年（1721）纠集盟众，打起"大明重兴"的旗号，一个多月内几乎占领全台。福建平和人林爽文于乾隆五十一年（1786）领导了天地会的大规模反清武装行动，将缘起于闽南的天地会秘密结社的组织力量充分发挥，在"顺天"的旗号之下攻占台湾多处府县，杀死众多清廷驻台官吏，前后坚持作战一年多。② 这两次席卷台湾的反清军事行动，从观念、人事、组织等诸多方面，都能清晰地看出闽地华夷之辨、经世致用的实学传统对台湾民众的巨大影响，也构成了清代闽台儒学传承脉络中不能忽视的一面。

"清代台湾社会思想的主流是福建朱子学。在这一时期内，台湾儒学思想的活动始终不能溢出闽学的范围而生成为具有原创性的学派，因此台湾儒学只能说是闽学在台湾的一个支脉，或指儒学在台湾的存在和发展。"③ 台湾儒学在清代经历了迅速的发展，然而在清后期，以儒学为代表的传统文化在面对西方现代文明时毫无应对之策，闽台儒学关系和台湾儒学的发

---

① 蔡世远：《诸罗县学记》，周钟瑄《诸罗县志》，（台北）台湾银行经济研究室，1962，第255页。
② 陈名实：《闽台儒学源流》，福建教育出版社，2008，第255—265页。
③ 陈昭瑛：《台湾儒学的当代课题：本土性和现代性》，中国社会科学出版社，2001，第2页。张文彪也持此观点，见张文彪《儒学与当代台湾》，福建人民出版社，2010，第1页。

展也面临着严峻的历史考验。

第三节 鸦片战争至日据时期的闽台儒学关系

　　清朝为中国历史提供了最后一个鼎盛帝国形象，康乾之后，中国实际上已在世界工业化的进程中被远远抛下。工业发展与殖民扩张之间的必然联系，使得西方先发各资本主义国家对中国充满了贪婪的好奇。中国近代史在西方列强的侵略中拉开帷幕，而闽台就是列强进犯首当其冲的区域。民族家国危机出现时，作为真理代言人和主流意识形态价值支柱的儒家学说无力对此作出有效的回应或解释，其合理性也遭遇到空前危机。儒家学说阐释世界体系的天朝模式彻底破产，儒家化的制度难以维系，儒家学说对人伦纲常的解释权遭遇西方文化的挑战，这一切在客观上迫使儒家学说必须作出反应。闽台儒学在民族家国危亡和学说体系危机的双重困境中，既表现出顺应时代潮流的调适一面，也保留了传统儒家对身份认同的执著。在新变与执守中，明末以来关联性极强、一体化色彩浓厚的闽台区域儒学，也因政治历史的因素而逐渐走上不同的发展方向。

一　福建儒学的新变与台湾实学的复兴

　　鸦片战争划出了清晰的历史分界线，对闽台尤其是台湾而言，历史进入了多事之秋。1840年之前，英国商人即常潜入福州、厦门、鸡笼、鹿耳门、淡水等港口，在私售鸦片的同时搜集情报，为日后军事侵略做准备。鸦片战争爆发后，英军多次进犯厦门、台湾，遭到闽台军民坚决抵抗。两次鸦片战争之后，福州、厦门被列为通商口岸，台湾府城、淡水、鸡笼等地也被迫开港开埠。1874年日本设立"台湾事务局"，侵台之心昭然若揭。同年5月，牡丹社事件爆发，台湾民众浴血抵抗日本侵略军的进犯。1884年，法国入侵基隆未果后攻击福州，驻扎马尾的清军南洋水师在半小时中全军覆没。法军随后再攻台湾，在基隆、沪尾、淡水、澎湖等地都遭遇到刘铭传领导的台湾各界军民的抗击。闽台军民在武器装备、军事训练、机动能力等军事因素全面落后的情况下仍坚持舍命抗战，这既表明传统儒学在民族气节、道德正义的教化方面的成功，也折射出传统儒学对世界体系认识的失败和对自我力量评估的严重不足。作为清帝国政策的制定者、阐释者、执行者的儒家知识分子，显然对此有所触动。儒家知识分子的反思在闽台两地共同表现为经世致用之学的再度复兴,但闽台两地经世致用之学的复兴并非在同一时间节点上并行展开,其基础条件也并不完全一致。

福建实学的兴起与朱子学经典化之后不可避免的僵化有着逻辑关联,它不完全属于民族危亡的刺激反应,某种程度上说更是一种学说历史发展过程中的自我调适。相比较于理学对义和理的重视,经世致用之实学则希望兼顾义与利、道理与事功。乾嘉时期的意识形态高压政策客观上促使汉学考据之风大盛,朱子学则因其僵化趋于没落,汉学强调以严谨的态度求扎实之考据,这与经世致用之学有某种逻辑上的相似。清中期福建儒学重提经世实学的源头,时常追溯到福州人郑光策。郑光策被视为清代福建从复兴理学转向经世致用之学的关键性人物,生平最喜欢"读经世有用之书",乾隆朝末期就曾上书福建当局议论时政,力倡关注商、民利弊的社会改革,所有条陈皆被福建当局者采纳,是开嘉道时期全国经世致用风气之先的人物。嘉庆二年(1797)郑光策受聘主讲鳌峰书院时,提出以"经邦济世"之学作为书院教育的根本宗旨,是福建书院教育史上的重大改革。福建长乐人梁章钜是郑光策的门生和女婿,在主政地方时勉力践行郑光策的"经邦济世"之学。郑光策经世致用的思想,还至少在四个方面对福建经世实学的代表人物林则徐产生了具体影响:统筹全局的议政思想、因势利导的变法思想、解决南北两困的漕政改革思想、重视理财之道和用人之法的思想。[①] 有中国近代"睁眼看世界第一人"之称的林则徐,在其多次出任封疆大吏的官宦生涯中,在农业、漕务、水利、救灾、吏治各方面都取得了成绩。当然,林则徐经世致用思想最为人所称道的地方,还在于其在禁烟和抗英方面的功绩。林则徐的禁烟运动关注到了军事力量背后的文化背景,清醒地意识到文化交流与文化理解在外事上的重要性,开启了了解西方、重视西方、研究西方、学习西方的风气。林则徐组织人员翻译西文书报,派人收集西方各国情况,试图在更为全面地了解西方的基础上有效地抵御西方的入侵。他组织编译的资料有《四洲志》《华事夷言》《滑达尔各国律例》等,这些是中国近代最早译介的外国文献中的几种。林则徐的好友魏源受其嘱托,在《四洲志》《瀛环志略》和其他资料的基础上编纂成世界地理历史书籍《海国图志》,鲜明地反映了实学色彩浓厚的"师夷之长技以制夷"思想。从郑光策到林则徐,晚清儒学在福建率先完成了重视实

---

① 黄保万:《论郑光策与林则徐》,《福建学刊》1992年第3期。

学的转变,这次儒学的经世致用思潮与晚明的经世致用思潮在性质上有着明显差别。晚明残余势力以经世致用图东山再起,它与清政权的斗争属于中华民族内部的政治势力矛盾,而清末儒学的经世致用则有着鲜明的适应世界发展潮流的目的,是中华民族抗击西方列强入侵的可能性策略。在此意义上,晚清福建儒学经世致用思潮的出现,可称儒学在双重危机中求新求变的一种努力。

郑光策之学影响到了其女婿梁章钜和其门人林则徐,而林则徐的实学倾向同样影响其女婿沈葆桢,沈葆桢则以经世致用之精神策划开发建设台湾的实践,这种实践在刘铭传那里又得到了承继和深化。从思想传承的脉络上看,台湾实学的复兴与福建儒学的新变有着紧密的因果关系。

沈葆桢在赴台之前,就已经在福建实施了新政色彩十足的政治举措。1867年,福州人沈葆桢以"总理船政大臣"身份经营福建船政局,福建船政局是中国近代最重要的军舰生产基地,所造舰只以木质、铁质兵船为主,也是东亚地区当时最大的造船厂。沈葆桢认为,船厂在为富国强兵提供重要保障的同时,也能益民惠商,有利于地方经济民生。考虑到海军人才自我供给能力的培养和海军队伍的长远发展,沈葆桢还在左宗棠筹办的"求是堂艺局"的基础上兴办船政学堂,派学员留学英、法等海军强国,学习当时世界上先进的船舰驾驶技术和工业造船技术。船政学堂所设的"制造""航海"两班,要求合格学员具备能按照设计图纸制造舰船和指挥驾驶舰船的能力。福建船政局及船政学堂带有明显的实学色彩,是近代福建在儒家官员主持下的近代化的重要尝试,对近现代闽台局势和中国近代化发展进程都产生了不可忽略的影响。

沈葆桢抵台驱逐进犯日军之后,面临的最重要的问题就是如何快速有效地发展台湾,使之与福建的近代化进程相衔接,增强闽台一体的经济交往和军事防御能力。身为儒家知识分子的沈葆桢,其开发建设台湾的政治举措包含了行政管理、实业兴建、增进汉族民众与原住民的认同感等诸多方面。在行政管理上,沈葆桢向慈禧和光绪提出台北"拟建一府三县"以强化行政控制的建议:"台北口岸四通,荒壤日辟,外防内治,政令难周,拟建府治,统辖一厅三县,以便控驭,而固地方。"[①] 为在政令上保障台湾建设开发的空间,沈葆桢在《台地后山请开旧禁折》中指出原有对台禁令

[①] 沈葆桢:《台北拟建一府三县折》,《福建台湾奏折》,(台北)台湾银行经济研究室,1959,第55页。

之于台湾发展的弊害,希望清廷能废除障碍台湾发展的诸项禁令。"盖台湾地广人稀,山前一带虽经蕃息百有余年,户口尚未充牣。内地人民向来不准偷渡,近虽文法稍弛,而开禁未有明文,地方官思设法招徕,每恐与例不合。今欲开山不先招垦,则路虽通而仍塞;欲招垦不先开禁,则民裹足而不前。……际此开山伊始、招垦方兴,臣等揆度时势,合无仰恳天恩,将一切旧禁尽与开豁,以广招徕,俾无瞻顾。"① 在台湾实业的兴建方面,沈葆桢大力推动台湾交通设施的建设,并着重发展以煤矿为主的矿产开发。《台煤减税片》详细陈述了台湾煤炭资源的丰富及其在市场竞争上的优劣势,提出减税以保障台煤市场竞争力的措施。"垦田之利微,不若煤矿之利巨;垦田之利缓,不若煤矿之利速。全台之利以煤矿为始基,而煤矿之利又以畅销为出路。……今欲分东洋之利,必将台煤减税以广招徕。洋商计较锱铢,闻风而至。以后税则虽减,而总计税入仍不至悬殊,于民间生计当有起色。至船局所用台煤,向系免税,不在定则之内。今拟请将出口台煤,每吨减为税银一钱。"② 在增进与台湾原住民的沟通、增强民族认同与民族感情方面,《番社就抚布置情形折》反映出了订立规矩与文明教化并行的施政策略:"曰遵剃发、曰编户口、曰交凶犯、曰禁仇杀、曰立总目、曰恳番地、曰设番塾……于枋寮地方先建番塾一区,令各社均送番童三数人,学语言文字,以达其情;习拜跪礼让,以柔其气。"③ 沈葆桢治台摆脱了传统儒家知识分子的清议传统,注重政策的实效,不拘泥于儒家在长期的制度化中形成的各种框架条文。从福建巡抚任上改任台湾首任巡抚的刘铭传,则继续将这种经世致用的儒家思想投入台湾建设的实践中。刘铭传主导的台湾近代化建设至少包括以下八个方面:一是建立近代化军事体系,建机器厂,设军械所和火药局;二是建设铁路和创办中国最早的邮政业务;三是兴办包括煤务局、硫黄厂、机器锯木厂、煤油局等在内的新式企业或机构;四是设立轮船公司发展对外商贸;五是安抚台湾原住民,继续垦荒兴农;六是清丈田亩,整顿台湾税赋;七是兴办西式教育,培养现代科学人

---

① 沈葆桢:《台地后山请开旧禁折》,《福建台湾奏折》,(台北)台湾银行经济研究室,1959,第12—13页。
② 沈葆桢:《台煤减税片》,《福建台湾奏折》,(台北)台湾银行经济研究室,1959,第14页。
③ 沈葆桢:《番社就抚布置情形折》,《福建台湾奏折》,(台北)台湾银行经济研究室,1959,第47—48页。

才；八是扩大儒学教育范围，维持闽台儒学一体化的格局。① 从内容、形式、人员关系等诸方面来看，沈葆桢、刘铭传等人振兴台湾的施政措施都可以说是福建近代化尝试的一种延伸。

二 现代性与殖民性的纠葛与压迫：闽台儒学在困境中的演变

1894年清廷在甲午战争中惨败，签订《马关条约》，导致了澎湖列岛和台湾的割让。从1895年开始，台湾失去了自主发展的权力，沈葆桢、刘铭传等人主导的台湾近代化建设也随之被迫终止。日据之后，清代的儒学教育体系被废止，台湾籍的考生也无法再到福州参加乡试，闽台自明郑时期开始长达两百多年的传承与交流被迫中断，因此，"闽台儒学渊源到日本占据台湾后就基本结束了"②。然而，从"长时段历史"的角度来考量，两百多年的闽台儒学交流对台湾的社会结构、文化结构、经济结构、政治结构的变迁均产生了不可忽略的重大影响。日据后的台湾脱离了福建的区域管辖，但闽台儒学仍面对着同样的历史语境：民族家国的危亡和学说体系的危机，而从台湾面对双重危机之时所倚仗的文化资源、所表现出的身份意识、所凸显的价值立场、所经由的反应机制等多方面来看，都能在自明郑到晚清这两百多年闽台儒学的传承与交流中找到根由。因此，鸦片战争或是日据之后的台湾儒学，仍然以或隐或显的方式反映出它和福建儒学之间的密切关系。

如何处理西方船坚炮利所带来的"现代性"与"殖民性"，是鸦片战争之后闽台儒学界所必须要解答的问题，但因闽台于1895年之后所处的历史语境不同，对现代性与殖民性的纠葛与压迫的反应也各不相同。在清代后期和民国初年的福建，以陈寿祺、陈乔枞、郭尚先、严复等为代表的儒家学者主张在新形势下不能再抱定程朱理学不放，而应该以更为开阔的视野提升儒学的实用性。显然，这一批学者在如何应对"现代性"的问题上与刘存仁、林春溥、陈庆镛、郑星驷等儒家学者形成了鲜明的反差。③ 然而，身处福建的儒家学者对于"现代性"和"殖民性"的复杂纠葛，及其对传统儒家文化的压迫感，还是与台湾儒士们的体验有着较大的差异。有学者

---

① 陈名实：《闽台儒学源流》，福建教育出版社，2008，第300—302页。
② 陈名实：《闽台儒学源流》，福建教育出版社，2008，第352页。
③ 高令印、陈其芳：《福建朱子学》，福建人民出版社，1986，第543—545页。

认为，台湾的近代化进程在日据之前已经迈上了正规并取得了相当大的成就①，日据台湾斩断了台湾自主"现代性"发展的进程，将殖民掠夺强加于台湾的发展进程中，从而使台湾的近代化发展走上了与福建不同的"殖民现代性"路径。在此情形之下，"现代性"与"殖民性"以一组悖论的形式呈现于台湾知识界面前，有研究者指出，这组悖论已经成为台湾知识界理解与阐释日据台湾史、台湾思想史复杂的矛盾运动的至关重要的范式之一，但这组悖论同时就是"殖民现代性"幽灵附体的一种精神症候。"陈芳明的《殖民地摩登：现代性与台湾史观》基本上使用了这个阐释模式。陈芳明一再表述了这一观点：'台湾若不追求现代化，就必须接受被支配的命运。不过，现代化并非是从台湾社会内部自发性产生，而是由日本人以强制性手法加诸台湾人身上。因此，殖民地知识分子，已深深体会到文化上的两难。如果台湾人要抵抗殖民统治，就连带要抵制现代化；如果要接受现代化，则又同时要接受殖民统治。'……陈芳明所描述的'两难'逻辑或'困境'论述中可能隐含着一个可怕的结论：没有殖民主义的扩张就没有第三世界的现代性。……赖和的作品则提供了殖民地知识分子超越'殖民现代性'悖论的两种方式：以左翼现代性和民族自我认同以及本土文化思想重构来瓦解和对抗殖民主义与现代性的共谋。"②"现代性"与"殖民性"的纠葛是台湾历史中的重要问题，但它不是历史的唯一面相，更不是理解历史的唯一途径。从身为传统文化阵营一分子的台湾儒学的角度来说，要看到它在殖民文化、新文化、传统文化所形成的错综复杂的关系之中所展现出的内涵丰富的演变。

台湾儒学对"现代性"与"殖民性"的反应并不相同。"殖民性"所引起的台湾儒学反应相对单纯，文化"殖民性"试图冲击并瓦解自明郑以

---

① "台湾地区近代化始于19世纪后期。它是融'内地化'、'西化'和'台湾特色'于一体的'台湾式近代化'。这种模式不仅在当时取得斐然成效，使台湾由一蛮荒落后区域一跃而为全国'模范省'，奠定台湾近代化基础，而且深刻影响和决定台湾日后近代化的走向和社会发展方向。对台湾近代化模式卓有贡献的，当首推刘铭传。刘铭传卸任时，他已经"建立起以中华文化为核心的政治统治秩序，基本建构出仿效西方近代化诸国的近代经济体系，将中华文化和西方工业文明结合，提升、改造着台湾民众的世界观和社会价值观。……连日本在侵占台湾前后派至台湾审慎考察的密探也不得不承认，当时台湾在某些方面甚至超过了日本"。见张缨《刘铭传与台湾近代化模式》，《海峡两岸纪念刘铭传逝世一百周年学术研讨会论文集》，黄山书社，1998，转引自燕世超《台湾的殖民现代性之我见》，《世界华文文学论坛》2012年第3期。
② 刘小新：《台湾文学研究中的殖民现代性幽灵》，《东南学术》2009年第5期。

来两百多年中闽台儒学共同发展过程中在台湾建立起来的价值底线和身份认同,除部分儒士因种种诱因而转向对日本殖民当局的歌功颂德之外,大多数儒家知识分子则积极或消极地表明了对日据当局文化殖民的反抗立场。对包括了"新文学"等内容的庞杂的"现代性",台湾儒学在与之对话的过程中也在不断地进行自我调适,对"物质现代性""启蒙现代性""社会现代性""价值现代性""美学现代性"等现代性不同层面的内容,儒学的对话程度与交流深度也各不相同。总体上看,"台湾汉人在日本人同化政策的压力之下,反而对本族文化的存亡有较强烈的危机感,因此并未出现全盘西化的理论。结果造成了这样一个有趣的现象:在20世纪上半叶,台湾是全中国最现代化的地区,但也是维护旧文化最有力的地区。似乎这样一个基调一直持续到20世纪即将结束的今天"①。

如果说"西化"是清末民初包括儒学界在内的福建文化界的主流思潮,那么与"新学"的对话和"现代转化"的努力则是日据时期台湾儒学的主要演变方向。"台湾新文化运动的反传统反儒学并没有走到截然对立的地步,而是在新旧之间找到了许多共通的空间。……事实上,在台湾新文化运动过程中,新旧思想截然对立的现象有之,认真商讨比较的情况有之,你中有我、我中有你的融通交流亦有之,甚至出现在彼此的主要刊物上互登文章的事情,比如在高举新文化旗号的《台湾民报》上就曾发表连雅堂以文言文形式撰写的10多篇文章。此外,台湾文化领域的文人在文化观点的对立与民族意识的对立二者之间的主次问题上,一直是有明确的立场的,即抵制日本文化或反对日本殖民当局对文化论争的利用的明确态度,要优先于新旧文化的矛盾,这在一定程度上为新旧文化论争提供了交融互动的因素。"② 从此也可以看出将"现代性"与"殖民性"盲目捆绑的粗陋性。台湾儒学在师法福建儒学的过程中,被唤醒的民族身份意识在抵抗着日本当局的文化殖民企图,而经世致用的实学传统在很大程度上则促进了儒家文化与西方新文化的沟通尝试。

儒家诗学就在新旧文化的论战中,实现了与西方诗学的对话与交融。"在'现代转化'方面,新旧文学的辩难促成了儒家诗学和西方诗学的对话。……在诗歌发生学、诗歌社会学方面,儒家在两千年前形成的看法,也经得起近代西方文学理论的考验。20年代台湾知识分子意外地发现儒家

---

① 陈昭瑛:《台湾儒学的当代课题:本土性和现代性》,中国社会科学出版社,2001,第2页。
② 张文彪:《儒学与当代台湾》,福建人民出版社,2010,第35—36页。

诗学对新文学运动的推展非但不是阻力，甚至还是助力。而从儒家的立场而言，新文学运动所启动的现代性、西方性的挑战，为其诗学提供了攀登另一思想高峰的起点。……在新文学运动的挑战之下，传统诗学在文学基本原理上和西方诗学接轨，证明了儒家诗学包含很高的普世性。"[1] 对儒家诗学的回归，在台湾新文化运动的代表人物张我军身上也看得非常明显。张我军新文学思想的形成与其在福建的经历密切相关，"在厦门的两年生活，堪称张我军'一生的转捩点'"[2]，而在与持传统儒家思想的连横的论战中，张我军的诗学观也在不断地发生自我调整。"张我军在与连横论辩之后，不仅表现对传统诗学的回归，而且还从一种类似中西比较文学的角度去重新肯定中国诗学的价值；另一方面，在把新旧文学之争导向真假文学之争的时候，张我军事实上承认了旧文学中也有真正的文学，而不必反对，甚至传统诗学中主张'真正的文学'的儒家诗学，也可以是新文学的理论基础。"[3] 正是在与新文学、新文化的不断碰撞和接触中，台湾儒学也在不断地进行自我的更新。儒家民本思想也在与殖民主义的交锋和与现代文化的对话中，释放出传统的价值魅力。"我们看到的不只是在理论上，儒家民本思想如何为20年代台湾人提供传统的泉源；更重要的，我们看到了在社会实践上，经过了这些站在最前线冲锋陷阵，与帝国主义、殖民主义奋战不懈的知识分子的武装，儒家思想成了对台湾社会最具有解释力、改造力，对现代台湾人具有激勉作用的传统。"[4] 现代性与殖民性的纠葛与压迫，在福建和台湾引起了各自不同的文化反应，但在保持民族气节、尝试在与现代文化的接触中进行自我调整的立场上，闽台儒学却呈现出基本相同的精神姿态，这也应该被认为是日据时期闽台儒学之间的一种精神联系与共鸣。

三 认同的坚持：闽台儒学与台湾身份意识的执守

面对日本殖民政策及其带来的现代化可能，台湾民众保持了长时间的抵制与反抗。这说明，晚明以来"以闽为本"的儒学教化已经深度融入台

---

[1] 陈昭瑛：《台湾儒学：起源、发展与转化》，华东师范大学出版社，2012，第144、147页。
[2] 朱双一：《闽台文学的文化亲缘》，福建人民出版社，2005，第272页。
[3] 陈昭瑛：《台湾儒学的当代课题：本土性和现代性》，中国社会科学出版社，2001，第97—98页。
[4] 陈昭瑛：《台湾儒学的当代课题：本土性和现代性》，中国社会科学出版社，2001，第104页。

湾民众的日常观念之中，成为一种集体无意识。"自明郑到此时，儒学在台湾经历了长达两百多年的移植与发展，已经融入了庶民生活，更是士大夫阶层精神生活的主要部分。儒学在庶民生活中表现为尊师重道、孝敬父母、重视家庭、重视祭祀等等习惯，这在海峡两岸始终相同。在割台之后，这种庶民儒学比士大夫阶层的精致化儒学存活更久，成为维系汉民族文化认同的重要力量。"[①] 从甲午战后，刘永福率领黑旗军赴台守卫开始，五十年间台湾民众反抗日本殖民侵占的怒火始终不曾停息。1895年"台湾民主国"坚持了五个月的武装抗日；1896年台湾太鲁阁土著奋起抗日；1907年蔡清琳率众起义；1912年刘乾等人袭击林杞埔警察支厅，"林杞埔事件"爆发；1913年同盟会会员罗星福组织起义，史称"大湖事件"；1914年罗臭头等于台南袭击日本警察派出所，不甘被俘自杀身亡；1915年余清芳、江定等人领导西来庵起义，日本殖民当局以欺骗、集体屠杀、秘密处决等方式残杀数千名台民；1930年雾社起义爆发，总人口不过2100人的台湾赛德克族同胞，有900余人在这次起义中战死或自杀；1944年台湾光复前期，台北"帝国大学"学生蔡忠恕等两百余人秘密集会酝酿反日起义，事败后蔡忠恕惨死狱中。

不同阶层、不同族群前赴后继的反日武装斗争表明，由明郑至清中期以来的儒家教育已经唤醒了台湾同胞的民族身份的自觉。鸦片战争之后，清政府即有意识地强化了台湾儒学学堂的建设。在闽台儒学教育一体化的背景之下，光绪之后的台湾儒学学校迅速增加，清代台湾13所儒学学校中，雍正四年（1726）前建成的共有5所，从雍正四年到光绪二年（1876）的150年中只于嘉庆二十二年（1817）增加了一所新竹县儒学，而光绪二年到光绪十六年（1890）的14年间台湾儒学激增了7所。这也从侧面反映出当时清政府在列强环伺中对台湾身份的重视、警觉与危机感。

闽台儒学在清末列强觊觎台湾之时，其气节和身份的意识空前高涨，压倒了学说体系中的其他内容。一个醒目的例子，即清廷在意识形态上对郑成功的承认和褒奖，这也增进了台湾民众的中华身份自觉意识。福州人沈葆桢以"钦差办理台湾等处海防兼理各国事务大臣"的身份节制福建所有镇、道，赴台筹办防务后，在以实学开发台湾的同时，对唤醒台湾民众的民族身份意识格外重视。身为福建人的郑成功在台湾民众中享有极高的

[①] 陈昭瑛：《台湾儒学的当代课题：本土性和现代性》，中国社会科学出版社，2001，第27页。

威望，沈葆桢请朝廷对郑成功加以追祀，从而将闽台儒学对汉民族气节与身份的重视发扬光大。《请建明延平王祠折》着重强调了郑成功一生的"忠义"色彩，以及这种典型的儒家人格之于彼时台湾身份觉醒与共识凝聚所无可替代的意义。沈葆桢在奏折中说："奏为明季遗臣、台阳初祖，生而忠正、殁而英灵，恳予赐谥建祠，以顺舆情、以明大义事。……有功德于民则祀，能正直而壹者神。明末延平郡王赐姓郑成功者，福建泉州府南安县人；少服儒冠，长遭国恤，感时仗节，移孝作忠。顾寰宇难容洛邑之顽民，向沧溟独辟田横之别岛；奉故主正朔，垦荒裔山川。传至子孙，纳土内属。维我国家宥过录忠，载在史宬；厥后阴阳水旱之沴，时闻吁嗟祈祷之声，朎蚤所通，神应如答；而民间私祭仅附丛祠，身后易名未邀盛典，望古遥集，众心缺然！……臣等伏思郑成功丁无可如何之厄运，抱得未曾有之孤忠，虽烦盛世之斧斨，足砭千秋之顽懦；伏读康熙三十九年圣祖仁皇帝诏曰：朱成功系明室遗臣，非朕之乱臣贼子，敕遣官护送成功及子经两柩归葬南安，置守冢建祠祀之。圣人之言，久垂定论。惟祠在南安，而台郡未蒙敕建；遗灵莫妥，民望徒殷。至于赐谥褒忠，我朝恢廓之规，远轶隆古：如瞿式耜、张同敞等，俱以殉明捐躯谥之'忠宣'、'忠烈'。成功所处，尤为其难；较之瞿、张，奚啻伯仲。合无仰恳天恩，准予追谥；并于台郡敕建专祠，俾台民知忠义之大可为，虽胜国亦华衮之所必及。于励风俗、正人心之道，或有裨于万一。"① 于台湾建郑成功之祠并"赐谥褒忠"，就是意在凸显家国危难之际儒家"忠义"观念的重要性，"俾台民知忠义之大可为"。沈葆桢还为郑成功祠亲写对联一副："开万古得未曾有之奇，洪荒留此山川，作遗民世界；极一生无可如何之遇，缺憾还诸天地，是创格完人。"沈葆桢之后治台的刘铭传，在参拜郑成功祠时也撰写对联道："赐国姓，家破君亡，永矢孤忠，创基业在山穷水尽；复父书，辞严义正，千秋大节，享俎豆于舜日尧天。"

以郑成功为代表的明郑遗臣所表现出的"忠义""千秋大节"等儒家核心价值，在家国危亡的时代背景里，在清政府的褒扬和追祀下，迅速地升华为对中华民族身份的一致认同。"割台初期，儒生阶层是抗日武装部队的主要成员。儒生抗日的精神基础接近明末抗清的前现代思想格局，即华夏

---

① 沈葆桢：《请建明延平王祠折》，《福建台湾奏折》，（台北）台湾银行经济研究室，1959，第14页。

民族不受异族统治的思想。"① 这种身份认同因其渗透台湾民众的日常生活伦理而显得无比强大而坚固，为反抗日本对台湾的占领、殖民、掠夺提供了不竭的动力与能量。日本学者承认，握有军事力量绝对优势的殖民当局对台湾的非法占领，始终遭到台湾民众的坚决抵抗，"台湾住民中之汉族，多半对日本人怀有民族对立之情绪，所谓以中华之民臣服于夷狄治下之耻辱，为此激励之敌忾心所冲动，以义民之名义下响应"②。

"台湾民主国"的武装抗日历程，是台湾民众为免于被割让、执守中华民族身份的典型表现。曾任台南崇文书院、台湾府衡文书院、嘉义罗山书院主讲的光绪十五年（1889）进士丘逢甲，在多次联合台湾绅士向朝廷发出"废约抗战"的呼电未果之后，倡议建立"台湾民主国"以图保台。"台湾民主国"虽然称"国"，却处处强调这个"台湾民主国"是中国的一部分，它的出现是无奈时局下的权宜之举。"台湾民主国"的"全台布告"详细表明了"台湾民主国"成立的背景与缘由，以及台湾民众执守中华民族的身份认同、要求守土抗战的必死决心。"我台湾隶大清版图二百余年。近改行省，风会大开，俨然雄峙东南矣。乃上年日本肇衅，遂至失和。朝廷保兵恤民，遣使行成。日本要索台湾，竟有割台之款。事出意外，闻信之日，绅民愤恨，哭声震天。……台民惟有自主，推拥贤者，权摄台政。事平之后，当再请命中国，作何办理。……惟台湾土地政令，非他人所能干预。设以干戈从事，台民惟集万众御之。愿人人战死而失台，决不愿拱手而让台。……此非台民无理倔强，实因未战而割全省，为中外千古未有之奇变。台民欲尽弃其田里，则内渡后无家可依；欲隐忍偷生，实无颜以对天下。因此槌胸泣血，万众一心，誓同死守。"③ "台湾民主国"的国旗"蓝地黄虎旗"就是它身份自我定位的象征。"蓝地黄虎旗"明显是对清朝"黄地蓝龙红日旗"的呼应，这幅旗帜用蓝底色对应清朝皇室的黄底色，用虎对应龙，旗上不出现代表正统的红日，虎首仰望西北方向，旗上图案的色彩、内容与布局都表明"台湾民主国"不敢僭越的"臣属身份"，也表现出台湾是中国一部分的国家意识。"台湾民主国"改元"永清"，更是直截了当地宣告自己"永远忠于清朝"，重复强调自我的定位与身份。

---

① 陈昭瑛：《台湾儒学的当代课题：本土性和现代性》，中国社会科学出版社，2001，第27页。
② 〔日〕伊能嘉矩：《台湾文化志》（下卷），江庆林等译，（台中）台湾省文献委员会，1991，第475页。
③ 连横：《台湾通史》，（台北）台湾银行经济研究室，1962，第93—94页。

"不论从传统或现代的角度,从台湾或中国大陆的角度,此书之价值皆不可磨灭"的《台湾通史》[1],是祖籍福建漳州龙溪县的台湾史学家、诗人连横于1908年至1918年完成的台湾第一部按照通史体例撰修的史书。这部史书继承了传统儒家史学的基本精神,可以看作闽台儒学经由两百余年发展之后沉淀的结晶。《台湾通史》洋溢着"继绝存亡"的民族意识。"夫春秋之义,九世犹仇;楚国之残,三户可复。今者,虏酋去位,南北共和,天命维新,发皇蹈厉,维王有灵,其左右之!"[2] 结合其时台湾日据的时代背景,这篇《告延平郡王文》显然意在寄托驱逐日寇、光复台湾、回归中华的愿望。日本殖民当局实行文化殖民统治期间,企图通过推行日本文化而从根本上瓦解台湾的文化传统与文化根基,消泯已然融入台湾民众日常生活观念中的朱子学价值观。台湾儒生与民众也随之采用了相应的反制措施,力图保存中华文化传统的观念血脉和身份意识。正是在这种文化反抗中,闽台儒学教化所埋藏下的爱国激情与身份自觉,通过许多不同方式或隐或显地表现出来,主要包括了办书房以传承儒学、结诗社以砥砺气节、开鸾堂以崇祀儒教、建祠堂以彰显宗族等[3],从而在不同的文化维度上将儒学价值观与民族身份意识融入百姓"日用而不知"的生活细节和日常空间之中。

第二次世界大战结束后,台湾回归祖国怀抱。不久国民党政权退入台湾,闽台两地又再次走上了不同的发展路径。国民党当局在退守台湾之后大力提倡传统文化,并对社会实行儒学化的文化包装。作为儒家学说在新历史语境中的发展,"新儒家"学派于1958年在港台成形。1966年11月,由孙科、王云五、陈立夫、陈启天、孔德成等一千五百人联名发起的"中华文化复兴运动"将台湾社会的"儒家化"再次推向一个高潮,而隔海相望的祖国大陆,儒学的发展则陷入了停顿期。闽台儒学再次正面交流,则要等候两岸关系正常化的春天来临。

(本章撰稿:陈舒劼)

---

[1] 陈昭瑛:《台湾儒学:起源、发展与转化》,华东师范大学出版社,2012,第123页。
[2] 连横:《雅堂文集》,(台北)台湾银行经济研究室,1964,第115页。
[3] 陈名实:《闽台儒学源流》,福建教育出版社,2008,第313—338页。

第三章　闽台文学情缘

第一节　明末至晚清时期闽台文学的亲缘关系

闽台文学亲缘关系源远流长。在漫长的历史演进的过程中，受地理环境、族群迁移、语言传播、风俗感染等因素的影响，闽台社会逐步形成了明显的区域文化特征。从春秋末年吴国攻越开始，到战国时楚国灭越、秦置"闽中郡"、汉武灭闽越国等，闽地就不断受到中原文化的影响。一方面，部分闽越族人在战火侵扰中迁入台湾澎湖等地，成为大多数现代台湾原住民的祖先。另一方面，西汉后期开始的汉民族迁徙入闽则拉开了中原文化与闽文化融合的序幕。以伴随着西晋末年的"永嘉南渡"而传入闽地的儒学为代表的汉民族文化，经由福建而在明朝末年大规模传入台湾，使闽台文化的同一性兼具了"原生态"与"教化性"的内容。闽台文学的亲缘关系既是漫长历史演变的产物，也是闽台区域文化的重要内容与表现。

一　汉民族文教制度的东移

中国传统文学与文化教育制度的关联异常紧密。早期的传统教育注重道德观念与礼仪秩序的建立，"古之言学校者，皆重行礼视化，非重读书讲学问也"[①]。唐五代之前，传统的基础教育以识字为主，辅之以道德、文学、礼仪、历史方面的常识。宋代之后，蒙养教材开始体现专门化的倾向而逐步向科举式教育过渡，明确了文化与仕途的关系并建立起以科举指向为核心的教学内容，同时强调了科举文章体式的规范性。[②] 诗文素养作为传统文化教育最为基础和重要的组成部分，其推广与提升也需要借助文教制度的

[①] 吕思勉：《吕思勉说史》，上海古籍出版社，2000，第154页。
[②] 干春松：《制度化儒家及其解体》，中国人民大学出版社，2003，第108—109页。

传播。台湾文学从民谣、民俗故事等"原生态"向文明形态转变,汉民族文教制度的东移是关键的一环。闽台文教之间的传承、接受、互动充分体现了两者一体化的亲缘关系,这种亲缘关系可以经由制度建构、行政关系、士人互动等层面表现出来①,简述如下。

明郑时代是闽台文缘关系的发生期,也是闽台文缘制度建构的草创时期。郑成功据台澎抗清之时,也对兴办台湾文教给予相当的重视。明郑政权的领导层意识到文化教育是繁荣台湾的必经之途,陈永华曾建议郑成功延请福建等地的明朝文士入台教化台民,并在台湾实施明政权的教育体制。郑成功逝世后,陈永华希望郑经延续"文教兴台"的既定方略。他说:"当速建圣庙,立学校","十年生长,十年教养,十年成聚,三十年真可与中原相甲乙。……今既足食,则当教之。使逸居无教,何异禽兽?须择地建立圣庙、设学校,以收人材。庶国有贤士,邦本自固;而世运日昌矣"。②郑经主政期间,台湾复制了学院、府学、州学的儒学教育体系,并结合其政情需求推出了"两年三试"的科考制度,民间性质的社学、义学也在台湾兴起。明郑政权覆灭之后,台湾教育被纳入清朝的教育体制之中,福建的教育体制成为台湾文教建构的参照系,凡涉及设学建校的具体规制,均以福建的教育体制为仿效对象。台湾知府蒋毓英就文教建设事宜呈告分巡台厦兵备道周昌时称:"未尽规条,应俟题允之日,于泉州就近移查学政事宜,次第修举可耳。"③福建教育体制成为台湾文教制度建构的模板,还鲜明地体现在教育设施的意识形态复制之上。在效仿福建书院崇祀孔子、朱子并制定书院规训的同时,台湾学校的建筑样式和结构功能都保持了与福建学校的高度同一。清代福建各级儒学均依照"庙学合一"的制式进行功能配置,以福州府学为例,该府学中为大成殿,左右两庑,殿南为戟门,戟门之南为棂星门,另有名宦祠、乡贤祠、奎光阁、尊经阁等建筑。福州府学的建筑样式和结构功能延续到了泉州府学、漳州府学之中,而台湾府学同样复制了这种建筑规格及功能。康熙四十二年(1703)台湾县学明伦堂修建时,为了使材料合乎已有的福建文教规制,主事者涉海前往福州置办建筑材料。

闽台文教之间行政关系的正式确立晚于闽台文教间的制度移植,这与

---

① 此部分论述参考了刘传标的研究成果《闽台渊源关系》(未刊稿)。
② 江日昇:《台湾外纪》,(台北)台湾银行经济研究室,1960,第235—236页。
③ 周元文:《重修台湾府志》,(台北)台湾银行经济研究室,1960,第299页。

明郑据台抗清的政治格局相关。但无论属明属清，台湾文教的模板始终是汉民族的文教制度，这也决定了清朝统一台湾之后，台湾移植汉民族文教制度的自然延续，以及福建台湾之间文教行政关系的确立。从宋朝在台湾设立行政机构，到清政府于1684年在台湾置府，再到1885年台湾建省的漫长时间里，台湾都归福建管辖。1885年台湾建省后，因布政、监察、军事、纳税等体系仍与福建有相当密切的行政体系关系而同受闽浙总督管辖，因此于各式文件中，台湾行省的正式名称为福建台湾省。这种行政上的隶属关系自然地延伸到了教育中，无论清代主管台湾学务的官员是分巡台厦兵备道、台湾监察御史或是福建巡抚，台湾教育方面的诸项事宜多由福建地方政府具体管理。而在具体的教职方面，台湾的文教人员也多由福建指派。清代《吏部则例》规定："台湾府学训导，并台湾等四县教谕、训导缺出，先尽泉州府属之晋江、安溪、同安，漳州府属之龙溪、漳浦、平和、诏安等七学调缺教职内拣选调补。倘有不敷，或人、地未宜，仍于（福建）通省教职内，一体拣选调补。"① 闽台文教之间行政隶属关系的另一个重要内容是闽台间科考的从属关系。台湾的乡试、会试由福建地方政府统一安排，纳入福建省科举考试系列。尽管康熙朝时有特拨给台湾的科举保障名额，但从额度分配的角度看，台湾科举仍属于福建文教的一部分。

　　台湾文教制度的建立和台湾文明的培育发生离不开闽台官吏、士绅的同心协力，以及闽台文教人员之间的互动。将福建教育模式移植到台湾，在办学方面业绩突出的官吏大有人在。如原任泉州知府的蒋毓英调任首任台湾知府后创府学、办社学，开风气之先；原任古田县令的陈璸在台湾县令的任上完成了府、县儒学的殿堂配置；原任福鼎、闽县县令的胡建伟在澎湖通判任上捐建了"文石书院"；原任福建连江县令的刘良璧在台湾知府和台湾道员的任上不仅捐建了"海东书院"，还制定了为台湾许多书院所奉行的学规。在官员之外，许多福建士绅也赴台帮助建设当地的书院。乾隆二十八年（1763）福建永定贡生在淡水捐舍宅和数千亩田兴办义学，使淡水和彰化一带"教化大兴、民智大开"；乾隆十五年（1750）定居台湾的福建晋江人吴洛曾为多所书院提供经费和粮食。闽台文教人员之间的互动，主要是指台湾文教创立初期闽台文教的师承关系，以及台湾文教制度建成之后台湾文士赴闽任教的"教育反哺"。台湾文教创立初期，从事文化教育

---

① 叶真铭：《福州人与清代台湾教育》，《炎黄纵横》2006年第10期。

的专职人员绝大多数都来自福建。明郑治台的二十二年中福建有八百余文士入台从教，清收复台湾之后至道光年间，台湾府、台湾县、凤山县、淡水厅、嘉义县、彰化县各级儒学的教授、教谕、训导共有391人，除2人籍贯不详之外均为福建人士。福建文士入台从教，对台湾文教体制的创立、治学风气的形成、人文道统的传承、社会文明开化等起到了不可替代的作用。随着台湾文教制度的逐步成型，台湾文化的自我造血功能日渐提升，部分台湾文士也赴闽任教。台南人刘其灼于雍正年间被选任长泰县儒学训导，后升任长汀县儒学教谕；嘉义人陈震耀在福建担任过闽清、平和等县的教谕和同安训导，道光五年（1825）监理福州鳌峰书院；台南人黄本渊曾任长汀县学教谕和福州府学教谕，于道光十四年（1834）出任福州鳌峰书院监院；淡水人陈维英于咸丰九年（1859）中举后任闽县教谕。据不完全统计，整个清代全台湾共有80名科第人士被派往福建任教职，足迹遍布八闽山水。

二　纪实与想象：台湾文学地理风物叙述中的认同

汉民族文教制度东移入台的过程中，无论是明郑政权还是清王朝的文人墨客，面对的都是他们从未接触过的风土地理景观。在历代王朝的台湾经验中，积累较为丰富的是驻军与行政管理，一个具体的台湾进入士人的文学叙事时，更多地要依靠建立在福建沿海生活经验基础之上的大胆想象。宋代大诗人陆游任福州决曹掾之时，写有"尝记早秋雷雨后，柂师指点说流求"的诗句。调任四川华阳后，他在《步出万里桥门至江上》一诗中回忆海景时有诗道："常忆航巨海，银山卷涛头。一日新雨霁，微茫见流求。"这是台湾进入文学叙述较早的记录，也是闽台文学亲缘关系较早的历史呈现。台湾文明开化的过程，实际上也是闽台文士不断发现、叙述、建构台湾的过程，隐藏着颇有趣味的文化想象与认同立场。

明郑政权据台时，其焦点始终集中在与清廷的政治军事抗争之上，其阵营之中的文人包括郑氏父子，难有遍览全岛风土人情的机会。郑经掌控全局之后，其诗集《东壁楼集》中有写景抒情之诗《东壁楼》《题东壁楼景自叙》《东楼望》《东楼宴舞二首之一》等，还有部分山水游兴之作，如《约游得辰字》《源水看花人》《晚泊就人烟》《游水心亭》《夜渡》等。这些诗作所关注的景物虽然在台湾地理空间之内，但这些诗作却很难被视为真正意义上贴近台湾地理空间的作品。"它们没有道及台湾各处山川原港和城乡居聚等地理名称,没有咏述风土民俗和民生物态,没有触及岛上的实际时事,而提及的真实时人也只有四五名而已,因而无法据以了解当时的有关实况。诗歌的命题和取材,大多数以寄情遣兴和山川风月为主,有托意而未必有实指。"①"暮天海角挂残霞,泛泛轻帆度日斜"(《晚泊就人烟》)分明是在写台湾海峡日暮之景,但却缺乏鲜明的台湾特色。

清朝统一台湾之后,聚焦于台湾风土乡情的文学作品与日俱增,这与文教制度东移大背景中的福建文人赴台有着不可分割的关系。康熙中期之后,福建赴台文人已经创作了许多以台湾地理民情为题材的作品,较为著名的有陈霁的《台湾竹枝词》30 首、阮蔡文的《淡水纪行诗》、蓝鼎元的《台湾近咏》10 首、陈梦林的《台湾诗》和《玉山歌》、朱仕玠的《瀛涯渔唱》、郑大枢的《台湾风物咏》12 首、吴玉麟的《台湾杂诗》,等等。赴台闽籍诗人的诗作对台湾的地理形貌、气候物产、乡情民风等作了较为详尽的介绍与描述。蓝鼎元 10 首《台湾近咏》是其中的典型。"川原灵秀开,郁勃不可闭"(其一)、"台地一年耕,可余七年食"(其五)、"郡东万山里,形胜罗汉门。其内开平旷,可容数十村"(其八)、"诸罗千里县,内地一省同。万山倚天险,诸港大海通。广野浑无际,民番各喁喁。上呼下即应,往返弥月终"(其九)等诗句,描绘了台湾地理、物产、民俗等诸多情况。这种注重以写实的手法勾勒描绘特定地理空间中的民情风土的诗歌创作的价值立场,实际上深受福建诗人注重风土杂咏诗歌创作的价值取向的影响。康乾时代福建各地热衷于修撰地方志,为福建文人关注乡土生活细节提供了很好的机会,同时,安定的时代环境使这种乡土关怀成为可能,也在客观上延续了明朝以来时兴的风土民俗诗歌创作潮流。福建文士赴台之后,面对着与内陆生活迥然相异的台湾地理风情,自然会延续并扩大这种主题的文学创作。② 台湾的风土乡情诗歌创作,实际上可以视为福建同类题材创作的延伸。

清代台湾地理风物的文学叙事还形成了一个特定的主题,即"台湾赋"。有研究者统计,目前所知台湾赋共有 76 篇③,其中较为著名的有王必昌、高拱乾等人的作品。福建德化人王必昌的《台湾赋》除详尽地描绘了

---

① 张鸿恺:《从〈东壁楼集〉及〈延平二王遗集〉看郑经其人及明郑王朝》,(花莲)《慈济大学人文社会科学学刊》2008 年第 7 期。
② 陈庆元:《福建文学发展史》,福建教育出版社,1996,第 417、422—424 页。
③ 游适宏:《地理想象与台湾认同:清代三篇〈台湾赋〉的考察》,(台北)《台湾文学学报》2000 年第 1 期。

台湾的地形地貌、物产风俗等区域特征之外，还强调了台湾与福建的关系。王必昌对闽台之间的关联的描绘，并不局限于物流往来，如"泉、漳数郡，资粟粒之运济；锦、盖诸州，分蔗浆之余赢"，更重要的在于两地间本原性的地理空间同一性，这就是台湾"其山则祖龙省会"的表述。"其山则祖龙省会"是建立在地理堪舆想象之上的政治认同表述，这种强调台源于闽、闽台同宗的认知，得到了许多台湾府、县志及文学作品的认同。蒋毓英在《台湾府志》中写道："台湾之山……其形势，则自福省之五虎门蜿蜒渡海，东至大洋中，起二山曰关同、曰白畎者，是台湾诸山脑龙处也。隐伏波涛，穿海渡洋，至台之鸡笼山，始结一脑。"① 谢金銮等人在《续修台湾县志》中认为，"山渡海而来，则以为发源乎福州，东汨乎鼓山，示响乎五虎，见迹乎关潼、白畎，而结脑乎大鸡笼"②。林豪在《澎湖厅志》中承认"台湾自福州鼓山发龙，殆非无据"③。黄叔璥则将台发源于闽归结为一则预言："有言朱文公登福州鼓山，占地脉曰：'龙渡沧海，五百年后，海外当有百万人之郡。'今归入版图，年数适符。熙熙攘攘，竟成乐郊矣。"④ 陈肇兴的《由港口放洋，望海上诸屿，寻台山来脉处，放歌》也采用了"苍龙入海"的说法："鼓山如龙忽昂首，兜之不住复东走。走到沧海路已穷，翻身跳入冯夷宫。之而鳞爪藏不得，散作海上青芙蓉。我从崴岈来，买棹归乡里。……忽然万里川倒流。插天掉出鸡笼头，掷下五十二区神仙窟宅之瀛洲。"⑤ 高拱乾则在台湾的星野问题方面同样强调了台从于闽的政治地缘关系："星野分属，从何而辨？然台系于闽，星野宜从闽。"⑥

当然，"台从于闽"的政治地缘认同观念，必将导向中华版图内"宣上德"的文学叙述立场，如王必昌在《台湾赋》中称："当王化之将暨，忠孝节义已大著于人心。"对台湾地理空间的描述中同时也存在着守疆卫土的海防意识，如蓝鼎元的《台湾近咏》（其十）："台湾虽绝岛，半壁为藩篱。沿岸六七省，口岸密相依。台安一方乐，台动天下疑。未雨不绸缪，悔予适噬脐。或云海外地，无令人民滋。有土此有人，气运不可羁。民弱盗将据，盗起番亦悲。荷兰与日本，眈眈共朵颐。王者大无外，何患此繁茁。政教

---

① 蒋毓英：《台湾府志》，中华书局，1985，第25页。
② 谢金銮、郑兼才：《续修台湾县志》，（台北）台湾银行经济研究室，1962，第16页。
③ 林豪：《澎湖厅志》，（台北）台湾银行经济研究室，1963，第15页。
④ 黄叔璥：《台海使槎录》，（台北）台湾银行经济研究室，1957，第78页。
⑤ 陈肇兴：《陶村诗稿》，（台北）台湾银行经济研究室，1962，第61—62页。
⑥ 高拱乾：《台湾府志》，（台北）台湾银行经济研究室，1960，第1页。

消颇僻，千年拱京师。"这都是闽台一体的中华民族群体观念在特定时代的表述方式。

三　诗中的刀锋：节义价值观的文学叙述

闽台文学的交融际会，与明末郑氏父子据台抗清有着密不可分的关系，节义也自然成为此一时期闽台文学的重要主题。自宋末之后，汉民族政权覆亡之际都会出现高涨的节义思潮，号召对入侵的异族武装力量进行决绝的抵抗，尤以宋、明之末最为显著。至清末，节义在家国危亡之际融入更为广阔的民族国家认同之中，同样有着激烈的文学表述。明亡清兴之际，士大夫的以死殉节可以惨烈来形容，江南一带的士大夫尤为自觉地践行所信奉的伦理价值观，倾家荡产组织义军抗清的士大夫并不罕见。围绕着以节义为核心的价值观，明末的士大夫们在充满戾气的特殊政治文化氛围之中选择了方式不一的死亡，有所谓"死社稷""死封疆""城亡与亡""有死无贰""吾此心安者死耳""以死为道"等[①]。福建作为明朝在大陆最后的疆土，此间的士大夫也不缺乏宁折不屈的死志。这种决绝的节义，伴随着郑氏父子离闽入台而在台湾广为流传。

郑成功籍贯福建南安，初以福建为根据，后从荷兰侵略者手中收复台湾坚持抗清。郑成功始终奉朱明为正朔，其诗歌中多有直白其政治诉求的叙述。《出师讨满夷自瓜州至金陵》一诗写道："缟素临江誓灭胡，雄兵百万气吞吴，试看天堑投鞭渡，不信中原不姓朱。""缟素"表明哀悼明君的遗臣身份，而"灭胡"与"不信中原不姓朱"则强调自己的志向与目标。郑成功的《复台——即东都》在台湾文学史上具有重要的意义，诗曰："开辟荆榛逐荷夷，十年始克复先基。田横尚有三千客，菇苦间关不忍离。"[②] 诗中用"田横"之典突出了节义的重量，此诗与乙未割台之际施士洁的名句"逐臣不死悬双眼，再见英雄缚草鸡"一并为人称道，用诗句打造出节义的刀锋。郑经、黄道周、徐孚远、卢若腾等人的作品均属同类。

福建漳浦人黄道周在甲申之变后为抗清而复出，在隆武朝内人心不齐的情况下，于福建境内自筹兵粮进攻江西，兵败被俘，死节于南京，其就义时内穿衣服上书有"大明孤臣黄道周"字样。黄道周在抗清过程中留下许多震撼人心的诗句，如"诸子收吾骨，青天知我心""老臣挤尽一腔

[①] 赵园：《明清之际士大夫研究》，北京大学出版社，1999，第23—49页。
[②] 所引郑成功诗歌见 http://www.wordpedia.com/twpoem/frames.asp? fp=1-006&vp=郑成功。

血，会看中原万里归"等。徐孚远于1651年随鲁王逃亡到福建，拉开了闽台14年抗清生涯的序幕。其居于闽台期间的诗歌同样以反清复明为主旨，《陪宁靖集王愧两斋中》云："轩车夕过喜王孙，呼取黄衫共酒尊；入钓新鱼堪一饱，小斋明烛好深论。龙无云雨神何恃？剑落渊潭气自存。饮罢不须愁倒极，还期珍重在中原！"《春望》诗云："春光一去不重来，日日登山望九垓；岸虎水龙俱寂寞，高皇弓剑几时回！"[①] 金门人卢若腾抗清战败后受明郑政权礼遇，长期在金、厦生活。1664年卢若腾与沈佺期等东渡台湾，至澎湖时突然发病，恰值崇祯殉难忌日，因悲恸过度而亡故[②]，其一生也因此染上了浓烈的殉明之节义色彩。卢若腾的诗歌饱含欲复国而不能的悲愤之气，《金陵城》对郑成功北伐南京却功败垂成扼腕叹息："金陵城，秦、汉以来几战争；战胜攻取有难易，未闻不假十万兵。闽南义旅今最劲，连年破房无坚营。貔貅三万绝鲸海，直沂大江不留行：瓜步丹徒鏖战下，江南列郡并震惊；龙盘虎踞古都会，伫看开门夹道迎。一朝胡骑如云合，百战雄师涂地倾！金陵城，城下未歇酣歌声，芦苇丛中乱尸横；咫尺孝陵无人拜，人意参差天意更！单咎不能知彼己，犹是常谈老书生。"诗中"咫尺孝陵无人拜，人意参差天意更！"充满了对故明政权的依恋，以及对天意亡明的深深无奈，但卢若腾始终没有放弃强烈的恢复明政权的愿望，《乙酉仲夏舟次钱塘，邂逅田孺隽年丈，周旋数日；闻南都之变，悲而有赋，奉呈为别》诗云："邂逅胥江足胜游，那堪忽报怒涛秋！连年国破羞青史，此日伤心易白头。半壁撑持惊再误，两京剥复望同仇。定须江左夷吾出，高展中兴第一筹！"卢若腾希望自己效忠明室的节义立场能代代传承，他在《寄门人戴某（时在台湾）》中嘱咐门生："怜子经年别，远游良苦辛；定交多侠客，流恨托波臣！厌乱人情剧，亡胡天意新。从戎旧有约，莫待鱼书频！"[③]

与徐孚远、卢若腾等人相比，郑经的诗歌集《东壁楼集》是其在台十年（1664—1674）的生活记录，也是第一部全然以台湾为背景及题材的诗歌专著。[④] 郑经在台期间的诗歌作品虽有不少山水景观的题材，但其政治角色与地位决定了"反清复明"的志节与立场，才是其诗歌的最为重要的内容。《东壁

---

① 《台湾诗钞》，（台北）台湾银行经济研究室，1970，第13、第15页。
② 朱双一：《闽台文学的文化亲缘》，福建人民出版社，2005，第56—57页。
③ 《台湾诗钞》，（台北）台湾银行经济研究室，1970，第20—21、16—17、24页。
④ 张鸿恺：《从〈东壁楼集〉及〈延平二王遗集〉看郑经其人及明郑王朝》，（花莲）《慈济大学人文社会科学学刊》2008年第7期。

楼集》自序中郑经自道:"每读书史忠孝之事,未尝不感激忠奋。"① "忠孝节义"成为贯穿郑经诗歌的思想主线,在其诗歌叙述中,效忠明朝的文学符号俯拾皆是。《满酋使来,有不登岸、不易服之说,愤而赋之》诗云:"王气中原尽,衣冠海外留。雄图终未已,日日整戈矛。"《题东宁胜境》诗云:"曾闻先圣为难语,汉国衣冠万古同。"《和康甫应天讨虏大海出师》诗云:"薄出西征驾战舟,长歌击楫济中流。国家元运今朝复,胡虏妖氛一旦收。万姓欢呼恢汉室,孤臣喜得见神州。十年遵养因时动,壮士何辞栉沐秋。"《独不见》诗云:"腥羶满中原,林木巢胡燕。天子蒙尘出,皆繇诸臣遣。壮士怀激烈,忠心在一片。义旗照天地,驿络蔽日现。徒苦诸群黎,作计良不善。胡骑一朝至,人人自为变。我今兴王师,讨罪民是喑。组练熊罴卒,遵养在东洵。企望青鸾至,年年独不见。"《悲中原未复》诗云:"胡虏腥尘遍九州,忠臣义士怀悲愁。既无博浪子房击,须效中流祖逖舟。故国山河尽变色,旧京宫阙化成丘。复仇雪耻知何日,不斩楼兰誓不休。"《不寐》诗云:"寂寞常不寐,中夜独长吁。腥氛满天地,中原尽狼胡。政令出群小,诛戮皆无辜。万姓遭狼毒,谁能振臂呼。闻风常起舞,对月问锟铻。听潮思击楫,夜雪忆平吴。遵养待时动,组练十万夫。"② 这些诗歌中反复阐明其"忠孝节义"立场的文学符号可以分为三类:一是奉明政权为正朔的政治立场,如王气、汉国衣冠、国家元运、神州、天子蒙尘、义旗、忠心、忠臣、义士、故国、旧京、复仇、雪耻等;二是丑化并攻击清朝阵营的价值取向,如胡虏妖氛、腥羶、胡骑、胡虏、楼兰、腥氛、狼胡、狼毒等;三是表明恢复明政权的志向,如雄图、怀激烈、兴王师、熊罴、组练十万夫等。

  明郑覆亡之后,台湾收入清朝版图,但恪守前朝节义立场的文学叙事并未戛然而止。福建惠安县人江日昇于康熙二十三年(1684)渡海入台,归撰《东平纪略》及《台湾外纪》十卷,记述了郑成功家族四代反清的遗事。为一个败亡的地方割据政权写史,并非单纯因为江日昇是明郑故臣的后人,更主要的原因在于作者为抗清者的节义立场和人格风骨所感动,从而在将明郑政权覆亡归结为天命的叙事掩护之下,生动而忠实地记录了明末闽台军民的人事。江日昇在《台湾外纪·自序》中提到了自己书写《台湾外纪》的动机:"但成功髫年儒生,能痛哭知君而舍父,克守臣节,事未可泯。况有故明之裔宁靖王从容就义,五姬亦从之死;是台湾成功之蹠,

---

① 龚显宗:《从〈东壁楼集〉看郑经与台湾》,(台北)《历史月刊》2002年6月号。
② 所引的郑经诗歌见 http://www.wordpedia.com/twpoem/frames.asp? fp = 1 – 007&vp = 郑经。

实为宁靖王而踞，亦蜀汉之北地王然。故就其始末，广搜辑成。诚闽人说闽事，以应纂修国史者采择焉。"① "事未可泯"者，即在于"克守臣节""从容就义"。所以郑应发在序中点明"其书专为郑氏而作"，而除郑氏之外，"义士、忠臣、烈女、节妇，凡有所见，皆笔于书"②。在此意义上，"闽人说闽事"说的也是"闽人节义之事"。江日昇的这部小说所描写的人物大多以死节为终，无论本属于闽人的黄道周、曹学佺，还是死于闽地的周之藩、傅冠、陈启泰、段应举、郭承汾，都散发着殉道节义者所特有的人格光辉。

四 结社与家族文学：闽台文学亲缘的组织表现

明末黄道周、徐孚远等人在闽台的反清活动，都有结社的色彩。台湾学者盛成认为，复社和几社对台湾文化产生了重要影响，"复社、几社与福建关系密切，特别是南京陷落，南明政权延绵于东南沿海各省之后，其活动重心也随之南移闽台。……复社在闽之代表为黄石斋（道周），几社在闽之代表为徐闇公（孚远）"③。这些诗人的诗作，在此层面上也可视为结社活动的文学产物。

对台湾文学产生影响的另外一种结社的方式与"宦游"紧密相关。清政府收复台湾后面临着建设台湾的任务，随即派遣大量官员、文士来管理、教化台湾，宦游文学就是这批赴台官员和文士在台期间的自然产物。赴台的官员文士多为闽人，或至少有在福建履职的经历。康熙挑选宦台官员时的要求之一是"必须是闽省现任官员，具备一定的行政经验"④。清代《吏部则例》规定台湾教职人员的缺额先从福建调补，据泉州天后宫内闽台关系史博物馆内藏的《清代台湾福建籍教授教谕表》，从康熙二十六年到乾隆十一年（1687—1746）任职台湾的闽籍教职人员就有75人，台湾学者施懿琳对此表还有许多补充，因此台湾学官籍贯不属于福建的很少。⑤ 以康熙朝为例，闽籍宦台诗人就有蓝鼎元、陈梦林、阮蔡文、林庆旺、吴周祯、林华昌、陆登选、孙襄等人，而有在福建为官经历的宦台诗人则有陈璸、高

---

① 江日昇：《台湾外纪》，（台北）台湾银行经济研究室，1960，第3页。
② 江日昇：《台湾外纪》，（台北）台湾银行经济研究室，1960，第9—10页。
③ 朱双一：《闽台文学的文化亲缘》，福建人民出版社，2005，第50—51页。
④ 吴毓琪：《康熙时期台湾宦游诗之研究》，（台南）成功大学博士论文，2006，第48页。
⑤ 朱双一：《闽台文学的文化亲缘》，福建人民出版社，2005，第108—111页。

拱乾、齐体物、季麒光、周钟瑄、张琮、张宏等。① 这些人对带动台湾文坛乃至台湾的发展，都有不可低估的作用，如陈璸于康熙三十三年（1694）中进士授福建古田知县后，于康熙四十一年（1702）调知台湾县事，四十二年（1703）调四川提学道，四十九年（1710）奉特旨调任台湾厦门道监理学政，五十三年（1714）超擢湖南巡抚，同年又调任福建巡抚，旋即升闽浙总督，五十六年（1717）又以福建巡抚身份巡海至台，五十七年（1718）卒于闽浙总督任上。陈璸大半履历都在闽台，且成为闽台最高行政长官，深受台湾民众拥戴。宦台官员文人初入台时，面对着陌生的人事与风土，会自然地寻觅身份相近、境遇相同的文人进行唱和酬答、联吟聚会，这种自然的身份认同及其社会化实践过程，也参与建构了台湾文学的传统。有学者指出："此一时期主要的课题，是发展诗人社群，而非在诗艺上寻求突破。因为这个诗人社群中的传统根本有待建立，诗人团体还在成长扩大，一群人针对一个题目一件事一齐来作诗，比一个人自己捻须苦吟、以求独造，更为重要。"② 因此，宦游者的结社，实际上是强化诗人群体身份意识的活动，对台湾文学的发展也大有裨益。

经过康、雍、乾三代入台官员文人的启蒙教化之后，乾隆年间台湾本土文人逐步占据了文坛的显要位置。③ 宦台诗文创作者也逐渐与本土诗人团体相融合，双方交流日趋热络，而这种两岸文学的交流切磋，也使得台湾文学的发育更为健康茁壮。正是在清中期，台湾文学出现了家族文学现象，宦游者逐步融入家族文学创作之中。道、咸、同时期，包括福建文人如闽县林维丞、浯江林豪、侯官杨浚等在内的大批宦台文人都是台湾竹堑地区的著名文学群体"潜园"或"北郭园"的常客，而"潜园""北郭园"等文学团体都带有浓郁的家族亲缘色彩。台湾家族文学现象的形成，与福建有着不可分割的联系。家族制度是中原制度文化南播的重要内容，自晋末开始随着中原汉族移民进入福建，南宋后特别是明清以来，福建家族文化已经有了较为成熟和完善的发展。④ 清嘉、道年间曾历任江苏、广西巡抚的

---

① 吴毓琪：《康熙时期台湾宦游诗之研究》，（台南）成功大学博士论文，2006，第265—275页。
② 龚鹏程：《台湾文学在台湾》，转引自蓝侦瑜《清代来台文人之台湾特殊性书写研究》，（台南）成功大学硕士论文，2008，第34页。
③ 刘登翰等主编《台湾文学史》（上卷），海峡文艺出版社，1991，第171页。
④ 刘登翰：《中华文化与闽台社会——闽台文化关系论纲》，福建人民出版社，2002，第128—129、151页。

长乐人梁章钜对家族诗歌史甚有研究，其《南浦诗话》探讨了福建浦城诗歌历代盛衰演变之现象。浦城有宋一代出59位诗人，而章氏家族自章德象以下就有15人之多。明末清初侯官许氏家族也是诗人辈出，最为人所知的许友在这个文学家族中扮演了承上启下的角色。在诗集方面，许友有《米友堂集》，父亲许豸有《春及堂诗》，族兄许珌有《许铁堂诗钞》，儿子许遇有《紫藤花庵诗钞》，孙子许鼎和许均分别有《少少刺集》和《玉琴书屋诗钞》。《笃叙堂诗集》收录了许氏家族里自许豸至许良臣五代七人的诗歌。《清史列传·文苑许友传》说，"闽中以诗世其家者，咸曰许氏也"。清初至清中期，福建重要的家族文学作品集还有建安郑氏家族的《垂露斋唱和集》，侯官林氏家族的《长林四世弓冶集》，长乐谢氏家族的《东岚谢氏明诗略》，长乐梁氏家族的《江田梁氏诗存》等。[①] 台湾家族文学深受福建影响，明显地表现在清代台湾竹堑地区郑用锡家族的"北郭园"群体和林占梅家族的"潜园"群体。

  清代著名的文学家族有竹堑的郑用锡家族、林占梅家族，大龙峒的陈维英家族，板桥的林维源家族，嘉义的赖时辉家族等，尤以竹堑地区的郑、林为著。郑家的"北郭园"和林家的"潜园"是清代台湾著名的家族文学活动场所，它们以家族为核心，通过同乡、师生、官绅、朋侪等的聚合形成了文学团体。"北郭园"和"潜园"并非单纯意义上的家族园林，还具有乡中文人士绅的公共文学空间的意味。这种家族亲友色彩浓厚的准公共文学空间的形成，与闽籍人士互相提携同乡的乡族意识有很大关系。[②] 若论及这两个文学团体主要成员的籍贯，也大都来自福建。郑用锡祖籍金门，林占梅祖籍同安，郭菁英、郭成金兄弟祖籍南安，彭培桂祖籍同安，郑祥和祖籍永春，陈浚芝、陈浚荃兄弟祖籍安溪，郑鹏云原籍永春，黄玉柱祖籍侯官。黄玉柱之子黄彦威、黄彦鸿于台湾沦陷之后，还偕子嗣归籍福建侯官县居住。作为融合了宦游、流寓、家族因素等在内的综合性文学社团，"北郭园吟社""潜园吟社"的主要成员间，父系亲属、姻亲、师生、官绅交往等诸种关系相互缠绕。从父系亲属的层面看，郑用锡文学家族的郑氏兄弟子侄就有郑用鉴、郑用铦、郑如松、郑如梁、郑如兰、郑景南、郑树南、郑灿南、郑以典、郑以庠等。其余重要成员中，林占梅与林汝梅是兄弟，彭培桂为彭廷选之父，郭菁英是郭成金的兄长，郑祥和为郑鹏云之父，

---

  ① 陈庆元：《福建文学发展史》，福建教育出版社，1996，第7、396—398、502页。
  ② 朱双一：《闽台文学的文化亲缘》，福建人民出版社，2005，第132页。

陈浚芝和陈浚荃是兄弟，黄玉柱有两子黄彦威、黄彦鸿，张谦六是张息六的兄长。从姻亲关系层面看，林占梅之妹嫁给郑用锡次子郑如梁，林占梅与杜淑雅、蔡启运与林次湘为夫妻，郭成金娶郑用锡长女，郑兆璜的妹妹嫁给陈浚芝，郑用锡的孙子郑宣南娶黄如许的长女，郑用锡的孙子郑后斋娶林鹏宵二兄林鹏飞的女儿，郑用锡的孙子郑以文娶林鹏宵长兄林鹏云的女儿。从师生关系上看，彭培桂是林汝梅的老师，黄玉柱是郑用锡的学生，林豪是杜淑雅的老师，郑鹏云是林维丞的学生。从官绅交往的层面上看，郑用锡与淡水同知丁曰健、福建建宁总兵曾玉明、噶玛兰通判富谦、淡水厅训导郑祥和、竹堑巡检汪昱，林占梅与台湾道徐宗干、淡水同知秋曰觐、鹿港同知宜泉、淡水厅幕吴希潜、周子玉部郎等，都有吟诗酬答之交往，而竹堑地区大陆流寓文人也往往选择长居于"北郭园"和"潜园"之中，如侯官人杨浚之于"北郭园"，金门人林豪、闽县人林维丞之于"潜园"。[①]"北郭园"和"潜园"的长期兴盛，说明以家族因素为核心的文学组织形式顺应了台湾文学发展的必然方向与趋势。

从"北郭园"和"潜园"两个文学团体中，不难看出清初文教东移与闽台文学互动所结出的硕果，以及闽地文学组织、生产方式之于台湾的影响，还有台湾文学发展过程中宦游文学、流寓文学、家族文学等内容的际会与融合。随着甲午硝烟弥漫，闽台文学亲缘的发展也迎来了新的历史局面。

第二节 日据时期闽台文学的亲缘关系

甲午战败是近代中国史中沉痛的一页。因战败带来的军事和政治压力而签订的《马关条约》不仅给中华民族带来了空前的生存危机，还直接影响到了台湾的命运与历史走向。1885年台湾建省后，在首任巡抚刘铭传的主持下，台湾开始了效法大陆的、由器物与文化入手的现代化之途，修建铁路、架设电线、创立邮政、兴办实业、开办学校、整顿军务等事项次第展开。《马关条约》割让台、澎直接关系到国家的生死存亡，而从台湾的角度看，其区域发展的自主性也随之丧失。台湾的文学艺术陷入了空前复杂而冲突激烈的文化场域之中，原本清晰、通畅的闽台文学亲缘，进入了曲折隐晦的表达阶段。

[①] 黄美娥：《北台文学之冠——清代竹堑地区的文人及其文学活动》，（台北）《台湾史研究》第5卷第1期，1999年11月，第91—139页。

日本强占台湾从根本上改变了台湾原有的文学生态。汉语言文学、日本语言文学、古典文学、新文学、抵抗的文学、臣服的文学等文学形态在短短的五十年内互相作用、次第上演。以历史顺序梳理，若以1915年"西来庵事件"为界，日据前期的台湾文学以汉语古典文学为主要表现形态，许多诗人及社团表现出或显或晦的抵抗日本侵略的文化立场。而日本文人以汉文学形式参与台湾文学活动，在客观上对促进台湾汉语古典文学的发展及诗人结社等起到一定的保护作用，同时也为随后日本的文化殖民政策铺展埋下了伏笔。随着"西来庵事件"的结束，台湾人民成规模的武装抗日斗争已被日本殖民势力完全镇压，日本据台当局也将政策重心转为文化同化色彩浓厚的"文官统治"和完全殖民性的"皇民化运动"。这一时期的汉语古典文学的主体地位逐渐被白话新文学所取代，而日语文学也更为强势地介入了台湾文学的生产。在"皇民化运动"废除了汉语言的合法性身份之后，无论是新文学的译介还是文化抵抗的斗争，台湾文人都只能采用日文的方式表达。但在日据期间，"闽台文化一体"的历史传统积淀始终没有完全隔绝，闽台文学界之间以种种不同的互动方式不断地复述着二者深厚的文化亲缘。

一 以"菽庄吟社"为典型的古典文学互动

中国古典诗歌是日据前期闽台文学的表现主体，那时的台湾文学场域中，新文学还没有发生，日文也尚未成为台湾唯一合法的语言。诗歌创作受多种文化思潮的冲击而保存了丰富的内涵。"明清以来不甚被重视的诗歌创作，在日治初期科举被废后，一跃而为台人注意之焦点，并在台人民族主义或兴观群怨情感抒发的目的，以及日人提倡风雅的文明化、旧惯调查风潮的影响下，卒而成为表达抗日情绪的利器，但同时也是使人情优美的帝国文治化工具，或彰显国家民俗的文学符码，于是'诗歌'书写有了多元丰富的文化政治意涵。"[①] 总体而言，"日据前期台湾文学的主要成绩并不在于频繁而广泛的结社和'击钵'吟创作方面，在1895年以后留居台湾（或内渡后归返台湾）的主要作家林痴仙、王友竹、连雅堂、洪弃生、胡南溟、林南强、吴德功、梁成楠、罗秀蕙和谢颂成，台湾内渡诗人施士洁、

[①] 黄美娥：《从"诗歌"到"小说"：日治初期台湾文学知识新秩序的生成》，成功大学台湾文学系企划编辑《跨领域的台湾文学研究学术研讨会论文集》，（台南）台湾文学馆，2006，第55页。

丘逢甲、许南英、汪春源、陈浚芝、黄彦鸿、郑鹏云、林鹤年、林尔嘉、林景仁和林景商等。这两部分作家在文学上的活动和实绩才是日据前期台湾文学最有价值的活动和实绩。"① 留台文人与内渡文人的文学表现构成了日据前期台湾文学的价值主体，这恰是闽台文学亲缘关系强大能量的表征。闽台两地的文学互动，可以通过诗社活动的视角得以展示。

日本据台的消息传开之后，许多台湾文人在"耻为异族之奴"的心态驱使之下离台内渡，而部分留在台湾的文人则在日据初期投身武装抗敌运动，如写有"书生杀敌浑无事，再与倭儿战一番"诗句的吴汤兴即于1895年8月在八卦山战死。在离台或抗敌的大背景之中，1895年到1901年的台湾文学基本陷入了停滞。日本殖民当局在武力镇压的同时逐步意识到文化怀柔的重要性，从总督到小官吏在内的许多日本文化人开始重视并参与到台湾的中国古典文学的创作之中。在这样的背景下，作为日据早期台湾文学活动重要代表的诗社开始先后成立。留台文人中的林痴仙、林南强、赖悔之等人成立了台中栎社；连雅堂、蔡国琳等人于1906年成立了台南南社；台北瀛社创立于1909年，以洪以南为首任社长。这三大诗社与其他规模或影响较小的诗社一同构成了台湾日据初期的文学主体，据考证，在以台中栎社发展为标志的1902年至1920年，全台范围内先后出现的诗社总数在60家以上。② 而离台内渡入闽的诗人，同样沿袭了他们在台时的文学活动习惯，"菽庄吟社"就是台湾文人内渡后与闽地文人相融合的结晶。它既是闽台文学亲缘表现的典型，也以其自身的文学活动延续着时代风云巨变中的闽台文学亲缘。"菽庄吟社"所表现出的闽台文学亲缘，可以分述为以下几个层面。③

第一，"菽庄吟社"是台湾诗社团体在福建的整合与重现。"菽庄吟社"正式创立于1913年的重阳节，这天也是厦门鼓浪屿"菽庄花园"的落成之日。该社滥觞自1895年清政府割台后内渡定居厦门的林鹤年与林辂存父子所组织之"怡园聚咏"，经由1907年暮春创立的"浪屿诗坛"过渡和发展而来，而其渊源则可以追溯到清末台湾诗坛各大文学社团。该社吟侣中有许多直接来自清末台湾各大文学社团，其中确切可考者就有11位。林尔嘉

---

① 刘登翰等主编《台湾文学史》（上卷），海峡文艺出版社，1991，第288页。
② 刘登翰等主编《台湾文学史》（上卷），海峡文艺出版社，1991，第293页。
③ 本文中关于"菽庄吟社"的论述，资料来自黄乃江的《东南坛坫第一家：菽庄吟社研究》，武汉出版社，2011。

创办"菽庄吟社"本身即是台湾诗社之风在厦门的延续。"菽庄吟社"沿袭了清末台湾诗坛的创作风气,其创作的各类诗文作品,不乏追怀"斐亭钟声"的句子。

第二,"菽庄吟社"人员构成体现了浓重的"闽台一体"色彩。"菽庄吟社"中共有台湾吟侣76位,大致又可分为两类:一类是林尔嘉及其眷属和1895年前后内渡大陆的台湾流寓文士及其后代,也就是林尔嘉所称"同里诸诗人",计有21人。另一类是日据下台湾本岛诗人,共有55人。如果从籍地分布的角度来进行考察,"菽庄吟社"核心人物"十八子"中,施士洁、汪春源、卢文启、卢心启四人均来自清末台湾诗坛,他们代表了内渡大陆的台湾流寓文士;龚显燦、龚显鹏、吴增、庄善望等十人来自泉州,周殿薰、李禧二人来自厦门,马祖庚来自漳州,他们代表了福建省内吟侣;只有沈琇莹来自湖南,代表了闽台两省以外吟侣。

第三,"菽庄吟社"与闽台其他诗社互动频繁,成为闽台诗社中醒目的活跃因素。"菽庄吟社"与海峡两岸同时期其他文学社团的交流往来十分频繁,如闽境内的厦门海天吟社、鹭江吟社、星社,泉州温陵弢社,福州花好月圆社、托社、观社、还社、说诗社等,以及台湾境内的台南南社,台中栎社,台北瀛社、桃社、竹社、陋园吟会等。"菽庄吟社"的文学交往还扩大到大陆其他地区的文学社团,如扬州惜余春社、伍祐国粹保存社,常熟虞社,北京寒山社、秭园诗社、蛰园吟社等。尤为重要的是,"菽庄吟社"成员与台湾诗人一道,突破日本殖民当局所设置的种种障碍,保持了闽台两地文学交流的联系。台湾诗人费尽周折才能将诗稿送抵彼岸的"菽庄吟社",参与诗社的唱和活动。

民国期间,"菽庄吟社"的核心吟侣如林尔嘉、许南英、林鹤寿、林柏寿、林景仁、林履信、林熊祥、林辂存、施景琛、沈琇莹、苏大山、庄棫荫、苏镜潭、王贻瑄、蔡谷仁等均曾先后渡台,对日据时期台湾的古典文学产生过重要影响。"菽庄吟社"中其他不曾渡台的核心人物如施士洁、汪春源、龚显鹤等,也与日据时期的台湾诗坛保持着密切的文字联系,施士洁还得到魏清德、陈怀澄、谢石秋、林陔唐等台湾岛内众多诗友的尊崇。在文化认同和乡土意识的双重感召下,连城璧、连横、叶际唐、张我军等人都曾在日据时期漂洋入闽,张我军在厦门的经历对"五四"之火的东渡入台,起到了不可忽视的作用。

第四,"菽庄吟社"将福建区域文学的发展推向新的高度,成为"闽台文学一体"的重要象征。从文学角度看,"菽庄吟社"既继承了"同光体"闽派的文学观念、创作方法、艺术风格,同时又紧密结合社会历史主题,深入体察现实苦难生活,体现了"以诗存史"的诗学观念及对现实人生的深切关怀,从而把"同光体"闽派的创作艺术推到了新的高度。"菽庄吟社"以其文学创作和文学活动,不断地复现闽台两地文脉同源、文风同宗的历史传统,以及同声相应、同气相求的互动格局。

二 五四新文学的东渡与两岸新文学的对流

台湾新文学的发生如同大陆五四新文学发生的逻辑一般,都包蕴在新文化运动的语境之中。被日本殖民的台湾与半封建半殖民性质的祖国大陆,面临着同样的民族文化的生存危机。障碍社会发展的旧伦理观念、摧残身心的殖民统治、日渐逼仄的民族文化生存空间,以及祖国大陆五四运动的爆发、日本本土"大正时代"较为自由的文艺思潮,都助推了台湾新文学运动的发生。大陆新文化运动与五四新文学思潮,对台湾新文学的萌生与发展起到了至关重要的作用。可以说,台湾的新文学运动是中国新文学运动的支流。

台湾新文学的萌发,与旧文学跟不上时代表达的需求及日据当局的文化殖民政策有着直接关联。伴随着日据当局殖民计划的全面推进和文化怀柔政策的日益强化,旧文学已经很难跟上台湾文明发展和文化抵抗的整体需求。张我军的《糟糕的台湾文学界》充满了对守旧文人的不满,张我军形容台湾旧诗人沉溺于"击钵吟"式的联吟酬唱为"恋着垄中的骷髅,情愿做个守墓之犬,在那里守着几百年的古典主义之墓",认为这些丧失了文化民族意识的旧文人将诗文"或拿来做沽名钓誉,或拿来做迎合势利之器具",使青年"染成偷懒好名的恶习",而一旦"总督阁下对他们称送秋波,便愈发高兴起来了"。追溯张我军等台湾新文学领军人物的思想轨迹,就很容易发现大陆新文学运动通过福建对他们产生的影响。

20世纪20年代初,台籍在闽学生受新思潮影响而较为活跃。1923年6月20日,台湾嘉义人李思祯在厦门发起组织了"台湾尚志社",第二年,这个由留学闽南的台籍学生组成的社团又扩大形成了"闽南台湾学生联合会"。1925年台湾学生林茂铎、张志忠等联络厦门学生组成厦门"中国台湾同志会",并以"中国台湾新青年社"名义发行《台湾新青年》杂志。"中国台湾同志会"以自觉的汉文化身份意识登场亮相,它不仅宣告对闽台一体的高度认同,还进一步将台湾的命运与祖国大陆联系在一起。在"中国台湾同志会"张贴于厦门大街小巷的"宣言"中,该会强调,"我们台湾人本亦属汉民族,我们的祖先来自漳州、泉州和潮州等地","台湾人亦是中国人的同胞,亦是厦门人,亦是汉民族","我们同胞正在台湾饱受日本的压迫,应好好去想报仇雪恨的路径,切勿为日本人所利用","倭奴愈益添增凶狠无道、暴虐之势,进而压迫居留对岸的台湾同胞,迫使我们无处栖身。宜和中国同胞协力,以期报仇雪恨"。① 闽台同根的身份意识和反抗殖民统治的诉求,构成了台湾在闽学生社团运动的主调。

"中国台湾同志会"折射出的强烈的反帝反殖民反封建诉求,必然经由文人东渡宝岛。赖和和张我军在厦门的经历,是台湾现代文学发生的重要因素。有论者强调说:"台籍学生在大陆的活动,是台湾的新文化、新文学与祖国五四新文化、新文学连为一体的显著事例。不过对台湾新文学的产生和发展具有更直接关系的,应数赖和和张我军的厦门经历。赖、张二氏都是对台湾新文学的产生和发展做出重要贡献的作家,而他们曾在厦门受到的五四新文化运动的熏陶和激励,对他们后来走上新文学之路,以及其创作路向和风格的形成,都具有举足轻重的意义。"② 赖和通过厦门之行亲身体验到了祖国的贫瘠羸弱和民众的精神麻木,从而影响了他文学创作的价值观。富有意味的是,张我军厦门生活及其文学精神的砥砺,与"菽庄吟社"的主人林尔嘉又有着密切的联系。张我军的厦门经历体现出了闽台文学区域中新旧文学之间复杂的生态关系,在被研究者充分论述的二者冲突关系之外,由于反抗殖民文化统治的共同诉求的存在,旧、新文学之间绝非完全意义上的对峙。已有研究指出,"张我军"这个名字是林尔嘉取的,林尔嘉将"张清荣"改名为"张我军",寄寓了他对"菽庄吟社"发展壮大的美好愿望,两人甚至还共同谋划过"抗日复台"一类的大事。张我军在厦门期间曾投稿参加"菽庄吟社"1922年"鹭江泛月赋"的征文并获奖,他一直保持着传统诗文写作的习惯。他在1923年10月发表于《台湾》月刊上的《咏时势》中写道:"如此江山感慨多,十年造劫遍干戈。消除有幸排专制,建设无才愧共和。北去闻鹃空踯躅,南来饮马柱蹉跎。天心厌乱终思治,忍使苍生唤奈何。"此诗中除了明显的反帝思想之外,"南来饮马柱蹉跎"也埋藏着放弃诗词格律而寻找有利于"消专制""建共和"

---

① 朱双一:《闽台文学的文化亲缘》,福建人民出版社,2005,第258—261页。
② 朱双一:《闽台文学的文化亲缘》,福建人民出版社,2005,第264—265页。

"思治"的文学表达方式的价值观转向。在分别以张我军和连横这两位"菽庄吟社"为主的新、旧文学阵营的论争日趋激烈的1925年,张我军还携未婚妻到厦门鼓浪屿拜访了"菽庄吟社"的文朋诗侣。[①]"在厦门的两年生活,堪称张我军'一生的转捩点'。"[②] 如果缺少了在鹭岛时期的人生历练,张我军就很难打开自己的视野,也很难有日后进京进一步接受新文化运动思潮的契机。

闽台两地新文学的对流除了20世纪20年代之外,40年代中后期台湾光复之后到中华人民共和国成立之前的这段时期也较为活跃。"战后,从一九四五年到一九四九年,大约有4年的时间,台湾和大陆曾有过一段文化交流通畅的时期。这时期正当是大陆内战及国共和谈的烽火连天的时期。然而台湾民众迫切需要了解大陆的文物制度。当时台湾有多达一百多种的报纸杂志,或用中文、日文,乃至于中、日文并用,极力介绍大陆的历史,人文景观以至于经济、教育、社会等的一般概况。"[③] 闽籍文人或长期在闽从事文化工作的文人,以报人身份、学者身份、作家身份参与到台湾文学的建设中去。以报人身份进入台湾文坛的有黎烈文、姚勇、林良等人。长期担任福建改进出版社社长的黎烈文于1946年初到台。他是台湾光复之后第一个入台的大陆作家,来台之后初任《新生报》副社长,后任台湾省立师范学校教授。其妻雨田女士曾任改进出版社《现代儿童》主编,并出版短篇小说集《罪》和散文集《水上》,也随夫入台。曾任《中央日报》《南方日报》等报记者的姚勇来台之后,以"姚隼"为笔名在《台湾月刊》《新生报》等发表作品,如《新台湾之旅》《人与人之间及其他》《桥之赞颂》《桥头二题》《十年》《海浴场上》《化蕃两公主》等作品,并以《论争杂感》等文参加了1947年发起的"台湾文学论议"。原籍福建同安的厦门《青年日报》记者林良于1946年到台湾供职于台湾省国语推行委员会,后到《国语日报》编辑儿童副刊。林良从此开始从事儿童文学创作,成为台湾著名的儿童文学作家。1947年2月,福建报人郑文蔚等人创办的《中外日报》因"二二八事件"而在台湾昙花一现,在该报担任副总编辑的陈石安在《中外日报》停刊之后短暂离台,返台后从事报业和报业研究,还曾以"苓凭"的笔名创作文学作品。福建学者对台湾文学的研究也在这一阶

---

① 参见黄乃江《东南坛坫第一家:菽庄吟社研究》,武汉出版社,2011,第495—506页。
② 朱双一:《闽台文学的文化亲缘》,福建人民出版社,2005,第272页。
③ 叶石涛:《台湾文学的悲情》,(高雄)派色文化出版社,1990,第61页。

段开始涌现。1945年4月30日,南社诗人朱剑芒在福建永安《龙凤》创刊号发表《台湾诗词丛话》。朱剑芒于1941年辗转到福建,曾供职于福建省政府,1945年6月15日在福建永安组织南社闽集并任社长。《龙凤》创刊号还刊有《丘逢甲谈"赘"》一文,其中节录的丘逢甲《菽园赘谈》为前所未见的佚文。1947年,福建国立海疆学校教授王新民在该校《海疆学报》第1卷第2期发表《清初台湾番族原始文学资料》。同年,福建泉州籍的台湾学者王锦江在台湾《新生报》副刊《文艺》第9期(1947年7月3日)发表《台湾新文学运动史料》。在报人和学者之外,某些福建作家和艺术家也直接参与到台湾文学艺术创作中,福州青年欧坦生即其中一例。1947年2月,欧坦生到台湾基隆中学任教,以所经历的"二二八事件"为素材写出小说《沉醉》。1946年初毕业于厦门大学银行系的姚一苇于同年9月1日到台。在福建期间就发表了小说、翻译作品和文艺评论的姚一苇,后来成为台湾地区著名的剧作家和评论家。①

三 抵抗:日据时期闽台文学的共同主题

甲午战争爆发后,台湾军民经历了军民齐心备战、抵制割台之举与武装抗日侵台等阶段,随着前赴后继的武装抗日活动相继失败,台湾人民抗日的主战场向抵抗文化殖民转移,但不屈于日本殖民统治的文化气节一直贯穿到台湾光复之日而始终未停歇,与福建文化抗日一同汇入了中华民族近代反殖民运动的洪流之中。在抵抗主题的观照之下,新旧文学、汉日文学之间呈现出复杂的关系。

长期以来,台湾一直被视为是福建的"门庭""藩篱"和"外府",割台对福建人来说是"切肤之痛"。这种悲愤不仅见于文人叙述,也见于民间言语。1895年5月29日,日军在台湾登陆,当年5月福建文人林琴南编校《周萃仲广文遗诗》撰写序言时,以"宿寇门庭"指称台湾落入日本控制的事实,以"感时之泪,坠落如溅"痛诉失台悲愤之情。三十年过后,1925年印发的闽侯某家为父母寿辰征求贺诗贺文的启事中,尚有"自台湾割让后,闽人尤有切肤之感"之语。② 对台湾本岛人士而言,这种主权的沦丧和

---

① 汪毅夫:《1945—1948:福建文人与台湾文学》,《福建论坛》(人文社会科学版)2001年第6期。
② 郭志超:《历史"细描"对闽台关系研究的拓新——汪毅夫〈闽台缘与闽南风〉评论》,《台湾研究集刊》2007年第2期。

文化身份的被迫改变尤为痛楚。古典诗文的存在本身,在此时就意味着民族身份的持守与文化抵抗的姿态。"大约从日本据台到五四文学革命的影响波及到台湾的这个期间,旧文学是满足台湾民众心灵要求的文学。岛内无数的汉诗社在这期间中保存了民族精神与文化,相当有效地排拒了日本语文的入侵。以林幼春为首的汉诗社'栎社'是所有诗社中最富于民族意识的诗社。此外,连雅堂的'南社'也是诗社中的佼佼者,刊行有诗志'台湾诗荟'。"① 古典诗文大量展示出台湾士民慷慨悲壮的抵抗之志。1894年,台湾兵备道、同治进士陈仲英在敌强我弱之势下赋诗明志:"有谁哭向苍天问,万里孤臣海尽头。"施士洁在离台内渡时写下《别台作》三首,悲愤之情浸透纸背。其一为:"往劫空谈纸上兵,庸庸噩噩一书生。化身甘作辽东鸟,遗恨难屠海外鲸。岛屿陆沉毘舍国,欃枪氛起萨摩城。潮声十万军声苦,长为安平咽不平!"其二为:"一角天南梦蝶园,当年遗老迹犹存。流将鲲岛重洋水,幻作鳜生双泪痕!恨未丧师先失地!问谁揖盗自开门?阳樊到处呼仓葛,何苦强邻又伐原!"其三为:"百雉高城赤堞西,鹧鸪啼罢子规啼。楼前人去如黄鹤,夜半军来尽水犀。鬼已无头怨罗刹,僧犹有发愧阇黎。逐臣不死悬双眼,再见英雄缚草鸡。"② 尤其是第三首中的"逐臣不死悬双眼,再见英雄缚草鸡"已成名句,比起出自其门下的丘逢甲的名句"宰相有权能割地,孤臣无力可回天"更为雄浑昂扬,包蕴着不论生死而必见台湾光复的决绝之心。

内渡之后,闽台诗人仍然高举"抗日复台"的旗帜,也正是在"抗日复台"的召唤下,"菽庄吟社"将海峡两岸数以千计的仁人志士凝聚其中。"菽庄吟社"的诗文作品,大都是"忧国之英、伤时之彦,拔剑斫地、悲歌慷慨之所为作",创作上一扫清末台湾诗坛的"游戏"之风与"雕镂"之习,多抒发台湾流寓之士长期以来抑郁在心中的亡国之痛、故园之思、流离之苦及复台之志,蕴涵着特定的社会内涵和独特的历史意义。③ 新文学运动将白话文推上了历史的中心舞台,但这并不等同于古典文学的突然灭绝。1937年卢沟桥事变爆发,林尔嘉愤然而作《丁丑新历七月七日倭寇侵犯卢沟桥,感赋寄壶天醉客》一诗:"年年来消夏,匡庐无所营;虽居在空谷,时闻风鹤声;人心不厌乱,蛮触蜗角争;内讧幸既弭,外寇何纵横!卧薪

---

① 叶石涛:《台湾文学的悲情》,(高雄)派色文化出版社,1990,第19页。
② 施士洁:《后苏龛合集》,(台北)台湾银行经济研究室,1965,第73页。
③ 黄乃江:《东南坛坫第一家:菽庄吟社研究》,武汉出版社,2011,第6—7、21页。

日已久，民苦不聊生；背城拼一战，不为城下盟！匹夫知有责，举国欲皆兵！愧我桑榆景，未能事远征！时不容高卧，安得效渊明！寄语壶天客，在山泉水清；黄龙待痛饮，啸侣歌太平。"①"背城拼一战，不为城下盟"的基调与频现的惊叹号标明了诗人内心意愿的强度。1945年日本战败台湾光复，林尔嘉作《乙未割台湾，挈眷归原籍龙溪，五十有余年矣。乙酉台湾收复，余旅沪辄思回台，未能立即成行，感赋四绝志之》，其一云："看到瀛东复版图，年过稀古老狂夫；故人来道故乡事，无恙河山风景殊。"②"抗日复台"始终是日据期间闽台文学不变的主题。

台湾新文学的诞生原本就与日本武装割台有着紧密的关联，"台湾新文学运动是这个反日民族运动的一环……台湾新文学运动和民族解放运动有密切不可分离的关系"③。从某种意义上说，"日据时代的台湾新文学运动史，根本就是一部反抗运动史"④。台湾新文学的"抗日"表现在两个层面：一是在语言上竭力坚持中文书写，二是在内容上或明或暗地表现对日本殖民意图的反叛或背离，而这两个层面都可以统一到民族身份的认同层面上。台籍日文作家张文环反对日人作家"外地文学"的主张，为了延续台湾新文学运动的传统香火而创办"启文社"，刊行文学杂志《台湾文学》，与西川满主持的《文艺台湾》分庭抗礼。他在抗战时期发表的小说《阉鸡》《夜猿》《艺旦之家》《论语与鸡》都透露出强烈的民族身份意识。另一位日文作家吕赫若发表了《财子寿》《风水》《合家平安》《月夜》《玉兰花》《石榴》等小说，在描写台湾大家族封建制度的弊害时，绝口不提当时居于压倒性话语地位的"皇民化"，以表明对于"皇民化"的疏离与抵制。此外，巫永福的《欲》、王昶雄的《奔流》以至于吴新荣的散文《亡妻记》等，几乎所有《台湾文学》上的作品都跟"皇民化"的预设价值路径背道而驰，公然反对殖民统治和日本侵略战争。在此之外，杨逵的小说《无医村》《泥娃娃》《鹅妈妈出嫁》，戏剧《怒吼吧，中国》和《天狗热》，以及吴浊流的《亚细亚的孤儿》，都以不同的方式表达对日本文化统治策略的反抗。⑤

---

① 陈支平主编《菽庄相关诗文集·菽庄收藏杂录》（台湾文献汇刊·第七辑·第四册），九州出版社、厦门大学出版社，2004，第86—87页。
② 陈支平主编《菽庄相关诗文集·菽庄收藏杂录》（台湾文献汇刊·第七辑·第四册），九州出版社、厦门大学出版社，2004，第143—144页。
③ 叶石涛：《台湾文学的悲情》，（高雄）派色文化出版社，1990，第18页。
④ 彭瑞金：《台湾新文学运动四十年》，（台北）自立晚报社文化出版部，1991，第29页。
⑤ 叶石涛：《台湾文学的悲情》，（高雄）派色文化出版社，1990，第32—35页。

这些作家的文学叙述在客观上呼应了大陆民众的文艺抗日实践。

四 身份追寻中的反殖民意识

中国近现代史上，闽台两地先后陷入了不同程度的日据统治之中，由于拥有被殖民被奴役的共同体验，两岸文学在台湾光复初期的交流异常热络。有台湾学者指出："战后初期的台湾作家一面孜孜不倦地学习中文，一面加紧吸收大陆三〇年代的文学。从鲁迅、茅盾、巴金、丁玲以至于萧军、萧红……的作品集也从大陆源源不绝地来到台湾。尽管大陆作家的作品以台湾作家而言，犹如外国文学，但是对大陆作家的思考模式和创作理念并不觉得陌生。具有被殖民经验的台湾作家而言，置身于次殖民环境的大陆作家的愤怒、控诉和抗议，毋宁是极容易引起共鸣的生存现实。"[①] 台湾光复后大陆文学及其生存经验的东渡之潮，折射出台湾民众恢复原有的中华文化身份的渴望，中华文化身份是闽台文学亲缘的基石与本色。

如果说以"抗日复台"为宗旨的文化政治诉求，随着抗战的胜利和日据台殖民当局的垮台而得以实现，那么恢复闽台共同的汉文化身份对台湾士民而言则要曲折、艰难和复杂得多，这种文化身份的复原并不因为政权更迭而自然诞生。"抗日复台"的文化诉求因附着于军事或政治的局势而表现出鲜明的二元对立模式，它表现出反殖民文化的某些鲜明的特质，但无法涵盖身份复原或身份追寻中"反殖民意识"的复杂性。为实现将台湾彻底转变为日本殖民地的意图，日本殖民当局对台湾的统治可谓殚精竭虑、无所不用其极，只有不变的目标而没有始终不变的手法。隐蔽、多变、迷惑性强的文化殖民手段，为台湾的中华传统文化身份的重认设置了巨大的障碍。

用武力残暴镇压台湾民众的武装反抗之后，日本殖民当局将统治策略重心转移到文化层面上。1898年至1906年儿玉源太郎和后藤新平实际统治台湾的时段里，日本既在台湾疯狂地掠夺各种资源物资，也推行文化怀柔政策，如举行"飨老典"以表示遵循中国传统文化敬老的习俗、举办"扬文会"以表重视士商精英的姿态。这些文化殖民手段取得了一定的成效，台湾诗人吴德功在受邀参加"扬文会"之后，《感赋五古以记"扬文会"》等作品与其在甲午前后写的《割台有感》等诗歌有着明显的文化立场差异，媚日之态已然十分明显。尽管日本殖民当局宣称过中文日文"同文同种"，

---

① 叶石涛：《台湾文学的悲情》，（高雄）派色文化出版社，1990，第62—63页。

并试图将日文取代中文的赤裸裸的文化殖民手段美化为某种"进步"的必然，但其对台湾的文教始终抱有一种矛盾的心态。"殖民统治者最关心的，是如何营造及维持有利其统治的环境。一方面，他们既然要借文明之名来合理化其殖民统治之实，便不得不引入某些……价值观和制度以自圆其说；但是另一方面，如果殖民地本土的固有价值观和制度被过分冲击，反而有害于殖民统治者的长治久安。而现代价值观归根究底对殖民统治会起破坏的作用，因此总不会全面及全心全意的推行。所以，殖民统治既一面引入新的价值观及制度，但同时又抑制这样的发展；对相应的传统价值观和制度，有时会提倡革新，有时又会刻意巩固。"[①] 后藤新平任台湾总督府民政长官、实际掌控台湾全局期间，就认为台湾民众文化水平的提高对日本殖民统治来说未必全是利好。这种矛盾心态所掩藏的意图，不久后又表现为推行极端化的文化政策。1931年"九一八"事变后，日本开始在台湾积极普及教育和推广日本语，1937年中日全面战争爆发后，"皇民化运动"随即出台，压制中文的使用并大力推行日文普及，同时建设日本神道教的象征物"神社"，台湾的中文报纸也被全部废止，改为日语报纸。

殖民当局的文化高压政策强烈冲击了台湾的中华民族文化传承，使台湾民众文化身份认同的机制空前复杂化。殖民性、本土性、民族性、现代性交相撞击，也使台湾文化身份追寻中的反殖民之路格外崎岖艰难，"杂糅性"成为台湾文化身份重要的特色。萨义德在阐述其"东方主义"时提出了建立在"殖民者完全占有殖民权力"基础之上的二元对立模式，这种理论架构与法农的理论一样招致了霍米·巴巴的不满。霍米·巴巴重视被殖民者在文化殖民格局中的角色与作用，认为殖民者与被殖民者之间既相互排斥又相互吸引，被殖民者会以与殖民策略似是而非的方式在"改写"中完成隐秘的文化抵抗，在现实中呈现出文化撞击中的"协商"性、"混合"性与"杂交"性。被殖民者的这种抵抗策略既回应了殖民者的认同需求，又满足了殖民当局对文化价值差序格局的预设，同时还保留了一定程度上残片化的本民族文化身份意识，在保持差异性之时将殖民者"他者化"。殖民者的"他者化"无论从何种角度看来都无法避免。"日本当局在笼络或怀柔台湾人时，经常会把汉诗文当成是一种工具并一再让'同文同种'这个

---

① 〔美〕皮埃特斯、巴雷克：《意象的转移——"解殖"、"自内解殖"和"后殖民情状"》，吴江波译，许兆麟校，许宝强、罗永生选编《解殖与民族主义》，中央编译出版社，2004，第73—74页。

概念流通在社会上。但是当统治者在形构其文化统合时,却又以音韵上的差异为理由,强调'同文不同调'继而切断汉诗文与国家公定意识形态之间的关系。……日本政府并不是以单纯的包容/排除的方式来处理汉诗文问题;而是透过比较复杂的流通/切断之手续,来重整汉诗文与帝国 Nationalism 之间的关系。……在流通/切断的作业下……汉诗文只能屈居'兴亚文学'的地位,成为支持皇民文学的周边配套工具。……这个路途同时也是日本人再度确认自己作为一个他者的过程。"[1] 然而,高强度和长时段的日文教育灌输对台湾新生一代的中华文化身份认同产生了巨大的障碍,这些新生一代很难抛开日本殖民文化充满优越感的召唤而深入台湾日常生活的肌理中去触摸那些留存的中华传统文化气息,进而恢复自身原有的文化身份意识。日据时期黄宝桃的小说《感情》就直面日据统治之下台湾青年文化身份认同的复杂性。小说的主人公太郎是台日混血儿,父亲是到台湾寻找风流快活的日本人,这种混杂性身份显然带有极强的文化隐喻。在学校中受到台、日双方学生歧视的太郎选择日本作为自己的民族文化身份,试图在台湾的社会身份格局中寻找到一种优越感,却始终得不到承认。太郎的母亲在等待十余年之后决定同一位台湾男性结婚,太郎同意母亲的婚事却绝不同意改穿台湾服饰去见继父,他的日本身份固执造成了家庭的裂隙,使母亲伤心离家,也使自己继续沉溺在无尽的困惑与忧伤悔恨之中。太郎的悔恨折射出作者的文化身份意识与价值立场,但《感情》所揭露出的台湾新生一代青年的文化身份认同困境却是普遍性的难题。张文环、吕赫若、杨逵、吴浊流等一大批台湾作家以自己的创作增强了台湾文学反殖民的文化力量,许多台湾固有的民俗、方言也在客观上保存了中华民族文化身份的记忆,虽然台湾文学反殖民文化侵袭、追寻民族文化身份的道路比起大陆文学更显复杂艰难,但这种不竭的努力同样是闽台文学深厚亲缘关系的明证。

第三节 闽台文学亲缘关系的当代建构

两岸文学自 1949 年以后的相对隔绝,在 20 世纪 80 年代初开始发生了

---

[1] 陈培丰:《日治时期的汉诗文、国民性与皇民文学——在流通与切断过程中走向纯正归一》,台湾成功大学台湾文学系企划编辑《跨领域的台湾文学研究学术研讨会论文集》,(台南)台湾文学馆,2006,第 498 页。

变化。原本根深蒂固的闽台文学亲缘在两岸关系解冻的阶段就迅速复现，成为两岸交流与对话的报春之鸟。闽台文学亲缘的当代建构，既是两岸关系的重要表征，也推动着两岸关系的不断深入发展。

一 闽台文学亲缘的当代文化表现

1979年全国人大常委会《告台湾同胞书》发表，全国政协宣布邀请台湾同胞来祖国大陆参观访问，并准备组织祖国大陆各界人士去台湾参观访问，这为当代闽台关系的发展演绎奠定了基础。文学在两岸政治、经济等交流渠道恢复之前，扮演了无可替代的重要角色，作品出版、作家交流、文学研究构成了闽台文学亲缘当代文化表现的三个主要维度。

闽台文学亲缘的当代复现，最先以文学作品出版的面相呈现出来。福建是国内刊发台湾文学作品时间早、数量多的省份，主要涉及《福建文学》《海峡》和《台港文学选刊》三本杂志，以及海峡文艺出版社、鹭江出版社等出版机构。

1980年3月至5月，福建省文联主办的《福建文学》第3期、第5期刊出台湾作家黄春明的中篇小说《我爱玛丽》，这是福建文学期刊首次刊登台湾作家作品。此后，该刊开辟"台港文学之窗"陆续选登介绍台湾文学作品。1981年，福建人民出版社创办大型文学期刊《海峡》，创刊号上刊登了台湾作家陈映真、陈若曦的作品。该刊以介绍台港暨海外华文文学为主要任务，设有"台湾文坛动态"专栏，及时向大陆读者反馈彼岸文学的情态。1984年9月，福建文联创办了全国首家专门介绍台港文学的纯文学杂志《台港文学选刊》。《台港文学选刊》始终以"瞭望台港社会的文学窗口，联系海峡两岸的文化纽带"为办刊宗旨，是我国第一家、迄今也是唯一一家专门介绍台港澳及海外华文作家作品的文学期刊，自办刊以来至少介绍了1600多名台港澳及海外华文作家的4000余万字的作品，并与包括台湾地区在内的众多华文作家和出版机构建立了广泛联系，成为闽台文学间重要的纽带。

海峡文艺出版社是福建省唯一的专业文艺出版机构，也是大陆最早大量介绍台湾文学作品的出版社之一，其前身是1983年福建人民出版社成立的台港文学编辑室。该社曾先后编辑出版余光中、白先勇、陈映真、陈若曦、黄春明、王祯和、林海音、三毛等台湾作家的作品选集，编纂《台湾中篇小说选》（一、二、三集）、《台湾小说新选》（上、下集）、《台湾现代诗选》、《台湾百部小说大展》等台湾文学选本，并推出"台湾文学丛书""台湾文学论丛"等系列台湾文学主题的书籍。在20世纪80年代，鹭江出版社也曾出版"台湾新人新著"等系列丛书，将台湾言情小说、武侠小说、历史小说等通俗文学作品介绍给大陆读者。与此同时，台湾文坛也开始引入当代大陆作家的文学作品，在1979年5月下旬到1983年这段时间内，祖国大陆的伤痕文学一度成为台湾文坛的热门话题，此后，祖国大陆作家白桦、张贤亮、王蒙、高晓声等人的作品也在台湾陆续出版，台湾诗刊《创世纪》还于1984年策划了《大陆朦胧诗特辑》。

作家交流是闽台文学亲缘关系当代建构过程中最为活跃的层面。从早期的文人个体的往来开始，到当下以"海峡诗会""文学节""作家论坛""文学夏令营"等为主题的形式多样的互动，闽台亲缘关系在两岸文人热络交往中日益醇厚。1989年3月，台湾作家施叔青等参加厦门市台湾艺术研究所与福建艺术研究所联合举办的"首届台湾艺术研讨会"，这是较早的台湾作家参与大陆文学艺术活动的记录。1991年年底，福建作家刘登翰、袁和平成功访台，是福建文学界也是大陆文学界人士的首次访台。20世纪90年代开始，许多台湾作家返回福建或祖国的其他省份开展文学寻根性的"原乡之旅"，与大陆作家赴台相互映衬，见证了两岸文学的深厚亲缘。进入21世纪之后，闽台之间的文学交流更多地以"海峡诗会""文学节""作家论坛"的形式表现。

"海峡诗会"从2002年至今已经举办过八届，先后邀请了有"诗文双绝，学贯中西"之称的余光中、被诗歌界称为"诗魔"的洛夫、影响了几代华人心灵成长的席慕蓉、素有诗界"任侠"之称的郑愁予、发现众多文学"天才"的"诗儒"痖弦等享誉海内外文坛的名家来到福建，开展研讨、朗诵、采风、原乡行等文学活动，系列活动中的"余光中原乡行""诗之为魔——洛夫诗文朗诵会""席慕蓉作品研讨会""痖弦中原行"等在海内外文坛引起了强烈的反响。每一届的"海峡诗会"都围绕着特定的文学主题，以丰富多样的文学活动形式促进了两岸文学人士间的交流与对话，中央电视台、福建电视台、东南卫视、海峡卫视以及台湾《中国时报》《联合报》等两岸媒体都对此给予充分关注，"海峡诗会"已经成为闽台文学交往的品牌性活动。

基于"海峡诗会"所积累的成功经验与良好反响，福建省文联将"海峡诗会"提升为"海峡文学节"，进一步深化闽台交流与合作，使讨论的主题由诗歌与评论扩大到包括音乐、书法、绘画在内的艺术范畴,充分显示出闽台文化亲缘深厚的历史积淀与丰富的当下生产。首届海峡文学节于2011年12月在福州举办,子项目包括国际新移民作家(闽都)笔会、2011海峡诗会、"流散华文与福建书写"学术研讨会等,来自我国台湾、香港等地区与来自美国、加拿大、法国、德国、荷兰、比利时、澳大利亚等国家的百余位嘉宾莅会。

"海峡两岸作家论坛"也是闽台文学交流的重要活动。2012年5月27日,由福建省文联等单位承办的"海峡两岸作家论坛"在福州开幕。两岸文学名家围绕"传承与创新"的主题,展开了四个场次的交流和一场恳谈会。台湾《印刻文学生活志》、东华大学华文系参与联办"海峡两岸作家恳谈会"等四个场次的文学研讨活动。两岸文学人士的研讨、阐释、对话中饱含着对优秀传统文化的眷恋之情与强烈的中华文化身份意识,此次"海峡两岸作家论坛"被国台办列为重点交流项目。

两岸文学青年的交流关乎闽台文缘的未来。在两岸文学界人士频繁互动的同时,闽台大学生之间的文学对话也正在展开。2010年9月由台湾文学馆、成功大学中文系联合主办的"2010台湾大学生闽南文学之旅夏令营"走进漳州,来自台湾13所高校的40余名本科生、研究生与带队教师亲身感受到闽南文学的独特魅力与闽台文学的亲缘。

文学研究是闽台文学亲缘关系当代建构不可或缺的组成部分。福建是全国最早大规模开展台湾文学研究的省份之一,从20世纪80年代开始,福建社会科学院、厦门大学、福建师范大学、华侨大学和福建省文联、福建人民出版社等单位都把研究台湾文学列为重要方向。从单体作家作品的赏析解读到文学思潮、流派、社团、文体的综合考察和台湾文学史的整体构建,福建的台湾文学研究取得了丰硕的学术成果,形成了结构合理的学术研究体系,并与台湾文学研究界形成了良好的学术合作与交流机制,研究成果得到两岸文学研究界的广泛肯定。文学研究角度的闽台文学亲缘关系当代建构,可以从以下几个方面展开叙述。

机构与刊物。福建社会科学院的文学研究所、现代台湾研究所、福建台湾文化研究中心,厦门大学的台湾研究院、福建师范大学闽台区域研究中心及厦门大学、福建师范大学、华侨大学、泉州师范学院等福建高校的文学院系,是研究台湾文学与闽台文学文化关系的主要机构。福建社会科学院与台湾成功大学文学院、台湾大学台湾文学研究所、台湾清华大学台湾文学研究所等学术机构建立了良好的学术关系。《福建论坛》（文史哲版）、《东南学术》、《台湾研究集刊》，以及厦门大学、福建师范大学、华侨大学、泉州师范学院等高校学报都对台湾文学研究给予长期的关注。

科研力量。福建省已经建成一支结构合理、充满活力的台湾文学研究队伍。庄明萱、刘登翰、林承璜、张默芸、包恒新、汪毅夫、黄重添、王耀辉、杨际岚、朱双一、刘小新、朱立立、袁勇麟、李诠林、黄乃江等老、中、青三代学者奠定了福建台湾文学研究在国内的领先地位。

学术成果。福建台湾文学研究开展时间早、后劲强、质量好。刘登翰、庄明萱、黄重添、林承璜主编的《台湾文学史》，黄重添的《台湾近代文学丛稿》，朱双一的《闽台文学的文化亲缘》，刘登翰、刘小新"关于华文文学几个基础性概念的学术清理"系列论文可为其代表。仅据不完全统计，1992—2012年，福建省台湾文学研究获得省部级以上立项项目有22项，获得省社科优秀成果奖以上奖励11次，另有大量论文在权威期刊、核心期刊和国际学术研讨会论文集上发表。

学术会议。90年代之前，台湾学者因政策限制而难以到大陆来与福建学者实现面对面的交流，90年代中后期台湾学者与福建学者的交流日益丰富，主要以学术会议的形式表现出来。重要的学术会议有1997年4月27日至30日在福州召开的"世纪之交的台港澳暨海外华文文学青年学者研讨会"；1999年10月12日至14日在华侨大学举行的、主题为"华文文学：世纪的总结和前瞻"的"第十届世界华文文学国际学术研讨会"；2005年10月15日至17日在厦门大学召开的"海峡两岸台湾文学史研讨会"；2010年11月20日至23日在福州举办的、福建省社会科学界第七届学术年会分论坛"全球化时代华文写作与海西文化传播"国际研讨会；2011年12月3日至4日在泉州举行的首届海峡文学节系列活动之一、福建省社会科学界2011年学术年会分论坛"流散华文与福建书写"国际学术研讨会等。

二 文学寻根：记忆重现与身份复归

闽台深厚的历史渊源决定了台湾居民中大部分人的祖籍都在福建。台湾作家中，余光中祖籍永春，陈映真祖籍安溪，施叔青三姐妹祖籍晋江，简媜祖籍南靖，林清玄祖籍漳州，阿盛祖籍龙溪，王浩威祖籍平和，廖辉英祖籍安溪，侯吉谅祖籍南安，这份名单显然还有很大的延长空间。两岸关系解冻之后，台湾作家的"原乡之旅"和"文学寻根"日益频繁，这些文学活动与文学实践在台湾作家记忆重现与身份复归过程中起到了无可替代的作用。

当代台湾作家大规模地返闽寻根，可以追溯到1993年11月台湾《联合报》副刊与福建省作家协会合办的"原乡之旅"活动。这次活动邀请到了台湾作家痖弦、廖辉英、阿盛、王浩威、简媜、陈义芝、侯吉谅等，几位作家在福建文学界人士的陪同之下分头到各自的祖居地寻访以慰思乡之情，原定同行却因故更改行程的陈映真也另择时间前往祖居地安溪县石盘头寻访。2003年9月17日，余光中在阔别故乡近七十年之后抵达故乡泉州永春，并于18日上午举行寻根谒祖活动，而其谒祖寻根则是"2003'海峡诗会'暨余光中诗文系列活动"的组成部分之一。2011年4月24日，余光中回乡参加在泉州府文庙惠风堂举办的"余光中诗会"，同年10月10日他再次回到祖籍地永春省亲谒祖。在当代台湾作家返闽寻根之外，还有福建籍的近代台湾作家的后裔也参与到"原乡行"活动中来。如2006年9月20日，以台湾知名作家、丘逢甲侄孙女丘秀芷为团长的台湾丘逢甲亲属团一行21人，在北京联合大学台湾研究院院长、国台办专家、中央电视台《海峡评论》特约评论员徐博东陪同下，前往福建上杭县寻根谒祖。

思乡之情与回乡之喜的撞击与融汇使台湾作家的"原乡之旅"产生了丰富的文学作品。1993年11月台湾《联合报》副刊与福建省作家协会合办的"原乡之旅"活动结束之后，阿盛的《风流龙溪水》、陈义芝的《从漳泉来的——作家原乡行侧记》、廖辉英的《五里坡归去来》、侯吉谅的《奇逢巧遇寻侯垵》、王浩威的《陌生的方向》、简媜的《先祖的血路》、陈映真的《安溪县石盘头——祖乡纪行》等"回乡纪行"类作品先后在1993年12月的台湾《联合报·联合副刊》上陆续刊登，福建《台港文学选刊》于1994年第4期转载了廖辉英的《五里坡归去来》和侯吉谅的《奇逢巧遇寻侯垵》。历史当下的重合、时空记忆的交错、主客身份的交融、寻根访祖的跌宕，在这批散文中喷涌流淌。"父系漳州，母籍泉州"的廖辉英坦承归乡喜悦的巨大冲击令自己迷惘。"跨过那时间交错着空间的历史鸿沟，搓揉着寻根纠缠做客的心情，飞赴我今日之前的此生从未履踏过的土地——福建漳、泉两地，我的原乡。是归？是去？是来？除了迷茫，还是迷茫。"[①]感到"原乡寻根的目的也出奇的圆满"的侯吉谅则感叹原乡之旅充满天意，找到

---

① 廖辉英：《五里坡归去来》，《台港文学选刊》1994年第4期，第50页。

宗祠让他有了回家的感觉。"发现他们大堂中供奉着祖先的牌位，令我觉得血脉源流的庄重在这纯朴的乡下依旧保留，而有真正回家的感觉。"① 无论是"迷茫"还是"有真正回家的感觉"，都是身份认同复归的情感表达方式，是在特定的文化身份意识引导下个体文化记忆与当下文化现实融合对接的产物。台湾作家群体性的文化回忆及实践，不仅确认了自我的文化身份，而且在传承对自身文化身份的理解与肯定。"回忆实践总是在生产着一种超越个人的、文化的当今。回忆行为给现实的当今装备了一种被回忆的时代的视野；同时，它对许多文化、集体和集团成员在一定时期的现实自我理解有着重要贡献。"② 简媜也正是在族群的文化身份传承的意义层面上强调了台湾当代作家"原乡之旅"的重要性："所谓寻根，不仅仅是地理上的、血缘上的，因为这方面的'根'已无法寻起，重要的是寻一种族群的共同记忆。而这个族群的共同记忆能否传承下去，是否加入更多的养料，使它在不同的时代生长，则是尤为重要的。"③ 台湾作家的寻根之旅既是闽台文学亲缘关系的当代呈现，也是闽台共同的中华文化身份的再认、传承与播散。

余光中返闽的"原乡之旅"次数多、反响大，其"文学寻根"是闽台文学亲缘关系的典型象征，他的"原乡之旅"有浓厚的"亲缘"与"文学"色彩。诗人2003年回乡谒祖仅是"2003'海峡诗会'暨余光中诗文系列活动"的一部分，这次活动的子项目还有"余光中诗歌研讨会""余光中诗文朗诵会""武夷山笔会""余光中作品朗诵音乐会""余光中专题讲座"等，活动范围涉及福州、武夷山、泉州、厦门等地，《台港文学选刊》也于2003年第9期集中编辑刊发"余光中近年作品选辑"同步呼应诗人的"原乡之旅"。对余光中而言，这次活动显然是以谒祖为中心、以文学为半径的认同之旅。他在《台港文学选刊》的"余光中近年作品选辑"前加了一段题为《八闽归人》的按语，概述了"认同之旅"的过程与心绪："'一湾浅浅的海峡'，自从两岸开放以来，我曾越过两次，但是都到厦门为止，未能深入福建。这次多谢福建省文联相邀，幸有福州之行，不仅可仰林纾、严复等前贤之遗风，更得聆海内外时彦之高论，令我深感荣幸、快慰。会后

---

① 侯吉谅：《奇逢巧遇寻侯垵》，《台港文学选刊》1994年第4期，第55页。
② 〔德〕安格拉·开普勒：《个人回忆的社会形式》，〔德〕哈拉尔德·韦尔策《社会记忆：历史、回忆、传承》，季斌、王立君、白锡堃译，北京大学出版社，2007，第87—88页。
③ 叶恩忠：《携手，面对文学——记闽台作家座谈会》，《台港文学选刊》1994年第1期，第70页。

并将登武夷，赏明月，品名茶，语之台港文友，莫不羡其风雅。下山之后，尚有泉州之游，更有永春归根之旅。八闽之行，一偿半生夙愿，收获之丰可期。"① 从文化认同的角度来说，余光中"原乡之旅"所表达的寻根情结明显分为两个层次，狭义的指向其祖籍地，而广义的则指向了中华文化。就此意义而言，台湾作家的"原乡之旅"写作也成为台湾当代"寻根文学"的重要分支，是聂华苓的《台湾轶事》和《桑青与桃红》，於梨华的《又见棕榈，又见棕榈》和《傅家的儿女们》，白先勇的《纽约客》和《台北人》，陈映真的《某一个日午》和《累累》，赵淑侠的《我们的歌》和《塞纳河畔》等中华文化乡愁作品的延续。

这批"原乡之旅"的文本产生与特定的仪式有着紧密的关联。侯吉谅见到大厅里供奉着祖先的牌位而产生了回到家中的感觉，余光中的回乡之旅则伴随着各种充满文化暗示的仪式。2003年余光中回乡时的诸多活动中，在桃城镇举行的余光中资料展览室、高阳余氏纪念馆、余光中父亲余超英和叔叔余承尧纪念室的揭牌仪式，余式宗亲座谈会，余光中文学馆揭牌仪式，这些活动都刻有深刻的宗亲文化烙印。2011年4月24日，余光中再回乡时，"余光中诗会"在泉州府文庙惠风堂文化艺术会所举行，地方"文庙"也是富有象征意味的地理坐标。2011年10月余光中短暂回乡期间，曾赶往洋上老家参加他祖父创办的洋上小学百年校庆，再一次在文化上使自身与家族、乡土融为一体。中华文化传统是一种历史积淀，也是一种集体记忆，更是这种历史积淀与集体记忆在当下的续接、再认、复现与再生产。"研究、搜救、颂扬集体记忆不再是在事件中，而是在经年累月中，寻找这种记忆也不再是在文本中，而是在话语、图像、手势、仪式和节日中，这是历史视角的一种转换。"② 如果说作家的文化乡愁洋溢在"原乡之旅"的字里行间，那么充满宗族与乡土意味的文化仪式，则与这些"原乡之旅"的文学作品构成了一组相互映照、相互阐释的文化镜像。

三 闽台区域文化的文学书写

闽台区域文化的文学书写是闽台文学亲缘关系的重要象征。闽台历史上属于同一文化圈的积淀与经验，使当代闽台作家在叙述共有的区域文化

---

① 余光中：《八闽归人》，《台港文学选刊》2003年第9期，第5页。
② 〔法〕雅克·勒高夫：《历史与记忆》，方仁杰、倪复生译，中国人民大学出版社，2010，第108页。

之时，往往不约而同地在文本中表现出某些共同的意象、民风习俗与生存经验。

妈祖是台湾当代文学中出现频率很高的意象，台湾当代文学中的大批文本涉及妈祖意象，如王拓的《吊人树》《海葬》，施淑青的《行过洛津》，陈玉慧的《海神家族》，骆以军的《西夏旅馆》，李荣春的《祖国与同胞》等[1]，将妈祖置于不同的语境之中探讨其对台湾民众的丰富意义。这批小说不同程度地将妈祖视为海峡两岸共有文化的核心，视为历代台湾人的精神支柱。施淑青"台湾三部曲"第一部《行过洛津》的开场就描绘了妈祖信仰在两岸民众信仰中的重量。主人公许情渡海赴台途中，所乘船只遇到黑鸟蔽日、鬼蝶绕船的凶相时，"船夫令乘客一致跪下，祈求妈祖保佑平安渡海……两岸横渡的乘客无不深信海中女神妈祖一见帆船有难，便会立即腰悬桅灯、凌波踏浪前来解危，使船只化险为夷。许情搭乘的这艘帆船受到黑鸟鬼蝶的侵袭，昏天地暗中，不止一个乘客看到天空闪过一丝白光，鼻子闻到一股奇香，氤氲缭绕中，一个白衣飘然的影子翻飞水上，款款升天而去，目睹这奇景的乘客一口咬定是妈祖显身，才使骚扰的异物失去踪影，整船人有惊无险"[2]。妈祖"救苦救难"的神迹在闽台两地广为流传，妈祖崇拜也随之成为闽台区域文化认同的重要组成部分。妈祖意象一旦超出闽台的地域范围，往往脱离了民俗信仰与生存经验的文化范畴，成为中华文化身份的象征。日据时期的台湾、安徽当涂、南洋群岛、巴西、当代台湾、德国，无论在何处，陈玉慧始终将妈祖作为连接台湾一个家族三代人颠沛流离生活的精神依靠。"千里眼与顺风耳是我们的媒人，妈祖是我们的保护神。"妈祖"她看着这个家庭，成员的消长和分离、感情的毁灭和重生。妈祖当年从福建跨海渡洋而来，她忍受过多少次海难与台风，她听过多少次死亡对人的召唤，她一直是苦难者的救护者，她怎么会抛弃我们呢？"[3] 妈祖作为家族情感与精神的支柱，无疑暗藏着另一种意蕴：中华文化的精神力量支撑着一个台湾家族数代人渡过各种各样的苦难。妈祖成为两岸文化共同体的象征之一，而这种象征代表着的身份认同显然在海量的文本中得到了不断的重复和强化。

---

[1] 陈美霞：《从民俗描摹到国族认同——当代台湾小说中妈祖书写的变迁》，《福建论坛》（人文社会科学版）2012年第5期，第140页。

[2] 施叔青：《行过洛津》，三联书店，2012，第4页。

[3] 陈玉慧：《海神家族》，江苏人民出版社，2009，第283、292页。

在妈祖、"海峡"等文学焦点意象之外，闽台共有的民俗文化也是台湾当代文学书写所熟悉的内容。胡台丽的《媳妇入门》描绘了台湾与闽南十分相似的节庆习俗：端午节在门口插上榕树枝和艾草，中元节要做芋头粿、包粽子、杀鸡鸭、拜公妈、拜地基主、普度冤魂，十月半要"谢平安"，冬至要拜"圆仔"，正月初一要烧金纸。在闽台共同的婚葬礼俗方面，《媳妇入门》这篇小说生动地再现了台湾乡间婚俗的流程，而黄春明的《锣》和季季的《拾玉镯》都以闽台特有的葬俗文化为主题。在闽台共有的神灵信仰方面，林清玄的报告文学《燃香的日子》细述了妈祖"出巡""绕境"的场面，阿盛的《契父上帝爷》和黄瑞田的《炉主》则描绘了闽台共奉"玄天上帝"的习俗。陈玉慧的《海神家族》在叙述三代台湾女性的情感经历与家族的爱恨情仇时，穿插着八则台湾民俗"须知"，分别为"拜天公须知""丧礼须知""拜地官须知""拜七娘妈须知""安太岁须知""妈祖绕境或进香须知""婚礼须知""出生礼须知"。台湾民俗不仅与闽地相同，许多方面还保留着中原文化的气息，这些民俗及礼仪的描绘与重现，无疑将闽台共有的历史文化框架与经验从"回忆"的范畴导入了"文化再生产"的渠道。"我们自己的回忆脱离不了客观给定的社会历史框架，正是这种框架，才使我们的全部感知和回忆具有了某种形式；过去的许多方面，一直到今天都还在影响着我们的情感和决定；经验是可以跨代传递的，这种传递一直延续到儿孙们的神经处理过程的生物化学中区；过去未能如愿的未来希望，可能会突然和出人意外地具有行为指导作用和历史威力。生活导向、意愿和希望这三类东西的跨代传递和不同时性，各种各样没有清算的账，构成了回忆结构的主观方面；另一方面，许多东西如建筑、景色、小酒馆儿里的情景、声响、气味和触觉印象等等，它们本身就承载着历史和回忆，人们在日常生活中跟它们打交道的实践，则构成了回忆结构的客观方面。"[①] 这些小说中所呈现的民俗仪式细节在强调其闽台文化身份的同时，也导向了对闽台共有生存经验的重视。

对施叔青的《行过洛津》和林那北的《我的唐山》有阅读经验的读者不难发现，这两部历史小说从结构到细节都有许多相似的地方——这显然须归功于闽台之间共享的历史经验所提供的历史框架。人物在"迁徙"中对文化身份的指认，是这两部小说共同的主题。《行过洛津》以福建晋江的

[①]〔德〕哈拉尔德·韦尔策：《社会记忆》，〔德〕哈拉尔德·韦尔策《社会记忆：历史、回忆、传承》，季斌、王立君、白锡堃译，北京大学出版社，2007，第3—4页。

戏子许情为主角，小说在他多次渡台的经历和诸多小人物的日常生活中散发开来，再现出清中期台湾鹿港的华丽与苍凉；《我的唐山》始于戏子陈浩年与班主丁范忠等人黉夜赶路，在陈浩年、曲普莲、秦海庭、朱墨轩、丁范忠等小人物的情感活动中勾勒出光绪元年至光绪二十一年（1875—1895），以闽南百姓为主的大陆移民到台湾开基并建设、保卫台湾的热忱与悲壮。在框架结构之外，两部小说还展示出闽台之间文化的共同性及这种共有的文化身份认同的执著。《我的唐山》中写道，生活在台湾的余二声、余三声兄弟随陈浩年初到厦门时，发现这个新鲜的空间内"怎么说话跟我们台湾一模一样？""怎么房子建的跟我们台湾一模一样？""怎么商店里卖的东西跟我们台湾一模一样？"而面临着日据当局"皇民化"的文化殖民政策时，余二声、余三声以留在台湾重振茂兴堂的方式施行文化对抗，戏剧的文化力量在此彰显出来。而在《行过洛津》中，闽南戏剧《陈三五娘》也是一出"无法删改"的戏。洛津同知朱仕光试图将"教唆男女私奔的淫戏"《陈三五娘》改变为有助于风俗教化的"洁本"，但却受惑于戏剧中"两个男旦的笙歌妙舞"而在主角许情身上发泄自己的情欲，最终反而被戏所化。比起上两部小说中闽台戏剧所透露出的文化身份持守，施叔青"台湾三部曲"的第二部《风前尘埃》则安排了一幕身份认同色彩极为浓烈的情节。台湾阿美族遗孤笛布斯的家人被日军屠杀，他因求知欲强而接受了日本文明的教化并改名为铃木清吉，成为阿美族第一个师范毕业生和里漏日本神社的神主。然而铃木清吉担任日本神社的神主后不久就精神失常，被迫接受嘎玛雅女巫师的招魂救治。意味深长的是，招魂时日本名字"铃木清吉"被换成阿美族名字"笛布斯"后才见功效，而彻底治愈则是在嘎玛雅女巫师一把扯掉了笛布斯身上最后的日式遮羞布之后。小说叙事显然是在表明，最后成为族人中的巫师的笛布斯，只有作为阿美族的"笛布斯"而非"铃木清吉"才能存活并为人所接纳。无论是"台湾三部曲"还是《我的唐山》对生存经验的历史叙述，都赋予文化身份认同以相当的重量，而无论是从这些小说所展示的内容细节、结构框架还是价值指向上来看，都能清晰地看到闽台文学亲缘在当代的延续与再建构。

四 "海峡"意象：从文学叙述到文化实践

"海峡"作为"分"与"合"的矛盾象征体与表达符号，有力地概括并代表了闽台历史及闽台历史关系。它既是台湾与以福建为代表的大陆之间地理运动的产物，也是两岸血缘、文缘、商缘等"多缘一体"的象征；它既见证了台海的风云变幻与血泪沧桑，也亲历了两岸的交流合作与共同繁荣。作为地理名词的"海峡"不仅是闽台之间重要的地貌特征，还被赋予这种地貌特征和闽台两岸政治历史之间以稳定的隐喻关系，并将这种历史演变中形成的多层次的"分"与"合"融合、升华且集中到一个明确的文化意象上。纵观1949年之后的当代两岸文学，无论"海峡"意象是隐是显，它始终是文学叙述最重要的意象符号之一。在再现、重述两岸共有的文化认同之时，文学叙述也介入了两岸共有文化认同的当下生产，推动着两岸文化融合的前行。

闽台文化中的"海峡"文学意象为众人所知，很大程度上要归功于余光中脍炙人口的《乡愁》一诗。它借用强劲的艺术张力表现，展示出特定时代的"乡愁"文化情结。全诗的第三句"后来啊／乡愁是一方矮矮的坟墓／我在外头／母亲在里头"，将母子之间的"生离""死别"及"子欲养而亲不在"的传统伦理文化悲剧推向了情感高潮。但随后诗歌结尾句"而现在／乡愁是一湾浅浅的海峡／我在这头／大陆在那头"，则以"海峡"的意象强化并升华了原有的情感悲剧。"海峡"意象之于"邮票""船票""坟墓"可谓融合了"上言长相思，下言久离别"。它成为经典的文学意象，在于其暗含着特定时代的文化悲剧——文化与伦理的人为撕裂。"海峡"虽浅，但却如河汉星云一般不可跨越："河汉清且浅，相去复几许？盈盈一水间，脉脉不得语。"余光中曾在诗作《浪子回头》里感慨："掉头一去是风吹黑发／回首再来已雪满白头／一百六十里这海峡，为何／渡了近半个世纪才到家？"乡愁之长、深、广、狠已经在诗人心里留下了难以愈合的文化之伤，后来余光中在《从母亲到外遇》一文中遂将"海峡"比喻成"无情的蓝刀"："海峡虽然壮丽，却像一柄无情的蓝刀，把我的生命剖成两半，无论我写了多少怀乡的诗，也难将伤口缝合。"这种文化的创伤形成了台湾文学深厚的乡愁主题，"海峡"与"乡愁"宛如硬币的两面，无论"此显"或"彼伏"，都贯穿了台海的精神文化脉络。台湾寻根文学或乡愁文学叙述中，"海峡"由意象转变为情结，在余光中、纪弦、钟鼎文、白先勇、於梨华、聂华苓、丛甦等一大批文人的笔下反复萦绕。"海峡"因此成为认同割裂与认同指认的矛盾统一体意象，施叔青的《行过洛津》、林那北的《我的唐山》、陈玉慧的《海神家族》中或隐或显的"海峡"意象莫不如此。林那北《我的唐山》里在海峡两岸来回奔走的陈浩年的感受，即"海峡"两岸都是家。"'回'这个字眼对他而言已经有了双向的意义,过台湾是回,来内陆唐山也是回。"① 割裂与冲破割裂的努力,构成了寓于往来之中的张力结构,也增添了"海峡"的艺术魅力。

以地理名词的属性在日常生活中使用的"海峡"一词,已经逐渐成为当代闽台文学交流中重要的意象与符号。伴随着闽台交流的日益拓展和深化,"海峡"在文学和其他文化领域都获得了广泛的认同和使用。早在1981年,福建就有大型文学双月刊《海峡》问世,这份当时福建省唯一的大型文学刊物是大陆最早的涉台文学期刊之一。在出版方面,海峡文艺出版社是大陆最早出版台港及海外华文文学作品的三家出版社之一。随着文学打开闽台交流的局面,"海峡"符号逐步扩展到两岸交流的其他领域。1983年《福建画报》开辟"海峡两岸"专栏,1988年福建省妇女联合会主办的《海峡姐妹》杂志发行,1997年10月1日《海峡都市报》创办,1999年3月9日《福建日报》社主办的《海峡导报》创刊,福建省台办于1998年6月也将《福建对台工作》更名为《海峡瞭望》。

"海峡"文化符号还在传媒机构、高校与社会科学研究机构、金融机构、会展行业等方面得到频繁使用,成为福建及福建与台湾关系有代表性和概括力的象征性符号。在广播电视领域中,"福建前线广播电台"于1984年元旦起改名"海峡之声广播电台",1985年7月1日正式开播的福建电视台对台专题节目《海峡同乐》也使用了"海峡"符号。到今天为止,使用"海峡"作为栏目名称的福建电视节目已经很多,如东南卫视的《海峡新干线》、福州电视台的《海峡面对面》、厦门卫视的《海峡报道》等。2005年1月25日东南电视台国际频道正式更名为福建海峡电视台,呼号"海峡卫视",旗下栏目多以"海峡"冠名,如《海峡零距离》《今日海峡》《海峡幸运超市》《海峡幸运巴士》等。出版领域的海峡出版发行集团下辖海峡文艺出版社、海峡书局,教育机构和科研团体中冠名"海峡"的有福建省海峡文化研究会、海峡文学艺术发展研究中心、闽江学院海峡学院、福州海峡职业技术学院、海峡教育网、海峡科学网等,其他领域中以海峡为名的知名机构还有海峡银行、福建海峡影视城、海峡人才网等。若以文化活动的冠名来看,海峡论坛、海峡文学节、海峡诗会、海峡两岸作家论坛等都有相当的影响力。

---

① 林那北:《我的唐山》,海峡书局,2011,第197页。

"海峡"一词不仅仅在福建区域内得到高度认可，它在台湾也得到了文化呼应，这种共同的文化认同在两岸文化交流中鲜明地凸显出来。台湾有海峡交流基金会、海峡友谊旅行社、海峡两岸教育交流促进协会、中华海峡两岸健康旅游休闲协会等以"海峡"为名的社团机构，在教育、出版等领域与大陆合作密切。闽江学院海峡学院的"闽台高校'分段对接'联合培养本科人才项目"是闽江学院与台湾中国文化大学、台湾实践大学合作，首家闽台高校本科层面联合培养人才试点项目；海峡书局也是由大陆和台湾出版机构共同投资的出版传媒公司。作为两岸文化交流与合作的重要渠道，闽台主要的会展交流几乎都被冠以"海峡"之名，如"海峡两岸文化产业博览交易会""海峡两岸经贸交易会""中国·海峡项目成果交易会""海峡两岸图书交易会""海峡旅游博览会""海峡两岸机械电子商品交易会暨厦门对台进出口商品交易会"，等等。可以说，"海峡"已经成为闽台共有的重要的象征性文化地标。

由著名的文学意象进而成为区域文化重要的象征性符号，被两岸广泛认可的"海峡"文化符号具备极高的文化实践潜力。"海峡"代表着一种文化存在和文化情结，也代表着一种文化观念和文化实践，有必要对"海峡文化"的当代实践予以充分的重视。所谓"海峡文化"，是指中华文化在台湾海峡地区孕育发展的地域形态；"海峡文化区"是指这一特殊文化形态所分布的区域范围。"海峡文化"概念在当下的日趋升温暗示了其所具有的巨大能量，它把区域文化研究的"时间"和"空间"辩证地统一起来，准确地凸显出台湾海峡地区的文化特征和发展走向，关注海峡两岸文化的现代性发展，关注现代经济背景下新的现代文化形态形成的当下现实。[①] 因此，"'海峡文化'不是一个纯粹学术性概念，而是一个富有实践意涵和当代性意味的概念"[②]，其当代性包括两个互相关联的层面，"其一是指闽台区域文化史研究中所应具有的'现实视角'、'问题意识'和'当代方法'；其二是'海峡文化'研究对海峡两岸的当代文化问题给予更多也更充分的关注"[③]。"海峡文化"蕴涵的共有认同及其实践与生产，可以从如下层面展开阐释。

[①] 刘登翰：《论海峡文化》，《福建论坛》（人文社会科学版）2007年第4期，第6页。
[②] 魏然：《"海峡文化"概念的历史基础与实践意涵》，《福建论坛》（人文社会科学版）2007年第5期，第101页。
[③] 刘小新：《"海峡文化"研究的当代性》，《华文文学与文化政治》，江苏大学出版社，2011，第350页。

其一,"海峡文化"进入文化政策实践层面之时,因其历史文化底蕴和文化认同色彩而不易招致两岸交往的意识形态警惕,易被海峡两岸各方人士接受,也利于相关文化政策的制定和施行。"海峡文化"的实践与展开,对于福建文化强省建设、闽台交流深化和祖国和平统一大业都有无可替代的重大作用。

其二,"海峡文化"概念的提出有利于两岸文化交流与研究的全方位展开和深入,有利于福建深入探讨台湾的文化政策、文化产业并吸收其经验。

其三,"海峡文化"已经为两岸文化的产业化实践所广泛采纳,其名号跨越台海两岸的传媒、教育、学术、金融、会展等诸多行业,某些产业机构已经具备"异界联盟"的形态。在"海峡文化"影响日趋扩大的情况下,应考虑其跨域传播效应的深化,在东南亚、北美等闽台华侨华人集聚的区域提升"海峡文化"的认同热度,在更宽广的领域、更丰富的层面和更远久的时间维度上推动"海峡文化圈"内的经济与文化的互动。

(本章撰稿:陈舒劼)

第四章 闽台方志与史学

闽台两地自古以来就有着密切的文化亲缘关系，方志就是其中典型的一例。方志也称地方志，是按照一定体例，对某一地域各个历史时期的自然、社会、政治、经济、文化等方面情况进行全面记载的一种文献。中国自古以来就有编修地方志的传统，这一传统在康熙二十二年（1683）清廷统一台湾后在台湾得到推广和发扬。此后，台湾的方志编纂一直持续不断。除了日据时期由于文化背景不同，日人所修"方志"和中国本土及台湾原来所修方志有相当的差距之外，清领时期及光复后的台湾所修方志与祖国大陆尤其是福建的方志都有着深厚的渊源关系。

第一节 清代台湾地方志编修概况

明末郑成功据台时期，虽在台设了一府二县，但由于政局不稳，且治台时间较短，缺乏修纂志书的各种条件。直到康熙二十二年（1683），台湾纳入清朝版图，翌年即设台湾府，又适逢康熙帝有意修纂一统志，"诏天下各进其郡县之志，以资修葺"[1]，全国掀起了纂修地方志的高潮，台湾也开始了真正意义上的修志史。清代自康熙收复台湾至日据以前，台湾地区官方修纂的方志，包括府志及台湾、凤山、诸罗、淡水、彰化、澎湖、噶玛兰（宜兰）、恒春、苗栗等县志、厅志，多达三十余种。[2] 实际上，如果把采访册、各种游记、志略、纪略等方志性质的著述也算上，台湾的方志则远不止此数。据《中国地方志联合目录》[3]记载，日据以前的台湾省部分方志就有

---

[1] 季麒光：《台湾志书前序》，陈碧笙《台湾府志校注》，厦门大学出版社，1985，第120页。
[2] 朱士嘉《中国地方志综录》（增订本），商务印书馆，1958，第175—176页；台湾成文出版社出版的《中国方志丛书》收录清代台湾方志29种（不包括采访册、游记等）。
[3] 中国科学院北京天文台编《中国地方志联合目录》，中华书局，1985，第549、554页。

37 种；《中国地方志总目提要》[①] 中收入的清代台湾地区方志有 43 种。表 4-1[②]仅就具备方志内容并有义例可言的 23 种方志按编纂先后列示。

表 4-1 清代台湾方志一览

志名	主要纂修人员	修、刻年代	卷数	纲目	备注
《台湾府志》	蒋毓英、季麒光、杨芳声	康熙二十四年始修	10卷，25目，约5万字	沿革、分野、气候、风信、封域、叙山、叙川、物产、风俗、岁时、规制、学校、庙宇、市廛、户口、田土、赋税、祀典、官制、武卫、人物、古迹、灾祥、阨塞、险隘	因本志是蒋氏后人在大陆出版，台湾几乎无人知晓此志存世，民国后方志学家朱士嘉始在上海图书馆看到这部刻本，但未引起关注，直到1979年全国地方志大普查时再次被发现，1985年经厦门大学台湾研究所陈碧笙校注后出版
《台湾府志》	高拱乾	康熙三十三年始修，翌年纂成，三十五年刊行	10卷，80目，约18万字	封域、规制、秩官、武备、赋役、典秩、风土、人物、外志、艺文	在"蒋志"的基础上增修而成，规模更加完备，"蒋志"出现前皆以此为台湾第一部方志
《重修台湾府志》	宋永清、施士岳、周元文等	康熙四十九年修，五十一年增修，五十七年刊本	10卷，10纲，74目，约20万字	纲与《高志》完全相同，仅加一"志"字而已，子目则减为74	实据"高志"旧版增补而来，台湾改为《增修台湾府志》，其所增补以秩官、赋役与艺文三志较多
《诸罗县志》	周钟瑄、陈梦林	康熙五十五年八月始修，五十六年刊刻	12卷，12志，47目，约8万字	封域、规制、秩官、祀典、学校、赋役、兵防、风俗、人物、物产、艺文、杂记	本志因在体例完备、语言精练、史料丰富等方面皆取得较高成就而被誉为"模范志书""台湾第一志"，此后台湾修志者多仿效此志

[①] 金恩晖、胡述兆编著《中国地方志总目提要》，(台北)台北出版社，1995，第30—31页。
[②] 本表据"台湾文献丛刊"所收各志、《中国地方志总目提要》(金恩晖、胡述兆编著《中国地方志总目提要》，台北出版社，1995)、《中国地方志联合目录》(中国科学院北京天文台编，中华书局，1985)、《中国地方志综录》(朱士嘉编《中国地方志综录（增订本）》，商务印书馆，1958) 所收录的台湾方志，并参考陈捷先《清代台湾方志研究》(台湾学生书局，1996)、柳浪《清代台湾地方建置与方志编纂研究》(《中国地方志》2004年第3期) 等有关资料制成。

续表

志名	主要纂修人员	修、刻年代	卷数	纲目	备注
《凤山县志》	李丕显、陈文达	康熙五十八年修,五十九年刊行	10卷,11纲,65目,约9万字	封域、规制、祀典、秩官、武备、赋役、风土、人物、艺文、外志	体裁谨严、义例周备
《台湾县志》	王礼、陈文达、林中桂、李钦文	康熙五十八年冬始修,康熙五十九年始刊	10卷,10志,81目,约16万字	舆地志、建置志、职官志、武备志、选举志、典礼志、赋役志、人物志、杂记志、艺文志	
《重修福建台湾府志》	刘良璧	乾隆五年始修,六年成,七年刊行	20卷,20纲,34目,约36万字	圣谟、星野、建置沿革、山川、疆域、城池、风俗、田赋、户役、典礼、兵制、学校、公署、职官（分文职、武职）、名宦、选举、人物、古迹、杂记、艺文	本志的体例仿效《福建通志》而略有变通
《重修台湾府志》	六十七、范咸	乾隆十年修,十一年付刻,十二年刊行	12纲,25卷,首1卷,92目,约48万字	封域、规制、职官、赋役、典礼、学校、武备、人物、风俗、物产、杂记、艺文	
《续修台湾府志》	余文仪、黄佾、于从濂、夏瑚	乾隆二十五年到二十七年纂辑,三十九年序刊本,四十年刻	26卷,首1卷,26纲,93目,约59万字	纲目同《范志》	该志为清修最后一部台湾府志,其体例、纲目与"范志"无二,凡例更是一字无改,不过将原只一卷的《艺文》扩为两卷
《重修台湾县志》	鲁鼎梅、王必昌	乾隆十七年修,同年刻	15卷,14门,70目,约34万字	疆域志、山水志、建置志、赋役志、学校志、祠宇志、礼仪志、武卫志、职官志、选举志、人物志、风土志、艺文志、杂记	该志以"与其略也宁详"为宗旨,收罗较富
《重修凤山县志》	王瑛曾	乾隆二十七年修,二十九年刊刻	12卷,首1卷,12门,49目,约30万字	舆地志、规制志、风土志、田赋志、典礼志、学校志、兵防志、职官志、选举志、人物志、杂志、艺文志	其体例与原《凤山县志》不同,虽名重修,实为重纂
《澎湖纪略》	胡建伟	乾隆三十五年脱稿	12纪,75目	天文、地理、官师、文事、人物、武备、风俗、土产、赋税、户役、仓储、艺文	本书虽以"纪略"为名,其体例义法则与方志专书无异,而与清代官方的"方略"或"纪略"不同

续表

志名	主要纂修人员	修、刻年代	卷数	纲目	备注
《续修台湾县志》	薛志亮、谢金銮、郑兼才	嘉庆十二年三月始修,十一月完稿	8卷,6门,74目,约38万字	地志、政志、学志、军志、外纪、艺文	本志因屡经改动,有初稿(合纂原稿)、薛刻本(薛志亮镌板于姑苏)、订稿(谢氏改订)、补刻本(郑氏据"薛刻本"及"订稿"增删)等各种版本
《澎湖续编》	蒋镛	道光八年始修,九年稿成。道光十二年后刊行	序中所言12门,但现行的台湾银行本则多出"祥异",共13门	同《澎湖纪略》	全书义例仿胡建伟的《澎湖纪略》,无特别之处,不过增补了乾隆三十五年以后六十余年之事
《彰化县志》	李廷璧、周玺、吴廷香、方岱、陈震曜	道光十年始修,十二年成,十六年刻	12卷,首1卷,12门,88目,约30万字	封域志、规制志、职官志、学校志、祀典志、田赋志、兵防志、人物志、风俗志、物产志、杂记志、艺文	体例折衷余文仪所修的府志及《诸罗县志》而得
《淡水厅初志稿》	郑用锡	约成于道光十年	2卷		为淡水最早志书,是后修《淡水厅志》最重要的蓝本
《噶玛兰厅志》	陈淑均、李祺生	道光十一年始修,十八年续补,十九年续辑,咸丰二年刻	8卷,12门,约26万字	封域、规制、职官、赋役、礼制、祀典、风教、学校、武备、风俗、物产、杂识	其纲目与范咸《台府府志》基本一致,只有次序和少部分用字的不同
《淡水厅志续稿》	严金清、林豪、林雪村	同治六年修	15纲,分别条细目于下		该稿未梓,已佚。今所存写本其后为陈培桂用作修志蓝本
《淡水厅志》	陈培桂、杨浚	同治九年修,十年付刊	16卷,15门,72目,约29万字	封域志、建置志、赋役志、学校志、典礼志、武备志、职官表、选举表、列传、风俗考、物产考、古迹考、祥异考、文征、志余	据《淡水厅志初稿》、《淡水厅续志稿》增订修辑而成,谬误甚多
《澎湖厅志》	藩文凤、林豪、薛绍元	光绪十八年重修,二十年刻行。薛绍元删补	14卷,首1卷,11门,69目,约31万字	封域、规制、经政、文事、武备、职官、人物、风俗、物产、旧事、艺文	此书直接据林豪所修《澎湖厅志》而来,其后有所更易而已

续表

志名	主要纂修人员	修、刻年代	卷数	纲目	备注
《苗栗县志》	沈茂荫、谢维岳	光绪十八年至十九年修，未刻	16卷，15门，56目，图7约15万字	封域志、建置志、赋役志、物产考、古迹考、风俗考、祥异考、学校志、典礼志、武备志、职官表、选举表、列传、文艺志、志余	其体例仿自《淡水厅志》，扩展采访册而成
《恒春县志》	陈文纬、屠继善	光绪十八年始修，二十一年稿成，未刊行	22卷，首1卷，末1卷，8集，22目，约18万字	疆域、建置、职官、营汛、招抚、田赋、户口、风俗、产物、义塾、祠庙、学校、碑碣、艺文、山川、水利、铺驿、边防、凶番、节寿、义冢、杂志	以采访册增订而成，未按志书体裁归并志门，无序无凡例，可见其编修之草率
《新竹县志初稿》	叶意深、郑鹏云、曾逢辰、陈朝龙	光绪十八年始修，十九年稿成，未刻	6卷，13目，约15万字	和新竹采访册区别不大	光绪二十三年日据时重纂，体例仿效《淡水厅志》及光绪十九年省志采访册

表4-1所录共23部台湾方志，其中康熙年间所修的就有6部，这与当时全国各地的修志热潮是一致的，"是时治台各官，施政及各项参考，苦无志书；而台地的'异方'、'殊物'也引起了不少的好奇推动力，且当时又正值清领一代中国修志最高潮之际，故公私修志，遂相继而起"[①]。清代台湾地区首部真正意义上的方志，当推首任知府蒋毓英主修的《台湾府志》（下称"蒋志"）。康熙二十三年（1684），蒋毓英出任台湾首任知府，适逢清政府通令全国纂修地方志，以备大一统志采辑，蒋毓英便与凤山、诸罗的首任知县杨芳声、季麒光共同纂修《台湾府志》。该志初稿于康熙二十四年（1685）完成，后又不断增补，直到康熙二十八年（1689）蒋氏升迁离台，这部志书始终没有刊行。虽然后来蒋氏后人在大陆出版了这部书，在台湾则只留下草稿[②]，没有传本，以致在台湾知道这部志书的人极少，而把高拱乾所修，刊行于康熙三十五年（1696）的《台湾府志》视为最早的台湾府志，直到民国时期蒋毓英所修的这部府志在上海图书馆被发现，才使

---

① 陈汉光：《清初台湾府志纂修史略》，（台北）《台北文物》1953年8月第2卷第2期，第8—15页。
② 高拱乾纂辑《台湾府志》"凡例"，台湾文献丛刊第65种，（台北）台湾银行经济研究室，第15页。

这一事实得到澄清。从康熙年间蒋氏首修《台湾府志》始，至清末光绪十八年（1892）台湾巡抚邵友濂开台湾通志局修纂《台湾通志》为止，终清之世，台湾的方志编修连绵不断，也出现了不少好的作品。不过，台湾编修方志的历史毕竟不长，特别是清代台湾方志的主修人员基本都是从大陆调派而来的治台官员，他们深受中国数千年传统文化的浸润，因而所修志书跟中国大陆都是一个体系，"无论体例与编纂方法，还是编纂理论与宗旨，在大陆的方志体系中都能找到其源流"[①]。特别是福建与台湾隔海相望，两地在地缘、血缘及文缘上的关系都比内地其他省份与台湾的关系来得亲密些，"台湾文化本闽学之东渐，其具体表现者，厥惟志书之纂修"[②]。可以说清代台湾方志的完成，多有赖于福建的大力支持。

第二节　福建与清代台湾方志编修参与者

清代台湾地区不仅百姓大多来自福建的漳、泉诸州县，就是在任官员、纂修方志的文人，也有相当部分来自福建。而台湾建省之前隶属于福建，在台官员，就是原籍不属福建，也大多有在福建任过官职的经历，自然而然，福建一地的修志风尚会影响到台湾。

一　清代台湾方志主修人员与福建的关系

清代台湾方志中有不少为闽籍士人所撰，他们是名副其实的主编。如周元文的《重修台湾府志》本来是根据凤山县令宋永清的底稿而补修一些内容编成的。宋序称："自康熙三十五年至四十九年，延凤山教谕施君士岳董其事……以增卷帙。"[③] 可见，补修的部分始于康熙三十五年至四十九年（1696—1710）。其主要负责编纂的施士岳来自福建。施士岳是福建晋江人，施琅的从子，曾经以岁贡任福建福清县教谕。康熙三十九年（1700）调任台湾诸罗县教谕，第二年以丁忧去。康熙四十七年（1708）再次渡台任凤山县教谕，负责编纂府志就是此时期之事。

被誉为台湾方志之第一[④]的康熙《诸罗县志》亦出自福建人之手。其主

[①] 方豪：《清初台湾士人与地方志》，《方豪六十自定稿》，（台北）台湾学生书局，1969，第621页。
[②] 成文出版社编辑部编《中国方志丛书》"台湾方志简介"，（台北）成文出版社，1983。
[③] 周元文纂辑《重修台湾府志》"宋序"，台湾文献丛刊第66种，第6页。
[④] 谢金銮、郑兼才合纂《续修台湾县志》"凡例"第二条，台湾文献丛刊第140种，第11页。

纂者陈梦林（1664—1739），字少林，福建漳浦人，在《诸罗县志》之前即在大陆先后参与编修《漳浦县志》与《漳州府志》，是一名具有丰富经验的修志老手。康熙五十五年（1716），陈梦林应台湾诸罗县知县周钟瑄之邀，入台主纂《诸罗县志》。这部志书以其完善的体例、精邃的论断、丰富的资料及主修人严谨的修志态度为后人所称道。台湾学者总结这部志书的特点有三：①"风俗志"内分汉俗、番俗，与各志风土体例有异；书首并有"番俗图"，尤为特出。②"物产志"独立一门，征考极详，多为修志乘所取资。③"杂记志"与"物产志"采诸沈光文"杂记"者不少，使沈著佚稿得有所保留。① 这无疑得益于主纂者认真严谨的修志态度和丰富的修志经验。

王必昌（1704—1788），字乔岳，号后山，福建德化城关西门人，清乾隆十年（1745）进士。乾隆十一年（1746）二月，应德化县令鲁鼎梅之聘，主纂《德化县志》，次年六月修纂完成。该志堪称德化县现存历代所修诸版县志之善本，为德化留下珍贵的历史文献与文化财富。乾隆十四年（1749），鲁鼎梅调任台湾知县，乾隆十七年（1752），又聘王必昌赴台湾主纂《台湾县志》。王必昌到台湾后，慎重其责，总结《德化县志》的修纂经验，组织采访人员广征博采，会同协修人员共同努力其事，8个月后修纂告成付梓。

嘉庆《续修台湾县志》的两位总纂人都来自福建。谢金銮（1757—1814），字巨廷，又字退谷，福建侯官（今福州市）人，清乾隆五十三年（1788）举人。嘉庆六年（1801）始，历任邵武、南靖、安溪、南平、嘉义等县教谕，著有《蛤仔难纪略》一卷。郑兼才（1758—1822），字文化，号六亭，福建德化人，解元，历任安溪、建宁、台湾县教谕，著有《六亭文集》。嘉庆十一年（1806），台湾知县薛志亮设局续修县志，十二年（1807）正式延请谢、郑二氏共任总纂。郑兼才对《台湾县志》的续修十分重视，不仅与谢金銮共同担任总纂，还参与撰稿和编辑，亲笔撰写了《申报续修台湾县志文》《上汪制军论修台湾县志书》《续修台湾县志列传》《续修台湾县志后跋》《上胡墨庄观察再订台邑志稿条记四条》等文。

陈淑均，字友松，福建晋江人，嘉庆二十一年（1816）举人。道光十

---

① 陈梦林编纂《诸罗县志》"书籍简介"，沈思曲整理、钱钟文制作电子版，台湾文献丛刊第141种。

年（1830）应聘入噶玛兰厅任仰山书院山长。适逢台湾开局重修府志，征事于兰，遂于翌年受命纂辑，于道光十二年（1832）纂成《兰厅志稿》，共8门10卷。陈淑均随后内渡，至道光十八年（1838）应鹿港文开书院之聘再入台湾，于讲课之暇重理旧绪，将原稿删繁补缺，并增入姚莹所著《东槎纪略》、谢金銮《蛤仔难纪略》等新资料，于道光二十年（1840）改订为8卷12门，约26万字。其后又经李祺生续辑，至咸丰二年（1852）通判董正官始刻梓流传。该志前后共历时22年方克完成，"引用书目"所列的书籍竟多达157种，极为难得，可见陈氏之严谨认真。

淡水设厅，始于雍正元年（1723），不过，道光以前尚无志乘。直到道光初年，郑用锡"集弟友纂稿，藏为后法，文献以存"[1]，此即《淡水厅初志稿》（即"志略"）。同治六年（1867），又有同知严金清招聘林豪纂辑《淡水厅续志稿》。不过，此二书均未印行，亦未见稿本流传。同治八年（1869），陈培桂任淡水同知，以修志为亟务，"曩者郑氏用锡、严氏金清均有稿本，访求数月得之，未为周备；遂以九年正月开局采访，发凡起例，次第纂辑。延侯官杨中翰浚代为草创，迄十月告成"[2]。杨浚，字雪沧，一字健公，原籍泉州，后迁侯官，咸丰二年（1852）举人，同治五年（1866）左宗棠招之入福州正谊书局。同治八年（1869）赴台为板桥林本源家庭教师，旋即应同知陈培桂之聘纂修《淡水厅志》。

以上所列数位清代台湾方志的主纂人员均为闽籍士人，实际上，参与台湾方志编修的士人或官员即便为非闽籍人士，他们也基本上都有在闽省任职的经历，而且大多是在福建任上调至台湾的。如第一部《台湾府志》的纂修者蒋毓英、杨芳声和季麒光都是在清朝收复台湾第二年从福建地方官任上调任台湾的。蒋毓英，字集公，康熙十七年（1678）任泉州知府，康熙二十三年（1684）出任台湾首任知府；杨芳声，康熙二十二年（1683）知同安县事，翌年调补凤山县事；季麒光，康熙二十三年（1684）由闽清移知诸罗县事。高拱乾，字九临，康熙二十九年（1690）升任福建泉州知府，三十一年（1692）晋升台厦兵备道，兼理学政，随后主持纂修《台湾府志》，康熙三十四年（1695）告竣。又如刘良璧，字省斋，湖南衡阳人，雍正进士，历官福建连江、将乐、龙溪知县、漳州同知，乾隆五年（1740）

---

[1] 连横：《台湾通史》卷三十四"列传"六，三联书店，2011，第715页。
[2] 陈培桂、林豪纂辑《淡水厅志》"陈序"，台湾文献丛刊第172种，第5页。

升任分巡台厦道，同时始修《福建台湾府志》。鲁鼎梅，江西新城人，乾隆进士，乾隆十四年（1749）由福建德化知县调补台湾知县，于乾隆十六年（1751）聘请王必昌纂修《台湾县志》。余文仪，清乾隆二年（1737）进士，乾隆二十五年（1760）由漳州府调知台湾府事，乾隆二十七年（1762）摄台湾海防同知，乾隆二十九年（1764）擢分巡台厦道，乾隆二十五至二十七年（1760—1762）续修《台湾府志》。王瑛曾，字玉裁，江苏无锡人，由举人初任福建闽清知县，乾隆二十五年（1760）调凤山，乾隆二十七年（1762）始纂《重修凤山县志》。柯培元，山东历城人，清道光十五年（1835）由福建瓯宁知县调署噶玛兰通判，道光十七年（1837）纂修《噶玛兰志略》。以上仅举数例，都是致力修志的有名人物。

二 来自福建的其他参修人员

方志的编修是一项庞大而艰巨的工程，其完成除了需要主修、总纂等少数人统筹安排修志工作之外，还有一批"耆老""儒生"进行材料搜集、稿件撰写、分订、校订等工作。清代台湾是福建之一府，在台湾未建省前，台湾人亦即福建人。早年台湾的学官几乎都是福建人，而学官又多参与方志的纂修工作，因此清代福建籍的士人在参与台湾方志编修的工作人员中占了很大的比例。以高拱乾《台湾府志》为例，其所列修纂姓氏中闽籍的有：张士昊是拔贡，福州府人，于康熙三十年（1691）上任台湾府儒学教授，曾参与《福建通志》的纂修工作，是一位修方志的老手；林宸书是岁贡，莆田县人，康熙三十年（1691）任台湾府教谕；黄式度，晋江县人，康熙十九年（1680）举人，历沙县、凤山县教谕；谢汝霖是长乐县人，也是举人。此外，王璋原籍泉州惠北（今泉港区），施琅收复台湾后清朝下令解除海禁，王璋即随部分王氏族人迁居台湾凤山，康熙三十二年（1693），王璋以台湾籍生员身份，来闽参加福建乡试，中郑基生榜第六名举人，成为台湾置府后的第一位举人，首开台湾府科第记录。此外，齐体物任过漳州同知，康熙三十三年（1694）任台湾知府；李中素"以湘乡教谕卓异，擢知闽县，康熙三十四年（1695）应荐任台湾知县"[1]。

又如，担任康熙《台湾县志》编纂的廪膳生员张士箱，其原籍为泉州

---

[1] 连横：《台湾通史》卷三十四"列传"六，第692页。

晋江。《淡水厅志》的编修人员中，闽籍的有担任采访的台湾府学训导杨承藩（侯官人）、五品衔候补府经李彤恩（闽县人），担任校对工作的举人裴坤（闽县人）、生员李庄（侯官人）等。乾隆《重修凤山县志》的参阅，癸酉科举人黄佾，字乐序，也是福建侯官人。

三　清代福建教育与台湾方志编修人才的培养

古人对志书的期望很高，因而对修志者的要求也很高，认为"无学，则取材不雅；无才，则卑恭不振；无识，则衮钺不公。故虽一邑之志，亦必具左史班范之能事，而后可告无憾焉"①。台湾虽为海外荒岛，禹贡无传，职方不纪，直到清初仍然"文风未盛"，但修志者们对自己提出了同样的高要求："昔人修志，比于作史，非有才、学、识三长者，未敢率尔操觚。"②因而能在短短230余年时间里就修出了近40部方志，其中还不乏《诸罗县志》这样的名志，这无疑与福建对台湾儒学教育的深刻影响有着莫大的关系。

其一，台湾的教育体制源于大陆，尤其与福建大同而小异。以书院为例，清代台湾书院的办学模式就几乎是从福建照搬而来的，如《台湾道刘良璧海东书院学规》"端学则"条明确指出："此白鹿书院教条与鳌峰书院常规并刊，功夫最为切近。"③ 在典章制度方面，台湾与福建也极为相似。比如祭典，海东书院的祭拜对象和仪式等都与鳌峰书院极为相似。此外，台湾的府县厅儒学宫，除主祀孔子以行祭典之外，又另设朱子祠；书院则规定主祀朱子神位。究其原因，在于"台湾居民原籍半为闽人，其所创书院制度，多取则于闽省书院之规模。而朱子一生，多在闽省讲学，宜其承为先师。此系台地士子所目睹而耳熟者。是则台湾各地书院之久祀朱子亦其理有固然而势所必至也"④。

其二，人才的输入和培养。台湾由于开发较晚，至明末清初，文化教育相较于大陆仍不发达，师资较为匮乏，于是有不少闽籍士人东渡台湾任

---

① 李龙官、徐尚忠修纂《连城县志》卷首"重修连城县志序"，厦门大学出版社，2008，第3页。
② 周玺纂辑《彰化县志》"凡例"第14条，台湾文献丛刊第156种。
③ 台湾省文献委员会编《台湾省通志》卷五"教育志·制度沿革篇"，（台北）众文图书公司，1970，第56页。
④ 台湾省文献委员会编《台湾省通志》卷五"教育志·制度沿革篇"，（台北）众文图书公司，1970，第67页。

教。早在南明永历二十六年（1672），郑经就"命各里社广设学校，延聘中土通儒以教子弟"①，此后这种重教之风时有提倡，内地士人渡台任教，甚至成为一种风气，闽籍士人占了其中的大部分。据《台湾省通志》的统计，清代台湾府儒学的 50 名教授及 35 名训导几乎都来自福建。② 另据部分福建方志的记载，台湾教谕有 56 人由闽籍文人担任。③ 除了官学中有不少闽籍学官，台湾的书院也纷纷延请闽籍士人，如侯官人陈鹏程于乾隆二十八年（1763）任台湾府儒学训导，兼崇文书院掌教；长乐人柯龙章于清道光、咸丰年间掌教崇文书院；龙溪人石福祚主讲澎湖文石书院；莆田人曾光斗于光绪初年应邀赴台，任引心书院院长三年；施钰在淡水为乡塾教师；等等。台湾不少著名的书院更是与福建有着不解之缘。如仰山书院，先是道光年间晋江人陈友松应聘主讲，其后，又有建宁贡生何云龙、福州举人林寿祺、福州秀才姚宝年于同治初年（1862）、同治五年（1866）及同治九年（1870）相继出任院长④。海东书院与福建的关系更为密切，如道光年间原籍晋江的施琼芳主持海东书院的院务，数十年后，其子施士洁应当时的台湾巡抚唐景崧之聘出任海东书院山长。曾到海东书院掌教的福建人还有莆田人俞荔、侯官人黄俏、晋江人施昭澄（施琼芳之弟）、南安人杨芳等。这些福建士绅或由官府聘请，或是自行东渡，对台湾教育的普及、发展和人才的培养作出了贡献，如郑用鉴"主明志书院讲席，垂三十年，诲人谆谆，至老不倦"⑤。

此外，福建还直接接收台湾学生，为台湾培养人才。如鳌峰书院的章程中就有这样一条规定：学生告假期限，台湾府学生可达 5 个月。这是考虑其路途遥远而给予的照顾，可见当时有不少台湾学生在此学习，表明鳌峰书院在培养人才台湾方面所作的贡献。⑥

其三，台湾学校的兴建，也特别得到闽籍人士的捐资相助。如福建永定人胡焯猷于乾隆初年渡海来台后，在从事生产开发的同时，还兴办义学，

---

① 台湾省文献委员会编《台湾省通志》卷五"教育志·考选篇"，（台北）众文图书公司，1973，第 1 页。
② 台湾省文献委员会编《台湾省通志》卷五"教育志·教育行政篇"，（台北）众文图书公司，1969，第 18—22 页。
③ 董希如：《方志资料反映的闽台文化交流》，《求索》1993 年第 3 期。
④ 台湾书院的主讲者原称山长，乾隆二十一年（1756）改称为院长。
⑤ 连横：《台湾通史》卷三十四"列传"六，第 716 页。
⑥ 许维勤：《论鳌峰书院及其对闽台教育文化的影响——兼及闽台学缘》，《福建论坛》（文史哲版），2000 年第 12 期。

创建明志书院。"念淡水文风未启,乡里子弟无可就傅,二十八年,自设义塾,名曰明志,捐置水田八十甲余,以其所入供膏火,又延名师教之,肄业者常数十人。淡水同知胡邦翰闻其事,详请改为书院。总督杨廷璋嘉之,立碑以纪,则今之明志书院。"[1] 又如乾隆五年(1740),晋江贡生施士安慷慨捐出学田近1000亩予海东书院以充膏火之资。晋江人吴洛于乾隆十五年(1750)定居台湾彰化后,一直热心于文教事业,不仅购置良田作为当地清源书院的办学经费,还分别向海东书院和白沙书院捐赠数百石稻米供师生食用。

从上文的分析可见,几乎在教育的每一个方面和环节,福建都给予台湾有力的支持,且是卓有成效的,其培养的大批贡生、生员等成为清代台湾方志编修过程中采访、分修、校对等各种岗位的主力军。如道光年间,福建晋江人陈友松应聘担任仰山书院山长期间,除了勤勉教学外,还与书院诸生如李祺生、杨德昭、林逢春、蔡长青等编纂了《噶玛兰厅志》。又如《诸罗县志》的编纂,"既又择凤山学生李君钦文、邑明经林君中桂与俱……"[2]《凤山县志》则"延明经陈君文达、凤山学生李君钦文、诸罗学生陈君慧"[3]。

第三节　清代台湾方志与福建的传承关系

清朝时期,台湾由于纂修志书的历史并不悠久,主持纂修的官员及参与编纂的文人大都来自大陆,台湾方志的纂修理论体系跟大陆方志的纂修是一脉同宗的,特别是同福建方志的纂修关系尤其紧密,而方志内容、修志方式、志书格式、形制等跟大陆除了有些微差异外,基本没什么两样。

一　编纂宗旨承袭大陆

大凡修志,必先明"志义",即编纂志书的宗旨和目的,也称志书的义理。中国自古有修志的传统,历代修志者对修志的宗旨、目的都十分重视。如晋常璩在《华阳国志·序》中称志书可以"达道义,章法戒,通古今,表功勋,而后旌贤能"。宋朱长文《吴郡图经续记·序》称:志书有"质凝

---

[1] 连横:《台湾通史》卷三十一"列传"三,第596页。
[2] 陈梦林编纂《诸罗县志》"自序",台湾文献丛刊第141种,第4页。
[3] 李丕煜编纂《凤山县志》,台湾文献丛刊第124种,第11页。

滞，根利病，资议论"的作用。周应合修《建康志》的目的在于探求南京"千七百年王伯废兴之故"。后代的不少方志学者都认为地方专书应该要有"垂则后世，启览者之心，使知古今得失之归"的社会教育功能，这一风气传至明清两代。明代蒋冕《嘉靖广西通志·序》称：志书能"酌古准今，施于政教，兴化善俗，御患安民，纾九重南顾之忧，慰一方士民之望"。清代章学诚则认为方志能"传述忠孝节义，凛凛烈烈，有声有色，使百世而下，怯者勇生，贪者廉立"，而且"天地间大节大义，纲常赖以扶持，世教赖以撑柱也"。李兆洛在《凤台县志》序中也说："夫志者，心之所志也。志民生之休戚也，志天下之命脉也，志前世之盛衰以为法戒也，志异日之因革以为呼吁也。"[1]

可见，人们对志书的功用、编纂宗旨的认识在不同时代虽不尽相同，但总的而言，大多集中于存史、资治、教化这几个方面。方志的这一宗旨传到福建，又延及台湾。如范嵩侧重于志书的树楷模、明教化的作用，因而他说："是故匪志以纪之，则何以表先哲，示楷范，明教化，端士风，以绍美前闻乎？"[2]又有重存史功能的，如张大观言："邑有志，徒志邑乎哉！所以备省、郡二志之文献撷搜，而传为当时后代信志也。邑志信，则郡、省二志皆信。省、郡二志可以征信，则士大夫之家乘，不得志诬以乱真；朝廷巨公之正史，不至传讹以贻诮。"[3]

清代台湾方志秉承了福建方志的传统，重视方志的辅治与教化功能。如蒋志"重视学校、庙宇，强调古迹、灾祥，并崇尚勋臣节烈人士以及胜国遗裔，可见蒋志的纂修仍有着传统中国方志的淑世教、美风俗的宗旨"[4]。又如周钟瑄在《诸罗县志》自序中表明修志应当"兴教淑士，如医者之用药"。王珍在《台湾县志·序》中说道："邑之有志，犹古诸侯之有史也。仰观天文，俯察地理，中纪人事，其间盛衰、休咎、是非、美恶，所以昭劝戒而裨政教，其关系世道匪浅鲜也。"王礼亦言："夫邑之有志，盖以验风俗、核贡赋、考文物、观政治者也；其所关亦甚巨矣。"[5]类似的语句在清代台湾方志中比比皆是，表明台湾方志的编修宗旨继承了大陆传统方志

---

[1] 转引自王德恒《中国方志学》，大象出版社，1997，第46—47页。
[2] 夏玉麟、汪佃修纂《建宁府志》卷首"重修建宁府志序"，厦门大学出版社，2009，第1页。
[3] 李龙官、徐尚忠纂《连城县志》卷首"旧序"三，厦门大学出版社，2008，第14页。
[4] 陈捷先：《清代台湾方志研究》，（台北）台湾学生书局，1996，第30页。
[5] 李丕煜编纂《凤山县志》，台湾文献丛刊第124种，第9页。

对志书资政、教化方面功能的重视。

地方志"存史"的价值在台湾方志中也传承得很好,如蒋毓英为修首部府志,"召耆老,集儒生,自沿革分野以及草木飞潜,分条晰目,就所见闻,详加搜辑……从而旁参博考,订异校讹"①。"蒋志"所记载的有关台湾地区在初入清朝版图时的人口、田赋及人物等方面情况,大多是其后编纂的志书所未录者,为后人研究明末清初台湾的社会发展状况保存了珍贵的资料。又如,该志详细记述了受傅为霖事件牵连的沈瑞一家遇难的经过,使这一段"史不多书"的壮烈事迹得以流传。其后台湾方志的纂修者大多继承了这一传统,对方志的"存史"功能十分重视,如刘良璧修的《重修福建台湾府志》中张湄序:"操觚家且争先睹之,以补史牒之缺,宁惟莅官海表者奉为南车云尔哉!"李廷璧在《彰化县志》中说:"邑之有志,所以正封域、纪山川、述政教、详人物也。……凡有裨于政治者则书之,有关于风化者则书之,有以资他日之掌故者则书之。"可见,清代台湾方志的纂修与大陆传统方志一样,都是以"资治、教化、存史"这三个方面的功用为标准,并朝这个方向努力,以发扬光大儒家的伦理和经世致用的。

二 志书体例与福建一脉相承

清代台湾方志的主修者中有相当部分是福建籍士人,即便不是,也基本在福建有任官的经历,深受闽文化的影响,因而在方志编修中不可避免地把大陆志书的编纂体例、编修方式、组织结构等渗透到编修台湾方志的过程中。

一般而言,中国历代方志的结构主要有四种形式:一是平目体,即将志书所写的内容分列为若干个类目,一一罗列,各目之间全无统属。二是纲目体,将志书内容先分成几大门类为纲,然后于各大类后再细分若干小目,明清志书多采用此类形式。三是纪传体,因仿效纪传体史书而来,又称"史志体",全志的编纂一般分为图、表、纪、志、传等类进行,每类又系以若干小目。清代学者章学诚将此体发扬光大,强调方志应当分为"志""掌故"和"文征"三部分,即仿纪传体史书而作"志",仿正史中的律令典例而作"掌故",仿文选、文苑之类的体例而作"文征"。四是"三门体",又称"三宝体"。"三门"指的是土地、人民、政事;在"三门"之

---

① 蒋毓英撰、陈碧笙校注《台湾府志》"附录"二"台湾志序",厦门大学出版社,1985,第123—124页。

外再增设文献则成"四门体"。①

　　台湾著名方志学者陈捷先曾对清代台湾地区的 21 种主要方志进行了全面、具体的分析，指出大部分台湾志书的体例都与宋元以来某部志书有着渊源关系。他在分析乾隆年间刘良璧所编纂的《重修福建台湾府志》时就指出，该志所用体例"很像南宋嘉定卢宪的《镇江志》一样，因此刘书也是传统中国方志体例的一种，不是他的发明"②。而范咸的《重修台湾府志》"扩大了此前诸志的体式，在各项目的后面，多列《附考》，有时《附考》比正文多上几倍，又详注出处，很像明朝董斯张的《吴兴备志》写法"③。范志"似乎又略仿南宋范成大《吴郡志》体例，在咏物、咏景的地方，多系以诗作，并且清而不滥，恰到好处"④。王必昌等人所修的《重修台湾县志》"多少是受了清初陆陇其《灵寿县志》的影响的"，而且"很有宋代学人范成大《吴郡志》的作风"⑤。一些方志在凡例中直接表明了自己所修志书的体例来自大陆，如王瑛曾《重修凤山县志》在凡例中即指出"是志体例，概有取本。凡所征引古书，或标举于前，或侧注于下，皆依朱竹坨《日下旧闻》例"。乾隆五年，分巡台厦道刘良璧与台湾知府钱洙、范昌治等所重修的台湾府志，其体例仿自省志而略为变通，如"旧志'星野'、'建置沿革'、'山川疆界'，统归'封域'。兹各区其类而以'形胜'附之，使阅者了然为海表中华，得悉方舆之盛焉；'城池'、'官署'、'学校'，旧入'规制'。兹别辑'城池'为一编，重金汤也。凡有关利济、资保障者，悉附及之，以见苞桑之计……"⑥谢金銮、郑兼才的《续修台湾县志》，纂者自称该志是模仿明代康海的《武功志》和韩邦靖的《朝邑志》，故有"是编胚胎出朝邑，而规榘取诸少林"⑦之语。实际上，上述二志都是取图经体例，而谢、郑续修的台湾县志与此完全不同，该志有凡例、目录，每目前又有小序，后有总论，子目下还间有分论或有考辨，显然与武功、朝邑二志大不相同。《续修台湾县志》的体例乍一看是有些特别，其实是模仿康熙时李世熊《宁化县志》所采用的"三宝体"而来。"三宝"，取自《孟子·

---

① 王德恒：《中国方志学》，大象出版社，1997，第 48—52 页。
② 陈捷先：《清代台湾方志研究》，（台北）台湾学生书局，1996，第 96 页。
③ 陈捷先：《清代台湾方志研究》，第 106 页。
④ 陈捷先：《清代台湾方志研究》，第 107 页。
⑤ 陈捷先：《清代台湾方志研究》，第 113 页。
⑥ 刘良璧纂辑《重修福建台湾府志》"凡例"，台湾文献丛刊第 74 种，第 25—26 页。
⑦ 谢金銮、郑兼才纂修《续修台湾县志》"凡例"，台湾文献丛刊第 140 种，第 11 页。

尽心篇》中"诸侯之宝三：土地、人民、政事"的说法，方志也按此分为"土地、人民、政事"三大项叙述。"《朝邑》、《武功》二志，均分七门。又前明无名氏《无锡县志》，以邑里、山川、事物、词章作四大部，而分三十三子目；吾闽李元仲《宁化县志》，以土地、人民、政事分三大部。虽义例各有短长，要皆纲维在握，语不外散。是编作地志第一、政志第二、学志第三、军志第四，此四篇为正志，复附以外编、艺文终焉。凡六编，为条目者五十有八。"① 因而，从方志的体例、内容上来看，《续修台湾县志》与《武功》《朝邑》二志并无沿袭的痕迹，倒确实是大陆"三宝体"的损益之变种。

可以说，大陆地区流传的各种志体，在清代台湾地区所修的志书中，都能找到。其中最为流行的是纲目体。如嘉庆间谢金銮、郑兼才修纂的《续修台湾县志》总为"六门"，实际上是"三门体"的变种；光绪间沈茂荫修的《苗栗县志》是"纪传体"，同治间陈培桂修的《淡水厅志》则是"纪传体"的变种"三书体"②；叶意深修、曾逢辰等纂的《新竹县志初稿》由于纂修仓促，未归并志类，则成了"平目体"。此外康熙以来台湾地区清朝所修的府志及县厅志都是纲目体志书。这也反映了不管在大陆还是在台湾，清代方志体例发展的总体趋势都是纲目体渐占主流。总之，清代台湾纂修方志，同大陆传统方志的体系是统一的。

三 方志内容、资料采辑与修志缘起

编纂宗旨与体例自大陆特别是福建继承而来，决定了台湾地区方志在内容、资料采集等方面也与福建方志相似。从内容上看，闽台两地的方志所记述的无非建置沿革、山川水土、风俗人物、学校选举、艺文等事物，只不过根据地域的不同而有所侧重和取舍而已。万历《永安县志·序》："永安志，志永安也。稽分野、叙沿革，则记之建置；表形胜、纪风俗，则记之治域；记食货则土宜贡赋详；记秩统则职官廨署备，绥文德则学校而艺文不遗；励武功则记兵防，而战绩亦附，以至备观省；昭劝戒则于名宦乡贤、高士烈女之记尤加意焉。"③ 该志共九卷，依次为天文志、地理志、

---

① 谢金銮、郑兼才纂修《续修台湾县志》"凡例"，台湾文献丛刊第140种，第12页。
② 柳浪：《康熙以来台湾地区方志编纂研究——三个不同时期所纂方志比较研究》，复旦大学硕士学位论文，2001。
③ 苏民望修、福建省地方志编纂委员会整理《永安县志》"序"，方志出版社，2004，第4页。

建置志、田赋志、宦历志、选举志、人物志、杂志、艺文志。与此类似，高拱乾修《台湾府志》，"其首封域，次规制，次秩官，次武备，次赋役，次典秩，次风土，次人物，次外志，而终之以艺文；为纲有十，为目八十有一"①。可见，台湾地区方志的内容与福建方志基本相同。

从修志缘起和资料采集等方面来看，台湾和福建也是大致相同的。季麒光在《台湾志序》中说明了"蒋志"兴修的缘由："我皇上以方舆之广，超越百王，特命史臣大修一统志书，诏天下各进其郡县之志，以资修葺。台湾草昧初开，无文献之征，郡守暨阳蒋郡经始其事。"②高拱乾在康熙《台湾府志》序中说："余自辛未（康熙三十年）春出守温陵，越明年，谬叨两台荐剡，蒙圣恩特用，分巡兹土；浮海驻节，甚惧其难也。目击一方之凋残，利何以兴？弊何以除？学校何以振？兵政何以肃？军实何以备？勤勤焉日进文武寮寀，求所以生遂安集之道，又何暇于志乘？……幸托朝廷无外之威德，两台渐被之深猷，风雨以时，番黎向化；文武和洽，庶吏协恭。政事之余，益得与父老子弟咨询采揽，凡山川之险易，水土之美恶，物产之有无，风气之同异，习俗之淳薄，远自生番殊俗，下及闾阎纤悉，每闻见有得，辄心识而手编之。溯始明季，台所自有；迄归我朝，台以肇造；纲举目张，巨细必载，有功必录、有美必书，公诸众心，以规厥成。"③林豪曰："方伯之言曰：'志乘与他书不同，应考旧籍者十之二；应采案牍者十之三，应采访舆论者十之四五。所见未确，必易稿至再；非若抽笔为文，可计日就也。能事不受相迫促，绘事且然，况著述乎！……然遗漏尚可续增，而讹谬必至贻诮。故体例必严、取材必慎，宁缺毋滥、宁实毋华，比物此志也。其最留意者，如以海防列为大纲，而胪列细目不厌其详；于封域、形势、规制、赋役、武备、列传、风俗、祥异各门皆附管见于后，俾他日留心治理者有所考镜，亦地方之幸。'"④在福建，康熙《泰宁县志》称："志书者，公书也……必确求关系，以裨于世。采贵博而条贵晰，言贵简而事贵详。"⑤

---

① 高拱乾纂辑《台湾府志》"齐序"，台湾文献丛刊第65种，第11页。
② 蒋毓英撰、陈碧笙校注《台湾府志》"附录"二"台湾志序"，厦门大学出版社，1985，第120页。
③ 高拱乾纂辑《台湾府志》卷首"自序"，台湾文献丛刊第65种，第7页。
④ 陈培桂等纂修《淡水厅志》"附录·淡水厅志订谬"，台湾文献丛刊第172种，第463页。
⑤ 洪济修、福建省地方志编纂委员会整理《泰宁县志》卷首"泰宁县志纪原"，厦门大学出版社，2007，第3页。

黄许桂在道光《平和县志·序》中道明了其修志缘由："癸巳春，余来署邑篆，会列宪有修《福建通志》之举，已历五年，而平和志书尚未有起而修之。因思一事采访不到，即无以成一县之志；一县志书不到，即无以成通省之志……于是延邑缙绅文学之士，采辑会纂……"① 上引资料表明闽台两地志书编纂工作的起因与资料采辑方式都是一样的，缘起主要有二：一是中央要修一统志，向地方征集志书；二是地方官为资治之用而起修志之意。资料采集的方法则包括"考旧籍""采案牍""采访舆论"等。

四　闽人著述是台湾方志的重要材料来源

方志资料的来源十分广泛，从现有文献中撷取资料就是其中一种重要的手段。由于台湾长期隶属于福建，许多有关台湾的资料被搜集、记载于福建方志中，特别是许多福建文人关心台事，东渡台湾，勤于记述，甚至私修方志，这些成果成为台湾方志的重要资料来源。如历史方面有同安江日昇所著《台湾外纪》，分8卷，共50篇，从郑成功收复台湾、与清廷抗衡、在台湾病卒，直到郑经袭位，前后大事，均有记述。侯官沈葆桢著《沈文肃公政书》中有巡视台湾任内奏折，晋江施琅的《靖海纪事》收录其攻台治台之奏疏，都有关台湾史实。考察台湾的记述还有《淡水纪行诗》，康熙时漳浦阮蔡文撰。当时"诸罗淡水之间甫辟，草莽布瘴深，人迹鲜至，蔡文自携糇粮，亲履其地，为文以祭成亡将士，往返匝月。日或于马上赋诗，夜则燃烛记所过地理山溪风土，著《淡水纪行诗》一卷"②。崇安董天工尝就在台见闻，征诸文献编著《台海见闻录》。这些著述是实地考察台湾的第一手资料，非常宝贵，很多内容被收入台湾方志中。如康熙三十三年（1694），福建分巡台厦兵备道高拱乾纂辑《台湾府志》时，即以季麒光志稿为基础，并博采长乐林谦光之《台湾纪略》等资料纂订而成。陈培桂所修《淡水厅志》和《噶玛兰厅志》，则分别以同安林豪的续志稿和晋江陈淑均的私撰为基础。陈淑均所纂的《噶玛兰厅志》中引用的书目中有大量闽籍人士的作品或福建地方志：谢金銮《蛤仔难纪略》、林谦光《台湾纪略》、陈梦林《游台诗》《纪游草》、蓝鼎元《东征集》《鹿洲初集》、吴应造《海

---

① 黄许桂主修、福建省地方志编纂委员会整理《平和县志》卷首"序"，厦门大学出版社，2008，第1页。
② 台湾省文献委员会编《台湾省通志》卷六"学艺志·艺文篇"，（台北）众文图书公司，1973，第31页。

录碎事》、施琅《靖海记》、郑兼才《六亭文集》、《兴化府志》、《漳州府志》、《泉州府志》[①]，等等。

第四节　继承修志传统　弘扬民族精神

日据时代，由于文化背景的不同，日人所修台湾"方志"跟台湾原来所修方志无论形制、格式，还是纂修观念、理论都有相当的差别，与大陆传统方志有相当的差距。战后海峡两岸分别着手进行恢复修志传统的工作。1948年台湾于台北市设置"台湾省通志馆"，翌年改组为台湾省文献委员会，发动全面修志；大陆方面自新中国建立后亦在继续修志方面投入大量精力，因而数十年间海峡两岸在方志编修方面都是硕果累累。海峡两岸虽然长期隔绝，修志方面形成了各自的特色，但在继承旧方志的优良传统、弘扬民族精神等方面仍然保持一致。

一　官修性质一致

中国传统的地方志，历来属于"官修"，今海峡两岸的地方志也均属"官修"性质，修志工作由各级地方政府主持，成立专门的修志机构，并制定了专门的指导文件。一般在各级地方政府设立专门的方志委员会或编纂办公室具体操办志书的编修，所修的志书应为政府立言，最后由政府审议定稿，政府首脑（省长、市长、县长等）写序。

台湾方面，于1948年6月1日成立"台湾省通志馆"，翌年7月1日改组为台湾文献委员会，作为整理地方文献、继续纂修台湾省志的常设机构。1952年，台湾当局又通令全台湾各县、市成立文献委员会，着手各县、市地方志的编纂工作。在修志的总体安排与要求方面，台湾延用原已颁布的《修志事例概要》《纂修地方志办法》等作为开展修志工作的指导性文件。如《纂修地方志办法》第四条就明确规定了地方各级政府是方志编修的指导机构："各县市纂修志书事宜，应由各省市县政府督促各省市县之文献委员会负责办理。"[②]

---

① 陈淑均撰《噶玛兰厅志》卷首"引用书目"，台湾文献丛刊第160种，第17—21页。
② 台湾省文献委员会编《台湾省通志》卷五"教育志·文化事业篇"，第50页。林熊祥：《纂修台湾省通志之方法的讨究》，（南投）《文献专刊》1949年8月第1卷第1期，第7—10页。

大陆方面，新中国成立之初，国家领导人即高度重视地方志的编修工作，在不同场合多次明确表示要重视地方志的编修。1956年，国务院科学规划委员会地方志小组成立，并在《十二年哲学社会科学规划方案》中明确提出编修地方志的重要性与紧迫性。1959年，中国地方志小组成立，随后，湖南、湖北、河南、广西、四川等省份陆续成立省志编纂委员会和区通志馆，开展地方志编纂工作。至1966年，全国已有20多部志书正式出版。随后的"文化大革命"使新中国的志书编修工作被迫中断。中共十一届三中全会以后，邓小平首先提出"摸清、摸准我们的国情对社会主义现代化建设的极端重要性"，为新方志的编修指明了方向，从而开启了社会主义时期新方志编修工作发展、繁荣的新局面。1983年4月8日，中国地方志指导小组成立，从政策上和业务上指导全国修志工作。到1989年，除西藏外，大陆有32个省、市、自治区和计划单列市、300多个市和大部分县成立了地方志编纂委员会及其办事机构，并将新编方志工作纳入各级地方政府的工作序列。1996年5月，在国务院召开的全国地方志第二次工作会议上，中国地方志指导小组组长李铁映明确指出，修志工作"是各级政府的职责，主要是省、市、县三级政府主要领导同志的职责，是两个文明建设的重要组成部分"。1998年2月，中国地方志指导小组正式颁发通知，确立"党委领导、政府主持"的修志体制，各省、自治区、直辖市的地方志编纂委员会及其办公室，负责组织本地区修志工作[1]，明确了中国新方志的官修性质。

二 修志的目的、功用与传统方志的异同

新时期，海峡两岸的修志宗旨都发生了一些变化。如台湾新方志的编修宗旨主要在于以资生活的改进。例如，台湾光复后的第二年，即1946年11月，台北县修志委员会就率先召开第一次委员会议，台北县长陆桂祥主持会议，提出："修志一事，原为艰巨之工作，不仅关系地方文献，且为民族精神所寄托，尤以本省中经日本统治时代，我先民拓殖开韧之丰功伟绩，及五十年来在异族暴政下之含辛茹苦，悉被御用史家曲笔抹杀。兹幸故土光复，则文献之重光，与先民事迹之阐扬，实刻不容缓。"[2] 可见，弘扬国家意识，发扬民族精神、光大爱国主义成为台湾新方志的首要宗旨，这在

---

[1] 中国地方志指导小组：《关于地方志编纂工作的规定》，中指组发［1998］01号。
[2] 毛一波：《方志新论》，（台北）正中书局，1974，第205—206页。

台湾光复初期所修的方志中表现得尤其明显。如《台北县志》的"序"中彰明:"我台同胞,来自大陆,气质禀赋,初无二致,本县绅民,爱国保种,勇敢奋斗的事迹,尤足以惊天地而泣鬼神。"① 这是贯穿全志的主旋律,特别在大事记、疆域志、史前志、开辟志、氏族志、军事志、人物志等中,都有充分的体现。在此宗旨之下,台湾新方志则要求志书的编修必须"以史法为之文献,考其原委,析其流变,以为治世者资"②,强调方志资治的功能。如蒋廷黻对《台湾省通志》的评价:"有了这一部通志,省政府在各方面的工作就能有比较可靠的事实作根据。在拟计划的时候,无论是行政计划,或经济计划,或教育及福利计划,有了通志的材料,比较容易求计划的切合实际。"③

在大陆,江泽民在1987年召开的上海修志工作会议上明确指出:"编纂新方志,不是一件可有可无的工作,而是一项认识过去、服务现在、开创未来,不仅有近期社会效益,而且可以产生久远社会效益的意义重大的事业。"④ 1998年中国地方志指导小组颁发的规定中指明了新编中国新方志的意义:"编纂地方志是一项长期的具有连续性的社会主义文化建设事业,对全面了解和反映我国地情国情,对推进我国两个文明建设,对积累和保存地方文献有重要意义。"⑤ 翌年,该小组又在《中国新编地方志目录》的前言中重申:"新方志坚持辩证唯物主义和历史唯物主义,用全新的观点和方法记述历史和现状,是我国全面、权威的国情、地情资料宝库,蕴藏着丰富的基础性文化资源,可为领导决策、经济发展、思想教育、科学研究、祖国统一和经济文化交流等诸多方面的工作提供资料。"⑥ 其实早在此前,许多县市地方志就已经是以此为标准进行编修纂写的。如洪辉煌在福建《永春县志》的序言中说:"新编《永春县志》的出版问世,对于帮助我们了解县情,进行正确决策,提供了翔实的参考资料。"⑦ 林玉璧说:"这部以新的观点、新的方法、新的材料编纂的社会主义新县志,如实地反映了本

---

① 盛清沂总纂《台北县志》"序",(台北)成文出版社,1983,第14页。
② 盛清沂总纂《台北县志》"凡例"。
③ 蒋廷黻:《近代式的台湾省通志》,《修志方法论集》,方志研究会编印,1954年12月,第35—38页。
④ 转引自单辉《1949年以后中国的地方志编修》,《新疆地方志》1994年第1期。
⑤ 中国地方志指导小组:《关于地方志编纂工作的规定》,中指组发〔1998〕01号。
⑥ 中国地方志指导小组办公室编《中国新编地方志目录》"前言",方志出版社,1999,第4页。
⑦ 永春县志编纂委员会编《永春县志》"洪辉煌序",语文出版社,1990。

县的自然和社会的历史与现状，富有时代精神和地方特色。它的出版必将为本县的施政决策提供科学的依据，在本县的社会主义物质文明和精神文明建设中发挥巨大的作用。"①

　　表面上看，海峡两岸修志的宗旨与传统方志相比都发生了变化，如台湾注重弘扬民族精神，大陆重视为领导决策、经济发展服务。实际上，还是与传统方志的宗旨与功能保持一致的，只不过提法不同，服务对象有所变化而已。如资政方面，古代旧方志是为封建官吏提供服务，而当代则是为地方领导提供决策依据，其实质是相同的。在教化方面，当代的提法为思想教育或精神文明建设。因而，可以说海峡两岸新志的宗旨在继承传统方面基本是一致的。

三　两岸方志的取材更加广泛，内容更加丰富，体例更加恢宏

　　这一时期，海峡两岸的整个修志体系都已基本制度化了，除了在组织形式、取材、方法等方面有具体的规范外，方志的体例与内容等也进行了较统一的规定，与传统旧方志相比发生了一些变化，具有鲜明的时代特征。

　　比如，在取材方面，民国时期就有法规性的文件规定："志料的范围，随着学术领域的推广而推广，根据一九二九年政府公布的《修志事例概要》和一九三一年政府公布的《修正市县文献委员会组织大纲》所举志料的范围已较旧日扩展了许多，可资明证；而一九四六年政府颁布的《各省市县文献委员会组织规程》中更详细的列举应行采集及整理的事项和范围。"②"方志既有了完备的资料便须更有完备的体例以容纳之，因而近年所纂各志之体例亦较前恢宏了许多。"③

　　从体例上看，海峡两岸的新方志较之传统旧方志规模都宏大了许多。如《台湾省通志》的内容包括土地、人民、政事、经济、教育、学艺、人物、同胄、革命、光复、匡复等11卷，再加卷首（包括凡例、纲目、图表、疆域等）及卷尾计13卷，各卷分若干篇，共计61篇、384章节，为编章节体结构。台北市文献委员会在1953年所制定的《台北市志暂定纲目》，跟省通志项目虽有所不同，但内容大体上是一致的。前为卷首，下分10志：

---

①　永春县志编纂委员会编《永春县志》，"林玉璧序"。
②　杜学知：《方志资料之征集方法》，《文献专刊》1951年第2卷第3、4期。
③　杜学知：《方志资料之征集方法》，《文献专刊》1951年第2卷第3、4期。

沿革志（开辟纪等）、自然志、政制志、居民志、财政志、经济志、教育志、文化志、杂录（人物篇、丛录篇、文征篇）、大事年表，内容相当丰富。福建的《永春县志》[①]，卷首为"概述"，下则依次为：大事记、建置、自然地理、人口、城乡建设、农业、林业、茶果、小水电、乡镇企业、工业、煤炭、交通、邮电、财税、商业、金融、党群、政权、民政、劳动人事、政法、军事、华侨、科技、教育、体育、文化、医药卫生、风俗、文物、人物、卷末（修志史末），计34卷，篇幅也相当庞大。从篇目结构上来说，闽台两地的方志都是以科学分类和社会分工为依据设置篇目，不过依地情不同而各有特色。

从具体内容而言，两地的方志各有特色。如福建方志的"概述""总说"，概要叙述本地的历史和现状，起到统括深化的作用，这是大陆新方志普遍采用的一种新体裁。各专业分志的开头都有无题小序，综述该专业的历史与现状，此两者在于增强志书的整体性与科学性。台湾的志书则无全志的概述，但不少卷（志）有类似的做法，反映了不同主笔的不同思路。如《台北县志》[②]卷一疆域志第一章有"序说"；卷四史前志有"序言"；卷五开辟志有"引言"；卷十八农业志第一章有"总说"；等等。名称虽然不同，其用意也都是不同程度地统括本卷内容。又如，《永春县志》的"党群"，《台湾省通志》的"同胄""光复"等志皆为对方所无，也是传统旧志所没有的内容。

特别值得一提的是，两岸志书均不遗余力地弘扬爱国主义精神。如《台北县志》在大事记中特别为乙未年，即1895年《马关条约》签订割台的一年，独辟一章为"乙未之际"，逐月逐日，详尽地记述了台湾人民心怀祖国、英勇抗日的感人事迹，彰显台湾人民强烈的民族意识。同样，大陆志书对此也相当重视。如《福建省志·军事志》中特辟一章为"抗日游击队"，记录了1937年日本侵华战争后福建地区成立的各种抗日军事组织及抗日活动。

总的说来，海峡两岸新方志的修纂，一方面承接中国历史上传统修志的方法、体例，另一方面也体现了其受现代化影响的一面，在内容上广搜博纳，且注意利用现代科学发展的成果，并请各专业专家学者分别进行编纂，其志书质量显然不是前代可比拟的。

[①] 永春县志编纂委员会编《永春县志》，语文出版社，1990年。
[②] 盛清沂总纂《台北县志》，（台北）台北县文献委员会，1960。

综上所述，清代台湾地区方志，基本由宋、明演变而来，无殊于大陆各地的府、县、厅志，而与福建方志的关系尤为密切。正如台湾著名学者方豪先生所言："我因为研究《台湾方志中的利玛窦问题》，而认识了陈元麟，认识了陈梦林与陈元麟的关系，同时也证明了台湾文化和福建文化，就在志书这一点来讲，也有很密切的关系。"① 即使在两岸隔绝的年代，两岸虽然在修志方面各行其是，但综观两岸修志的组织机构、编纂原则、框架结构、体例纲目、记叙内容和功能作用等，台湾仍然与大陆保持大体一致或相近，这是由于"在地方志方面，海峡两岸有着共同的华夏源流，有着共同的悠久历史，有着共同的优良传统，有着共同的编修实践"②。随着大陆改革开放的逐步推进及两岸关系的日益改善，海峡两岸方志文化交流取得了前所未有的成就。1988年8月，广东省地方史志办公室、广东省地方志学会在广州召开粤港澳台地方志学术交流会。这是大陆地方志机构首次与港澳台地区学者开展的方志文化学术交流，从此开启了海峡两岸方志文化交流的先河。此后影响较大的海峡两岸方志文化交流活动是1997年12月29日至1998年1月3日，在天津举行的"海峡两岸地方史志比较研究讨论会"。进入21世纪，海峡两岸方志文化交流活动更加频繁，交流合作内容逐步加深。尤其值得一提的是，2009年12月，通过福建和台湾有关方面的协商，福建省地方志编委会与台湾妈祖联谊会签订了共同编纂《妈祖文化志》的协定。《妈祖文化志》由台湾有关文史社团专家以及厦门大学、福建师范大学、莆田学院、泉州师范学院等部分高校的专家学者共同撰写。这是新中国成立后两岸方志界首次合作以志书体裁来全面系统记述有关文化事项，该志的出版必将在两岸方志界，乃至文化界引起极大的反响。另外，2010年，经过福建和台湾双方的协商，《福建史志》在台湾公开发行。频繁的方志文化交流活动，不仅比较研究了地方史志，相互交流了两岸文化，也使两岸学者增进了友谊，"拉近了距离"。当然，闽台两地在史学与方志方面的密切关系，在台湾开发之初，主要体现为福建对台湾的文化输入与影响，当台湾社会逐步开化，社会经济、文化日益发展之时，台湾对福建方志编修事业也起着一定的作用。如台湾嘉义人陈震曜历任建安、闽清、平和等教谕，"道光五年，调省，监理鳌峰书院，助修通志，访刻先儒

---

① 方豪：《台湾方志中的利玛窦》，《方豪六十自定稿》，（台北）台湾学生书局，1969，第605页。
② 郭凤岐主编《海峡两岸地方史志比较研究文集》，天津社会科学院出版社，1998，第1页。

遗书，士论归之。省垣贡院素湫隘，潦湿熏蒸，就试者每中病。震曜请于乡人士，募资拓建，增号舍千余，并董工役，将一载而成。六年，任同安训导，又倡修邑志"①。可见台湾文人对福建文化及史志编修也具有一定的影响。

（本章撰稿：黄洁琼）

---

①　连横：《台湾通史》卷三十四"列传"六，第711页。

第五章　闽台佛教渊源

第一节　明末至乙未的闽台佛教关系

　　佛教在闽台两地的宗教信仰中举足轻重。早在五代之时，福建已成为中国佛教的重镇，在王审知的推动下，福建佛教发展迅速，至宋代时达到极盛。《八闽通志》将明代之前的福建佛教发展史归结为："历晋、宋、齐、梁而始盛，又历隋唐以及伪闽而益盛，至于宋极矣！"① 明末闽地燃起抗清战火，佛教也随着郑成功收复台湾而东传，开启了闽台佛缘既长且深的历史关系。

　　台湾佛教发源于福建，并在相当长的历史时间内受到福建佛教的巨大影响。这种亲缘关系如此明显和重要，以至于被许多涉及闽台佛教史研究的学者不断提及。日本学人丸井圭治郎通过对台湾宗教的调查与研究提出："然台湾之佛寺，凡属福州鼓山之末流。而鼓山涌泉寺，乃以禅之统系与净土思想混合者，故台湾佛教混带天台华严之臭味者鲜矣。"② 连横在《台湾通史》中同样确认了这种历史渊源："佛教之来，已数百年，其宗派多传自福建。黄檗之徒，实授衣钵，而斋堂则多本禅宗。"③ 佛教传入台湾的历史节点，则被指认为明末。郑成功武装力量在明末抗清、收复台湾并经营台湾的行为，客观上促使闽地的汉文化东渡入台并直接影响了台湾的文化建设。有台湾学者还原出福建佛教传入台湾的历史场景："公元一六四四年左右，大约有二万五千户中国人自大陆移徙台湾，大部分为忠于明室者。此等迁往台湾之移民中，必有誓不降清之忠贞知识分子，在中国佛教强烈影响之下，甚多移民极可能

---

① 黄仲昭：《八闽通志》，福建人民出版社，1991，第773页。
② 〔日〕丸井圭治郎：《台湾佛教》，（台南）《南瀛佛教会会报》第一卷第一号，1923年7月，第1—4页。
③ 连横：《台湾通史》，（台北）台湾银行经济研究室，1962，第576页。

为佛教徒。根据早期移民者之惯例,当彼等远离乡土时,多数均将原供养在家或寺庙中之小型神像携去台湾。吾人虽无法确知此种神像之名称,但其中必有属于佛教者。据研究,后期移民之宗教信仰发现,甚多来自福建与广东之移民系佛教徒。故于荷兰时期极可能已有佛教寺庙存在,且甚多移民系崇信佛教者。"① 也就是说,佛教由闽入台是移民过程的必然产物。明末之际,信仰佛教的入台群体可分为三类:一是来自福建重要丛林的僧人,二是来自福建的明末遗臣,三是来自福建的拓垦移民。② 台湾佛教发展的初始阶段,这三类群体在不同的向度上发挥了各自不可替代的作用。

一 佛教由闽入台

明清时期,佛教进入并在台湾得以发展的重要原因,是崇信佛教的原在闽官员或知识分子的入台。这批社会上层的知识精英,以其拥有的政治权力、知识权力和文化影响力,对佛教在台湾的生根发芽产生了深远的影响。历史事实可以支持这样的观点:佛教的兴盛往往来源于统治阶级的尊崇,反之亦然。对福建而言,统治阶级或知识者对佛教的喜爱似乎成为一种传统。"闽越的佛教,是因王审知的护持雪峰义存而勃兴。"③ 福州至今还有涌泉寺、西禅寺、林阳寺、地藏寺、万福寺、雪峰寺六大全国重点佛教寺院,居全国之首,有"佛国"之称。明末反清武装在福建频繁活动,郑成功收复台湾并使之成为抵抗清朝的基地和核心象征,都为包括深厚的佛教信仰在内的福建文化东渡入台创造了条件。

现有的文献资料表明,起家于福建的郑氏政权,其高层人物甚至可能是统治者,直接参与了台湾佛教的建设与推广。郑经留下的诗歌当中不乏描绘禅意的诗句,如"烟杳凌空寺,晨昏风送钟。群声皆有韵,静听倚三松"(《背树》)。"空山因暮杳,野寺半云栖。日落依芳树,僧归入大溪。水深长衲揭,路险短筇携。烟雾高低绕,远看觉欲迷"(《僧归渡水云》)。④ 不难看出,郑经受到过佛教文化的明显浸润。据台湾学者考证,明郑时期的台湾三大名刹中,竹溪寺建于永历十七年至十八年(1663—1664),弥陀寺则无法考证其确切的年代⑤,但在那时渡台移民普遍经济困窘的情形之

---

① 邢福泉:《台湾的佛教与佛寺》,(台北)台湾商务印书馆,1981,第3—4页。
② 何绵山:《闽台佛教亲缘》,福建人民出版社,2010,第42—43页。
③ 慧严法师:《台湾与闽日佛教交流史》,(高雄)春晖出版社,2008,第35页。
④ 所引郑经诗作见施懿琳等编《全台诗》第1册,(台南)台湾文学馆,2004,第81、第122页。
⑤ 释慧严:《台湾佛教史前期》,(台北)《中华佛学学报》总第8期,1995。

下，寺宇的兴建显然受到了官方的财力、物力或人力的支持。在南台湾三大寺庙中，龙湖岩已被确认是出自明郑集团高层陈永华之手。范咸的《重修台湾府志》描绘了龙湖岩的地理位置和风景环境。"龙湖岩：在开化里赤山庄。伪官陈永华建（闽人谓寺为岩）。环岩幽邃，前有潭，名龙湖；中植荷花，左右列树桃柳。青梅苍桧，远山浮空，宛入图画。"① 连横在《台湾通史》里也说龙湖岩是陈永华所主持建造的。"咨议参军陈永华师次赤山堡，以其地山水回抱，境绝清净，亦建龙湖岩，岩即寺也。盖当郑氏之时，台湾佛教已渐兴矣。"② 这也从一个侧面说明了郑氏集团对于佛教的态度。陈永华既是明郑集团的高层，也是好读书有奇谋的知识精英。他建起龙湖岩，有退出明郑集团内部权力斗争的考虑，也必然有其佛教信仰的因素。创建龙湖岩后，陈永华随即"延请福建僧伽参彻法师来主持"③，这显然包含了光大龙湖岩的意图。

明郑集团归降清朝之后，台湾的佛教建设依旧在福建的影响轨道上前行，福建官吏和入台的知识分子对台湾的佛教建设表现出很高的热情。"台湾早期佛教发展最快的一个阶段是在郑成功后代郑克塽归降清朝之后。康熙二十二年（1683）施琅东征平台，次年在台湾设一府三县（台湾府和台湾、诸罗、凤山三县）。当时，岛上所有的文武官员都被送到大陆，而他们所腾出来的宅院相当部分都被改成了寺院。"④ 将原明郑政权官员的宅院改造为佛寺，也出自福建官员之手，其典型之一，就是位于台南的开元寺。这座寺院前身是郑经的宅院，"海会寺：即郑氏北园也。康熙二十九年，台厦道王效宗、总镇王化行改建为寺。佛像庄严，寺宇宽敞；亦名开元寺。寺田在寺后洲仔庄，五十甲；又寺前园六甲零，又楼园一所，为本寺香灯"⑤。福建分巡台湾厦门道王效宗等人的改建工程始于1690年，翌年完工。"王化行于'始建海会寺记'碑文中曰：'佛法虽大，王法卫之……故天下梵刹，皆赖士大夫护持……'由其所述，可知政府及知识分子与佛寺间之密切关系，及对于佛寺之影响。……海会寺亦称开元寺，为清代台湾最大之佛寺。……据纪录所载，开元寺于清代最少大修六次，其中五次修

---

① 范咸：《重修台湾府志》，（台北）台湾银行经济研究室，1961，第548页。
② 连横：《台湾通史》，（台北）台湾银行经济研究室，1962，第576—577页。
③ 瞿海源编纂《重修台湾省通志》卷三"住民志·宗教篇（第二册）"，（南投）台湾省文献委员会，1992，第79页。
④ 张文彪：《台湾佛教研究》，中国文史出版社，2005，第6页。
⑤ 刘良璧：《重修福建台湾府志》，（台北）台湾银行经济研究室，1961，第466页。

缮费用之捐献者为在台之政府高级官员，捐献之动机，似以政治因素为主因之一。"① 海会寺的开山第一代坐关募缘铸钟，亦称"海会寺钟"，详细铭刻了台湾官员捐献者的名单："所铭记的捐献人以台湾道一人为：分巡台厦道按察司副使高拱乾。台湾总镇兵三人为：总镇都督王化行（第二任）、镇守台湾等处地方都督同知穆维雍（第三任）及镇守台湾等处地方左都督王国兴（第四任）。台湾府知府吴国柱、台湾府同知齐体物、诸罗县知县张伊、台湾经历司尹复、台湾县县丞张元英、新港司巡检孙元礼、加里兴巡检陈国治、诸罗县典史严时泰、台协副将卫圣畸、北路营参将吕得胜，其他各营游击八人、守备二十五人、总镇府内三十一人，并信官、信士、缘助者等省略。"② 由于清朝长时间将台湾置于福建管辖之下，台湾官员多为来自福建或就是福建人，如上述名单中的高拱乾即由泉州知府调任，乾隆四十二年（1777）主持重修海会寺的台湾知府蒋元枢长时间在闽任职，由泉州厦门同知任上调入台湾。因此，推动台湾佛教发展的官员不仅携带着来自中央政府的意识形态指令——"尤以利用宗教以达到政治之目的向为清廷之基本政策"③，而且具有相当的福建背景。

　　推动台湾佛教发展的并非仅有来自福建或福建籍的官员，在明显的政府主导的模式下，当时由闽入台的知识分子也对台湾的佛教发展至关重要。可以说，许多寺院的建设或佛教的具体发展，是政府官员与知识精英配合的结果。有研究者将明郑时期的台湾佛教归结为"名士佛教"，认为明郑时期的台湾佛寺多出自郑氏王朝高层人物，或是明末不愿降清而遁入台湾的文人之手，"由于创建者的政治、社会地位，属'名士'阶级，而其'名士'属性也影响明郑时期台湾佛教的性格。因此，'名士佛教'的特质是：那是一种介于出家僧侣和在家贵族之间的佛教；也是一种介于'法理佛教'（钻研深奥哲理的佛教）和'庶民佛教'之间的佛教。……这一时期的台湾'名士佛教'，共有三大特色：（1）宗教与政治的牵扯不清；（2）强烈的'逃禅'心态；（3）浓郁的文学气质"④。的确，随郑氏集团流寓台湾的明

---

① 邢福泉：《台湾的佛教与佛寺》，（台北）台湾商务印书馆，1981，第132页。
② 卢嘉兴：《北园别馆与开元寺》，张曼涛主编《中国佛教史论集》"台湾佛教篇"，（台北）大乘文化出版社，1979，第284页。
③ 邢福泉：《台湾的佛教与佛寺》，（台北）台湾商务印书馆，1981，第133页。
④ 杨惠南：《明郑时期台湾"名士佛教"的特质分析》，（南投）《台湾文献》第53卷第3期，2002年9月，第1—38页。

朝遗臣士大夫沈光文、李茂春、张士郁、林英等"变服为僧"①，常以诗文寄寓佛学感悟，他们的文才、气节和名士风度普遍受到时人的尊崇，对明末清初台湾佛教的兴起产生了很大的影响。此外，南安儒士郑哲飞和明鲁王女持斋念佛也开了台湾在家学佛之先河。

明清时期，由政府官员和知识精英协力营造的佛教寺院中，法华寺是一个突出的例子，同时法华寺也是福建佛教传入台湾的重要例证。法华寺的原址是明末李茂春入台之后的诵经之处，史载"李茂春，字正青；漳之龙溪人。登明末乡荐，〔喜〕著述。仙风道骨，跣足岸帻，旁若无人。居于台之永康里，额其茅亭曰'梦蝶处'（即今之法华寺）；与僧诵经自娱，人称'李菩萨'云。卒，葬新昌里"②。李茂春去世之后，他诵经以自娱的"梦蝶处"被改为"准提庵"，而后又经过凤山知县、台湾知府等官吏的改建和扩建。现有史料对这一过程的叙述大抵相同。"法华寺：即李茂春梦蝶处；后僧人纠众改建法华寺。康熙四十七年，凤山知县宋永清建前殿一座，祀火神；置钟、鼓二楼。前后旷地，遍莳花果。起茅亭于鼓楼之后，颜曰'息机'；退食之暇，时憩息焉。寺田，在寺后荒埔一所约二甲余，台湾府蒋毓英给为香灯；又有园在港西里大湖庄一所，凤山知县宋永清置为香火。"③ "法华寺即李茂春梦蜨园，后僧人改建法华寺。康熙四十七年，凤山知县宋永清建前殿，祀火神，置钟鼓二楼。前后旷地，遍莳花果，起茅亭于鼓楼之后。乾隆二十九年，知府蒋允重建。殿宇巍峨，林木幽邃，备极胜概。"④ 上述史料说明，由知识精英的个人修佛空间改造成的法华寺，在漫长的时代中始终没有脱离官府的庇佑。

二　福建僧人和佛寺对台湾的影响

明清时期，由闽入台的佛教传承受到了官方意识形态和知识分子文化的合力推动，在寺宇兴建方面体现得尤为突出。但无论如何，寺院和僧人才是佛教发展的核心，即使有着官方和士大夫在寺庙维护和教义宣扬方面的支

---

① 沈光文（1612—1688），字文开，号斯庵，浙江鄞县人，明永历年间入台，被称为台湾古典文学之父。李茂春，字正青，福建龙溪人，1646年举孝廉。张士郁，福建惠安人，万历丙辰进士，永历十八年入台。林英，字云又，福建福清人，崇祯中，以岁贡知昆明县事，赴台前已祝发为僧。
② 刘良璧：《重修福建台湾府志》，（台北）台湾银行经济研究室，1961，第451页。
③ 范咸：《重修台湾府志》，（台北）台湾银行经济研究室，1961，第545页。
④ 孙尔准、陈寿祺：《福建通志台湾府》，（台北）台湾银行经济研究室，1960，第889页。

持，佛教的发展还是要依靠寺院和僧人的不懈努力。前述之法华寺已然备受官方的护持，《重修法华寺碑记》中有如是记载："康熙六十年地震，佛堂坍塌，廊庑倾颓。其僧曰伯夫者，虑其为墟也，与同侪心觉、心慧，节口缩腹，积十数年羡余，渐次修葺。既竣前后二堂，新塑神像，复拓其旧址，重构两廊为休憩所。计费四百余金，一瓦一木，不募诸施，皆僧人粒积而就。此其品其志，洵卓然矣。"① 这篇出自乾隆八年（1743）任福建分巡台湾道、按察使司副使的刘良璧之手的碑文，揭示出台湾佛教发展过程中的艰辛。

福建僧人入台，或创建、修建、主持寺庙，或讲经弘法，他们背靠的是福建佛教巨大的影响力。从明末开始，鼓山涌泉寺不仅是福建第一丛林，在国内佛教界也有着极高的地位。鼓山涌泉寺对台湾佛教有着巨大的带动作用，产生了巨大的辐射影响，直接参与了台湾传统佛教建设的许多环节。可以说，台湾佛教就是鼓山涌泉寺佛教的某种传播和延伸。"明末来台之僧侣中以鼓山涌泉寺临济派僧侣为多……台湾日前寺院之传承固属鼓山涌泉寺派下为多，惟明末来台之僧侣可考者不多。"② 台湾学者慧严法师认为，鼓山涌泉寺"影响台湾佛教巨深"，"从明郑时代起至日本统治台湾的初期为止的台湾佛教，僧侣大都来自福建的鼓山及怡山"。③ 清代鼓山涌泉寺在福建佛教界权威地位的确立，有许多原因：一是开山历史悠久，二是建筑结构宏伟，三是文化积淀深厚，四是历代高僧辈出，五是山门道风严谨，六是传戒仪轨如法，七是兼领临济曹洞。④ 直接标示出鼓山涌泉寺权威性的事件，应属清乾隆三十八年（1773）一则敕令的颁布。这份被记载于福建鼓山涌泉禅寺《敕赐鼓山涌泉禅寺同戒录》（1924）之中的敕令，强调了鼓山涌泉寺的历史久远和戒律森严，明确了鼓山涌泉寺在福建的独尊地位。"查闽省大小丛林，虽计二十有奇，惟闽县东关外鼓山涌泉禅寺，建自唐代，清朝康熙三十八（1699）、五十三（1714）等年及乾隆七年（1742），历奉敕赐御书藏经，寺宇整肃，为全省名胜福区。该寺住持、方丈，道行优长，僧众亦皆恪守清规。应请通饬各属，按照庵、堂、寺、观，遍行出示，谆切晓谕，凡有僧尼，年在二十以上、六十以下，应行受戒者，即赴

---

① 刘良璧：《重修法华寺碑记》，《台湾南部碑文集成》，（台北）台湾银行经济研究室，1966，第33—34页。
② 瞿海源编纂《重修台湾省通志》卷三"住民志·宗教篇（第二册）"，（南投）台湾省文献委员会，1992，第78页。
③ 慧严法师：《台湾与闽日佛教交流史》，（高雄）春晖出版社，2008，第35、第34页。
④ 何绵山：《闽台佛教亲缘》，福建人民出版社，2010，第76—79页。

闽县鼓山涌泉禅寺受戒。其虽系丛林，未奉清朝敕赐字样，亦不得开坛秉戒。从前冒开戒坛之处，永行禁止。如有隐匿违犯，一经发觉，严行治罪，等因除详此发外，合就行知，为此牌仰。各该道官吏照依事理，立即转饬各府、州、县，出示谆切晓谕，凡有僧尼应行受戒者，即赴闽县鼓山涌泉禅寺受戒，其余不许冒开戒坛，滥行招集，仍着各属僧会，遵照出给报查，均毋违，致干未便，速速。"[1] 从此可以看出，鼓山涌泉寺具备了成为佛教典范寺院的内外部条件。历史悠久、积淀深厚、高僧辈出、道风严谨等内在因素和最高统治者从法律制度上加以肯定的外在因素，齐全地汇集在鼓山涌泉寺之中。佛教的传承性、制度性、严肃性在鼓山涌泉寺得到了鲜明的体现，这为日本殖民者侵占台湾时期闽台佛教仍保持密切的交流打下了坚实的基础。

鼓山涌泉寺对台湾佛教的辐射影响是制度性的，在此之外，还应该看到许多福建僧人个体活动对于台湾佛教的兴起与发展的重要意义。有学者搜集并整理了福建僧人参与台湾寺庙兴建的历史情况："台湾庙的创建，与福建人积极参与分不开。台湾早期几乎所有著名的寺庙都与福建人有关。台湾寺庙始建于明代。泉州禅师肇善因在台福建移民不时烧香祈平安，即从晋江安海龙山寺运去一尊唐代观音铜像，并于南明永历七年（1653年）在台湾鹿港创建了龙山寺，以奉所运供的观音铜像。清乾隆十八年（1753年），仿晋江龙山寺之模式重新扩建，至乾隆五十一年（1786年）建成。郑成功收复台湾后，不少福建移民迁居台湾，促进了寺庙的建造。郑氏三代皆敬重佛教，也修建了许多寺庙。清代，流入台湾的福建僧人移民创建了大量的寺庙，如康熙初年，厦门僧人华荣于基隆河左岸大直山麓建造了茅屋，称观音寺，后被多次改建和重建，成为台湾著名的剑潭寺。康熙十四年（1675年），福建僧人参微在台湾嘉义创建了碧云寺。康熙五十八年（1719年），福建僧人一峰在台湾承天府东安坊募建西堂和僧寮。乾隆三年（1738年），泉州一带移民在台北艋舺兴建龙山寺，民国八年（1919年）由厦门去台僧人福智集资再修，不仅成为全台湾最为壮丽的寺院，也被称为东方最华丽的寺庙，惜毁于战火。随着清代大批福建移民进入台湾，台湾又建造了许多寺庙，如位于福建福清黄檗山主峰绛节岭山麓的黄檗寺，为莆田僧人正干于唐贞元五年（789年）始创，后经希运、义玄等高僧传法，

---

[1] 黄兰翔：《清代台湾传统佛教伽蓝建筑在日治时期的延续》，（台北）《中华佛学学报》总第18期，2005。

至宋时宗风大盛，黄檗山成为临济宗道场。清顺治十一年（1654年）黄檗山住持隐元在郑成功帮助下东渡日本弘法，后黄檗派也传入台湾，左营守备孟大志于康熙二十七年（1688年）于台南燕子矶建造了黄檗寺，后因无人整修而荒废。位于台南的开元寺是台湾现存最古老、最著名的佛寺之一，第一位住持来自福建泉州的志中，后任数位住持中有六位到福建学习佛法，此寺初名海会寺，后仿效泉州开元寺等起名法，以唐开元年号为寺名。僧人大多数是郑成功的遗臣，因不愿降清而入寺削发为僧。位于台湾台南县枕头西麓的大仙寺，建于清康熙四十年（1701年），最初为福建僧人参彻在此结茅而居，康熙五十八年（1719年）始改为庙宇，后历经多次重修扩建，规模不断扩大，现已成为台湾南部佛教中心，为台湾最大的佛寺。"① 另据台湾佛教史学者江灿腾的说法，"单是泉州安海龙山寺，由于是善于经商的泉州汉人信仰和社交中心，所以移民来台以后，便先后在台湾西部的南北各地分别建了五座同类型的'龙山寺'。"② 上述资料体现了福建僧人之于台湾佛教寺庙兴建的作用，但这种单向度的作用不是历史的全貌。台湾法师出家后到福建受戒，并再次返回台湾参与佛教建设，就是超越单向度关系的闽台佛教交流，荣芳法师提供了这样的历史案例。乾隆四十二年（1777），台湾知府蒋元枢重修海会寺，其后，台湾凤山人荣芳法师开启了海会寺新的兴盛局面。"荣芳和尚，字达源，台湾凤山县人氏。生道光间，自幼出家。诣鼓山涌泉寺授戒，后到嵩山少林寺，修禅学武，故精拳法，通禅理。……前清同治间归台。为开元寺住持。重修寺宇。有令名。……师之武技惊人，道德感众。重兴佛法，其功矣。"③ 台湾僧人在福建鼓山涌泉寺受戒或学习之后，回到台湾成为传播中华佛法的火种，这种闽台佛教渊源的历史关系直到日本殖民者侵占台湾之后，还仍然在延续。

三 台湾佛教：民俗化与混合化发展

佛教由福建传入台湾，是整个汉民族文化东传入台的一个部分，因此应将佛教的东传置于汉文化入台的整体中加以考察。佛教入台必然要处理与统治者、士大夫和普通百姓等诸多社会群体的关系，也因此表现出各自不同的

---

① 何绵山：《闽台佛缘》，福建省五缘文化研究会编《五缘文化力研究——福建省五缘文化研究会学术研讨会论文集》，2002，第176—177页。
② 江灿腾：《台湾佛教史》，（台北）五南图书出版有限公司，2012，第11页。
③ 郑卓云：《台湾开元禅寺沙门列传》，（台南）《南瀛佛教》第九卷第八号，1931年9月。

面相。佛教由闽入台，与以鼓山涌泉寺为首的福建佛教强大的影响力和辐射力紧密关联，既表现出明显的"名士化"和高层支持的特征，也表现出民俗化的鲜明特性，与普通百姓的日常生活、精神需求和社会环境息息相关。

台湾佛教在发展初期就表现出民俗化和混合化的倾向。据《台湾县志》在《杂记志九·寺庙》中的记载，荷兰殖民者窃据台湾之时，在广储东里这个地方建有庙宇："大道公庙，红毛时建。"① 这所庙宇常被认为是台湾最早的寺庙。邢福泉在论述荷兰时期的台湾佛教时认为："因缺乏有关荷兰时期佛教活动或寺庙之记载，故研究此一时期佛教概况之资料甚为难觅。但此一现象并非表示此一时期无佛教或佛教寺庙存在。"大道公庙"为中国资料所提及在荷兰时期之唯一寺庙，并被公认为台湾最早之寺庙"②。大道公是北宋时期福建泉州府同安县的名医，受历代皇帝不断加封并形成闽台两地信众极多的"保生大帝"信仰。将大道公庙与台湾佛教的溯源相联系表明，福建佛教信仰中强烈的民俗色彩也深刻地影响了台湾的佛教。据明德在《台湾的佛教概论》中提供的数据，84.4%的台湾人民原籍福建③，可以说福建的佛教信仰几乎"复制"到了台湾。"福建民众倾向于把佛教，尤其是观音菩萨当作一般民间信仰神祇，与妈祖等一同供奉在庙里。明末福建人迁移台湾时，也把这种信仰习惯带到了台湾。"④ 民俗化成为台湾佛教信仰的底色。

民俗化和混合化是许多台湾佛教的研究者注意到的现象，某种意义上说，这两者也有相通之处。将儒、释、道三教混合，多是百姓出于精神信仰需求的结果，而非严格意义上的宗教派别之间的文化整合或思想碰撞。将佛陀、观音、玉皇大帝、妈祖、太上老君、孔子、土地公等塑像并祀，是百姓生活中诸多期望的折射与反映。这种佛教信仰的民俗化和混合化，被一些研究者概括为"民间佛教"。"它是外表看似佛教，但实质上是杂糅浓厚的民间神明崇拜色彩，譬如将观音菩萨称为'观音佛祖'，祭祀不独尊素食，以荤食祭拜为主流……'民间佛教'以佛教自居，以观音为主要供奉，其中还夹杂众多的民间神明，如关公、妈祖、玉皇大帝、三太子、注生娘娘、文昌帝君等等。'民间佛教'作为庶民信仰，与一般宫庙神明崇拜并无二致，也就是说，'民间佛教'崇拜观音的方式是民间信仰式的，以追

---

① 陈文达：《台湾县志》，（南投）台湾省文献委员会，1993，第213页。
② 邢福泉：《台湾的佛教与佛寺》，（台北）台湾商务印书馆，1981，第3页。
③ 明德：《台湾的佛教概论》，高贤治主编《台湾宗教》，（台北）众文图书公司，1995，第71页。
④ 张文彪：《台湾佛教研究》，中国文史出版社，2005，第5页。

求灵验、感应为主，和传统佛教不同，但是'民间佛教'自清代以降至今仍然蔚然成风，影响力依然庞大"①。"民间佛教"反映了佛教信仰内容上的混杂性，而在信仰形式上，这种混杂性依然存在。儒、释、道三教的混淆"在本省更为显著。即如道教的'庙'或'宫'，原应供祀仙神，但在台湾亦敬观音地藏等神；僧侣本应住于寺庙，台湾僧侣住家中；为人超度，本属僧侣职司，但在台湾追荐亡魂，主持葬仪，全由道士担任；最可奇的，台湾佛像'开光'（开眼）礼；亦由道士任之，虽神像完全出于和尚之手，亦不例外。台湾许多寺，既不住僧尼，亦不安置佛像。而住于俗家的僧侣，却一样可以应他人的邀请，而担任祈祷、葬仪等属于祭司职务的事"②。很容易看出，三教的混杂不仅体现在供奉的对象上的兼容并包，以至于连宗教信仰的仪式和规范都可以相互"借用"。

与"民间佛教"相似但又存在区别的是"斋教"。斋教就是所谓的在家佛教，出于禅宗之临济宗。③ 有研究认为，在清代的台湾，斋教的势力和社会活动能力远远超过了传统的佛教。"其教义与佛教虽无差异，但却加入了儒、道的交易，他们与僧侣不同之处是'不出家、不穿法衣、不剃头，以俗人身份于市井营生'，其身严正，能守戒律，常贯彻素食主义，以不吃肉为本位，因此被称为'食菜人'，信徒之间互称斋友，女众称'菜姑'，男众称'斋公'。"④ 某种意义上，斋教构成了清代台湾佛教的主体内容。"台湾的斋教是传自福建，在清代，特别是乾隆一朝，福建的斋教活动力十分旺盛。……乾隆十三年（1748），福建北部建安县及欧宁县爆发老官斋教的暴动受到官方镇压，清政府对于具有结社能力的新兴宗教教团一直保持高度警戒，但是台湾的斋教似乎没有受到乾隆'毁天下斋堂'的影响，其原因有二：一是台湾地属边陲，政令力有未逮；二是斋堂善隐于民宅，外表与一般民（屋）无异。就是在这双重原因之下，清代台湾斋教持续发展，日据初期初步统计，斋堂数目至少是佛寺的两倍以上，而有清一代，民众对佛教的知识，透过斋教者尤多。"⑤ 斋教信仰的表现方式，至今在台湾仍随处可见。

---

① 阚正宗：《台湾佛教略论》，《台湾佛教史论》，宗教文化出版社，2008，第8页。
② 明德：《台湾的佛教概论》，高贤治主编《台湾宗教》，（台北）众文图书公司，1995，第71页。
③ 明德：《台湾的佛教概论》，高贤治主编《台湾宗教》，（台北）众文图书公司，1995，第74页。
④ 阚正宗：《台湾佛教略论》，《台湾佛教史论》，宗教文化出版社，2008，第4页。
⑤ 阚正宗：《台湾佛教略论》，《台湾佛教史论》，宗教文化出版社，2008，第7—8页。

台湾佛教的民俗化和混合化特性,决定了它必然与时代的政治社会活动存在着或隐或显的紧密联系。某些时候,祈求解脱人生苦难或希望"有求必应"的仪式背后,往往隐藏着执著的政治认同和强烈的行动欲望。明末至清代的台湾佛教,时常围绕着"汉明"与"满清"的意识形态冲突而发生种种不同的行为选择。台湾大学哲学系的杨惠南指出:"明郑覆亡后,台湾先人常有抗清活动,佛教僧人也不例外。……这些参与抗清活动的台湾僧人,并不是出于佛教的信仰或理想,而是具有强烈'汉族意识'的民族主义信徒。这和一般抗清事件中的参与人士,并无差别。"陈梦林的诗作《鹿耳门即事》、黄仪文的诗作《纪许逆滋事五古·袈裟贼》,都是佐证。[1] 所谓"台湾先人的抗清活动",显然是受到了明末以郑成功为标志的福建抗清力量的影响。连横《台湾通史》所记载的朱一贵反清起事就有僧人参与。"诸罗县人赖池、张岳、郑惟晃、赖元改、万和尚……等起兵应。越三日,破县治。"抗清义士朱一贵平素"性任侠,所往来多故国遗民、草泽壮士,以至奇僧、剑客"。[2] 而蓝鼎元的《东征集》则记载了另一种性质的僧人军事活动——与朱一贵相反,他们站到了清朝武装力量的一边。"金门镇右营千总康朝功,带领班兵到台,战败被伤,杂死尸以免。及府陷,为贼所擒,赂贼兄戴显得释,入黄檗寺为僧,与周应遂等谋内应,事泄逃匿破柩六日,僧寄渊密送饭食,得不死。或有言其在戴穆辕门服职,审无实据,而黄檗内应之谋,则其事甚真。"[3] 在朱一贵事件的双方阵营中,都出现了僧人的身影。蓝鼎元还记录了多起黄檗寺或为清军谋内应,或接纳藏匿清军战败负伤将领的事情。"镇标中营把总周应遂,在南路赤山战伤被擒,系缧牛车,于春牛埔阵上遇陈宋救回。及府陷,往黄檗寺为僧,在寺中密制大清旗与千总康期功、把总李先春、韩胜等谋为内应,事泄奔逃。……镇标左营把总李先春,战伤被擒,不降,兽医魏本忠保之,得释;与黄檗寺谋内应,不果。……台协水师右营把总韩胜,战败负伤逃匿,潜与黄檗寺谋内应,不果。……淡水营俸满千总何太武,先于二月内离营,给咨文赴厦,因病稽迟;及府陷,削发为僧,与黄檗寺谋内应,不果。"[4] 被频繁提及的、处

---

[1] 杨惠南:《两首有关台湾僧人抗清的诗作》,(台北)《台湾大学佛学研究中心学报》总第3期,1998。
[2] 连横:《台湾通史》,(台北)台湾银行经济研究室,1962,第777、第775页。
[3] 蓝鼎元:《覆台变在事武职四十一员看语》,《东征集》,(台北)台湾银行经济研究室,1958,第99页。
[4] 蓝鼎元:《覆台变在事武职四十一员看语》,《东征集》,(台北)台湾银行经济研究室,1958,第98页。

于刀光剑影之中的黄檗寺,正是福建佛教传入台湾的象征符号之一。

总体而言,明清时期的台湾佛教,无论是其民俗化、混合化,还是与时代政治社会活动的紧密关联,都是福建佛教东传的反映与延展。

第二节 日本殖民台湾时期的闽台佛教交流

1895年,日本侵略者入侵并占领了台湾,台湾从此进入日据时期。这一时期的闽台佛教关系,出现了许多与明末之后闽台佛教发展相异的面相,也保留了一些明末以来闽台佛教关系的特点。处于日本殖民当局统治之下的台湾佛教,其面临的认同问题空前复杂:它包括佛教本身的知识与信仰的理解差异,以及佛教与社会文化之间互动时产生的身份认同问题。在来自福建和日本的佛教文化的参与下,台湾佛教逐步形成了自身的历史特点。它保持着和发源地福建的密切联系,也受到日本佛教文化的影响,并折射出中日文化冲突中佛教信仰的活动痕迹。

一 仰止涌泉:台湾佛教界人士的赴闽活动

清代福建佛教对台湾佛教的巨大影响和辐射效应,在客观上形成了一种文化惯性。日本殖民者侵占台湾之后,闽台之间诸多文化交流都陷于困顿。例如在儒学方面,日本殖民当局废除清代的儒学教育体系而推行殖民化教育,台籍考生也无法再赴福州参加考试,闽台自明郑时期开始长达两百多年的传承与交流被迫中断,有研究指出:"闽台儒学渊源到日本占据台湾后就基本结束了。"[①] 与儒学不同的是,闽台佛教之间的关系在日本窃据台湾之后仍在延续,甚至在一些方面表现得更为活跃,这与宗教信仰的文化属性有着密切的关系。相比清代,日本占据台湾时期的台湾僧侣更多地返回信仰发源地福建展开宗教活动,这显然是"仰止涌泉"的信仰传统的一种延续和发展。

福建佛教对台湾佛教的影响涉及各个方面。"闽南佛教对台湾佛教的影响,从传戒,日常课诵的仪轨,修行的步调,共住的清规,可说都是传自闽南,特别是鼓山涌泉寺。"[②] 蔡南樵在当时的《南瀛佛教》上发文《台湾佛教振兴策》,也说台湾"各寺院,照支那福州省城,鼓山定例。晨钟暮

---

① 陈名实:《闽台儒学源流》,福建教育出版社,2008,第352页。
② 慧严法师:《台湾与闽日佛教交流史》,(高雄)春晖出版社,2008,第160页。

鼓，每日上殿，课诵三回。寺内分掌事务，男女分别，不得混杂，如若无故，幼妇少女，不许宿泊于寺院。凡为僧侣，要实行戒律的佛教，以造成无上之人格"①。在日本殖民者侵占台湾时期，这种影响仍没有消失。日本殖民者占领台湾时期，台湾许多僧人在成为寺院的住持或重要法师之前，都曾西渡入闽，到鼓山涌泉寺受戒。曾景来的《开元禅寺记略》中以开元寺为例，说："从来开元寺的住持都在福建省闽县鼓山涌泉寺修业上而受任用，这持续到大正四年释传芳师退位才废除。"② 慧严法师考证后认为，这种传统改变的时间点要晚三年，但这种修业受戒的模式是确定无疑的，开元寺"其住持大都渡过台湾海峡，到对岸的福州鼓山涌泉寺受戒……直到释传芳于大正七年（1918）往生为止，开元寺的历代住持都是于福建闽县鼓山涌泉寺受戒修学的"③。在日本殖民者占据台湾的五十年中，前往鼓山涌泉寺受戒，又在后来成为台湾重要的法师的僧侣，不在少数。日本殖民时期，台湾佛教五大寺院派下寺院之住持前往福建鼓山涌泉寺受戒情形，可以简列表5–1、表5–2、表5–3、表5–4、表5–5如下。

台湾佛教五大寺院派下寺院及其住持前往涌泉寺受戒情形④

表5–1　台南开元寺系统

台南开元寺		
派下寺院		于鼓山涌泉寺受戒之重要法师
云林县市	引善寺、虎尾寺	法师–赴涌泉寺受戒年代–职位 荣芳法师（不详）– 开元寺第五任住持 玄精法师（1896）– 开元寺第六任住持 传芳法师（1881）– 开元寺第七任住持 捷圆法师（不详）– 受戒返台任竹溪寺住持 得圆法师（1906）– 开元寺第九任住持
嘉义县市	大明寺	:::
台南县市	正觉寺、竹溪寺、修禅寺、开华寺、观音讲堂、慈照寺、信和寺、龙山堂、善行寺、善化寺、保济寺、慈善寺、接天寺、佛端寺	:::
高雄县市	元亨寺、法元寺、朝元寺	:::
屏东县市	观音寺、圆音精舍、永兴禅寺	:::
澎湖县	西泉禅寺	:::

---

① 蔡南樵：《台湾佛教振兴策》，（台南）《南瀛佛教》第三卷第三号，1925。
② 曾景来：《开元禅寺记略》，（台南）《南瀛佛教》第十五卷第十二号，1937。
③ 慧严法师：《台湾与闽日佛教交流史》，（高雄）春晖出版社，2008，第135页。
④ 黄兰翔：《清代台湾传统佛教伽蓝建筑在日治时期的延续》，（台北）《中华佛学学报》总第18期，2005。"台湾佛教五大寺院派下寺院及其住持前往涌泉寺受戒情形" 5表均出自此文，是台湾学者黄兰翔的研究成果，特此致谢。

表5-2 大岗山超峰寺系统

大岗山超峰寺派下寺院		
派下寺院		于鼓山涌泉寺受戒之重要法师
台中县市	善光寺	法师-赴涌泉寺受戒年代-职位
南投县市	玉佛寺	
彰化、云林	白云寺、慈光寺	
嘉义县市	昭庆寺、观音禅寺、德源禅寺、弥陀禅寺	
台南县市	修德禅寺、妙心寺、法源寺、龙山寺、弥陀寺、大仙寺、妙法禅寺	义敏法师（1896）-曾于高屏、彰嘉开创中兴诸道场
高雄县市	新超峰寺、白云寺、澄清寺、道隆寺、元庆寺、千光寺、隆峰寺、龙泉禅寺、金山禅寺、兴隆净寺、莲峰寺、龙湖庵、清照寺、昆明寺、宏法寺、日月禅寺、海明寺	
屏东县市	东山寺、超圣寺、映泉寺、青龙寺、慎修禅寺、慈恩寺、准提寺、德修禅寺、玉林禅寺	

表5-3 月眉山灵泉禅寺系统

月眉山灵泉禅寺派下寺院		
派下寺院		于鼓山涌泉寺受戒之重要法师
基隆市	宝明寺、仙洞岩、法严寺、大佛禅院	法师-赴涌泉寺受戒年代-职位 善智法师（1891）-灵泉禅寺创建者之一 善慧法师（1902）-灵泉禅寺第一任住持 德馨法师（1906）-灵泉禅寺第二任住持 德融法师（1907）-灵泉禅寺第三任住持 文印法师（1934）-灵泉禅寺住持 善昌法师（1918）-接任法华寺住持 普宏法师（1938）-重建禅海佛寺 普钦法师（1911）-曾任法华寺、百善堂、新灵寺等住持
台北县市	圣南寺、金山寺、启明堂、报恩堂、观音禅寺	
台中县市	灵山寺	
嘉义县市	高明寺、义德寺	
台南县市	法华寺	
台东、花莲	东净寺、永宁寺	

表5-4 苗栗大湖法云寺系统

苗栗大湖法云寺派下寺院		
派下寺院		于鼓山涌泉寺受戒之重要法师
宜兰县	白莲寺	
台北县市	觉苑寺、圆通寺、慈云寺、菩提寺、善导庵、涌泉寺、东方寺、法藏寺、平光寺、通法寺、法光寺	

续表

苗栗大湖法云寺派下寺院	
派下寺院		于鼓山涌泉寺受戒之重要法师
桃园县市	圆光禅寺、六通寺	法师－赴涌泉寺受戒年代－职位
新竹县市	圆光寺、一同寺、翠壁岩寺、万佛禅寺、万佛庵	
苗栗县	法宝寺、慈愿寺、灵天禅寺、新莲寺、广修禅院、净觉院	觉力法师（1896）－法云寺第一任住持 妙果法师（1911）－法云寺第二任住持 妙修尼师（1920）－礼苗栗法云寺觉力法师、建善德禅寺
台中县市	妙音寺、毗卢禅寺、永光寺、金华寺	
南投县市	碧山岩寺、圣音禅寺、真岩寺、德山寺、德山寺	
彰化县市	东山学院、善德禅院、清水岩寺、凤山禅寺	
嘉义县市	圆明寺	

表 5-5 观音山凌云禅寺系统

观音山凌云禅寺派下寺院	
派下寺院		于鼓山涌泉寺受戒之重要法师
宜兰县	吉祥寺	法师－赴涌泉寺受戒年代－职位 海宝法师（1896）－凌云禅寺第一任住持 本圆法师（1900）－凌云禅寺第二任住持 觉净和尚（1905）－凌云禅寺第三任住持 如净法师（1915）－凌云禅寺住持 玄妙法师（1925）－凌云禅寺副寺 常定法师（1910）－创建涌光寺
台北县市	妙觉禅寺、昭明寺、圆觉寺	
桃园县市	回龙寺、涌光寺	
云林县	弥陀寺、龙善寺	

资料来源：表 5-1 至表 5-5 出自黄兰翔《清代台湾传统佛教伽蓝建筑在日治时期的延续》，（台北）《中华佛学学报》总第 18 期，2005。

由这些表格不难看出，台湾知名法师的鼓山受戒经历，是日本侵略者占领台湾时期闽台佛教亲缘的显著特色。当然，受戒是台湾僧侣前往鼓山涌泉寺的主要因由，但台湾僧人"仰止鼓山"的行踪不局限于此。曾达虚在其于《南瀛佛教》上连载的《海滨日记》中描述过这样的情况："从台湾到中国的出家人，实在不少。论到其来中动机也有游历和巡礼性质的，也有为求学问的，也有为潜修的，也有为避难的。其中为求学问而来、既毕业于佛学院的则有真常、达玄、妙吉、恒怀、真宗、觉耀、眼净玄妙诸师，尚在学中的则有微隆、达灵及我而已。现往于大丛林当职事的则有玄妙法师为南普陀寺的监院（即当家师），微宗师为鼓山的知客等。"① 这种现象也反映出台湾僧侣对鼓山文化认同的深度和广度。

求学、潜修、避难、游历、巡礼之外，台湾僧人还在日本殖民者占据台湾时期到鼓山涌泉寺担任过开戒和尚，这可视为某种意义上的信仰反哺——在大多数时候以受戒者的身份出现在涌泉寺的台湾僧人，也在涌泉寺有了开戒的履历。1924年，《南瀛佛教》宣布了台湾月眉山灵泉寺善慧法师访问鼓山的消息："本会理事月眉山灵泉寺住职江善慧氏。者番欲于福州鼓山。开授戒大会为开戒和尚之任。并视察宗教等。搭轮船赴南支那旅行。既四月二十二日。而就出发之途云。"② 这则消息随后被跟进报道，《善慧方丈莅闽宣讲佛教》描绘了善慧法师鼓山之行的缘由与盛况："鼓山、怡山两寺住持。敦请台湾月眉山灵泉寺住持。兼台湾佛教中学林校长。善慧方丈莅闽。宣讲佛教真理。连日三句钟起。假座于山大士殿为讲堂。查善慧方丈玄学渊深。明彻佛理。所辨之切德林佛化社及青年觉社。颇着成绩。历游各地。均为各界所欢迎。故于山道上听讲者络绎不绝云。"③ 善慧法师的鼓山之行，还可以被视为以佛教为核心的闽台文化亲缘交流。善慧法师此趟行程留下了与包括福建僧侣在内的各界人士相互唱和的诗句，参与诗文唱和的有福建功德林会长于君彦、福建海军陆战队第一团团长马坤贞、前福建财政厅厅长陈培锟等。两位僧人普明与善慧之间的诗文交往④，也是两岸佛教僧侣之间认同互证的印迹。

二 法音东传：福建僧侣的入台活动

日据时代，台湾僧侣开始返闽参与福建佛教活动，与此同时，福建佛教界人士的入台活动仍在延续——闽台佛教的双向互动出现了。从明末开

---

① 曾达虚：《海滨日记》（四），（台南）《南瀛佛教》第十四卷第三号，1936。
② 《理事江善慧氏之旅行大陆》，（台南）《南瀛佛教》第二卷第三号，1926。
③ 《善慧方丈莅闽宣讲佛教》，（台南）《南瀛佛教》第二卷第五号，1926。
④ 两人在善慧法师访闽期间的诗歌往来有：释普明《题灵泉寺》："众峰围绕势如奔，鼻祖开山寿像存。曾把金绳开觉路，岂无玉带镇沙门。龙从下面来听讲，鹫在头前不敢言。（寺对鹫峰）山势削成眉月样，灵泉一派水声喧。"江善慧《敬赠释普明师》："山寺钟沈夜未眠，匡床独坐听流泉。开山祀佛非关隐，击钵娱心岂碍禅。煮茗不曾观蟹眼，焚香何必问龙涎。案头时剩经书在，消遣余生莫论年。"释普明《题善慧和尚开山堂》："末人月眉久耳名，上人驻锡费经营。铸金长祀开山像，说法如闻喝水声。佛宾有三隆此日，法门不二度群生。灵泉今欲兴庠序，更胜当年一化城。"江善慧《敬赠普明师》："堂自开山客到稀，晨昏静坐乐忘机。尘间不用重回首，老我青山一衲衣。"均见（台南）《南瀛佛教》第二卷第五号，1926。

始福建佛教对于台湾佛教的巨大影响力,在日占时期的台湾仍然存在。"台湾佛教受鼓山佛教的影响……可溯自福建僧侣的来台,及台湾僧侣赴鼓山涌泉寺出家受戒参学开始,而到了日据时代,有迹可寻的,有圣恩、圆瑛、会泉、会机、良达、慧云等诸师来台,辅佐台湾道场传戒,或讲经说法,教导梵呗唱诵仪轨,在佛教传承上,承受了闽南佛教的余绪,即使在修行上,也是仰奉鼓山的教风。"[1] 诸如传戒等方面,台湾佛教对鼓山涌泉寺戒律的遵循,甚至贯穿了整个日本殖民时代。台湾自明治四十二年(1909)起至昭和十七年(1942)止的传戒史表现出三个特色:"一、传四众戒的戒期,是一周;二、比丘尼的出现;三、传戒的道场,对三师尊证的人选,常迎请来自闽南的僧侣。关于第一点……这不是始自台湾的创作,而是他们沿袭了鼓山的传戒惯例。"[2] 也就是说,纵贯日据时期,台湾佛教的传戒基本保持了自明末以来尊重福建佛教的传统。实际上,在台湾佛教具有某种自足性之后,这种尊重也并未消失,福建的僧侣法师仍然能在日据时代到台湾从事宗教活动,并继续影响着台湾佛教的发展。南台湾的女众专修道场龙湖庵,以修行生活的规律化而闻名,一天的五堂功课就是修行规律化的体现。这五堂功课中的念佛和坐禅,都是闽台佛教交流的成果。而这种修行的生活方式,是受到来自闽南的会泉、会机二位大师的指导。[3]

从1919年台南开元寺首传四众戒开始,凌云禅寺、法云禅寺、灵泉禅寺等台湾寺院陆续有传四众戒的记录。由于台湾佛教的发展,在传戒方面台湾的寺院已经有了相当的自主能力与资格,日据时期的台湾民众如想出家受戒,远赴鼓山已然不是唯一的选项。历史记载,日本殖民台湾时期,仍然有不少福建僧侣赴台与台湾的同修们展开多种形式的宗教信仰交流。1919年,福建兴化人、鼓山涌泉寺僧侣释良达渡海到台湾,担任台南开元寺四众戒坛的羯摩阿阇梨,1933年他又渡台挂锡台中宝觉寺,与施斌宗、蔡均同布教。1928年夏,出身于闽南佛学院的林慧云首次到台,挂锡于法华寺、开元寺,并游访屏东诸佛刹、大岗山超峰寺、龙湖庵等。[4] 仅在鼓山涌泉寺中,就有多代住持在日据时代到台湾弘扬佛法。1919年12月,涌泉寺第129代住持达本法师在弥陀佛圣诞日参加台南开元寺七天水路受戒会;

---

[1] 慧严法师:《台湾与闽日佛教交流史》,(高雄) 春晖出版社,2008,第160—161页。
[2] 慧严法师:《台湾与闽日佛教交流史》,(高雄) 春晖出版社,2008,第461页。
[3] 慧严法师:《台湾与闽日佛教交流史》,(高雄) 春晖出版社,2008,第497—498页。
[4] 慧严法师:《台湾与闽日佛教交流史》,(高雄) 春晖出版社,2008,第461—464页。

1906年，涌泉寺第130代住持虚云法师参访台北基隆灵泉寺；1923年10月至1924年2月，涌泉寺第131代住持圆瑛法师，曾在台北、台中、台南各地的重要道场弘法；涌泉寺第132代住持盛慧法师也曾在日据时期遍访台湾寺院。① 在众多东渡入台的福建禅师中，会泉、圆瑛、觉力对台湾的佛教产生了重要的影响。

会泉法师曾于日本殖民时期前后四次入台。1912年，会泉法师先后在月眉山灵泉寺和龙湖庵讲经弘法，还在超峰寺讲《大学》。时隔十六年之后，会泉法师于1928年应台湾超峰寺永定法师的邀请，入台为龙湖庵及超峰寺的住众讲经，并且开示丛林规则。《大岗山龙湖庵万年簿序》记载了会泉法师对龙湖庵的影响："由永智师渡华，恭请会泉法师来山指导一切，智师旋即西逝，同年复由会公归华，边请会机法师同来，就新大殿讲经及指示修禅念佛仪式，禅林之制始成雏形。越年乃设早晚五堂功课仪轨，女众道心，益见精进。"② 会泉法师第三、第四次入台均在1933年。1933年2月，会泉法师与宏船法师等一同入台，在大仙寺、大岗山等处讲解佛教经典。同年10月会泉法师第四次入台，住龙湖庵，除讲《地藏经》等经典之外，会泉法师还参与了龙湖庵举行的水陆法会，并传授在家二众戒，之后会泉法师又在法源寺教授水陆仪轨等。③ 会泉法师在日本殖民统治时期的四次台湾之行对台湾佛教产生了深远的影响。会泉法师的台湾行在培养佛教人才、确定宗教仪轨等方面，为台湾佛教的制度化和长远发展注入了可持续的能量，为台湾佛教的传统承续和未来发展添加了强劲的动力。在此之外，会泉法师还以自己的人格气节和佛教修为，在客观上抵制了日本殖民当局施加于台湾佛教的许多不良影响。日本殖民时代，来台的日本人如增田福太郎就认为台湾岛内的佛教僧侣素质不高，有"本岛人闻和尚之名者，皆以侮蔑的态度临之"的说法。④ 会泉法师在台湾弘法的过程，既是培育台湾佛教人才、增进闽台佛教亲缘、扩大中华正统佛教的认同影响力的过程，也在潜移默化中强调了佛教信仰的民族气节。作为赴台弘法的副产品，会泉法师还在回福建之后于1924年创办了闽南佛学院。"释会泉之所以创设闽南佛学院，有可能是因来台的因缘，看到台湾自大正六年（1917）以来，

---

① 何绵山：《闽台佛教亲缘》，福建人民出版社，2010，第79—80页。
② 慧云：《大岗山龙湖庵万年簿序》，《南瀛佛教》第十四卷第三号，1936。
③ 何绵山：《闽台佛教亲缘》，福建人民出版社，2010，第167—171页。
④ 慧严法师：《台湾与闽日佛教交流史》，（高雄）春晖出版社，2008，第95页。

台湾佛教中林、镇南学林、台南学堂的陆续成立,而受到的影响。"① 1927年太虚大师任院长,使闽南佛学院成为著名的佛教学府和中国佛教改革运动的重镇。闽南佛学院的创办和发展,吸引了不少台湾僧侣前往留学,进一步巩固了闽台佛教的亲缘关系。

圆瑛法师曾于1923年,受善慧法师和台湾观音山凌云寺住持本圆法师的诚挚邀请,到台湾参加传戒和讲法,行踪遍及台湾各处重要的寺院。而早在此前的1917年,"时台湾基隆月眉山灵泉寺主持善慧法师请大师讲演佛法,请歧昌法师主持水陆法事。大师因事不能分身,介绍太虚法师以代"②。圆瑛法师虽然只到过台湾一次,但他的访问、讲演和法事活动在台湾佛教界和社会各阶层都引起了巨大的反响。圆瑛法师在台湾主要参加了两个授戒法会:1923年10月22日到28日参加的基隆月眉山灵泉寺授戒法会;1923年12月20日到27日参加的台北观音山凌云寺的菩萨戒会。③ 圆瑛法师在台湾的演讲受众范围很广,佛教中人之外,还有各界的绅士商人和日本人。"圆瑛法师讲演的时间、地点和题目大体为:1923年11月24日于下午和晚上分别两次在基隆公会堂演讲;11月26日、27日两夜在台北龙山寺作《佛教道德》演讲;11月28日夜在万华俱乐部作《佛教大乘真理》演讲;12月3日、4日,每晚在台北市内新町妈祖宫内,作《佛教可以觉世导俗》演讲;12月7日,在月眉山灵泉寺说法;12月12日晚上七时,于台中公会堂演讲;12月16日,在新竹公会堂,作《国民道德》演讲;1924年1月20日晚,在台南馆作《儒释同源论》演讲。"④ 圆瑛法师的弟子明旸法师,曾如是总结圆瑛法师台湾行的意义:"早在一九二三年,大师对在日本帝国主义铁蹄统治下的台湾人民关怀备至……亲赴台湾宣化探访骨肉同胞,与台湾佛教界建立起联系,表达了大陆佛门弟子对台湾同胞未尝一日忘怀,促进了海峡两岸中华各族同胞的团结,加深了彼此对祖国的热爱心情。"⑤ 这凸显了闽台佛教亲缘关系在日本殖民时代的特殊意义。

觉力法师曾经于1909年首次到台湾后,又回到福建鼓山涌泉寺担任首座、监院等职务。他二次来台是在1913年,在苗栗创立了日后声望极隆的法云寺。法云寺一脉后来发展为台湾的五大寺院之一,高僧大德频出,是

---

① 慧严法师:《台湾与闽日佛教交流史》,(高雄)春晖出版社,2008,第464页。
② 明旸主编《圆瑛法师年谱》,宗教文化出版社,1996,第24页。
③ 何绵山:《闽台佛教亲缘》,福建人民出版社,2010,第182—183页。
④ 何绵山:《闽台佛教亲缘》,福建人民出版社,2010,第188—189页。
⑤ 明旸主编《圆瑛法师年谱》,宗教文化出版社,1996,"前言"第6—7页。

台湾佛教发展的中坚力量。法云寺的创建是觉力法师入台的标志性成就，觉力法师还曾先后创办法云佛学社、香山特别讲习会与女众佛学院等佛教机构，为台湾佛教的推广作出了极大的贡献。

三　信仰与政治的认同纠葛：日本殖民势力影响下的闽台佛教关系

与明末和清代相比，日本殖民者占领时期的台湾佛教在保持着和福建佛教紧密联系的同时，也面临着更为复杂的信仰与政治间的认同纠葛。从明末福建抗清的武装斗争中就能发现，信仰始终与政治认同、民族认同等相互缠绕，在家国巨变、天朝观分崩离析的清末尤其如此。早在1884年，台湾佛教就参与了民族国家认同矛盾下的武装斗争。法国侵略者于1884年企图进攻基隆时，艋舺地方人士汇集在龙山寺，将意见书盖上龙山寺的大印之后由管委会呈交刘铭传，刘铭传因此改变放弃台北的想法，并在龙山寺组织的义军的协助下迫使法军撤退，龙山寺因此获得光绪皇帝"慈晖远荫"的赐匾。① 龙山寺抗法是日本殖民时代台湾佛教抗争性一面的直接源头。

出于民族国家意识而发起的抵抗，很大程度上归因于明郑政权收复台湾时打下的认同烙印。闽台长期处于近代中国反抗殖民侵略的前线，闽台佛教亦保留了相当的入世倾向。日本占领台湾初期，台湾抗日氛围极为浓厚，宗教也在文化抵抗的对象之列。"除了曹洞宗的系统外，其他日本佛教宗派在台湾统治初期，都感到发展方面的困难，道场不易维持，大部分都纷纷撤回日本本土。"② 日本殖民时期台湾最大的武装起义就是以信仰之名而行的西来庵事件，它是台湾日据时期规模最大、牺牲人数最多，也是最后一次规模化的汉人武装抗日。"一般的说法，主导此事件的宗教是斋教"③。这次武装抗日不仅对台湾的政局和社会产生重大影响，也直接改变了台湾佛教的发展路径，"在日据时期，尤其是西来庵事件后，台湾佛教经历了从斋教向正统佛教的转变"④。抗日武装斗争的失败和退潮，使台湾佛教的认同抗争策略逐步软化，文化上身份执守的民族立场与行为上妥协应对的处世策略相互混杂。觉力禅师的做法代表了许多台湾僧侣的价值取向。

---

① 邢福泉：《台湾的佛教与佛寺》，（台北）台湾商务印书馆，1981，第78页。
② 张文彪：《台湾佛教研究》，中国文史出版社，2005，第14页。
③ 慧严法师：《台湾与闽日佛教交流史》，（高雄）春晖出版社，2008，第65页。
④ 张文彪：《台湾佛教研究》，中国文史出版社，2005，第17页。

"觉力禅师其实不通日语，接受日僧打份或使用日式佛教法器，大都是应酬的成分居多，骨子里还是鼓山的一套。……觉力在佛教知识的深造和传统戒律的遵守之间，他是存在着双重性格的。……虽然如此，当台湾佛教界纷纷派遣精英弟子到日本佛教大学深造时，觉力却将门下最优秀的送到大陆的佛学院去接受教育。"[1] 觉力禅师是福建厦门鼓浪屿人，19岁于福州鼓山涌泉寺出家，1913年二次由闽赴台后创立法云寺，是台湾有名的高僧大德，也是闽台佛教亲缘的代表人物之一。他的行为，很大程度上代表了福建、台湾、日本三地佛教信仰在日据台湾时代背景下的特殊关系。

处于军国势力背景之下的日本佛教，对台湾佛教造成了信仰文化上显而易见的压迫，依附于殖民侵略军队的从军布教师，强化了这种压迫色彩。"日本佛教的宗派区分清楚，与台湾或中国的佛教，那种融合性的宗教性格是大不相同。因此日本人所信仰的佛教，其日常功课所使用的经典、所受持的教义、信仰形态，更重要的是与生死有关的宗教仪礼，也因宗派不同而相异，这也是日本军队中，存在着各宗派从军布教师的缘故。"[2] 完全放弃台湾佛教的福建背景和民族身份，当然是台湾佛教界完全不能接受的，但是佛教信仰本身又为福建、台湾、日本三地的佛教交流提供了渠道和主题，在客观上使三地的佛教交流成为可能。因此，当中日民族冲突波及或介入佛教信仰中时，台湾佛教表现出抵抗、妥协与学习的诸多面相，以应对日本殖民当局的镇压、调和、同化、规训等诸多宗教殖民策略。"总观释本圆、释善慧及释觉力等，在日据时代能在北台湾，各各创设了一个具有影响力的道场，其所以能如此，都具有一特点，既是一方面与闽南佛教界，特别是鼓山涌泉禅寺，透过传戒、参学、宗教仪轨唱诵的教授，来维持良好的关系；另一方面则是与来台的日本佛教僧侣，保持相互合作的伙伴关系。"[3] 有研究认为某种程度上，日本佛教文化已然渗入台湾佛教文化之中。"台湾的佛教，严格地说，依其传来的地方可区分为二。其一，是从对岸的中国随着移民一起传来的。因为是目前台湾佛教中传来的时间最早，因而便称为'在来的佛教'。其二，是（日本）在开始统治台湾时，随着从军僧侣一起传来，或之后渐次由日本内地传来的佛教。"[4] 当然，镇压、调和、

---

[1] 江灿腾：《日据时代台湾北部曹洞宗大法派的崛起——觉力禅师与大湖法云寺派》，（台北）台北市文献委员会《台北文献》，第118期，1996。
[2] 慧严法师：《台湾与闽日佛教交流史》，（高雄）春晖出版社，2008，第279页。
[3] 慧严法师：《台湾与闽日佛教交流史》，（高雄）春晖出版社，2008，第271页。
[4] 李添春：《台湾佛教之特质》（上），（台南）《南瀛佛教》第十八卷第八号，1940。

同化、规训与妥协和抵抗始终相伴随。"……高执德讲师对龙湖庵禅净双修的强烈批判。由高执德《高雄州下巡回演讲记》这一节,可看出日本佛教专修临济宗和中国传统佛教之禅净双修的大对决。大冈山派有反抗日本临济宗之意识,高执德也因此得罪了大冈山派的诸大长老。"[1] 针对台湾佛教秉持福建佛教的认同底色,日本殖民当局企图从多方面强化佛教信仰上的日本色彩,"在占领台湾的五十年时间里,为扶植日本佛教对台湾传统佛教的影响与同化,日本当局有针对性地做了大量促进佛教发展的工作。50年间共创建寺院65座,其中台北州26座、新竹州5座、台中州5座、台南州11座、高雄州9座、花莲港厅2座、澎湖厅2座"[2]。在寺宇的兴建之外,日本殖民当局也试图通过办刊物等形式扩大其认同策略的效力。

《南瀛佛教》就是日本殖民当局主持兴办的一份典型刊物。丸井圭次郎在他出版《台湾宗教调查报告书》后,以其特殊的总督府文教局社寺课长身份,吸纳台湾佛教人士,于1921年创立南瀛佛教会,并于1923年7月开始发行《南瀛佛教》。"《南瀛佛教》的内容,除了为台湾佛教界,留下珍贵的史料外,还扮演了促进日本、闽南与台湾佛教界交流的桥梁,日本佛教界的佛学研究成果,透过此刊物,传入了台湾"[3]。毋庸置疑,这份刊物有着诸多相异的面相,但终究而言,它本质上意在调和闽、台、日佛教认同冲突,以及宣传日本宗教殖民的认同内容。《南瀛佛教》曾记录下自己的创立过程。1921年即日本大正十年的二月二十六日午后一时,丸井圭次郎在艋舺龙山寺前艋舺俱乐部"亲临讲议",宣称要"为佛教之振兴,必要组织佛教一团体,庶持久远,而垂将来"。而"满场诸人。皆鼓掌赞成"。[4] 谈及创立起因时,该刊物认为是基于台湾僧侣的宗教素养较差,而无法完成教化台湾民众的任务。"本岛人所有名为僧侣及斋友。其智识材能低微浅薄欲任以指导社会之实质。茫然罔觉。同人有见及此。是以启发教训为急务。使知佛教之精神。鼓吹信仰。开拓其心境。严正其志操。彼等社会的地位。蒸蒸日上。并授布教传道诸法具。有岛民教化之资格。况际自治规则施行后。尤为不容之时机。此则有设立教育机关。并组织一团体必要也。"[5] 这

---

[1] 吴老择、卓遵宏等:《台湾佛教一甲子——吴老择先生访谈录》,(台北)"国史馆",2003,第74页。
[2] 张文彪:《台湾佛教研究》,中国文史出版社,2005,第20页。
[3] 慧严法师:《台湾与闽日佛教交流史》,(高雄)春晖出版社,2008,第443页。
[4] 《南瀛佛教会之沿革》,《南瀛佛教》第一卷第一号,1923。
[5] 《南瀛佛教会之沿革》,《南瀛佛教》第一卷第一号,1923。

样的说法已然透出浓烈的意识形态控制色彩。

随着时间的推移，日本殖民当局通过宗教渠道实现意识形态控制的力度也日益加大。原先南瀛佛教会的"役员"设置规定：会长、顾问、副会长均由理事推荐，而理事、干事都由会员选举产生。① 但之后这种规定被改为：总督府文教局长担任会长；总督府文教局社会课长担任副会长；顾问由理事推荐并由会长委任；理事中的一名由总督府文教局社会课社寺主任担任，而其他由会员选举，由会员选举者只能任期三年；书记由会长指定；支部长由知事或厅长担任；副支部长由内务部长或厅内庶务课长担任，干事由支部长委任。② 改制之后的南瀛佛教会，主要干部均由日本殖民当局的官员兼任或指派，已经是日本殖民者完全控制下的宗教团体。《南瀛佛教》宣称该组织之目的有四："本会欲涵养会员之智德，而联络内地之佛教，冀图佛教之振兴，开发岛民之心地以为目的。"③ 这四个目的之上，显然存在着一个更高的日本在台殖民利益，所有的言辞，都或隐或显地指向了它。客观上看，作为宗教文化刊物的《南瀛佛教》的确刊发了大量福建佛教界以及闽台佛教交流的消息，体现了"联络内地之佛教"的内容，但在日本殖民当局强占台湾的背景之下，尤其是在全面推行"皇民化"运动时期，闽、台、日之间正常的宗教交流实际上是困难重重的。有台湾学者在研究殖民初期日僧来台转赴福建的活动时就指出："无论真宗或临济宗的考量真是为中日两国宗教同盟而努力，或是为帝国主义铺路，特别是初期临济宗的闽台布教策略，其背后有台湾总督府这一官方单位大力的介入是不争的事实。愈到台湾殖民后期，临济宗（其它各宗亦然）为日本帝国主义张目是愈加明显的。"④ 但闽台佛教的历史渊源关系始终难以割断，这种源远流长的亲缘关系成为台湾佛教抗拒日本殖民统治、维系两岸佛教文化认同的精神基础。

第三节　1945 年以降闽台佛教交流

一　闽僧与战后初期台湾佛教的中国化

1945 年，抗战胜利，台湾重新回到祖国的怀抱，国民党当局面临的重

---

① 《南瀛佛教会规则》，《南瀛佛教》第六卷第四号，1928。
② 《南瀛佛教会规则》、《南瀛佛会支部规则》，《南瀛佛教》第九卷第八号，1931。
③ 《南瀛佛教会规则》，《南瀛佛教》第六卷第四号，1928。
④ 阚正宗：《殖民初期日僧来台转赴福建的活动》，《台湾佛教史论》，宗教文化出版社，2008，第 131 页。

要问题即是铲除日本殖民文化体系及其影响，重建台湾的思想和文化。光复初期，台湾当局积极实施中国化政策，设立台湾省国语推行委员会，推动国语教育运动，成立台湾省编译馆，出版《光复文库》等。佛教界同样面临着消除日本化的影响、使台湾佛教重回中国佛教体系的任务和使命。福建高僧在台湾佛教重建运动中起了重要作用，其中慈航法师和广钦大师贡献巨大。

慈航法师，俗姓艾，号继荣，字彦才，闽北建宁县艾阳人，生于清光绪二十一年（1895），父亲炳元公是清国子监生，以私塾教育为业，母亲谢氏系出名门。据道安法师（1906—1977）的回忆，慈航法师曾三次对他说起私塾所读的书说："我因家庭不幸，读书过少，故出家十余年，犹不能看懂佛经。在家时，只读《三字经》、《六言杂字》、《论语》未终卷。因家境不良，读一日间一日，父母早逝，一切无人照顾，衣食均须自谋。家父虽是国子监生，一生教私塾蒙馆以终其身。年十三，从人习缝纫，因常于寺院中缝僧衣，羡慕出家者之清高伟大，自己既孑然无所依置，因此引起出家之念。年十七，投邻县泰宁峨眉峰礼自忠上人为剃度师而出家。"[①] 17岁投福建泰宁峨眉峰，拜自忠为师，法名慈航。18岁江西九江能仁寺受具足戒，之后遍访名山大寺，广参高僧大德。1927年入学闽南佛学院，结缘太虚大师，受大师人生佛教思想的熏陶，"以佛心为己心，以师志为己志"，一身致力于佛教改革和僧伽教育。1948年秋天，54岁的慈航法师应中坜圆光寺妙果大师的邀请，在宏宗和尚的协助下，渡海赴台弘法，从此与台湾佛教事业结下了不解之缘，续写了当代闽台佛教亲缘关系重要一章，对战后台湾佛教重建作出了重大贡献。

我们说，慈航法师对战后台湾佛教的中国化贡献良多，有三点理由：第一，慈航法师以清除日式佛教影响和重建中国佛教正统性为志业，在《台湾佛学院宣言》一文中，慈航法师明确表达了自己提倡佛学教育的理念："我台湾沦陷于异族之手，50年来固堪疾首，然民众信仰佛教向未后人。虽一时曾为帝国主义者所利用，纯洁无瑕之佛教，致蒙不白之冤，然亡羊补牢，犹未晚也……提倡佛学教育，实不可缓。同人等本此意旨，为国家计，为民族计，故有创办'台湾佛学院'之举。"[②] 第二，1952年，陈

---

① 阚正宗：《台湾高僧》，（台北）菩提长青出版社，1996，第47页。
② 于凌波：《肉身菩萨释慈航》，《中国近现代佛教人物志》，宗教文化出版社，1995，第201页。

诚上将曾邀请慈航、律航和甘珠尔瓦呼图克图慈三大法师于官邸会谈，陈氏谓，台湾民众最大多数都是佛教徒，希望用诸位高僧大德的影响力向民众解说佛教的真谛，弘扬佛法。三师乃于秋季遍历全省各县市，弘扬佛法，慰问信徒，宣扬当局的宗教政策。这表明，慈航法师的佛教实践和光复初期台湾文化重建运动相契合。当然，陈诚的动机显然是政治大于信仰。第三，更为重要的是，慈航法师身体力行的佛学实践，为战后台湾佛教中国化培养了一大批重要人才，自觉继承和弘扬太虚大师佛教革新传统和人间佛教路线，并接法于圆瑛法师，其意义显然远远不止于续写当代闽台佛教亲缘史，更在于续写了近代中国佛教复兴运动史的重要一章。

具体而言，慈航法师对战后台湾佛教中国化的贡献包括以下方面：一是创办佛学院，复兴僧伽教育。1948年10月至1949年6月，和妙果老和尚一起在圆光禅寺创立台湾佛学院，并且主持院务。此后，又在基隆月眉山的灵泉寺、狮头山开善寺、汐止秀峰山静修禅院、新竹青草湖灵隐寺等相继开办灵泉佛学院、狮山佛学院、弥勒内院和台湾佛教讲习会。其中以弥勒内院最为兴盛，大陆来台青年僧人、静修禅院尼师及一些社会居士纷纷聚集受学，一时成为台湾的佛学教学中心，为台湾佛教复兴培养了一大批人才。当时亲近慈航法师的青年僧人后来都成了台湾佛教的精英，如了中、唯慈（日照）、幻生、净海、妙峰、自立（乘如）、星云、能果、果宗、印海、宏慈、戒视、严持、莲航、净良、浩霖、清霖、广慈、以德、宽裕、常证、心悟、清月、真华、圆明等，在海内外弘法一方，成为当今中华佛教的重要力量。了中法师创办玄奘大学，真华长老主持新竹福严佛学院，中坜圆光寺开设圆光佛学院，净良法师担任中国佛教会理事长、中华佛寺协会创会理事长等佛教职务，净心长老创办净觉僧伽大学，等等，都是重要例证。二是精研中国佛学，勤于著述。慈航法师精研并讲授《楞严》《楞伽》《法华》《华严》《成唯识论》《大乘起信论》等大乘经纶，兼及《谛闲大师遗集》《圆瑛法汇》和《太虚大师全书》等近代中国佛学重要著作，撰写《大乘起信论讲话》《相宗十讲》《十二门论讲话》《成唯识论讲话》《菩萨心影》等，1954年5月6日慈航法师圆寂后，弟子们搜集其文稿，编印成《慈航法师全集》。慈航法师的著述以弘传"人间佛教"与唯识思想为中心，推进了汉传佛教在台湾的传播与发展。三是热诚弘法。慈航应各方邀请，举行环岛弘法活动，为社会大众通俗讲解佛法义理，传播"教育、慈善、文化是中国佛教的三大救命圈"思想。总之，福建高僧慈航法师为战后台湾佛教的中国化重建和传承太虚大师人间佛教思想作出了杰出的贡献。

对战后台湾佛教的中国化重建影响深远的福建高僧还有广钦大师。广钦法师，又名释广钦、广钦禅师、广公上人，民间称水果师，俗姓黄，俗名文来，法名照敬，字广钦，出生于清光绪十八年（1892），福建省惠安县涂寨镇人。幼时，家境贫寒，体弱多病，7岁起随养母礼佛茹素，种下菩提种子；11岁时养父母过世，便随乡亲到南洋谋生。1926年重返泉州承天寺学习佛法，皈依承天寺方丈转尘老和尚，并得宏仁法师指点，潜心念佛。在泉州北麓清源深山洞中坐禅念佛，米尽粮绝，即以树薯、野菜充饥。苦修历时十三载。1945返承天寺，次年挂搭于厦门南普陀，住后山石洞礼佛。同年端午节前后，福建永春人林觉非居士游承天禅寺，与广钦法师结缘，相谈甚欢。师告之曰："你到台湾教书，务要与我来信，台湾佛教受日本神教影响，已是僧俗不分。我与台湾有缘，将渡台兴建道场，度化众生。"[①]1947年，经林觉非的安排，广钦法师由在闽南佛学院求学的台湾基隆籍普观法师陪同，由厦门乘英航号轮渡海赴台弘法，振兴中华佛教。

广钦大师对战后台湾佛教中国化建设的贡献在于以下两个方面：其一是其独特的"以修行弘法"方式扩大了中国传统佛教尤其是净土与禅在台湾地区的影响力和感召力。现今，两岸佛学界一般都认为，广钦法师最大的成就在于1948年之后在台湾所做的佛教宣扬工作。与其他同期赴台的大陆佛教法师最大不同之处在于，他并不识字，因此，他以极其独特的苦修挂单的身教方式弘法。更为重要的是，广钦法师已经成为台湾唯一公认的苦修证悟者或"开悟的圣人"。他不谈教理，仅要求信众"念佛！不要吃肉！"至今，广钦法师这种不必苦读经文、只要念"南无阿弥陀佛"及素食主义的简单汉传佛教法门在台湾佛教信众中仍然具有深刻的影响。广钦法师平时的训诫由其弟子记录出版行世，如《广钦老和尚开示法语录》《广公上人事迹初编》《广公上人事迹续编》《广钦老和尚纪念集》《广钦老和尚方便开示录》《广钦老和尚百岁纪念集》等，印刷数量大而且版次多，迄今还在不断扩大广钦法师佛教思想在台湾社会的影响。其二，建造佛教庙宇，培养佛门弟子，传播闽南佛教文化。从1948年赴台到1984年，广钦法师在台湾各地一共建造了8座佛寺：广明寺（1948年）、广照寺（1951年）、日月洞寺（1951年）、承天禅寺（1955年）、祥德寺（1963年，广老协助信

---

① 《广公上人事迹初编增订本》，（台北）承天禅寺编印，2002。

众兴建)、广龙寺(1963年)、广承岩(1969年)、妙通寺(1982-1984)。"和尚门徒二十余万人,披剃弟子百余人。"① 为台湾佛教培养了一大批人才,其门下弟子传悔、传斌、传闻、传奉、传凯、传平、传畅、传颐等法师及再传弟子在台湾都颇有成就和影响。广钦老和尚圆寂,传悔法师接任承天禅寺住持;传斌法师为广承岩首任住持;传闻法师担任妙通寺住持;传奉法师念佛坐禅、老实修行,在禅修上颇有成就;传平法师曾为恒光禅寺主持;传畅法师为广钦寺住持;传颐法师开办"慕钦讲堂"、成立"广钦文化基金会",旨在弘扬广钦大师佛学思想……

20世纪50年代至80年代中期,由于政治和文化上的长期对峙,两岸佛教分隔近四十年,直接交流几乎停滞。但政治上的对峙难以割断两岸历史形成的法脉。据传,"1963年冬,有尊檀香木雕刻的观世音菩萨塑像,由福建南安随浪漂至金门,经佛门弟子捞起,供奉家中,后由惟德法师护送来台,供奉于基隆十方大觉寺中"②。颇具象征意义。在两岸政治和意识形态对峙的年代里,闽台佛教交流有时在东南亚等地间接展开。两岸佛教史研究学者陈全忠和杜忠全在缅怀会泉大师的文章中都提到了1963年至1964年闽台佛缘传承的一段佳话:台湾高僧贤顿法师1925年至1929年在闽南佛学院求学时深受会泉大师的关心与器重,贤顿赴台临别前,会泉大师曾对他说与其有深厚的法缘,告诉他今后要传一支法脉给他在台湾流传后世。由于种种原因一直未能实现大师的愿望。直至1963年,贤顿法师访问新加坡,在宏船法师、广义法师的促成下才得以实现。1964年,广义法师奉大师的法卷衣钵飞赴台湾,代已故之会泉法师将法传与贤顿和尚,说法传法由白圣大师、印顺大师代传,衣钵、珠、法牒等由广义大师代授。"将传临济48世的'正法眼藏'传付给贤顿法师,使贤顿法师成为中国佛教禅宗支系临济宗第49世的法脉传人"③。同时还举行了戒光佛学院开学典礼,高僧云集、仪式隆重,成为20世纪60年代闽台佛教交流史的一段佳话。

---

① 苏美鹤:《广钦和尚研究》,(高雄)中山大学中国文学系硕士论文,2003,第157页。
② 侯坤宏:《互动与互惠(1945-2011):二战后台湾"汉传佛教"历史的新局开展及其在地转型问题》,(台北)《北台湾科技学院通识学报》2011年第7期,第80页。
③ 陈全忠:《甘露滋闽台 法雨润南洋——会泉大师生平述评》,《闽南佛学》2000年第1期。另参见杜忠全《闽台马新弘法高僧会泉法师传》,(嘉义)台湾南华大学宗教研究所《世界宗教学刊》2011年第18期。

二 1987年后闽台佛教交流的恢复与兴盛

两岸佛教交流直至1987年台湾当局开放大陆探亲和大陆实施改革开放政策后才逐渐得以恢复。我们把1987年后闽台佛教交流分为两个阶段来描述，1987年至90年代为恢复期，2000年以后为兴盛期。台湾佛教史学者江灿腾指出，最初台湾佛教界赴大陆交流，是借"探亲"的名义进行的。"就台湾的交流经验看，不论是1989年春星云法师的赴大陆'探亲'，还是1991年夏秋之际证严尼师派'慈济功德会'的赈灾小组，到大陆各省赈济水灾难民，乃至其他大大小小的台湾佛教团体或个人，到大陆去交流的结果，主要还是提供物质和款项的帮助。在佛教思想上造成显著影响的情形，则几乎不曾有过。"[1] 80年代至90年代初期的闽台佛教交流大体也处于这一状况之中，如1988年，传斌法师回故乡永春探亲，捐资100多万元重建古刹雪山岩寺；1990年，传畅法师回祖籍德化探亲，在德化九仙山麓建广钦寺。但也并非完全如江灿腾所言，纯粹的参访交流也存在。如1988年台湾临济寺盛满、瑞源两法师访问参观法海寺、地藏寺，台湾高雄弘化寺传孝、法成法师访问鼓山涌泉寺、西禅寺与崇福寺；1989年台湾宏善法师、振满法师访问福州，台湾净良法师访问福州西禅寺、法海寺与崇福寺，台湾圆光寺教务长惠空法师来福建佛学院讲学；1990年台湾圆光佛学院院长如悟法师率领学院师生一行43人访问闽南佛学院，台湾圆光佛学院院长如悟法师、教务长惠空法师及师生共20多人来福建佛学院交流；1992年台湾香光女众佛学院院长释悟因尼师一行4人到闽南佛学院交流教学经验，1993年台湾圆光佛学院教务长释惠空法师到闽南佛学院参观访问交流教学经验。

90年代中后期这种情形已经有所改变，台湾佛教界到福建寻根谒祖重续渊源逐渐成为闽台佛教交流的主流。1994年，印顺大师重回阔别45载的厦门南普陀寺和闽南佛学院，欣然题词："感三宝深恩，重来此地，见一片光明，喜乐无量。"1996年，台湾法鼓山圣严法师率"佛教圣迹巡礼团"一行299人到福建访问，参访福州鼓山涌泉寺、怡山西禅寺、雪峰崇圣寺、福清黄檗寺等著名古刹，具有重续闽台佛教渊源传承关系的意味。2002年，圣严法师再度率"佛教圣迹巡礼团"500多人访问鼓山涌泉寺、怡山西禅寺、雪峰崇圣寺、福清黄檗寺，参访中，圣严法师对西禅寺住持赵雄法师

---

[1] 江灿腾：《台湾佛教百年史之研究》，（台北）南天书局，1997，第446—447页。

如是而言："赵雄法师的师傅是明旸长老，我的师傅是白圣长老，明旸长老和白圣长老的师傅都是圆瑛法师[①]，所以我和赵雄法师是师兄弟。"[②] 圣严法师十分生动地阐述了闽台佛教的历史渊源关系。

进入21世纪，闽台佛教交流日益兴盛，具体表现在以下方面。

第一，21世纪闽台佛教交流呈现出双向互动越来越频繁的新局面。如果说恢复期主要以台湾佛教界人士到福建的单向交流为主，那么，2000年以后这一格局已经发生了根本的改变。2001年，福建佛教协会会长学诚法师、副会长兼秘书长本性法师、副会长如沙法师等应台湾中台禅寺邀请，赴台湾参加"中台禅寺新建工程落成启用暨佛像升座开光洒净大典"；2004年6月，厦门佛教界组成66人的法务团，前往金门参加并主持由厦门、金门启建的"两岸和平消灾祈福水陆法会"，同年，厦门南普陀寺方丈圣辉法师率中国佛教音乐展演团赴台，并在高雄市文化中心展演；2007年，福建佛教协会副会长本性法师率"福建省佛教界慈航菩萨圣像回归祖庭恭迎团"赴台。同时，台湾佛教界也组成了高规格的慈航菩萨圣像回归福建祖庭恭送团，自金门护送慈航菩萨圣像直航厦门。2008年，厦门市佛教协会组团赴台湾进行交流访问，与台湾中华佛寺协会、嘉义佛教会、阿莲乡光德寺、元亨寺和阿里山慈云寺进行了交流；2009年，福建省佛教协会副会长兼秘书长本性法师率佛教协会教育访问团到台湾参访，与台北县佛教会、台湾"中国佛教会"、法鼓山及著名的佛学院就佛教僧伽教育问题展开深入交流；2012年，福州开元寺方丈本性大和尚、南普陀寺方丈则悟大和尚、观音寺住持定恒法师率领福建省佛教界赴台交流，参观佛陀纪念馆并拜访佛光山开山宗长星云大师，同年，福建佛教界代表团前往台湾参加"立足现在放眼未来僧伽论坛"，展开为期一周的闽台佛教交流活动。2013年，闽南佛学院第十三届本科毕业班师生赴台参学团参访台湾"中国佛教会"和善导寺……

第二，闽台佛教交流形式越来越丰富，内容越来越充实。参考访问、学术交流、祈福仪式、庆典活动、教学研讨、佛教讲学、佛教音乐演出、佛教题材书画展、佛教文物展示、传戒活动、舍利供奉、佛教书籍出版，等等，闽台佛教交流形式日益丰富。进入21世纪，闽台佛教交流越来越务

[①] 圆瑛法师生于1878年，福建古田县平湖端上村人，18岁出家于福州鼓山涌泉寺，礼莆田县梅峰寺增西和尚为师。19岁依鼓山涌泉寺妙莲和尚受具足戒，是中国近现代著名高僧，对当代海峡两岸佛教发展都有着重大影响。

[②] 黄清源：《闽台法缘》，香港宝莲禅寺网，http://hk.plm.org.cn/gnews/2010915/2010915207221.html。

实，2006年5月，福州举办鼓山法系佛教文化交流活动，净良长老鼓山在台法系回山朝礼团600名台湾著名法师参与盛会。福建省佛教协会副会长、福州鼓山涌泉寺方丈普法大和尚，台湾世界佛教华僧会会长净心长老，鼓山在台法系回山朝礼团团长净良长老等海峡两岸高僧共同签署了《促进两岸佛教文化交流福州倡议书》，提出务实交流的倡议，内容包括：（1）建立海峡两岸鼓山法系联谊机制；（2）编辑鼓山法系丛书，系统收集、整理反映鼓山法系特点的各种史料、文物；（3）鼓山法系适当时联合召开海峡两岸佛教学术会议；（4）联合举办海峡两岸相关慈善活动；（5）编辑《鼓山法系通讯》，及时报道鼓山法系相关动态，成为联系法系弟子的园地和纽带；（6）编辑出版期刊，旨在进一步促进海峡两岸鼓山法系弟子间的学术交流。2013年，闽南佛学院与台湾圆光佛学院签订了教育合作交流意向书，将开展闽台僧伽学院教育的多方面的务实合作。

第三，"海峡论坛"的设立为闽台佛教交流提供了新平台，进一步拓展了合作空间。2010年第二届"海峡论坛"开始列入闽台佛教文化交流活动，举办以"闽台佛教文化交流研讨会"为主体的系列活动。台湾"中国佛教会"副理事长圆宗长老，台湾"中国佛教会"常务理事心茂法师，台湾彰化县佛教会理事长圆明法师，台湾净化社会文教基金会董事长、中华国际供佛斋僧功德会理事长净耀法师，全球佛教杰出女性奖主席、台湾妙泉寺住持修懿法师，台湾慈光禅学院院长、慈光寺住持惠空法师，台湾圆光佛学院副院长惠谦法师及佛光山、慈济基金会与台湾多个县市佛教会的代表以及大陆佛教界人士参加了研讨会和祈福法会。2011年第三届"海峡论坛"策划了"闽台佛教文化交流周"活动，于6月8日至12日在福州举行，内容包括于山定光寺佛像开光暨普法大和尚晋院庆典、闽台佛教界祈福法会、闽台学僧研讨会、闽台佛教领袖圆桌会议暨《闽台法缘》首发式、千僧斋、闽台书画联展等。台湾"中国佛教会"名誉理事长净良长老、台湾"中国佛教会"理事长圆宗长老以及台湾24个县市佛教会理事长等600多人应邀参与，大陆方面包括中国佛教协会会长传印法师、中国佛教协会副会长祜巴龙庄勐、学诚、觉醒、纯一、永信、道慈、圣辉、湛如、妙江、正慈、印顺、心澄、永寿法师等300多位佛教界人士参加。2012年第四届"海峡论坛·闽台佛教文化交流周"在福建泉州举行，内容包括"弘一法师·佛教精神·中华文化"研讨会、弘一法师纪念馆新馆剪彩仪式、弘一大师圈点之《南山五部》善本再造新闻发布会等。2013年第五届"海峡论坛·闽台佛教文化交流周"首次由闽台两地佛教协会联合承办,分两个阶段在厦门、金门两地分两个阶段举行,闽台两地高僧300余人参加活动,主题聚焦两岸佛学教育。"海峡论坛"为两岸佛教界的交流与合作建立了平台,拓展了空间,书写了当代闽台佛教交流的新篇章。

第四,闽台佛教思想学术交流有所推进。2006年,福州举行"海峡两岸佛教文化学术研讨会",以闽台佛教渊源关系为中心,与会的两岸代表分别就"闽台佛教宗派和法派""鼓山涌泉寺禅宗传承""福州涌泉寺与台湾佛教月眉山派关系""鼓山涌泉寺与台湾佛教福州鼓山法系的传承关系"等命题展开讨论,研讨还初步涉及曾驻锡涌泉寺的太虚大师和圆瑛大师的佛学思想及其在海峡两岸的影响。2007年,"首届慈航菩萨学术研讨会"在福州举行,美国印海长老、通智大和尚、中国佛教协会副会长学诚大和尚、台湾世界佛教华僧会会长净心长老、台湾"中国佛教会"理事长净良长老、福建省佛教协会副会长普法法师、道元法师、如妙法师、本性法师及两岸佛学界教授学者与会,共提交了20多篇论文,以《文化、教育、慈善:慈航菩萨圣像回归祖庭系列活动之首届慈航菩萨学术研讨会论文集》为书名结集出版,研讨会讨论的内容包括慈航大师生平事迹、慈航大师的佛学理念和爱国爱教思想、慈航与太虚及圆瑛的思想关系、慈航大师的人间佛教实践、慈航大师对两岸及海外佛教的影响等。2008年,"纪念雪峰义存禅师圆寂1100周年暨禅宗思想学术研讨会"在福州举行,台湾"中国佛教会"理事长净良长老、中国佛教文化研究所所长杨曾文教授、福建省佛教协会会长学诚法师、江苏省佛教协会会长明学长老、澳门佛教总会理事长健钊长老及中国人民大学、武汉大学、上海社科院等高校及研究机构的专家学者出席了研讨会,对义存禅师的佛教史地位,云门、法眼的源流及禅宗思想的演变等命题展开了深入的讨论。2011年,"印顺导师佛学思想研讨会"在厦门南普陀寺讲堂举行,海峡两岸佛教界的法师、教授、学者参与会议,共发表了两岸佛教界法师与学者论文24篇,如厚观的《印顺导师赞叹的菩萨精神》、林建德的《印顺导师思想精义之辩证》、侯坤宏的《探讨印顺法师的思想——以〈印顺法师年谱〉、〈真实与方便:印顺思想研究〉为例》、龚隽的《印顺〈中国禅宗史〉略议二题》、昌莲的《试论印顺导师〈中国禅宗史〉之新击节》、李万进的《试析印顺法师如来藏学说的思想意义》、海慧的《印顺法师唯识思想研究》、田青青的《印顺人间佛教的理论特质及现代境遇》、许淳熙的《印公人间佛教思想体系的构建特点与方法论意义》、陈楠楠的《印顺法师的"人间净土"与"超人间"思想刍议》，等等，对印顺大师的人间佛教思想及佛学史研究进行了深入系统的探讨。同年，"圆瑛大师与佛教文化研讨会"在圆瑛大师的出生地福建省宁德市古田县举行，两岸学者和佛教界人士以"圆瑛大师入台传戒与两岸佛教传承""圆瑛法师与闽台佛教""爱国高僧圆瑛大师思想传承初探"等为中心展开研讨，成果以《圆瑛大师与佛教文化》为书名结集出版。2012年，三明市举办"首届慈航文化研讨会"，台湾"中国佛教会"佛教青年会理事长释惟静，台湾净慈寺住持、新北市佛教会理事释宏祥，台湾弥勒内院监院释法成，南投县佛教会理事会常务监理释体证等来自海峡两岸的佛教界人士和专家学者200余人参会，以"人间佛教"与优秀传统文化的传承和弘扬为主题，对慈航大师践行人间佛教理想和爱国情怀进行了深入的探讨。这一系列研讨会的召开，深入地阐述了闽台佛教的历史渊源和传承关系，有力地推动了闽台两地佛教思想学术的对话与交流。

20世纪90年代末以来，闽台佛教渊源逐渐成为两岸学界佛学史研究的重要议题之一，分两地略述如下。

先看台湾地区。1997年，释如斌的著作《近代中国佛教教育事业之研究——以闽南佛学院为例》[1] 比较完整地研究了闽南佛学院的历史沿革及其在近代中国佛教教育史上的影响，并探讨了闽南佛学院对现代台湾佛教转型的深刻影响。1999年，王见川、李世伟出版《台湾的宗教文化》一书，详述了台湾佛教文化的流变，指出："明清时期，台湾的僧侣几乎全在大陆佛寺受戒，日据初期这种情形大致不变，到大正时期（1912年之后），台湾佛教道场才有自己的传戒活动，但赴大陆受戒者仍多……在日据时期，包括'佛教四大道场'在内的各大寺院，其住持几乎都与大陆佛教有密切关系，特别是鼓山涌泉寺，更是台湾沙门受戒的重镇，再加上其它个别的和尚纷纷渡海求法，可充分反映出涌泉寺等其它名寺，成为台湾佛门弟子受戒、求法的圣地，其地位之隆高，未因异族的统治而有所改变。"[2] 同年，阚正宗出版《台湾佛教一百年》，述及闽台佛教之传承关系："毫无疑问，台湾开山建寺的僧人都是福建过来的，由于福建在中国是南禅为主的兴盛地区，是故在传承上台湾的佛寺自然是以禅宗系统为主，特别是鼓山的涌

---

[1] 释如斌：《近代中国佛教教育事业之研究——以闽南佛学院为例》，（桃园）圆光佛学研究所，1997。

[2] 王见川、李世伟：《台湾的宗教文化》（台北）博扬文化，1999，第32—39页。

泉寺与泉州的开元寺……"① 江灿腾对台湾、大陆和日本佛教的"交涉"史研究最为深入,其专著《日据时期台湾佛教文化发展史》② 以日本殖民时期台湾佛教与大陆、日本三者之间的复杂互动关系为讨论对象,发掘出这一时期台湾与大陆佛教交流的史料,对闽台佛教关系也有所关注和论述。慧严法师是当代台湾研究闽台佛教关系的重要学者,其论文集《台湾佛教史论文集》③ 收入《台湾佛教史前史》《明末清初闽台佛教的互动》《从台闽日佛教的互动看尼僧在台湾的发展》等多篇论文,梳理和讨论了明末清初闽台佛教的渊源与传承关系史。2008年,慧严法师出版专著《台湾与闽日佛教交流史》④,进一步探讨台湾、福建、日本的佛教交流史问题,设有"来自闽南的佛教""西来庵事件前的台湾僧侣道场""日本佛教的传入""台闽日佛教的交流"等章节,详细讨论了闽台佛教的源流及历史互动关系。在史料爬梳的基础上,慧严法师明确指出,明清时期台湾佛教来自福建,台南开元寺、高雄超峰寺、基隆灵泉寺、台北凌云禅寺、苗栗法云寺为台湾五大寺院,其法脉传承均出自福建鼓山涌泉寺。作者还以具体的史料论证福州鼓山涌泉寺和厦门闽南佛学院对日据时期台湾佛教的深刻影响,这种影响构成了台湾佛教抗拒日本化的精神力量。

此外,台湾学界还有一系列论文涉及闽台佛教传承关系,举例如下。

蓝吉富的《新汉传佛教的回顾与展望》指出,日据时期,"台湾汉传佛教的主体,是以闽南佛教为基体而逐渐形成的四大法脉,以及清代流传下来的寺院信仰群"⑤。蓝氏文中所谓的"闽南佛教"及"闽南系佛教"指的是以涌泉寺为中心的福建法脉。陈彦伯的论文《承先启后的孤僧——释东初及其佛教文化学行初探》系统论述释东初在海峡两岸佛教文化发展史上的承前启后作用,阐述其对20世纪台湾佛教改革运动的深刻影响,文章具体论述了闽南佛学院对释东初佛学思想形成的具体影响。⑥ 罗玫燕的论文《台湾大湖法云寺派的发展(1908—1960)》详细梳理了大湖法云寺和福建

---

① 阚正宗:《台湾佛教一百年》,(台北)东大图书有限公司,1999,第241-242页。
② 江灿腾:《日据时期台湾佛教文化发展史》,(台北)南天书局,2001。
③ 慧严法师:《台湾佛教史论文集》,(高雄)春晖出版社,2003。
④ 慧严法师:《台湾与闽日佛教交流史》,(高雄)春晖出版社,2008。
⑤ 蓝吉富:《新汉传佛教的回顾与展望》,(桃园)《弘誓》第120期,2012年12月,第19页。
⑥ 陈彦伯:《承先启后的孤僧——释东初及其佛教文化学行初探》,(嘉义)南华大学硕士论文,2009。

鼓山涌泉寺的历史渊源，认为大湖法云寺派是直接从涌泉寺传承而来。① 高雅俐的论文《〈鼓山音〉的"想象"：战后台湾本土佛教音乐文化与其僧众群体意识之建构》从佛教音乐的角度探讨闽台佛教文化的亲缘关系。②

以上对 90 年代末以来台湾地区有关闽台佛教渊源关系研究的概述肯定不够完善，但已足以看出台湾学界对这一议题的关注程度，闽台佛教的传承关系显然是台湾佛教文化史研究不可规避的问题。

再看大陆地区的研究状况。90 年代以来大陆尤其是福建学界十分重视闽台区域文化研究，闽台佛教渊源是闽台区域文化研究的重要内容之一，研究成果颇为丰硕，这些学术成果也成为当代闽台佛教文化亲缘关系史的一部分。在这个议题研究中，何绵山是著述最多的学者之一，他的《闽台佛教论》《闽台佛教亲缘》和《台湾佛教》等著作详细地论述了闽台两地佛教文化的渊源与传承关系。王荣国的《福建佛教史》和《中国佛教史论》对闽台佛教关系有所涉及，近年来致力于闽台区域佛教与族群认同问题的研究，发表《试论闽台佛教缘》《鼓山传戒照片年代的重订昭示：一段闽台佛教交往的历史——虚云与善慧在福州鼓山传戒照片年代重新断定及其史实》等论文。彭一万的著作《厦门跨海情缘》等梳理了厦门与台湾佛教的历史渊源。朱双一的论文《佛教禅理文学与闽台佛教传统》从佛教禅理文学层面探讨闽台区域佛教传统。徐心希的论文《闽台佛教的宗派与传承》以佛教福州鼓山系为中心探讨闽台佛教渊源关系。张文彪的《台湾佛教史论》和吴敏霞的《日据时期的台湾佛教》两部专著对闽台佛教关系均有所涉及，前者探讨了佛教"由闽入台"的历史，后者则较为详细地描述了 20 世纪初福建佛教与台湾传统佛教的互动关系。关于闽台佛教思想学术交流的现状，我们不能不提到两件大事：一是"福建历代高僧评传"丛书的规划与出版，该丛书由福建省开元佛教文化研究所规划并组织撰写，迄今已出版四种，分别是由林观潮撰写的《隐元隆琦禅师》、张云江撰写的《法眼文益禅师》、马海燕撰写的《为霖道霈禅师》和谢重光撰写的《百丈怀海禅师》。两岸著名法师学诚长老、净良长老等为丛书作序，都认为丛书的出版对两岸佛教界的进一步深入交流有十分重要的意义。二是 2011 年《闽台法缘》杂志的创办，落实了 2006 年两岸高僧共同签署的《促进两岸佛教文化

---

① 罗玫燕：《台湾大湖法云寺派的发展（1908—1960）》，（嘉义）中正大学硕士论文，2009。
② 高雅俐：《〈鼓山音〉的"想象"：战后台湾本土佛教音乐文化与其僧众群体意识之建构》，（台北）《台湾音乐研究》2006 年第 2 期。

交流福州倡议书》提出的"创办交流刊物"倡议。该刊物由福建省佛教协会和福州鼓山涌泉寺主编，开设有"两岸嘤鸣""石鼓传灯""鼓山法藏""佛教艺苑""教界动态"等栏目，为闽台佛教学术交流提供了新的发表平台。

综上所述，两岸佛教人文学术研究逐渐兴盛，闽台佛教关系正在成为共同的研究课题，这为闽台佛教文化思想的对话和交流开创了新的空间。

（本章撰稿：刘小新、陈舒劼）

第六章　闽台民间信仰

自古以来，福建就是一个"尚巫信鬼"的区域，汉代以后，随着大批中原汉人陆续迁入闽地，他们所带来的各种宗教信仰与闽越族的巫觋文化相互融合，逐渐形成了富有闽地特色的民间信仰文化。大约在从晚唐到宋的这一段时间里，福建的民间文化逐步出现了崇尚祭祀的风气，许多神祇被塑造出来并得到百姓的崇拜，民间到处宫庙林立，宗教活动十分频繁。如在闽南的漳州，"自城邑至村庐，淫鬼之名号者至不一，而所以为庙宇者，亦何啻数百所？"[1] 明清以后，随着福建汉人移民台湾，民间信仰也随之传入。据统计，在台湾影响最大的20种主神中，除了从广东传入的三山国王与在台湾土生土长的开台圣王、有应公、义民爷等神灵外，其余的神灵都由闽入台，它们"大部分都是由福建以分身、分香、漂流三种方式传来者，也有传入后再传播本省各地者"[2]。可以这样认为，台湾民间广泛信奉的神明，绝大多数可以在福建找到源头，福建和台湾的民间信仰是源与流的关系。闽台民间信仰因此结下了不解之缘，在长期的历史发展过程中相互交流、相互影响，由此形成的精神纽带紧紧维系着两岸同胞的血肉亲情。

第一节　福建移民与台湾民间信仰的产生

一　移民与移神

大陆向台湾移民很早，但大规模汉人移民台湾的发生则晚至明末清初时期。明末郑芝龙据台时期，曾在闽南地区招募了过万的贫困民众到台湾

---

[1] 光绪《漳州府志》卷三十八"民风·宋陈淳上赵寺丞论淫祀"，清光绪三年（1877）芝山书院刻本。
[2] 吴瀛涛：《台湾民俗》，（台北）众文图书公司，1992，第48页。

垦荒，以增强台湾的生产能力，这也是历史上首次大规模的、有组织的移民入台。郑成功收复台湾并以之为反清的根本，有意识地吸纳内陆的流民和贫民。除去其军队中的移民，郑氏掌权时期的台湾还新增了约2万至3万的移民。清初统一台湾，大陆移民不断涌入台湾。乾隆五十四年（1789），自康熙朝开始的海禁政策取消，大陆沿海也随之出现了向台湾移民的现象。由于闽台之间密切的地缘关系，在大陆向台湾的移民中，绝大多数都是福建人。据《重修台湾省通志》所述："台湾原属荒野蛮居之地，虽地方美丽，但天灾地变多。明清之际，中原板荡，因郑成功驱逐荷人，于是不愿帝胡之汉人大举来台。至清领时代，来台拓土人士愈多。此等移民之主要原籍地，多为福建、广东两省。其他省份则为数极少。而福建省中又多为泉、漳、汀州及兴化等四府之人……此中人口占最多者为闽属之泉州府，次为漳州府。"[1] 据统计，1926年台湾人口中福建籍的占了83.07%。"移住民渡海当时，以航海为畏途，海贼横行之台湾海峡，风浪又高而不能不渡。及渡台后，免不了与瘴疠及番人斗战，因继续不断受着环境之压力，使其自觉无力以取胜利，怀着不安与焦躁，陷在非赖更大力量不可之境地。"[2] 这个"更大力量"便是百姓膜拜的各路神明。于是，"自故乡出发之前，诚心者早向神灵求祐，以保水陆平安，前途顺利。或者以此尚不满意，非奉神在身边不可，于是有人将故乡家祀之主神携带。而从来家中无奉祀者则到庙，将其分身带上船来。其中庙内无有分身者则请香袋，或其神符带上身上，以求一路平安，此为人之常情。到台湾之后，则将其所带来之神灵，早晚祀之，因此进而兴建庙宇……此为台湾民间信仰文化之基础"[3]。可以说，移民为台湾输入劳动力、带去生产技术的同时，也将文化传播至台湾，其中包括许多特有的地方神明随着移民入台而被传入台湾。

二 移民与台湾开发初期的民间信仰

台湾与大陆虽然是一衣带水，但毕竟是海峡相隔，台湾开拓之初，闽人移民台湾要冒着生命危险，越过天气和水文状况都极为复杂的海道。稍

---

[1] 刘宁颜总纂《重修台湾省通志》卷三"住民志·宗教篇"，（南投）台湾省文献委员会，1992，第975页。
[2] 黄纯青、林熊祥主修《台湾省通志稿》"人民志·宗教篇"，（台北）成文出版社，1983，第5250页。
[3] 刘宁颜总纂《重修台湾省通志》卷三"住民志·宗教篇"，（南投）台湾省文献委员会，1992，第976页。

有差池，万幸者漂流到不知名的岛屿或他乡，大多数人只能葬身鱼腹。韦尔东在其《中世纪的旅行》一书中称："对于像中世纪那种陆地文化，海洋只能引起恐惧、担忧和反感……一旦离开陆地，就再也抓不着什么牢靠的东西了，映入眼帘的，只有浩瀚的大海。想象出来的东西和实际情形加在一起，就使海变成了一个可怕的去处。"① 对渡海来台的移民们来说也是如此。郁永河在其《裨海纪游》中曾描述了他从厦门乘船经澎湖到台湾的充满凶险的四昼夜旅程，其中过"黑水沟"的经历尤为惊险："（康熙三十六年二月）二十二日，平旦，流黑水沟。台湾海道，惟黑水沟最险。自北流南，不知源出何所。海水正碧，沟水独黑如墨，势又稍窳，故谓之沟。广约百里，湍流迅驶，时觉腥秽袭人……红水沟不甚险，人颇泄视之。然二沟俱在大洋中，风涛鼓荡，而与绿水终古不淆，理亦难明。"② 仅仅是一望无际的海洋就足以让人胆战心惊，若遇上朝廷禁令，则又为渡海移民平添了不少障碍，使这原本就只能听天由命的旅程的危险系数陡然增加。如《重修台湾县志》载曰："内地穷民，在台营生者数十万，囊鲜余积，旋归无日；其父母妻子，俯仰乏资，急欲赴台就养。格于例禁，群贿船户，冒顶水手姓名挂验。女眷则用小渔船夜载出口，私上大船。抵台复有渔船乘夜接载，名曰灌水。一经汛口觉察，奸梢照律问遣，固刑当其罪；而杖逐回籍之愚民，室庐抛弃，器物一空矣。更有客头串同习水积匪，用湿漏小船，收载数百人，挤入舱中，将舱盖封顶，不使上下；乘黑夜出洋，偶值风涛，尽入鱼腹。比到岸，恐人知觉，遇有沙汕，辄赶骗离船，名曰放生。沙汕断头，距岸尚远，行至深处，全身陷入泥淖中，名曰种芋。或潮流适涨，随波漂溺，名曰饵鱼。"③ 在如此凶险的旅途中，为了求得一帆风顺，获得心理安慰，许多移民往往随身携带他们原籍地寺庙的香火、圣符或神像渡台，以求获得神的保佑。清赵翼《陔余丛考》载："相传大海中，当风浪危急时，号呼求救，往往有红灯或神鸟来，辄得免，皆妃之灵也。……台湾往来，神迹尤著，土人呼神为妈祖。倘遇风浪危急呼妈祖，则神披发而来，其效立应。若呼天妃则神必冠帔而至，恐稽时刻。"④ 如永定李嶸唐

---

① 〔法〕让·韦尔东：《中世纪的旅行》，赵克非译，中国人民大学出版社，2007，第55页。
② 郁永河：《裨海纪游》卷上，台湾文献丛刊第44种，（台北）台湾银行经济研究室，第5—6页。
③ 乾隆《重修台湾县志》卷二"山水志"，台湾文献丛刊第113种，（台北）台湾银行经济研究室，第68—69页。
④ 赵翼：《陔余丛考》卷三十五，商务印书馆，1957，第760—761页。

等人东渡台湾遇险又脱险最终回乡的经历便是典型的一例。"永定湖坑李巉唐偕邑人某往台湾，船坏，同舟惟余李某二人。匍匐登小岛，上有鸟如番鸭，黑色，见人至，竞附人身，因有携带小斧，杀鸟而吮其血，得不死。岛上有瓷碗片，类曾有人至者，环岛约五里，产松竹不甚高，每有大龟于草际伏卵，取而食，而精神顿健。于沙际掘得淡水，惟苦无火，烈日烁石，破龟卵暴干，并脯鸟以果腹。二人素能为竹器，遂编竹作篷，以避风雨，见有木棉，因取花捻线织为毯。不知时日，惟见月圆已二十七回矣。忽一日，有小舟没漂至，无人，惟载黄蜡甚多。计居此我了期，去则或冀一生。乃修补小舟，伐木为桨橹，以蜡作缸载淡水，取平日所储鸟脯卵脯为粮，登舟任风所之。已而漂至安南地界，安南巡海人执以见王，语不能达，取纸笔命写来历。王问：'尔同舟皆死，二人何独得生？'李献上天后小神像一颗曰：'此出海时所奉香火也。'王留神像及所织棉毯，资之路费，命附船从广东回。抵家，家中人向闻坏舟之信，已招魂祀之矣。及是见之，群骇为鬼也。其人居岛生食日久，回家亦喜食生物。"①

当历尽艰辛，跨越海洋的移民终于到达台湾时，并不能马上松一口气，他们还须面对另一种生存的考验，那就是在蒿草丛生、野兽出没无常、生存环境十分恶劣的台湾活下去。郁永河的《裨海纪游》如是描述："自台郡至此（指淡水），计触暑行二十日，兼驰凡四昼夜，涉大小溪九十有六；若深沟巨壑，峻坂陡崖，驰下如覆、仰上如削者，盖不可胜数。平原一望，冈非茂草，劲者覆顶，弱者蔽肩，车驰其中，如在地底，草梢割面破项，蚊蚋苍蝇吮咂肌体，如饥鹰饿虎，扑逐不去。炎日又曝之，项背欲裂，已极人世劳瘁。既至，草庐中，四壁陶瓦，悉茅为之。四面风入如射，卧恒见天。青草上榻，旋拔旋生。雨至，室中如洪流，一雨过，履而升榻者凡十日。蝉琴蚓笛，时沸榻下，阶前潮汐时至。出户，草没肩，古木樛结，不可名状；恶竹丛生其间，咫尺不能见物。腹蛇瘿项者，夜阁阁鸣枕畔，有时鼾声如牛，力能吞鹿；小蛇逐人，疾如飞矢，户阈之外，暮不敢出。海风怒号，万籁响答，林谷震撼，屋榻欲倾。夜半猿啼，如鬼哭声，一灯荧荧，与鬼病垂危者连榻共处。"② 除此之外，"水土多瘴，人民易染疾病"③，不少移民死于各种传染病。台湾知府靳治扬劝郁永河放弃淡水之行

---

① 道光《重纂福建通志》卷二七六"丛谈·汀州府"。
② 郁永河：《裨海纪游》卷中，台湾文献丛刊第44种，第26—27页。
③ 高拱乾辑纂《台湾府志》卷七"风土志"，台湾文献丛刊第65种，第90页。

时曾说:"君不闻鸡笼、淡水水土之恶乎?人至即病,病辄死。凡隶役闻鸡笼、淡水之遣,皆欷嘘悲叹,如使绝域;水师例春秋更戍,以得生还为幸。"① 郁坚持前往,结果,没过多久,与其同行的仆役"十且九病"。在这样恶劣的条件下,百姓只好求助于神灵保佑。如祀奉清水祖师的澎湖祖师庙,"在厅治东三里许,祀清水岩祖师,以期能治病也"②。

除了大自然的威胁之外,初入台湾的福建移民还要与土著部落争夺生存空间,双方之间的流血冲突时常发生。台湾的一些土著部落有以首级祭祀神灵的传统,称为"出草",常有汉人因此而丧命。野番犷悍,时出剽掠杀人,"其杀人辄取首去,归而熟之,剔取髑髅,加以丹垩,置之当户,同类视其室髑髅多者推为雄,如梦如醉"③,骇人听闻。防止台湾土著部落斩首袭击的需求,在客观上推动了在台汉人信仰中防御土著袭击的内容的出现。由漳州平和传入台湾的"惭愧祖师",就鲜明地体现了这种信仰的需求,据说"惭愧祖师"在预示土著"出草"方面极为灵验。据《云林采访册》记载:"祖师庙……一在大坪顶漳雅庄;祀阴林山祖师(即惭愧祖师)。七处居民入山工作,必带香火。凡有凶番'出草'杀人,神示先兆;或一二日或三四日,谓之禁山;即不敢出入。动作有违者,恒为凶番所杀。故居民崇重之,为建祀庙。"④ 除了利用神明的预言保护自身安全,汉族移民还试图利用神灵崇拜将台湾土著纳入他们带自原乡的护境神的保护范围内,以达到与土著和平相处的目的,如番汉合建庙宇就是一种常见的手段。其中最著名的是淡水通事赖科,于康熙五十一年(1712),纠合民番建"干豆门灵山宫——今天台北关渡的妈祖庙,这是虎尾溪以北最古老的寺庙"⑤。姚莹也在《东槎纪略》中记载了他为调解闽粤移民与生熟各番关系而设立厉坛祭祀之事:"噶玛兰始入版图,民番未能和辑,时有械斗,又频岁多灾。莹锄除强暴,教以礼让,民番大和。乃以秋仲会集三籍汉民、生熟各社番,设厉坛于北郊,祀开兰以来死者。为漳籍之位于左,泉、粤二籍之位于右,列社番之位于地,以从其俗。城隍为之主,列位于上。"⑥ 又如慈

---

① 郁永河:《裨海纪游》卷中,台湾文献丛刊第44种,第16页。
② 林豪修《澎湖厅志》卷二"规制·祠庙",台湾文献丛刊第164种,第67页。
③ 郁永河:《裨海纪游》卷下,台湾文献丛刊第44种,第33页。
④ 倪赞元编《云林采访册》"沙连堡",台湾文献丛刊第37种,第160—161页。
⑤ 尹章义:《台湾开发史研究》,《台湾开发史的阶段论和类型论》,(台北)联经出版事业公司,1989,第16—17页。
⑥ 姚莹:《东槎纪略》卷三"噶玛兰厉坛祭文",台湾文献丛刊第7种,第87页。

生宫,"在芝兰二堡唭里岸庄,永历二十三年,龙溪、同安两县来此之人合建,祀五谷大帝、三官大帝、天上圣母、福德正神,为县辖最古之庙。盖该地原为番地,故移垦之人建庙祀神,以祈景福也"①。

刘枝万先生曾对台湾早期民间信仰产生的几种原因概述如下:"渡台先经风浪之险,必祈佑于护航神,此其一。抵台即遭瘴疠,水土不服,需求护于保健神,此其二。就地开垦,难免原住民抗拒,阻力颇大,因而托庇于驱番神,此其三。开疆土,应有开拓神保佑,顺理成章,此其四。初垦成功,并祈五谷丰登,合境平安,乃祀土地神,此其五。"② 早期随移民传入台湾的神明最重要的功能是保护神,特别是在护航、医药、护境等这几个方面表现得尤为突出。至乾隆初年,在台的汉族民众大多信仰的神灵有土地公、保生大帝、关帝、妈祖、玄天上帝等,台湾各地共有保生大帝庙23座,关帝庙18座,妈祖庙15座,玄天上帝庙14座。这五位神灵都是从福建移祀入台的③,其中保生大帝是闽台最著名的医药神,妈祖是最著名的海神,关帝与玄天上帝也具有护航的神通。土地公又称福德正神,是民间普遍信仰的财神与福神,其主要职能在于保佑本乡本土家宅平安、添丁进口、六畜兴旺。这些神明的主要职能正是移民到台湾之初最需要的,因而在台湾开发早期,这些神明是最早传入台湾且最受民众崇拜的。

三 乾隆以后台湾民间信仰的发展

清乾隆年间,台湾的社会结构开始从移民社会逐渐向定居社会转化,至嘉庆年间,这一转化基本完成。与之相适应的是,台湾的社会经济也已发展到了一定的程度,建立在生产力发展与生产关系变革之上的台湾民间信仰,也必然发生变化。

第一,移民祖籍地的变化与移民类型的差异导致台湾神灵信仰中文化来源的多元化。福州和闽西等地民众加入移民台湾的浪潮之后,自然地将原居住地的主要民间神祇也带入台湾,福州地区的临水夫人信仰、闽西的定光古佛信仰等,都随移民之潮东渡入台,并在台湾深深扎根,产生了很大的影响。台南有白龙庵,"在镇署之右,福州人建,祀五福大帝,则瘟神

---

① 连横:《台湾通史》卷二十二"宗教志",三联书店,2011,第441页。
② 《台湾民间信仰研究书目》"刘枝万序",转引自连心豪《闽台民间信仰蠡测》,《台湾研究》1997年第4期。
③ 范咸纂辑《重修台湾府志》,台湾文献丛刊第105种,第260—267页。

也"①。闽南民间信仰在台湾独尊的局面有所改变。另外，由于移民类型发生变化，台湾社会的民间信仰日益丰富多样。在台湾向定居社会转化过程中，社会分工机制日趋成熟，各行业的专门性人才培养成为一种社会需求。因此，在技艺传承的过程中，许多行业的祖师神也东传入台。文昌信仰的兴盛，就是台湾儒学发展和教化普及的直接反映。

第二，随着社会形态的变化，百姓对神明职能的需求发生转变。人们在移垦之初，最切实的心理需求是生存的保障，因而，移民趋向于选择在这一方面表现突出的神明随其入台。随着生活的渐趋安定，人们开始要求神明向全能神的方向发展，以满足他们在复杂社会中的心理需求。如早期随移民入台的那几位主要神灵虽然在神职上仍然各有侧重，但它们已经越来越会关照信徒们生活的每一方面，如关帝，"或百里间水旱疾疫，以至梯于山，航于海，远托异国，身热首痛，风灾鬼难之域，祷请祈求，莫不以帝像为依归"②。随着台湾社会开发的不断深入，台湾移民不仅要面临土著族群的压力，还要应对来自移民族群内部的矛盾与冲突。为争夺经济或政治利益，来自不同地域的移民之间，常常爆发大规模的分类械斗，所谓"台湾之民不以族分而以府为气类，漳人党漳，泉人党泉，粤人党粤，潮虽粤而亦党漳"③。为了团结和动员民众，祈求在械斗中获胜，在祖籍地受到共同信仰的各种保护神都被移民们抬出来，作为族群民众的精神支柱。《台湾省通志稿》中列举了大量与民间祠祀的寺庙相关的分类械斗事件。其中，关帝庙有一则："桃园镇中南里武庙：主神关圣帝君，道光十二年，中南里之徐姓，与丰林里杨姓间不睦，因起斗争。于是徐姓者势力家徐仕锦，为团结忠心，建议创建祖庙，当时又因徐海家祀之帝君，神灵显著故，将帝君祀于中殿，徐祖祀于右旁云。"④ 这座关帝庙就是在族群械斗发生之后，徐氏家族为团结族群，预防再度发生事端而建造的。在淡水厅，亦有关帝庙毁于械斗的记载。⑤ 刘枝万的说法很好地解释了台湾在逐渐步入定居社会

---

① 连横：《台湾通史》卷二十二"宗教志"，三联书店，2011，第437页。
② 《泉州通淮关岳庙志》"重修泉郡通淮庙捐启"，转引自徐晓望《福建民间信仰源流》，福建教育出版社，1993，第412页。
③ 姚莹：《东溟文集》卷四"答李信齐论台湾治事书"，《续修四库全书》集部，别集类，上海古籍出版社，2002，第407页。
④ 《台湾省通志稿》"人民志·宗教篇"，第5218页。
⑤ 同治《淡水厅志》卷六"典礼志·祠祀"："关帝庙，一在厅治南门内，乾隆四十一年同知王右弼建。一在新庄街，乾隆二十五年贡生胡焯猷建。道光三年县丞王承烈重修。咸丰三年械斗毁，旋重建。"台湾文献丛刊第172种，第149页。

后民间信仰发生的变化："迨庄社发展，偶因细故，发生摩擦，导致分类械斗，更须藉地缘关系，团结乡党，以拒外侮，于是崇祀乡土神，此其六。因为开发艰难，牺牲特多，枯骨遍野，助长信鬼尚巫之风，厉神崇拜有加，此其七。随着社会进步，环境愈趋繁复，世态变易，感触日多，祈祷救苦神，解脱苦海，乃是常情，此其八。"①

第三，宫庙数量增多、规模加大。台湾开发之初，由于绝大多数移民尚在温饱线下挣扎，难有足够的财力支持规模化的寺庙建设，建于明末之前的大型寺院极为罕见。移民们大多采用简易的供奉方式，即在田寮、房屋、公厝等处悬挂神像或圣物。开垦成功或事业兴旺之后，才有可能集资建庙，神灵信仰才逐步正式化并成为公共意义层面上的神灵。或者逢天灾人祸时，祈求于私家所崇奉某神灵，偶尔有验，为邻里相传，遂建小祠或迁祀于公厅，以便村社共同祭祀。如云林县朝天宫"在县辖大榔榔东堡北港街，祀天后，庙宇巍峨，人民信仰。先是，康熙年间，僧树璧自湄洲奉神像来，结茅祀之，香火日盛。雍正八年，乃建庙"②。随着人口的繁衍和村社的拓展及经济状况的好转，台湾寺庙的数量日益增加，规模也越来越大，供祀的神灵也有所增加。一宫一庙所供奉的神像往往有几个或几十个，甚至数十个，共同接受信徒的顶礼膜拜。以保生大帝为例，台湾目前现存的保生大帝庙共有234座，其中始建于南明永历年间的仅7座，清初更少，康熙、雍正时兴建的只有5座，乾隆年间则有24座，速度比此前大大加快。③

第二节　闽台共同信仰的神明

据1959年台湾文献委员会调查，全省计有寺庙3834座，各寺庙所奉祀主神达249种。当然，这里还不包括陪祀的形形色色数量更多的神明。在台湾各寺庙所奉祀之神明中，其祖籍出于四省，即福建、广东、江西及浙江。而江西省只出张天师，浙江省只传普陀山观音菩萨，广东省由嘉应州即今梅县传岳帝及祖师公，潮州即今潮安县则传三山国王及观音，其他皆传自

---

① 《台湾民间信仰研究书目》"刘枝万序"，转引自连心豪《闽台民间信仰蠡测》，《台湾研究》1997年第4期。
② 连横：《台湾通史》卷十"典礼志"，第194页。
③ 林国平：《闽台民间信仰源流》，福建人民出版社，2003，第128页。

福建。① 从福建传入台湾的神明中，著名的不仅有妈祖、保生大帝、临水夫人、清水祖师、开漳圣王等各种在福建土生土长的神灵，还有观音、关帝、城隍等全国性神明信仰。此外，影响较小、地域性更强的各路神明更是不胜枚举，如传自同安县的护国尊王、苏三爷，传自南安县的林元帅、武德英侯，传自晋江的助顺将军、韦吴王爷、李王爷等不一而足。总之，闽台民间信仰之间具有类似于血统上的承袭关系是不容置疑的。

一　天公、土地公

闽台民间的天公信仰，起源于道教的玉皇上帝崇拜。天公在民间又称天公祖、玉帝等，是一位统御天、地、人三界的至高神。由于玉皇大帝至高无上，闽台民间极少有供奉其神像的，一般只是在神坛上立牌位进行膜拜。每年的正月初九，俗称天公生，闽南和台湾各地，家家户户普遍于日前斋戒沐浴，以示对天公的崇敬。初九当日祭拜天公的仪式，相当隆重，每家都在正厅天公炉下摆设祭坛，一般是用两张桌子搭成的，"顶桌"供奉用彩色纸制成的天公神座（象征天公的宝座），排列柑、橘、苹果、香蕉、甘蔗等五种水果称为五果及六斋（金针、木耳、香菇、菜心、豌豆、绿豆等）祭祀玉皇大帝；"下桌"供奉五牲（鸡、鸭、鱼、卵、猪肉或猪肚、猪肝）、甜料（生仁、米枣、糕仔等）、红龟粿（像龟形，外染红色，打龟甲印，以象征人之长寿）等祭玉皇大帝的属下众神。祭拜天公的时间约从正月初九这一天的子时，也就是夜里11时至凌晨1时开始，一直到隔天清晨7时前都可以，祭拜时全家老幼，依尊卑长幼顺序分别上香，行三跪九叩大礼，最后烧金纸，称为"祝天诞"。天公生当天往往还要通宵达旦地演戏欢庆，称为"天公戏"。这一天在民间还有许多禁忌，如供奉五牲中的鸡只能用公鸡不能用母鸡；大小便器和妇女的内衣裤等不洁之物不得拿到露天之处，以免被天公看到，而触犯了大不敬之罪；也不可发出秽言秽语，否则可能因此而招致"上帝"的"天罚"。② 此外，逢年过节或遇娶亲等喜事，民间也普遍行拜天公的仪式。由于对天的敬畏，闽台两地民间对天公十分崇拜，各种玉皇庙、玉皇阁数量众多。如泉州著名的道观元妙观，俗称"天公观"，供奉的就是玉皇大帝。同安的朝元观中设有三清殿和玉皇殿，祀玉皇大帝、保生大帝等，据说在民国初年，我国台湾、马来西亚等地的

---

① 《台湾省通志稿》"人民志·宗教篇"，第5275—5277页。
② 凌志四主编《台湾民俗大观》第三册，（台北）大威出版社，1995，第94—95页。

谢氏族裔曾组团到该观寻根谒祖。明清时期，闽人移垦台湾时把天公信仰也传入台湾，1981 年，台湾有 81 座玉皇庙，其中彰化市天清观建于乾隆二十八年（1763），由晋江、南安、同安、安溪、永春、德化、惠安等泉州籍移民共同出资建造。①

土地公又称福德正神，客家人多称之为伯公、土地伯公。对土地公的信仰起源于古代的社神，它主要掌管五谷。随着社会的发展，原有社神的自然崇拜属性渐渐转变为人格化的土地神，其神职地位也大大下降，成为只管理一方土地，却与百姓的生活最为密切的民间神祇，因而在全国广泛受到崇拜。台湾的土地公信仰最早也是由大陆移民带去的，因为早期的移民多从事农耕生产，他们终年开垦土地，所以把土地公当作自己土地的守护神来奉祀，因而台湾的土地公庙的数量最多。据丸井圭治郎《台湾宗教调查报告书》统计，1928 年台湾有土地公庙 669 座，占台湾省寺庙总数的 19.25%。② 闽台民间供奉的土地公神像，大多是衣冠着带，白胡须，手持金元宝，面庞丰盈，慈祥和蔼，完全是一副福寿相。福建土地庙多兼祀土地婆，而台湾多数土地庙只有极少数供有土地婆的神位。民间传说二月初二是土地公诞辰，也有的说是六月初六或腊月初八。人们在土地公生日这天宰鸡杀鸭，演戏娱神，祈求土地公保佑人间五谷丰登。此外，在每月初二、十六，民间也要烧香祭祀土地公，俗称"做牙"或"牙祭"，《台湾通史》称"二月初二日，为社公辰，各街多醵资致祭，群聚谦饮，谓之头衙。而以十二月十六日为尾衙。"③ 因而这两次祭祀较为隆重，其他祭日则较为简单，祭品也不太讲究。

二 关圣帝君

关圣帝君又称关帝、关老爷、关公等，由三国时蜀国的大将关羽演化而来。自宋代始，由于屡屡受封，逐渐成为全国性信仰。特别是明代长篇小说《三国演义》的流行使关羽名声大振，并成为勇武与正义的化身。关羽因此得到朝廷与各级官府的大力推崇，最终成为明清两朝的祀典正神，同时，又是一位民间最为流行的主祀神祇。明清时期，关帝信仰在福建发展很快，各县都建有若干座关帝庙。明代闽人谢肇淛在《五杂俎》中说道：

---

① 林国平：《闽台民间信仰源流》，第 70 页。
② 林国平：《闽台民间信仰源流》，第 75 页。
③ 连横：《台湾通史》卷二十三"风俗志"，第 445 页。

"今天下神祠香火之盛莫过于关壮缪。"① 关壮缪即关羽,其被吕蒙杀害后,刘禅追谥其为"壮缪侯"。清代福建信仰关帝之风更盛,福州街巷皆有关帝祠。

郑成功收复台湾以后,大批闽南移民入台,关帝也被分灵到台湾。南明永历年间,在台南就建有三座专祀关帝君神像的庙,分别是今台南赤崁楼旁的武庙、台南三义街的开基武庙、台南裕农路的关帝庙。《台湾省通志》载:"关帝庙一在镇北坊,郑氏时建,明宁靖王题曰'古今一人'。继而各地皆有关公之庙祀。"② 清政府统一台湾后,为巩固其在台湾的统治,在台大力褒扬关帝的仁义与精忠精神,鼓励民间尊重关帝,增建关帝庙,使关帝信仰在台湾日益兴盛,上达官员,下及百姓,无不崇拜,关帝庙迅速遍布全台。每年农历五月十三日,闽台两地的关帝信仰者,无不举行盛大的神诞祭典,若此日大风,俗称关帝飓。在福建数以百计的关帝庙中,与台湾关帝庙结缘最深的莫过于泉州通淮关岳庙和东山铜陵关帝庙了。

(1) 泉州通淮关岳庙是福建重要关帝庙之一,该庙坐落在泉州城区涂门街(古称通淮街),由于地处交通要道,明清时期,泉州人移居台湾往往会顺道到关岳庙乞求香火。据中国旅游局资料记载,与泉州通淮庙有关的台湾关帝庙有三百余间。③ 如建于永历年间的彰化开基武庙的关帝神像,就是郑成功部将从泉州涂门关帝庙请出的,该庙就是今日的泉州通淮关岳庙。④ 台湾云林保安宫的建造缘由也颇具传奇色彩。据说在康熙三十六年(1697),闽南移民乘木船前往台湾时,途中遇到了狂风巨浪,同行的七艘木船有六艘沉没,情况惨不忍睹。在这紧急时刻,那艘唯一未沉没的木船上,舟师举刀正想砍断船桅,以免沉船,这时关圣帝君显灵,站在船上,以手势示意舟师不要砍断船桅,可保平安无事。舟师听从关帝的指示,走下船舱,询问是谁带"关圣帝君神像"。当时,只有一个吴姓的3岁小男孩吴佩身上,带着关圣帝庙香火。于是,关帝显灵拯救海难的事迹得到证实。舟师带领众人跪在船上祈求,若能平安登上陆地,将敬谢神恩。祈求完毕,顿时风平浪静,船只顺利抵达台南安平港。众人集资演戏49天,以谢神恩。

---

① 谢肇淛:《五杂俎》,上海书店出版社,2001,第303页。
② 台湾省文献委员会编《台湾省通志》卷二"人民志·礼俗篇",第46页。
③ 泉州市鲤城区委员会文史资料委员会编《泉州鲤城文史资料》(第六、七合辑),1991,第13—14页。
④ 泉州市鲤城区委员会文史资料委员会编《泉州鲤城文史资料》(第六、七合辑),1991,第79页。

后来，舟师带人往福建泉州通淮关岳庙，恭迎神像回台湾，在保长湖（位于云林县四湖乡）建造庙宇，供奉关帝。① 所以至今台南、鹿港一带的泉州籍移民大多奉通淮关岳庙为祖庙。②

（2）东山铜陵关帝庙建于明洪武二十二年（1389），是福建境内最早的关帝庙，也是中国四大关帝庙之一。清代，东山是漳州人移民台湾的重要港口，福建渔民、船民经常自此出海渡台，并把关帝信仰带到了台湾。据传南明永历年间（1647—1683），有一艘泉州的船舶在铜山港停泊，船主姓陈，他听说关帝神威灵验，就特地到关帝庙进香，请求分灵到船中奉祀，从此这艘船生意日上。陈船主为感谢关帝庇佑，将船中所奉神像请入澎湖立庙奉祀。清朝统一台湾后，陈氏后人到台湾凤山，于赤山里赤山乡建庙，取名"文衡殿"，奉祀从铜山分灵的关帝，尊它为"文衡帝君"，把关公信仰衍播于台湾南部。文衡殿奉祀的铜山关帝威灵显耀，广庇四方。附近许多城乡纷纷从文衡殿分香建庙立坛，共拥文衡殿为香火祖庙。台湾目前已知关帝庙中半数以上都是从东山分灵或再分灵的。台湾最有名的关帝庙——祀典武庙与东山关帝庙有关。南明永历十九年（1665），郑经从铜山（今东山）撤离到台湾。明宁靖王朱术桂跟随前往，他从铜陵关帝庙分灵，到台湾后在王府内仿效铜陵关帝庙形式建造了这座武庙。③ 此外，有几座关帝庙是聘请东山人模仿东山铜陵关帝庙的建筑式样兴建的。1933—1938年，东山人林保宗和侄儿林进添、林进金三人先后到澎湖、台北建造了马公、赤崁、小卷等四座关帝庙。④

三　观音菩萨

观音是中国最普及的佛教神祇，明清时期就已经普及八闽大地，其神像几乎进入每家每户。梁章钜说："吾乡人家，堂室中亦无不奉观音者。女流持斋讽经，尤为敬信。"⑤，闽人把观音视为有祷必应、济苦救难、慈航普

---

① 吴幼雄、李少园编《通淮关岳庙志》"台湾云林县保长湖保安宫沿革"，中国社会科学出版社，2008，第607页。
② 陈晓亮、万淳慧：《寻根揽胜话泉州》，华艺出版社，1991，第93—94页。
③ 石万寿：《祀典武庙的建制沿革》，储一贯主编《台湾史研究暨史料发掘研讨会论文集》，台湾史迹研究中心研究组，1987，第37—47页。
④ 刘子民主编《寻根揽胜漳州府》，华艺出版社，1990，第208—210页。
⑤ 梁章钜：《退庵笔记》卷十，沈云龙编《近代中国史料丛刊》第四十四辑，（台北）文海出版社，第551页。

度的保护神，因而，当他们背井离乡时通常也会把观音神像随身携带。约于明代末年，观音崇拜随闽南移民传入台湾，并相继建起了许多观音寺、观音殿等。建于明永历七年（1653）的鹿港龙山寺是台湾最早的观音寺。相传，当时晋江安海龙山寺的肇善和尚捧一尊亲自雕刻的观音石像，前往普陀山朝圣，途中遇到风暴，船只失去控制，随浪漂流到鹿港，遂就地结庐苦修，草创龙山寺。若干年后，肇善又回到安海恭迎神像分灵鹿港，至今在鹿港龙山寺门外仍立着一块"衍自安海龙山寺"的石碑，记录着它与大陆的神缘联系。① 此外，台北艋舺龙山寺是乾隆初由晋江、惠安、南安三县的移民共同集资合建的，圆山剑潭寺的观音像是厦门的华炎和尚带去的。台湾的观音寺随处可见，但大多与福建，特别是泉州的龙山寺有着特殊的渊源关系。"大凡在台湾泉州人众多之台南、鹿港、艋舺、淡水等地大多建有龙山寺，供奉观音佛祖。此等龙山寺皆从泉州龙山寺分其香火而建的。"② 所以，近30年来到泉州龙山寺进香谒祖的台胞络绎不绝。

四　城隍

　　中国人对城隍的信仰，由来已久。宋以前，城隍的职能主要是保护城池，宋代以后逐步扩大为主管本城的降雨抗旱、放晴防涝、禳灾辟邪等阳间之事，甚至职掌阴司，掌管一城亡魂。明代朱元璋特别重视城隍的作用，把城隍祭典列入国家祀典。城隍信仰在明清两代进入鼎盛时期，地方官员视城隍为护国佑民之神，凡地方官署之所在，必设有城隍庙。新官上任，必先择日，亲诣所辖地城隍庙举行奉告典礼，而后履任。福建的城隍信仰始自晋太康年间，宋代开始普及。台湾的城隍信仰始于明郑时代，承天府的城隍庙是台湾最早的一座城隍庙。由于"台湾原视为难治之特殊区域，尤不复不假借神道，补台化之不足，是故台湾一入版图，即于府治设府城隍庙"③，城隍在台湾也有广泛的信众。

　　城隍信仰的一个重要特征是其所具有的显著的区域性。各地城隍都有固定的管理区域，也就是说，某州县城隍分管其州县范围内的阳间、阴间之事，它们之间泾渭分明、互不侵犯、互不统属。因此，城隍信仰本无像闽台其他神灵的分灵、分香之说，但台湾却有相当数量的城隍庙是分灵于

---

① 陈晓亮、万淳慧：《寻根揽胜话泉州》，华艺出版社，1991，第108—109页。
② 凌志四主编《台湾民俗大观》第四册，（台北）大威出版社，1985，第78页。
③ 台湾省文献委员会编《台湾省通志》卷二"人民志·礼俗篇"，第47页。

福建的。据调查统计，台湾各地主祀、陪祀晋江永宁城隍的庙宇有100多座，由安溪城隍分台湾各地的"清溪城隍"庙宇多达221座。① 如台北松山霞海城隍原来是福建同安五庄乡的守护神，道光年间由同安籍的陈金绒自家乡分灵而来，建庙于艋舺八甲庄。咸丰三年（1853），台北发生"顶下郊拼"，同安人落败后携城隍爷金身突围，后移居大稻埕，并在大稻埕集资兴建庙宇主祀城隍爷。由于台湾城隍庙源自福建，因此，在宫庙的建筑风格、神像的雕塑、陪祀神、对联等方面都大同小异。如陪祀神有六司、文武判官、七爷、八爷等。闽台城隍庙对联内容、文字几乎完全相同，也表明两者之间显然存在着某种渊源关系，如福建沙县的城隍庙对联"世事不须空计较，阴曹自有大乘除"。台湾新竹城隍庙的对联如出一辙："世事何须多计较，神天自有大乘除。"暗示人算不如天，一切都要接受神天的监察。

五 女神妈祖与临水夫人

妈祖信仰起源于宋代福建莆田，明朝末年传入台湾。"往昔内地徙台之人，漂泊海洋，在惊涛骇浪中，祈祷于妈祖者，内心辄有所安慰。故渡海者每多捧持妈祖神像来台。"② 目前，台湾地区的妈祖信众多达1600万人，占人口总数的70%，妈祖是台湾影响最大的民间神祇之一，妈祖庙有1100多座，其中著名的有香火最旺的妈祖庙——北港朝天宫、台湾最古老的妈祖庙——澎湖马公岛天后宫、最早的官建妈祖庙——台南大天后宫及鹿港天后宫、大甲镇澜宫、台北关渡宫、新港奉天宫等。台湾的妈祖神像大多是福建移民从祖籍地分灵而来，因而就祖庙来源地的不同而形成不同的称谓。如来自湄洲的称"湄洲妈"，来自泉州的称"温陵妈"，来自同安的称"银同妈"，来自汀州的称"汀州妈"，等等。实际上，湄洲天后宫是台湾所有妈祖信徒向往的宗教圣地，他们以能到湄洲祖地朝圣进香为幸事，而台湾所有的妈祖庙也都承认湄洲天后宫是它们的祖庙，它们往往在庙宇楹联中溯源湄洲的联名，如台南大天后宫有一副对联的内容为："赤崁壮璇宫，奉英灵为海外砥柱；皇朝隆祀典，钦慈济本湄岛渊源"。

在闽台地区影响范围较大的女神还有临水夫人。夫人原名陈靖姑，俗称临水奶、奶娘、太奶夫人、陈夫人等，其信仰的主要内涵是保胎救产、

---

① 连心豪：《试论城隍崇拜社会功能的衍化》，《福建史志》"闽台首届城隍历史文化学术研讨会论文专辑"，1996，第7页。
② 台湾省文献委员会编《台湾省通志》卷二"人民志·礼俗篇"，第46页。

护佑妇幼,因此被人们普遍奉为妇女和儿童的保护神。清代乾隆年间,随着福州等地的移民,临水夫人漂洋过海,分香台湾。乾隆五十一年(1786),台湾安平镇的宁南坊建起了第一座主祀临水夫人的宫庙。闽台两地临水夫人的信徒以女性居多。每年正月十五日,俗称是临水夫人诞辰,闽台两地的信众无不举行盛大的"请奶过关"等庆典活动。

六 保生大帝

保生大帝是闽台地区影响最大的医药神。保生大帝,俗姓吴,名本,是北宋时以精湛的医术在福建民间济世救人的同安名医,又被尊称为吴真人、慈济公、大道公、花轿公、英惠侯,在闽南地区备受人民的敬仰崇拜,历代封建统治者也加以推崇,"由宋而元而明而清,荣封累次,褒旌不已,自人而侯而公而帝,受爵无疆"[①]。明末清初,闽南地区许多移民入台,在当时瘴疬四起、医疗技术不够发达的情况下,保生大帝信仰迅速在台湾扩散开来。如《保安宫重修碑记》称:"台北初属淡水厅治,设置较后于南,其时草昧虽开,而或气候不齐,水土之尚劣……往往中人辄成,众患苦之。念非乞灵帝座,无以奠我邦族。爰渡海赴我同安之白礁,奉迎香火,立祠而虔祀焉。"[②] 可见保生大帝已成为移民筚路蓝缕的重要精神支柱。保生大帝信仰传入台湾后发展很快,目前主祀保生大帝的庙宇有260多座,其中规模最大的是台北的保安宫,建于嘉庆十年(1805),是同安移民从白礁乡分灵来台奉祀的;祭典最隆重的是台南学甲镇的慈济宫,南明永历十五年(1661)始建,也是郑成功收复、经营台湾的历史证物。每年农历三月十五日的保生大帝神诞,闽台各地总要假宫庙演戏,迎神赛会,抬神像绕境游行等,举行各种隆重的祭典与庆祝活动。而在此前几天,即三月十一日,台湾的学甲慈济宫总要返回同安白礁慈济宫行刈香之礼,俗称"上白礁",若是有特殊情况无法返回同安,则改为面向大陆遥祝叩拜行香,300多年来这种谒祖祭典活动从未间断,成为维系两岸骨肉同胞的又一根无法割断的精神纽带。

七 玄天上帝

玄天上帝又称上帝公、真武大帝、北极大帝、玄武大帝等,起源于对

[①]《白礁志略》卷二"颜清莹《保生大帝传文序》",转引自林仁川、黄福才《闽台文化交融史》,福建人民出版社,1997,第283页。

[②]《保安宫重修碑记》,转引自林仁川、黄福才《闽台文化交融史》,福建人民出版社,1997,第284页。

星辰的崇拜。大约在商朝，玄武由最初的星辰神发展为动物神 。宋代，玄天上帝最终完成人格化的进程。① 明代这一信仰已经达到鼎盛，在全中国的影响都很大，庙宇随处可见。闽南地区航海比较发达，玄天上帝是作为海上保护神和降妖镇邪的河神受到百姓崇拜的，早在宋代就建有玄天上帝庙。据20世纪90年代初调查，玄天上帝庙在泉州东海镇和漳州南靖县的数量均居第四位，可见玄天上帝在闽南地区是一位相当重要的民间神祇。台湾的玄天上帝信仰也是从福建传去的。文献记载，郑成功收复台湾时，玄天上帝被供奉在船上。收复台湾后，郑氏又大力推崇，并修建了许多玄天上帝庙，遂使玄天上帝信仰在台湾深入人心。被公认为台湾玄天上帝庙开基祖庙的南投县名间乡的受天宫，正是分香于福建的。闽台民间有关玄天上帝由来的神话传说的相似性也证明了闽台玄天上帝信仰的亲缘关系。在闽南，传说玄天上帝是五代时泉州一张姓屠夫，侍母极孝，在母亲去世后十分悲痛。一日，他突然后悔杀生过多，感到罪孽深重，于是走到洛阳桥畔，拿起屠刀，剖开腹部，取出肚肠，投入江中以期洗罪，结果立地成佛了。在台湾，玄天上帝的出身也是屠夫，有一日突然悔悟，遂放下屠刀，在江边等待渡船时遇观音化身为一临盆妇女点化于他，于是自剖腹肚，取出脏腑，涤罪而死，后被封为玄天上帝。

八　王爷

王爷崇拜是从闽人对鬼神的敬畏崇拜演化而来的，不仅在福州香火鼎盛，在闽南等地也有众多信徒。随着大批福建人迁居台湾，王爷信仰也渐渐在台湾普及，并成为闽台民间信仰的一个非常重要的组成部分。王爷又称千岁、千岁爷、府千岁、老爷、大人、王公、瘟王等，民间有关王爷来源的传说更是众说纷纭。有的说是秦始皇焚书坑儒时蒙难的360名儒生；有的说是在唐明皇时被张天师作法冤死的360名进士；也有的说是明初闽粤地区360名进士进京参朝，船遭飓风，翻覆溺毙；也有说是明末360位进士不愿仕清，自尽而死；等等。传说各有不同，但都是死于非命的冤鬼厉鬼，死后被玉皇大帝或人间帝王封为王爷，授命视察人间的善恶，称为代天巡狩。台湾一向被视为瘴疠之区，闽人移民台湾之初，由于水土不服，疫疠大作，病者十之八九，死者甚多，导致王爷信仰在台湾迅速蔓延。王爷信

---

① 林国平：《闽台民间信仰源流》，第159页。

仰传入台湾，除了如其他民间信仰一样随移民分香渡海入台之外，一种比较特殊的方式是闽南沿海所送王爷船漂至台湾西海岸后被当地居民拾起，就地建庙奉祀。如被奉为台湾五府王爷总庙的南鲲鯓代天府即由于王船漂泊而创建于明永历十五年（1661）；台中县大安乡的和安宫供奉的是停靠在海滩上的泉州富美宫王船中的金、吉、姚三王爷。[①] 在祭典上，闽南与台湾最为相似，都盛行送王船习俗。一般年份，每年或隔三五年，举行一次"请王爷"逐疫大典，一旦瘟疫流行，则随时祭拜。每届举行之期，就要先期酾金建造王船，以牲醴致祭，并有各种赛神活动。最后将王船送出海洋，任其漂泊。泉州、厦门等地的王船多是木制真船，在民国时期，泉州的富美宫附近还存留有专门制造王爷船的工场。台湾的王爷船有两种基本样式，用纸糊者，放入水中后焚烧；也有木制的，任其自由漂泊。现在多是采用焚化，俗信王爷船已驶向天际，可保人境平安。总之，台湾的王爷崇拜源自福建，主要是闽南地区，台湾的王爷信徒们也以能到闽南祖庙进香谒祖为幸事。

九 闽台开基祖

闽台都是移民社会，在新的居住地开创新生活的历程中，先民们不仅付出了辛勤的汗水，同时还要战胜各种难以想象的困难。在这一过程中，他们的领袖人物起了很大的作用，是他们以天无绝人之路的意志带领百姓开发荒原，战胜困难，最终在陌生的土地上建立起美好的家园。这些杰出的领袖生前受到百姓的崇敬与爱戴，去世后便被奉为开基始祖，成为一方之神。自唐至明清时期，闽台地区这类开基祖有很多，在历史上影响较大且延续至今的闽台共同奉祀的开基祖有开漳圣王、闽王王审知和开台圣王。

开漳圣王陈元光生活在唐代前期，他曾率部平定泉州与潮州之间的蛮獠叛乱，并上奏朝廷建立漳州，成为漳州首任刺史。陈元光治漳20余年，安抚地方，开辟荒土，整顿吏治，政绩卓著，为漳州的开发作出了卓越的贡献。陈元光死后，"郡民巷哭"，为其立庙。朝廷追赠"豹韬卫镇军大将军""临漳侯"[②]，其后历代帝王对开漳圣王皆有追封，明初封"威惠开漳圣王"，所以祭祀陈元光的庙宇多称威惠庙。宋代以后，威惠庙遍布漳州城乡，并传播到仙游、福清、南平等地。明末清初，漳州人移垦台湾之初，

---

① 《寻根揽胜话泉州》，第100—101页。
② 徐晓望：《福建民间信仰源流》，福建人民出版社，1993，第233页。

就携带了陈元光的神像及香火。随着移民活动区域的不断扩大，开漳圣王的庙宇亦陆续增多。据统计，至1918年，全台的开漳圣王庙有53座，至1992年时已达71座。它们大多分香于漳州的北庙、漳浦的西庙和云霄的威惠庙，庙宇的建筑风格与祭典仪式与闽南基本相同。从清代开始，台湾信众返回祖庙进香谒祖的络绎不绝，特别是近年来，随着海峡两岸经济文化交流的日益频繁，来漳州开漳圣王庙进香的台胞也日益增多。

明末郑成功收复台湾、开发台湾的不朽功绩为世人所传颂，因而，台湾人都奉郑成功为开台圣王，又称开台始祖、开山圣王、开山之神等。台湾各地祭祀郑成功的庙宇有很多，1918年有48座，1930年增至57座，20世纪末则多达140多座。其中延平郡王祠规模最大、香火最旺、祭典最隆重。在郑成功的故乡，福建南安石井乡的郑氏祖祠被台湾所有尊奉郑成功的庙宇或郑氏宗亲会视为祖庙，成千上万的台胞不辞辛劳前来拜谒瞻仰。

此外，唐末的王审知是在全省范围内都有重要影响的另一个被神化的重要人物。王审知，唐末河南光州固始人，是五代时期闽国的创始人之一和主要领导者。他治闽期间省刑薄赋、发展生产、促进文化教育和城市建设，使福建在五代群雄纷争的乱世中保持长达二十九年的安定繁荣，为两宋及其后福建的发展奠定良好基础，被后世誉为"八闽人祖"，其后在闽人的典礼膜拜中逐渐被神化，尤其受到王氏后裔的崇拜。著名的厦门北辰山广利庙又名忠惠尊王庙，就是百姓为纪念闽王王审知而建的。相传农历二月十二日，是闽王成仙之日，前后五日，北辰山庙会盛况空前，游人香客如织，鞭炮声与戏曲声不绝于耳，成为独特的民俗景观。明末以后，随着王氏族裔移居各地，闽王信仰也传播至台湾等地。王姓现为台湾第五大姓，分居台北、台中、台南各地，绝大多数系从福建迁入，均以闽王王审知为先祖。近年，台湾的王审知后裔纷纷返回大陆、回福建寻根恳亲，以弘扬祖德为荣。

十 禅师崇拜

佛教传入中国以后，为了能在中国扎根发展，对中国传统文化采取妥协、退让和融合的态度，特别是传入闽中以后，俗信巫觋的闽人认为佛教禅师与道教的道士或民间的巫师一样，都有降妖伏魔的本事。在这种情况下，佛教徒为了能在南方站住脚，不得不迎合世俗，或主动或被动地介入社会生活，主持或参与民间各种修路铺桥、扶危济困等社会福利事业，或者主持祈福禳灾活动，为百姓做好事，一旦偶有"灵验"，百姓便奉之为神。这一类被神化的佛教徒中在闽台影响较大的有清水祖师、定光古佛、三平祖师、泗州佛等。

清水祖师又称祖师公、蓬莱祖师、明应祖师、清水真人、昭应大师，因其神像脸色黝黑，且传说显灵时鼻子会落下，又称为乌面祖师、落鼻祖师等。清水祖师本姓陈，名普足，福建永春县小岵乡人，自幼出家，他一生热心于慈善事业，并以祈雨经常获验而闻名，因而在去世后就被当地百姓奉为神灵加以崇拜。由于清水祖师十分灵验，南宋时朝廷先后四次敕封清水祖师，最后的封号为"昭应广惠慈济大师"。明嘉靖以后，香火遍及八闽。明末，安溪移民将清水祖师分香分身入台，视其为垦殖的保护神，迅速成为台湾最有影响的神明之一。台湾清水祖师庙多集中在安溪移民的产茶区，最著名的是建于乾隆三十四年（1769）的三峡祖师庙，是台湾的安溪移民专程回祖地安溪清水岩恭迎清水祖师神像后兴建的，庙宇造型精美，具有独特的建筑风格。

定光古佛又称定光佛、定光大师、定应大师等，俗姓郑，名自严，同安人，曾在武平南安岩建庙修行，后来受汀州知府赵遂良的延请在州府寺庙居住。他在世时为百姓做了许多好事，受到百姓的爱戴，被亲切地称为"和尚翁"。宋大中祥符八年（1015）去世后，百姓收集其遗骨和舍利，塑成真像，顶礼膜拜。因其灵验而屡屡受到朝廷的封赐，宋嘉熙四年（1240），封为"定光圆应普慈通圣大师"。明清时期，定光古佛信仰日臻鼎盛，寺庙剧增，特别是在闽西地区被奉为最灵验的神祇，称汀州第一保护神，其后随客家人入台而播迁台湾，当时居住在淡水一带的客家人，家家户户都供奉定光古佛。台湾现存最大的定光古佛庙是淡水鄞山寺，其建筑材料皆来自大陆。与汀州祖地一样，台湾的定光寺也于每年正月初六举办定光古佛祭典，祈求神灵保佑。

第三节　福建民间信仰神灵入台方式

史志称，"由来神庙之传来台湾，大略有三种形式，就是分身、分香或漂流三种"[①]，其中又以前两者为主。

---

① 台湾省文献委员会编《台湾省通志稿》"人民志·宗教篇"，第5275—5277页。

一 分香

所谓"分香",是指闽地百姓移民入台时,到家乡的庙宇中奉请神明的香火袋或神符等圣物,将其随身携带,待抵台后加以礼拜,并在台湾站稳脚跟后建庙祭祀的神明分灵方式。如台湾现存以戏神田公元帅为主神的寺庙有5座,其中建于乾隆三十年(1765)的鹿港大有里玉渠宫就是由晋江分香去的,凡是到台湾演出的戏班都要往该庙祭拜。[①] 高雄县大社乡碧云宫,奉祀三奶夫人,碧云宫所在地三奶村即因之得名。据《大社碧云宫沿革》记载:"本宫最初原称'三奶坛',据先民传述本宫现址原为一片空地,中有一棵大榕树,明朝年间有大陆来台人士路经此地,于树下小憩时将香火挂于树上,离去时遗下未带,尔后每于夜晚即发出红色光芒,并时显灵,乡民乃就地搭建神坛奉祀,此即本地'三奶坛'之由来。至清朝康熙四十六年,始由乡绅建庙奉祀,称为'碧云宫'。"[②] 又如,台北市万华龙山寺是安海龙山寺分香而建的。相传,古代有一个移居台湾的泉州人,在去购买藤木的途中,经过艋舺(即今万华)时歇息于现今寺址,随身携带的香火忘记带走。当晚,附近居民看见树木中放射异光,天亮后前去查看,发现树枝上挂着写有"龙山寺观音佛祖"的香袋,以为是观音显灵,遂集资建造寺院。[③]

二 分身

"分身"与"分香"的主要差异在于移民所携带入台的,是从故乡庙宇中恭请出的神像,而非香火袋或神符。如台湾许多保生大帝庙的保生大帝神像就是分身自同安的。"当荷兰人占据台湾时,有很多泉州人和漳州人,都捧着此神的分身来到台湾。"[④] 笨港温陵庙的创建始于康熙三十三年(1694)僧树璧奉湄洲天后宫神像来台。[⑤] 又如台南县白河临水宫也是用这种方式而创建的。据《台湾区开基白河镇南台临水宫沿革》记载:"本宫创立于康熙年间(1661),经由先贤自福建省古田县大桥南台临水宫,奉迎请

---

① 林国平:《闽台民间信仰源流》,第109页。
② 林国平:《闽台民间信仰源流》,第120—121页。
③ 吴瀛涛:《台湾民俗》,第81页。
④ 〔日〕铃木清一郎著、高贤治编《台湾旧惯习俗信仰》,冯作民译,(台北)众文图书公司,1989,第509页。
⑤ 林衡道监修、黄耀东编《明清台湾碑碣选集》"温陵庙产碑记",(南投)台湾省文献委员会编印,1980,第243页。

临水夫人金身，及圣旨敕封南台助国显佑夫人神位，渡海来台至今有三百二十八年。当时郑成功反清复明为号召，带领军民来台，作为复兴基地。其中以苏望为首，有十八位先贤随郑成功来台。他们由福建省古田县大桥镇临水宫，迎请着临水夫人之金身，及圣旨敕封之神位。到台湾后，为了生计，四处奔波，后来到现址定居。为着延续香火，奉敬助国夫人，就在现址临时搭建一座茅草厝，命名为'夫人妈庙'……本宫经过历代主事之努力筹划，来台后，数次重建庙宇，在第四次改建砖造后改名为'临水宫'……台湾区各村落之分坛现有超过二百余单位，每年农历正月十五日，助国夫人千秋日承蒙各分坛，以及各方面众信徒拨驾回宫参拜，过炉进香，非常盛况。后来由各方面之建议调查，结果临水夫人系统之信徒一致认为本宫历史悠久，因此正式命名为'台湾区开基白河镇南台临水宫'。"[①] 在台湾关帝的民间祠祀中，以宜兰县礁溪乡协天庙与福建关帝庙关联最为密切。相传在宜兰开拓之初，有漳州人林应狮等人，远从福建铜山的关帝庙请来神像，以震慑邪魔，于嘉庆九年（1804）在礁溪建庙奉祀，从此当地的瘟疫不再流行。民众皆以为得自关公的保佑，因此香火更加兴盛。[②] 又如，宜兰市西关庙中有一尊"蚕丝塑成带骑踏云关帝像"，是镇庙之宝，据说是1941年，西门里商人陈福成等四人从福州带回。

三 漂流

顾名思义，"漂流"是指福建沿海寺庙的神像漂流到台湾海岸之后，台湾拾到神像的民众出于恐惧和敬畏为其立庙，加以膜拜。台湾此类的庙宇以王爷庙最多，仅日据台湾总督府社寺台账所录，就有以下九座庙宇[③]：

台北县万里乡重威宫三王爷
台北县金山乡王爷公庙
新竹县香山乡盐水港灵兴宫四王爷
新竹县香山乡盐水港王爷宫
新竹县香山乡盐水港七夫人妈庙
桃园县大园乡贵文宫王爷

---

① 林国平：《闽台民间信仰源流》，第120页。
② 转引自魏淑贞编《台湾庙宇文化大系·关圣帝君》，（台北）自立晚报社文化出版部，1994，第74页。
③ 台湾省文献委员会编《台湾省通志》卷二"人民志·宗教篇"，第310页。

彰化县鹿港镇邪新兴李王爷宫
彰化县鹿港镇邪菜市头永安宫薛王爷
台中县清水镇大木康榔文兴宫朱李池王爷

此外，宜兰市西门里的西关庙，据其寺庙沿革所载，早期关帝像是清咸丰年间漂流而来的。"宜兰市西门里原为船仔头（码头），某日，上游飘来一尊关帝君塑像。地方人士认为关圣帝君福佑辖境，乃集资新建庙祠供奉，于咸丰二年（1852）落成晋座。当时是宜兰市西区信仰中心，因威灵显赫，护佑黎民，地方善信称为老帝君。"① 云林县斗六市南圣宫有两座关帝庙，其中，新南圣宫建于1977年，其正殿"所供奉的关帝君木雕神像，有一丈二尺之高，具五百年的历史，传说该神像是由大陆漂海来台，为北部一民众收藏。后由信徒林辉英等人集资购得捐出"②。

福建百姓移民入台的历史，是福建民间神灵"分灵"入台的基础。入台途中的巨大风险、开发台湾过程中的种种艰难，使得移民们不得不求助于信仰的力量。台湾妈祖、保生大帝、清水祖师等神祇的开基庙，也正是此过程的产物。随着开发台湾进程的深入，福建诸神信仰也沿着闽人移垦的足迹，逐渐遍布台湾各地。这样，在闽地寺庙分灵到台湾各地的过程中，"逐渐形成了福建祖庙、台湾开基庙、台湾分灵庙的三层关系网络，它们之间有着类似于血统上的承袭关系"③。

第四节　闽台民间信仰的交流与互动

闽台民间信仰自古以来就是相互影响、相互促进的。这一互动发展的过程自福建民间信仰传入台湾开始至今，不间断地一直发展下来，不过因历史条件的不同而造成了不同阶段交流互动的不同特点。

一　改革开放以前的闽台民间信仰交流活动

1. 日据以前台湾宫庙返回福建谒祖进香情况

所谓进香，一般就是指到寺庙烧香朝拜。台湾信众回福建祖庙谒祖进

---

① 转引自魏淑贞编《台湾庙宇文化大系·关圣帝君》，（台北）自立晚报社文化出版部，1994，第78页。
② 魏淑贞编《台湾庙宇文化大系·关圣帝君》，（台北）自立晚报社文化出版部，1994，第51页。
③ 范正义、林国平：《闽台宫庙间的分灵、进香、巡游及其文化意义》，《世界宗教研究》2002年第2期。

香，是闽台两地庙宇间的传承关系的历史证据，也是闽台民间交流至关重要的形式之一。这个传统延续至今，在海峡两岸文化融合中仍然起着重要的作用。

早在清代中期，台湾民间宫庙就有返回福建祖庙进香的情形。如史籍记载鹿港天后宫"岁往湄洲进香"①，宫中至今存有一只"乾隆丁未年置"的铜制"湄州进香正炉"。在清乾隆间建庙的大甲镇澜宫，也"定期返回湄洲谒祖"②。北港朝天宫在清代也有回乡谒祖活动，蔡相辉编撰的《北港朝天宫志》附有道光己亥年北港妈湄洲进香香担的图片和光绪六年（1880）湄洲进香的缘金收据。③ 吴瀛涛在《台湾民俗》一书中记录了清代台湾北港朝天宫赴福建湄洲谒祖过程中发生的一则妈祖显灵的故事：某年，北港妈祖循例回湄洲谒祖进香。当时，信徒求卦请示妈祖奉驾的船只，妈祖偏偏选了一艘老船。众人以为神意不可违逆，但内心都惶恐不安。回程时船队遇到风暴，随行的船只都惨遭灭顶，只有供奉妈祖神像的船安然无事。此因随行船只都是新船，行驶较快，冲入台风漩涡。而供奉妈祖的船只因较为老旧、行驶缓慢而幸免于难。该船到港后，妈祖信徒发现有一袋米正好塞住船底的破洞。④ 台湾新港的奉天宫在建庙之后也不定期赴闽进香，记录在案的有四次：雍正八年（1730）、乾隆四十年（1775）、乾隆四十一年（1776）、嘉庆十七年（1812）⑤。

进香活动之外，闽台民间信仰还通过其他方式实现交流与互动，如闽人捐资助修台湾庙宇、台人捐资助修福建庙宇及赠送神像等。如乾隆二十八年（1763），"台厦商民踊跃醵金"⑥，建龙王神庙于厦门南普陀西偏；光绪五年（1879），泉州安海龙山寺重修时得到台湾安平干果郊、台郡泉郊等台湾商郊的捐助。⑦ 又如白礁祖庙前殿门廊的六根蟠龙石柱及中殿的四根石柱，是嘉庆二十一年（1816）白礁祖庙大修时，台湾学甲庄的信徒特地跨海运来支援祖庙重修的。

---

① 周玺辑纂《彰化县志》卷五"祀典志"，台湾文献丛刊第156种，第154页。
② 黄文博：《台湾信仰传奇》，（台北）台原出版社，1989，第149页。
③ 蔡相辉编撰《北港朝天宫志》，（云林）财团法人北港朝天宫董事会印行，1995，第74页。
④ 吴瀛涛：《台湾民俗》，第93页。
⑤ 林德政主修《新港奉天宫志》，（嘉义）财团法人新港奉天宫董事会印行，1993，第342页。
⑥ 何丙仲编纂《厦门碑志汇编》"南普陀西偏建龙王神庙碑记"，中国广播电视出版社，2004，第212页。
⑦ 郑振满编《福建宗教碑铭汇编·泉州府分册》（上）"龙山寺重新碑记"，福建人民出版社，2003，第428页。

总体来说，日据以前闽台民间信仰交流主要以台湾信众返闽进香谒祖活动为主，辅以捐资建庙等方式。台湾信徒返闽进香活动一般只在少数规模较大的宫庙不定期进行，进香的规模不大，也没有固定统一的形式或规矩。学界认为其主要缘由有二：其一是跨海进香谒祖的规模化，必然要具备较为雄厚的财力物力，而"大约在1860年前后，台湾从移民社会过渡到定居社会"，此前在台湾的绝大多数移民尚忙于温饱和稳定，不可能调动大规模的财力物力渡海。其二，当时台湾地区的造船、航海技术还远远达不到确保安全的程度，渡海进香危险性很高。①

2. 日据时期闽台民间信仰的交流

1895年日本占领台湾后为了加强对台湾民众的殖民统治，强制推行同化政策，1937年后，殖民统治者掀起"皇民化"运动和"寺庙升天"运动，严禁寺庙举行岁时祭典，强制收取和焚毁寺庙神像，企图在民间宗教信仰上也使台湾"日本化"。殖民统治者妄想摧毁大多数的台湾庙宇宫观，福建移民要从台湾返回大陆也困难重重。虽然如此，台湾信徒们返闽谒祖的热情却无法遏止，他们会想方设法绕过日本当局所设的种种关卡，实现进香与迎请祖庙神像来台的愿望。据《台湾日日新报》等记载，日据时期，迎请湄洲妈祖及其分身来台4次，台湾妈祖庙到大陆进香至少9次。② 实际上，台湾的妈祖信众渡海到湄洲妈祖祖庙进香的次数应该超过上述统计。如1922年台湾鹿港天后宫组织朝圣团到湄洲谒祖，至今鹿港天后宫还保存着当时拍摄的"圣地湄洲祖庙圣迹相片""自昔以来岁往湄洲祖庙奉请灵火正神"的牌匾及圣旗等。③ 保生大帝信仰方面，台中元保宫与台北保安宫同样设法冲破殖民当局的重重阻挠，返回大陆祖庙谒祖进香。台中元保宫"曾于清季末叶及民国十五年（1926年）至大陆平和县心田宫谒祖进香"；台北保安宫也在民国十九年（1930）"组织进香团，前往泉州府白礁慈济宫祖庙进香"④。

3. 光复后至大陆改革开放前的进香情况

1945年台湾光复，台湾民间信仰摆脱日本政府的束缚，各地寺庙或重

---

① 林国平：《闽台民间信仰与两岸关系的互动》，《江西师范大学学报》（哲学社会科学版）2003年第4期。
② 王见川、李世伟：《关于日据时期台湾的妈祖信仰》，《台湾的民间宗教与信仰》，（台北）博扬文化，2000，第275—278页。
③ 林国平：《闽台民间信仰源流》，第256页。
④ 范正义：《试论台湾开基庙在闽台民间信仰传承中的作用——以保生大帝信仰为例》，周仪扬主编《谱牒研究与五缘文化》，中国文联出版社，2009，第417页。

建或新建，如雨后春笋般应运而兴。1949年国民党退居台湾以后，两岸隔海对峙长达30年，在改革开放之前，客观上不具备台湾信徒赴闽进香的条件。两岸民间信仰的交流基本陷于停顿状态，但政治隔离并不能阻断闽台民间信仰的血缘关系。

二　改革开放以来的闽台民间信仰交流活动

20世纪70年代末以来，随着国家政策的放开、台湾戒严令的解除，两岸关系渐趋缓和，闽台民间信仰的交流活动又开始盛行起来。

1. 改革开放以来台湾民间宫庙的返闽进香活动

由于妈祖信仰在闽台两地源远流长，信众人数众多，影响深远，因此各种进香谒祖活动尤为引人注意。改革开放为两岸"三通"和信众往来提供了可能，许多台湾的妈祖信徒也努力冲破种种历史遗留的障碍，返回湄洲妈祖祖庙谒祖进香。这就是有名的"官不通民通，民通以妈祖为先"的局面。据不完全统计，从1983年湄洲祖庙寝殿修复后至1987年11月2日台湾当局开放民众赴大陆旅游探亲之前，到湄洲祖庙进香的台胞就有157批，562人，请回神像76尊。[①] 1987年莆田举行的"妈祖千年祭"活动吸引了近十万台湾妈祖信众前来参加。台湾开放探亲之后，台湾民间信仰信徒返闽谒祖更加盛行。1988年10月，台湾北港朝天宫到湄洲祖庙进香。1989年5月5日，宜兰南方澳南天宫组织了多达224人的进香团，信众们分乘24艘渔船直航湄洲祖庙进香，带去5尊从湄洲祖庙"分灵"去的妈祖像，并请回了38尊小型妈祖像和2尊大型妈祖神像。此次活动创造了"宗教直航"的民间首航，之后，海峡两岸信众在民间信仰的交流互动中不断将"直航"的层次提高。2001年1月2日上午7时30分，马祖岛"妈祖平安进香团"第一次搭乘"台马"轮通过"两马"航线，即从马祖岛的南竿福澳港出发直达马尾，首次实现了"小三通"直航。该团到达福州马尾后，再前往湄洲岛祖庙进香。全团成员包含临时获准前往的媒体记者共约530人。2006年9月25日"台湾妈祖联谊会[②]暨大甲镇澜宫湄洲谒祖进香团"，开创了两岸民间信仰进香历史上进香团规模之最。该进香团由台湾妈祖联

[①] 林国平：《闽台民间信仰源流》，第259页。

[②] "台湾妈祖联谊会"系2002年由台湾省8间妈祖庙联盟而成，第一届会长由镇澜宫董事长郑铭坤担任。该妈祖会捐赠新台币700余万元协助翻修福建省莆田市贤良港的妈祖故居，2002年完工。

谊会和大甲镇澜宫组建，成员包括来自台湾岛内各地 50 多座妈祖宫庙的 4300 多名香客；进香团护驾而来的妈祖神像有 100 多尊；此进香团与以往的进香团比较，所包含的庙宇数量、参加人数、入闽妈祖像数量等都创造了新纪录。2008 年年底海峡两岸签订《两岸活动协议》，两岸基本实现"三通"。据此，台湾妈祖信众首次从本岛正式直航湄洲岛祖庙进香。2009 年 2 月 13 日，台湾嘉义市天皇宫组织座宫庙 440 名信众，乘坐台湾"合富"轮从台中的布袋港直航湄洲，停靠湄洲岛 3000 吨级对台客运码头，首次实现了大陆与台湾本岛港口的海上客运直航，这是真正意义上的"台湾客运直航大陆第一船"，也是湄洲岛继与金门、马祖实现海上客运通航后的又一历史性突破，为此，莆田市举行了盛大的首航成功欢迎仪式，并迎接嘉义市进香团直航进香。①

妈祖信徒之外，台湾其他神明的信徒也不甘落后，纷纷踏上福建故土。如 1988 年 4 月 4 日，台湾屏东县进香团一行 71 人，手捧从台湾带来的两尊保生大帝神像前往白礁慈济宫进香。② 1990—1992 年，台湾保生大帝同祀宫庙在学甲慈济宫的号召与组织下，连续三年组织到白礁慈济祖庙谒祖进香。2000—2002 年连续三年，保安宫组织本宫董监事与诵经生、效劳生赴福建白礁与青礁祖庙谒祖进香，并在祖庙内举办隆重的谒祖祭典仪式。

1988 年 11 月 14 日，高雄市 30 多名信徒，专程到东山关帝庙进香谒祖，并敬送"追源谒祖"的匾额。③

在台湾当局宣布开放探亲后的两三年内，台湾信徒到安溪清水岩祖庙拜谒进香的也越来越多，台北景美区会元洞清水祖师庙、淡水岩进香团、台中县在泉乡龙泉岩进香团等数十个团体到安溪清水岩拜谒。仅 1989 年，就有 5 批近 200 人次台湾信徒到安溪清水岩进香。④ 从 1990 年到 1993 年，又有桃园福山岩、高雄龙凤宫、台南清水岩等 70 多个团体赴安溪清水岩进香。

又如 1999 年和 2001 年，福建宁德市先后两次组团赴台考察，了解台湾临水夫人信仰的发展情况，并与多个民间宫庙团体举行联谊活动，打开了大陆临水夫人信众前往台湾参与祭祀的大门，形成了两地之间双向互动的

---

① 《湄洲日报》2009 年 2 月 14 日讯（记者朱秀兰、李新华，实习生郭国勇）。
② 《台湾屏东进香团前往白礁慈济宫寻根谒祖》，《厦门日报》1988 年 4 月 28 日。
③ 刘子民：《寻根揽胜漳州府》，华艺出版社，1990，第 208—210 页。
④ 安溪清水岩志编纂委员会编著《清水岩志》，泉州市文物管理委员会，1989，第 78 页。

交流局面。2008年7月5日，台湾民俗进香团一行316人首次以直航的方式，从马祖福澳港直航福建，这是近年来台湾同胞赴古田临水宫陈靖姑祖庙朝拜的大规模的团队之一。

1991年，台北淡水鄞山寺住持胡俊彦先生历经波折找到武平县岩前镇狮岩均庆寺，终于实现了几代人寻找定光古佛的根的梦想。此后，两岸定光古佛的信徒频繁举行各种友好交流活动。如台北淡水鄞山寺立下一条规矩：每隔3年的农历正月初三，派信徒回到武平县均庆寺，在定光古佛的佛像前包装香灰回台湾，以示定光古佛的灵气永存，庇佑大家平安幸福。2000年，台南大竹镇专门派人到武平均庆寺举行分香仪式，从均庆寺移植香火到台湾，以示其供奉的定光古佛得到承认。

2005年9月，供奉广泽尊王的台湾著名庙宇西罗殿曾组织祭祀进香团370多人回到泉州南安谒祖进香，成为当时厦金航线开通之后通过该航线直达大陆的最大的台湾进香团。

2. 闽台宫庙缔结"姊妹庙""兄弟庙"

1988年秋，北港朝天宫与湄洲妈祖庙以互赠巨型妈祖石雕像的形式，缔结为"至亲庙"，可视为两岸同祀宫庙缔结"姊妹庙"的滥觞。此后，大甲镇澜宫、台南大天后宫等台湾妈祖庙又先后和湄洲妈祖庙"缔结至亲"。2010年8月17日，彰化南瑶宫与泉州天后宫、漳浦乌石天后宫缔结为友好宫庙；2011年1月，台南大天后宫先后和莆田平海天后宫、泉州霞洲妈祖宫缔结为"姐妹宫"。紧随妈祖宫庙之后，闽台两地的其他神祇的宫庙也加入到缔结"姊妹庙"或"兄弟庙"的活动之中，建立了更为紧密的情谊关系。2010年6月在漳州召开的第三届国际开漳圣王文化联谊会开幕式上，台湾地区的大里圣隆宫、左营慈安宫、云林古坑慈灵宫、屏东生田建安宫分别和漳州芗城新桥威惠庙、龙文檀林威惠庙、漳浦威惠庙、诏安开漳圣王庙签约缔结为4对"兄弟庙"，携手共同弘扬开漳圣王文化。此前，台湾和漳州两地已有8对"兄弟庙"，漳台两地开漳圣王"兄弟庙"由此达到12对。2011年5月，在福州举行的首届海峡顺天圣母陈靖姑文化论坛上，包括台湾彰化闾山道院、三重市福音堂在内的闽台10家顺天圣母陈靖姑（临水夫人）宫观也签约缔结为"金兰姐妹庙"。[①] 此后两岸的接触面逐渐扩大，福建与台湾建立密切联系的宫庙及团体越来越多。

[①] 参见海峡论坛官网报道和范正义《试析闽台庙际关系的多重形式》，《台湾研究辑刊》2012年第3期。

3. 福建祖庙神像入台巡游

改革开放以后，台湾信众对福建祖庙神灵渡海来台巡游有着愈来愈强烈的愿望。1997年1月24日起，湄洲妈祖金身巡游台湾达102天，经过19个市县，驻跸35个妈祖庙，接受信众朝拜100多万人次，台胞称之为"千年走一回"的世纪之行；台湾媒体以"十里长街迎妈祖，火树银花不夜天"等来描绘巡游场面。2002年5月8日（农历三月二十六日），湄洲祖庙妈祖金身从湄洲岛客运码头起驾，直航金门，进行为期5天的巡安活动，接受信众的朝觐。这次巡游的实现，标志着两岸"客运双向直航"的实现，即湄洲港与金门、乌丘之间的海上客运双向直航从此开通，乌丘民众也得以首次通过客运直航回湄洲岛省亲谒祖。

1995年1月11日，东山关帝神像由"源丰11号"渔船迎奉赴台，登陆基隆港，先后巡游了基隆、宜兰、台中、高雄和澎湖等地，后因广大信众一再请求，原定在台湾驻跸一个月的期限被延长为半年，至7月20日才从基隆回到东山。这次为期半年之久的祖国大陆关帝神像巡游台湾，开创海峡两岸隔绝40多年之后大陆神像首次直航赴台的先河，在增进两岸文化交流和同胞情谊方面产生了良好的效果。

自1997年起，开漳圣王陈元光信仰的祖庙神像已经多次入台巡安，最近一次是2010年5月举行的。

2009年10月23日，福建古田县临水宫管委会与台湾顺天圣母协会联合举办"福建宁德古田临水宫祖庙顺天圣母陈靖姑金身巡游台湾"活动。巡游活动环游台湾全岛，到11月3日金身回到古田，前后历时12天，巡经全台20多个县市，共计行程1000多公里，并且在台北、台中、嘉义、高雄、花莲、宜兰等城市设行宫组织开展祈祥法会等活动，接受台湾群众朝拜。[①] 此次巡游活动规模之大、范围之广、影响之深，在宁德与台湾的民间信仰交流史上前所未有，成为近年来宁德入台宣传最成功的一次，被视为和平之旅、文化之旅。

2009年7月1日—7月26日，广泽尊王信徒举行了首次金身"游台巡香"活动。这次活动是在台南市下林玉圣宫的积极倡导下，由凤山寺与台湾各县市宫庙联合举办的，是400多年来凤山寺广泽尊王金身首次赴台巡安。此次活动行程20多天，沿途受到了台湾各地广泽尊王信众的热情欢迎。

---

① 《海峡都市报》2009年10月26日。

迎驾祭祀典礼由台湾"立法院长"王金平当正献官，台南市长许添财任亚献官。陪祭官当中，有"立委"、台南市议员、台南市政府相关官员、台南数百座庙宇及当地国民党的负责人等，阵势非同一般，影响十分广泛。

此外，2010年12月16日，定光古佛金身从武平县岩前镇狮岩均庆寺起驾，由46人组成巡游团护送，经厦门直航台湾桃园，随后前往彰化定光佛庙开始为期8天的台湾巡游活动，先后在彰化、苗栗、台北等地举行佛事活动。

福建祖庙神灵金身的赴台巡游是两岸民间信仰交流互动进入高潮的重要体现，为两岸亲缘的联系重建和两岸关系的和平发展起到了不可低估的重要作用。

4. 举办文化节、民间信仰文物展及学术研讨会等

1993年12月25日，妈祖信仰民俗文物在台展出。展品有文物75件、实物55件、复制品2件、拓片14件、照片85幅，其中包括莆田市博物馆馆藏的木雕妈祖像、莆田东岩山妈祖行宫距今800年的南宋软身木雕妈祖像等珍贵文物。这些实物、图片等向台湾民众展示了妈祖信仰的源流及其在海内外的影响。吴伯雄、宋楚瑜等台湾政要出席了开幕式，在历时半年的在台展出期间，共有台湾及海外80万人次前往参观，在海内外产生了巨大的影响。

在两岸民间信仰学术性研讨方面，1987年莆田妈祖羽化升天千年祭典期间，大甲镇澜宫进香团不仅参加了纪念妈祖升天1000周年的大型庆典等活动，而且参加了1987年10月28日—31日在莆田市举行的妈祖信仰学术研讨会，开启了两岸民间信仰学术交流互动的大门，并将闽台两地原有的研究水平提高了一步。① 此后类似的两岸民间信仰学术活动不断举办。1990年在莆田召开"妈祖文化国际讨论会"，出版论文集《海内外学人论妈祖》。1997年6月20至22日，由省社科联、省民俗学会及台湾省各姓渊源研究学会联合举办的"闽台妈祖文化学术研讨会"在厦门大学召开，会后出版论文集《两岸学者论妈祖》。

又如，从20世纪90年代初开始，有关陈靖姑信仰的文化学术研讨就受到了广泛的重视，一些学术研究会如福州市、宁德市和古田县的"陈靖姑文化研究会"相继成立，学术研讨会也得以经常举行：1993年8月27日—

---

① 蔡相辉：《近百年来妈祖研究概况》，(台北)《台北文献》2005年第6期。

30日，福建省和福州市的民间文学家协会、古田县对外文化交流协会联合主办了"中国（古田）临水宫陈靖姑文化学术研讨交流会"。这次会议是闽台第一次共同研讨陈靖姑文化的重要活动。1999年4月，由台湾省各姓渊源研究学会与古田联办的"台闽临水夫人文化学术研讨会"在古田县举行，出版《妇孺保护神——临水夫人》。

由漳州市历史学会、漳州师院闽南文化研究所民俗研究室、台湾宜兰草湖玉尊宫共同筹办的"玉皇崇拜与中国传统文化"学术研讨会，于1999年1月7日在漳州师院举行。台湾和平统一促进会副会长郭骏次博士一行参加了会议。这些活动的举行不仅深化了闽台民间信仰的研究，促进了两岸学术交流，也加深了两岸人民的感情。

此外，各种文化节的举办也为闽台民间信仰信众的交流与活动提供了很好的平台。到目前为止，福建的"湄洲妈祖文化旅游节"已经举办了10余次。为了纪念两岸妈祖文化恢复交流20周年和湄洲妈祖金身巡游台湾10周年，2007年5月27日—31日莆田市第一次举办了"莆田妈祖文化活动周"活动。在活动中，第一次邀请了来自台湾的布袋表演艺术家，和莆田、龙岩、泉州等地木偶戏演艺人员一起，共同进行了100多场戏剧演出。[①] 2009年5月16日，首届"海峡论坛"中的"祈福大典"也在湄洲岛举行，这也是一种新的交流互动的方式；类似的如临水夫人信仰文化节中的"普度大法会"等，都包括了不少过去所没有的活动内容。在关帝信仰方面，文化节或者关帝文化旅游节的举办也十分兴盛。福建东山也举办了19届，每次文化节都有台湾民众前来参加，为两岸信众之间的相互了解和交流提供了极大的便利。其他如漳州的"海峡两岸开漳圣王国际文化旅游节"等文化节到2010年为止也正式举行过4届，吸引了台湾及世界其他地方开漳圣王陈元光信众的积极参与。2012年11月，武平狮岩举办"第二届定光古佛文化旅游节"，来自台湾新北市、台北市、彰化县、苗栗县等多地的台湾同胞200多人参加。

5. 台湾民间信仰对福建的反哺活动

文化的交流是双向的、相互的，民间信仰也是如此，在两岸频繁的民间信仰交流活动中出现了不少文化"反哺"现象。如台湾的神灵大多由福建祖庙以分身、分香、漂流等方式分灵台湾，但福建也有分灵自台湾的宫

---

① 新华社福建莆田2007年5月28日电（记者许雪毅、殷少亭）。

庙。如福建晋江的深沪宝泉庵内有从台湾学甲慈济宫传回的保生大帝神像和药签。咸丰年间，闽台商贸频繁，深沪与台湾之间一日可达。"协庆"等台商在深沪所设的船行，就是出于商业便利考虑的产物。其时，生病的船员常要到学甲慈济宫求保生大帝的药签治病，为在深沪祈求保生大帝治病的方便，"协庆"号的船员曾经预先塑一尊保生大帝神像，偷偷地将学甲慈济宫的保生大帝神像换出，供奉在深沪宝泉庵中。后来这些船员又以每首药签二文钱之价格，向往来台湾的船员征集慈济宫的药签，花了一年多时间终于将324方药签收齐。[①] 今天屹立在湄洲岛的妈祖石雕巨像，在台湾北港朝天宫也有同样的一座。其赠送仪式于1991年6月1日在湄洲祖庙举行，名为"湄洲妈祖神庙赠天后宝像安奉台湾北港朝天宫恭送大典"，台湾北港朝天宫也为此举行了接收大典。因此，台湾当局不得不批准湄洲祖庙派人来台。从此，在两岸民间信仰的交流中，不再仅仅是台湾信众赴大陆的单向流动，大陆民众也能够经常赴台湾参加民间信仰活动了。两岸双向交流的大门从此开启。又如，晋江金井崇义庙中的关帝神像是光绪年间从台湾凤山分灵来的。晋江金井岩峰西资岩崇义庙前竖立的《新建崇义庙碑》，记载了该庙主神于光绪年间从台湾凤山传回福建，并在闽南拥有众多信徒的情形，反映了闽台民间信仰密切的亲缘关系。[②] 1992年，南投中寮村奉祀惭愧祖师的长安寺的信徒在黄万进先生的率领下，前往大陆找寻祖庙，最终确定祖庙是福建省永定县下洋镇太平村的乐真寺。1994年，黄万进先生率众护驾"二祖师公""返乡探亲"。因"文化大革命"时寺庙内的神像器物均被毁坏，乐真寺方面就很想留下"二祖师公"的金身，但被长安寺随行"护驾"的善男信女们拒绝。台湾长安寺方面也允诺，隔年送一尊祖师公神像回祖庙。1995年，黄万进先生即率惭愧祖师的信徒们从台湾护送一尊新刻的祖师公神像与天公炉赠送给原乡祖庙。至此"戴王冠，着文武装，持剑跣足"造型的"惭愧祖师公"，也传回原乡故里。还有，泉州永春县东关镇外碧村的陈坂宫是一座始建于明代的境主宫庙，历史悠久。2011年3月23日，台湾影响甚大的新港奉天宫"开台妈祖"分灵陈坂宫，益佑当地的妈祖善信。这尊67公分的黑面妈祖圣像，由新港奉天宫董事长何达煌先生亲自选用台湾古旧樟木树头，并专门聘请台湾神像雕刻名师陈天福先生精

[①] 黄良编《晋江揽胜》，国际文化出版公司，1998，第62页。
[②] 粘良图选注《晋江碑刻选》，厦门大学出版社，2002，第264页。

心雕刻而成。因永春县的天后宫在民国时期废弃后妈祖信仰归于沉寂,当地民众认为台湾分灵的这尊妈祖像是永春的第一尊妈祖,因而尊称为"开永妈祖"。

另外,台湾同胞前往祖庙谒祖进香的同时,往往会对祖庙等相关地方进行捐献。例如,台湾"保生大帝庙宇联谊会"曾专门成立"白礁慈济祖宫修建促进委员会",积极在台湾保生大帝宫庙中筹集了120多万元人民币与35万张金箔等,最终将白礁慈济宫修葺一新;该联谊会还积极支持赞助福建祖庙的一些重要的仪式活动,如白礁慈济宫2000年的五朝清醮活动、青礁慈济宫2002年的文武庙庆活动及其他庆典活动等。台湾信徒欧阳运祥借"上白礁"谒祖祭典之机,向白礁祖庙敬谢铜质香炉。[1] 1988年,台湾元保宫在福建青礁慈济宫参香时,从宫里的碑刻中找到其母宫平和县坂仔心田宫的记录。确证该宫是青礁慈济宫的分灵庙后,元保宫慷慨解囊,"捐资人民币百万元襄助营建",使闽台保生大帝信仰的另一祖庙青礁慈济宫焕发新容。[2] 在福州仓山龙潭角陈靖姑祈雨处、古田临水宫祖庙香客大楼及陈靖姑文化广场等工程建设中,也都有台湾信众的捐助或投资。据1993年安溪清水岩祖师庙管委会提供的资料,到此进香的台湾信徒共捐献人民币20多万元、台币80多万元、美元1万多。[3] 台湾同胞的慷慨解囊在福建民间信仰文化的恢复和发展中发挥了重要的作用。

除了捐资等物质上的反哺,台湾还对福建民间信仰在非物质层面上进行了反哺。"文化大革命"严重地破坏了福建的民间信仰活动和存留,不仅是物质形态的神像、寺庙和科仪文本遭毁,许多信俗仪式知识也散佚失传。因此,台湾宫庙谒祖进香不仅带动了两岸的宗教文化交流,也从内容与形式两方面反哺了福建民间信仰。1990年,台湾学甲慈济宫组织的台湾谒祖寻根进香团一行437人,先后在龙海白礁慈济宫、厦门清礁慈济宫、泉州花桥慈济宫举行盛大的"祝嘏大典"。学甲慈济宫董事长、"保生大帝庙宇联谊会"首届会长周大围担任主祭,各地宫庙代表陪祭,在诵经团庄严肃穆的赞颂声中,"举行献花、献果、献帛等献礼,并行三跪九叩首礼,前后约进行一个小时而礼成"。类似的祭典仪式在福建祖庙举办,对福建民间信仰

---

[1] 黄有兴:《学甲慈济宫与壬申年祭典纪要》,(台北)《台湾文献》1995年第46卷第4期,第116页。
[2] 范正义:《试论台湾开基庙在闽台民间信仰传承中的作用——以保生大帝信仰为例》,周仪扬主编《谱牒研究与五缘文化》,中国文联出版社,2009,第418页。
[3] 陈元煦、黄永治:《闽台及东南亚之清水祖师信仰》,《福建师范大学学报》1995年第2期。

仪式的恢复与完善起到了十分有益的作用。①

  总之,闽台民间信仰交流活动的形式在古代以福建向台湾传播为主,近代以后则以台湾信徒返回祖庙进香谒祖为主,单向的活动较多。20世纪80年代,大陆实行改革开放及台湾当局解除禁令为两岸民间信仰宫庙和信众间的互动交往创造了越来越有利的条件。特别是随着两岸关系的不断改善,两岸民间信仰的文化交流活动的开展愈加频繁、深入,宫庙间的关系更为密切,民间信仰交流互动的内容和形式更加丰富,规模更为扩大。在两岸民间信仰交流互动的内容和方式方面,不再局限于进香、台湾的神灵分身神像回祖庙过火等单向的宗教活动,举办文化节、民间信仰文物赴台展出、两岸学术研讨等多种双向的交流活动越来越多,互动越来越活跃,内容和方式越来越丰富。日益密切的海峡两岸民间信仰的互动交流,不仅增进了两岸民众之间的理解与善意,加速两岸的开放进程,深化了两岸的民间亲情,同时也促进了闽台社会经济文化的发展。

(本章撰稿:黄洁琼)

---

① 范正义:《试论台湾开基庙在闽台民间信仰传承中的作用——以保生大帝信仰为例》,周仪扬主编《谱牒研究与五缘文化》,中国文联出版社,2009,第419—420页。

第七章　闽台音乐戏剧渊源

台湾有史以来音乐戏剧活动盛行，随着福建移民渡海到台的剧曲、剧种，曾经在台湾这块新生的土地上，散放着浓厚的原乡气味，抚慰着一颗颗离乡背井的心灵。从历史视角来看，明清时期，台湾的音乐戏剧属于原乡文化的横向移植；这种单方面的影响持续到日据时期，福建戏班密集赴台献艺，对在地化发展的台湾音乐戏剧具有指标性的引领作用；而光复以后两岸的戏剧交流以歌仔戏为重点，在双向交流互动中两地发展出了不同的歌仔戏样貌。历经数百年的时间，福建的传统音乐和戏剧扎根在台湾这一片土地上，继而在这里衍生出丰富的表演文化。

第一节　《陈三五娘》戏本在闽台两地的传衍

论及台湾音乐、戏剧与福建的关系，在音乐方面，本文出于论述方便，主要考察的是戏曲音乐，而其中最突出的便是南音、北管及歌仔；戏剧方面，中国民间戏剧有"人戏""偶戏"之分，由人扮演角色的称为"人戏"，由人操作偶像扮演角色的称为"偶戏"，由于台湾的传统戏剧绝大多数传自福建，就同样保留了这样的体例。

表 7-1　台湾主要剧种分类及来源

剧种	人戏												偶戏		
	南管戏			北管戏			潮剧	京剧	客家采茶戏	歌仔戏	竹马戏	车鼓戏	傀儡戏	布袋戏	皮影戏
	七子班	高甲戏	白字戏	乱弹（福路 西皮）	子弟戏（正音）	四平戏									
传出地	福建	福建	福建	福建	福建	福建	广东	福建、上海	广东、福建	台湾	福建	福建	福建	福建	福建

在表 7-1 所呈列的剧种中,《陈三五娘》被其中的绝大多数剧种演述过。这是一个广泛流传于闽南文化圈的美丽传说。随着闽南人移民台湾,与其相关的戏剧演出活动也流传至台湾。早期台湾民间普遍传演着各种《陈三五娘》戏剧作品,继而有文人学者创作的各式剧本和小说,至 20 世纪末这部老戏文再度受到重视,被列入台北中小学乡土教材。可以说,一部《陈三五娘》,在勾连起闽台两地的同时,还贯穿了闽台戏曲发展的各个时期,成为原乡故事在台湾传唱的生动样本。

《陈三五娘》流传的常见名称还有"荔镜记""荔枝记""荔支记""陈三""磨镜奇逢""荔镜奇缘"等。现今发现的最早的《陈三五娘》剧本是明嘉靖丙寅年(1566)刊行的《重刊五色潮泉插科增入诗词北曲勾栏荔镜记戏文全集》,为闽南白话南戏剧本。万历年间刊刻的《荔枝记》在嘉靖《荔镜记》版本基础上补充了"留伞"情节,就形成了后世流传的《陈三五娘》故事的主线:灯下奇逢→投荔→磨镜→留伞→林大逼婚→私奔→团圆。

故事主要内容为:泉州陈伯卿(排行第三,称"陈三")送兄长伯贤一家前往广南任职,路过潮州时,恰好遇见与益春、李婆上街赏灯的黄五娘,彼此萌生爱慕之情。此时富家子林大亦上街看灯,见着五娘十分欣喜,之后便前往黄府礼聘提亲,黄父欣然同意。陈三送兄嫂上任后,在返乡途中,再次路经潮州,五娘和婢女益春正于绣楼上赏玩风景,陈三恰巧路经楼下,五娘抛下手帕、荔枝向陈三表述情意。陈三心喜,为图与五娘一诉衷情,便乔装为磨镜郎到黄家磨镜,并借破镜卖身进入黄家为奴三年。但黄家早已将五娘婚事许与林大,三年中,因五娘的矜持,陈三始终得不到五娘的回应,失望之余决定返回泉州,益春婉言留下陈三,之后陈三借书信传达出自己的心意,五娘也开始回应陈三的感情。最后在林家多次逼婚下,五娘、陈三终于决定私奔回泉州。林大闻讯后,上告潮州官府,奔逃的陈三、五娘和益春三人遂被公差捕回,陈三被知州问罪下狱且发配崖州服刑。途中幸遇兄长搭救,最后陈三、五娘终于正式完婚,喜庆团圆。[1]

在长期的传衍过程中,各戏曲剧本几乎都是依此故事架构、脉络再作延展变化,衍生出同中求异的情节内容,故事发展过程和结局都有了一定的改变。例如:歌仔戏就特别加入"黄六娘"的角色,六娘最后与林大成婚,为陈三、五娘与林大的矛盾提供了另一套解决方案。也有剧本是五娘、

---

[1] 张筱芬:《台湾〈陈三五娘〉今昔的演出差异与变化》"绪论",(花莲)东华大学民间文学研究所硕士学位论文,2010。

陈三双双被林大逼至投井殉情的悲剧结局。而黄梅调电影就于私奔处作结，留下了无限的遐想空间。

在早期社会中，这样突破礼教束缚、追求婚姻爱情自由的故事无疑是十分大胆的，然而正是由于群众共有的这种突破禁欲的心理，使得故事广受欢迎，屡禁不止，更发展成为"梨园戏第一大出"和"歌仔戏四大出"。及至现代，由于《陈三五娘》一向演出频繁，观众早已熟悉剧情，看戏的重点便转向欣赏表演，这也促使《陈三五娘》发展出许多不同的特色剧本与演出风格。在福建、台湾流行的剧种中此戏本演出的情况大体如表7-2所示。

表7-2 福建、台湾各剧种中的《陈三五娘》

剧种	总述	福建	台湾
梨园戏	1. 属于七子班"内棚头戏"之一，被称为"梨园戏第一大出"。梨园戏《陈三五娘》明显承袭于明、清刻本的《荔镜记》《荔枝记》，全剧重情节的转折与唱作工夫 2. 南音中就有百余首与《陈三五娘》剧作相关的唱曲。在南音的"指套"与"散曲"中，也有大量叙述《陈三五娘》故事的曲子	1. 现今刊行的剧本，是1952年由老艺师口述，他人记录整理，并由晋江县大梨园剧团演出的剧本 2. 该底本在1953年又一次整理，由福建省闽南戏实验剧团演出，获得"1954年华东区戏曲观摩演出大会"剧本一等奖	1. 台湾的梨园戏是承袭闽南七子班的剧目与演出场域。1920年后渐趋式微 2. 现今剧本，大抵源自李祥石于1960年赴台征募梨园戏演员到菲律宾演出时所传袭下来的35出演出剧目 3. 汉唐乐府于1998年创作出古典梨园歌舞《荔镜奇缘》
南管小戏	"南管小戏"指流行于闽南和台湾地区，以"泉腔"为主要声腔的阵头小戏剧种。主要有车鼓戏、七响阵、竹马戏、七里香阵等	在闽南有许多南管小戏演出《陈三五娘》的片段曲调剧目	与闽南情况相同
高甲戏	《陈三五娘》为高甲戏传统剧目之一	1.1952年，闽南"金连升"高甲戏班整理出六集《陈三五娘》连台本戏 2.1954年"金连升"完成《审陈三》和《益春告御状》两折的演出剧本 3."金连升"的《陈三五娘》大受欢迎，就此成为厦门高甲戏的代表剧目	1. 高甲戏班与"七子班"关系密切，难以划定 2. 高甲戏"生新乐剧团"周水松收藏的《陈三五娘》被列为梨园戏剧本
布袋戏	《陈三五娘》是南管布袋戏的演出剧目之一	"晋江市掌中木偶剧团"只保留《陈三五娘》中的《小闷》一折	1. 现今已不复见演出，只能从文献资料得知台湾布袋戏的旧剧目有《陈三五娘》 2. 2004年"真快乐"掌中剧团与"心心南管乐坊"联合制作演出南管布袋戏《陈三五娘》

续表

剧种	总述	福建	台湾
莆仙戏	传统本拥有许多《陈三五娘》剧本的不同样貌,以《下陈三》的剧本故事曲折发展而绵延到清代,颇具特色	1. 手抄本保存于福建省艺术研究所 2. 已无剧团可做全本演出,只单独演出过其中数折	现今已无人传演
歌仔戏	《陈三五娘》歌仔册在福建与台湾都拥有相当可观的刊刻或传抄记录	1937年,邵江海使用改良【杂碎调】编修、创作了《荔镜传》,但现今只剩整理本,几乎没有剧团再演出此剧	是歌仔戏四大出之一。有众多的外台、内台、现代剧场舞台演出与戏曲唱片的发行纪录。更有广播、电视、电影歌仔戏的版本
戏曲电影		1. 1926年黑白无声电影《荔镜传》发行 2. 1957年天马电影制片厂摄制的梨园戏电影戏曲片《陈三五娘》是泉州拍摄的第一部电影,为彩色影片。在粤东和闽南地区广为流传*	1956年闽南语片兴起。早期常将舞台上的演出直接拍摄下来制成电影。《陈三五娘》戏曲电影拍摄有五部:1959年《益春告御状》,1963年《陈三五娘》,1964年《五娘思君》,1981年台视《陈三五娘》,中华电视《陈三五娘》。其中前四者为歌仔戏电影,后者为黄梅调电影
其他			1. 1947年吕诉上将《陈三五娘》改编成舞台剧剧本,创作了轻喜剧《现代陈三五娘》 2. 1985年曾永义制作民族舞蹈剧《陈三五娘》 3. 2001年罗凤珠创作儿童剧《陈三五娘》

* 《电影〈陈三五娘〉演员今安在?》,《晋江经济报》2012年2月19日,第3版。

资料来源:①张筱芬:《台湾〈陈三五娘〉今昔的演出差异与变化》,(花莲)东华大学民间文学研究所硕士学位论文,2010。

②曾学文:《20世纪闽南歌仔戏〈陈三五娘〉流行情况撷拾》,http://wenku.baidu.com/view/9f96add8d15abe23482f4d13.html,最后访问日期:2013年8月19日。

难能可贵的是,《陈三五娘》这个被观众烂熟于心的剧作文本,能够不断会通适变,在每个时代背景下都能发展出不同风格的作品,从而能够从不同的艺术角度来吸引观众,使此剧本得以不断参与到闽台两地的表演艺术史中。有理由认为,对《陈三五娘》剧本和演出形式流变更细致的考察,可能有助于开启闽台戏曲"传承的密码"。

如果说《陈三五娘》的传演史可以勾勒出闽台二地的戏曲因缘,那么,对福建原乡音乐和剧种在台湾传承发展情况的细致考察,将呈现许多艺师传承的图谱和剧种传衍的脉络。从时间上来看,大致分为日据以前、日据时期及光复初期、国民党政权去台以后三个阶段。

第二节 1895年以前：以移民为媒介的原乡输入

"从目前的研究来看，台湾原住民早期的歌舞和祭仪，尚非'以歌舞演故事'的戏曲，戏曲文化主要见之于汉人社会"①。谈论台湾的戏曲，还是要从汉人移民说起。台湾的戏曲主要是由大陆原乡随汉人移民迁入的，又由于台湾汉人移民以福建为大宗，所以台湾的传统音乐和戏曲许多是由福建传入，有的是直接发源于福建地区，有的是发源于大陆其他地方再转而经过福建传入台湾。1926年台湾总督府作"在籍汉民族乡贯别调查"，兹列其结果（见表7-3）。

表7-3 1926年台湾在籍汉民族乡贯别分布表

（单位：百人）

乡贯	福建									广东				其他	合计
	泉州			漳州府	汀州府	龙岩州	福州府	兴化府	永春州	计	潮州府	嘉应州	惠州府	计		
	安溪	同安	三邑（南安、惠安、晋江）													
人数	4416	5531	6867	13195	425	160	272	93	205	31164	1348	2969	1546	5863	489	37516

资料来源：1928年台湾总督府关防调查课印行之《台湾在籍汉民族乡贯别调查》，调查的年代为1926年。转引自陆方龙《试论日治时期来台福州班的剧种问题》，（台北）《民俗曲艺》第151期，2006年3月，第167页。

从表7-3可知，来自福建泉州和漳州的移民人口占了台湾全岛汉人总数十之七八，与之相应，在台湾历史上流传的戏剧戏曲也主要来源于福建泉漳地区。由于早期移民珍重故土和敬畏鬼神的观念，加之垦拓时期主要精力不在于此，在1895年以前的台湾，其音乐戏剧活动几乎是对大陆原乡的原样复制和移植，创造和变革的地方不多。主要表现在以下三个方面。

一 最早传入台湾的戏剧活动来自福建

从近年来对台湾重要艺人传承谱系的追溯和查考，可知明郑时期已有

---

① 吴慧颖：《荷据时期台湾戏曲活动初探》，《戏曲研究》2008年第3期。

福建艺人渡海赴台定居，例如，福建漳州人张荫（1642—1735）明郑时期赴台，定居高雄县大社乡（旧称"三奶坛"），他将从原乡习得的皮影戏技艺传授给族内子孙，此后发展为台湾皮影戏的最大家族。①

而关于戏剧活动的早期史料保存很少，如日本人竹内治所言："查阅台湾相关的文献，演剧的资料鲜少，当时演剧在知识分子眼中，被归为下九流，中国内地更视戏子与乞丐同流，甚至反对常人与之通婚，遑论认真调查台湾戏剧，或肯定其艺术价值了。"② 学界的研究重点，也是侧重在日据时期和后来的歌仔戏，目前所能找到的关于戏剧活动的最早记载来自大陆赴台官员的纪游及笔记，时间大约在17世纪下半叶。

清代江日昇《台湾外纪》记载了1661年台湾通事何斌欣赏闽南竹马戏演出的事迹："顺治十八年辛丑（附永历十五年）正月……适台湾通事何斌……于元夕张花灯、烟火、竹马戏、彩笙歌妓，穷极奇巧，请王与酋长卜夜欢饮。"③ 此时，离郑成功收复台湾还有数月。

康熙三十五年（1696）高拱乾修纂的《台湾府志》刊行，书中谈到台湾人"侈靡成风"，有"信鬼神、惑浮屠、好戏剧、竞赌博"等不良风俗。④ 此时距离1683年清廷收复台湾仅有十三个年头，可以推知，至迟在清治初期戏剧活动在台湾便已蔚然成风。

次年（1697），赴台采矿游历的郁永河在其《裨海纪游》上卷《台湾竹枝词》第十一首中，也描写到他在妈祖庙前观看梨园戏上演的情形："肩披鬈发耳垂珰，粉面朱唇似女郎。妈祖宫前锣鼓闹，侏离唱出下南腔。"郁永河在文后作了注释："土人称天妃神曰妈祖，称庙天宫；天妃庙近赤崁城，海舶多于此演戏酬愿。闽以漳泉二郡为下南，下南腔亦闽中声律之一种也。"⑤ 郁永河的记录透露了两个信息：其一，当时的戏剧表演在寺庙前进行，"演戏酬愿"，与宗教活动密切相关；其二，当时流行"下南腔"，亦即南管梨园戏，这是形成于福建泉州地区的剧种。

首先，早期传统戏曲的演出与宗教祭仪息息相关。结合台湾民间"误

---

① 张能杰：《论民族艺师张德成新编皮影戏》，（台北）台北大学人文学院民俗艺术研究所硕士学位论文，2008。
② 〔日〕竹内治：《台湾的在来演剧》，（台北）《文艺台湾》五卷一期，1942。
③ 江日昇：《台湾外纪》卷五，《台湾文献史料丛刊》第六辑，（台北）大通书局，1987，第190页。
④ 高拱乾修纂《台湾府志》卷七"风土志·汉人风俗"。
⑤ 郁永河：《裨海纪游》，（台北）成文出版社，1983，第86页。

戏误三牲"的说法（意即如若耽误了演戏就是耽误了整个祭典活动），说明了戏剧演出是宗教仪式的一个重要部分。早期移民由于原乡人多地少，天灾人祸频频，维生困难等，渡过噬人的"黑水沟"，历尽艰险来到台湾。在垦殖过程中，主要是靠同乡的地缘及亲人的血缘所结合的力量，共同聚居，彼此团结保护。由此，形成了各地区的移民聚落，他们将原乡的祭祀信仰活动及其他文化活动也一并移植过来。当时的戏剧表演主要目的就在于酬神，顺便联系民众情感，演出事由包括寺庙神诞、节令、农耕仪式或共同缔约的仪礼，以及宗族祭祖、婚丧喜庆等，所谓"家有喜，乡有期会。有公禁，无不以戏者"①。此外，从这些庙宇所供奉的神灵来看，也都是原乡的守护神。"例如泉州同安人信奉保生大帝，晋江、南安、惠安三邑人信奉广泽尊王，漳州人信奉开漳圣王，安溪人信奉清水祖师，汀州人则信奉定光古佛……"②例如郁永河提到的"妈祖宫"，"妈祖"就是福建沿海地区人民普遍信仰的神灵。进而倒推之，郁永河观看到妈祖宫前的戏剧演出，这表明那个地方是福建移民的聚居地，并且在当时已经相当热闹繁华。

其次，何为"下南"？梨园戏是福建最为古老的剧种之一，起源于泉州地区，主要流行于闽南的泉、漳、厦一带。《中国戏曲志·福建卷》记载："宋末元初，温州南戏传入泉州。当时流行闽南泉州一带的民间优戏杂剧，吸收了温州南戏的剧目和表演艺术，发展形成具有闽南地方色彩的戏曲，当地称为梨园戏。"③梨园戏分为由成人演出的大梨园和由童伶演出的小梨园，小梨园又称"七子班"，大梨园则依派别不同，有上路、下南之分，"上路"指从浙江传入的南戏，"下南"则为以泉州腔演唱的本地戏班。由于下南剧本文词较粗俗，唱腔较粗放，保留浓厚的乡土气息，恰恰迎合了垦拓时期移民的品味，在民间甚是风行。1772年，朱景英记录下了"下南"在台湾演出的盛况："神祠里巷，靡日不演戏，鼓乐喧阗，相续于道。演唱多土班小部，发声诘屈不可解，谱以丝竹，别有宫商，名曰下南腔。"④

综合上述分析，在清治早期，台湾民间的戏曲活动福建原乡色彩浓厚，

---

① 周钟瑄修《诸罗县志》卷八"风俗志"，台湾丛书本，第143—145页。
② 李国祁：《清代台湾社会的转型》（1978），文章收录于台湾师范大学中等教育辅导委员会主编《认识台湾历史论文集》，（台北）台湾师范大学，1996，第115页。
③ 中国戏曲志编辑委员会编《中国戏曲志·福建卷》（1993年12月），转引自陈耕《闽台民间戏曲的传承与变迁》，福建人民出版社，2005，第8—9页。
④ 朱景英：《海东札记》，（台北）成文出版社，1983，第71页。

总体上是：以乡音乡戏酬乡神。

二 移民的地缘结构反映了剧种的流布

1. "嘉礼"一词

前文提到早期台湾社会中呈现出强烈的以移垦原籍为主的地缘观念，除了表现在各聚落所供奉神灵不同之外，也表现在剧种的地域分布上。从"嘉礼"一词说起。戏曲与台湾人民的生活相融合，渗透到他们日常生活的细密之处。从台湾当地的俗谚、俚语中皆不难发现戏曲的痕迹。例如，由于早年台湾原住民基本没有储蓄的习惯，生活乐观、潇洒，认为钱花完了再赚即可，"就如同悬丝傀儡一样，抽一下线，才动一下，比较被动"[1]，于是，台湾南部的居民皆称原住民为"嘉礼"。台南人连雅堂在其著作《雅言》中提到"台谓傀儡曰'加礼'，故'傀儡'番曰'加礼番'"[2]。而在傀儡戏的另一个重镇——台北宜兰，居民们并不这样称呼原住民，原因是宜兰的傀儡戏源自闽西，而台南的傀儡戏源自泉州，泉州傀儡戏自古即俗称"嘉礼"[3]，闽西则没有这样的习惯。

宜兰与台南两地傀儡戏的来源不同，这实际上是因为两地居民的来源地不同。台湾的傀儡戏是清代由福建传入的。"要而言之，台湾傀儡戏可分南、北二派：南派流传于台南、高雄、金门一带，与泉州傀儡风格相同，用南管系列之傀儡调……北派则盛行于宜兰地区，与漳州傀儡同出一源，在源流上同属闽西系统，以北管乱弹音乐为唱腔"[4]，南、北二派的分布恰恰符合了泉漳移民的分布情况。此外，傀儡戏南北派分布的情况，结合台湾由南部渐次向北的开发顺序来考量，也从一个方面反映了台湾先流行南管，后流行北管。

2. 南音

这里提到戏剧的后场音乐——南管和北管。在台湾，清中叶以前流行的是以闽南乡音传唱的南管音乐；而在清中后期则是流行北管——这与福建的流行趋势是一致的。

---

[1] 金海清：《谈台湾的戏曲语言文化生命智慧的发扬》，http://www.yct.com.tw/life/96drum/96drum 23. pdf，最后访问日期：2013年8月15日。
[2] 连雅堂：《雅言》，（台北）实学社，2002，第22页。
[3] 黄少龙：《泉州傀儡艺术概述》，中国戏剧出版社，1996，第15页。
[4] 邱一峰：《宜兰傀儡与漳州、闽西提线木偶之比较初探》，（台中）《岭东学报》第26期，第226—237页。

南管，又称"南音"，原属闽南民间音乐的一环，随着泉厦移民而传播到台湾，以泉州话为正音，因其曲调优美、节奏舒缓，自古便有"雅乐"之称，所以，在配合戏剧作后场音乐演出的时候，一般较适合于文戏。

表7-4　1982年台湾全省南管馆阁分布情况

台北市	基隆市	新竹市	台中市	台南市	彰化县	云林县	嘉义县	高雄市	屏东市	屏东县	台东市	花莲市	澎湖县	总计
3	1	2	2	11	12	4	4	18	1	4	1	1	1	65

资料来源：许常惠主编《鹿港南管音乐的调查与研究》，鹿港文物维护地方发展促进委员会，1982。

从表7-4的南管馆阁分布情况可见，台湾西海岸的主要城市几乎都有南管乐团，这与闽南移民在台湾的分布情况是相符的。尤其是彰化鹿港，作为最早开发的一批城市和泉人聚居地，鹿港的语言至今仍然接近泉州方言，两百多年前鹿港就有南音活动，在清末的时候更是呈现五馆鼎立的盛况。

台湾的南音活动与闽南有着密切的师承关系，有清一代至日据时期，台胞积极邀请泉州的南管艺师赴台传授唱曲及乐器演奏。举其突出者如下。

  鹿港的聚英社早先曾邀闽南南音名师颜点（惠安人）、苏代（蚶江人）赴台教习，致使聚英社一时乐风大兴。

  有"南曲状元"、"弦管才子"美誉的泉州人陈武定（1861—1936）受在台湾武营任职的堂叔陈南山之邀，于光绪十二年（1886年）赴台，一面设馆授艺，一面与当地南音艺术唱和交流，前后达三年之久。台湾争唱南音者日众。

  泉州赴台船舶的船员中，喜爱南音者常随身携带乐器；船舶港口后，常与当地南音弦友客串表演。清末，惠安崇武船员陈竽头，曾因船抵台湾，适逢当地举办南音大会唱，应邀登台并获优胜奖。

  日治时期，台胞常邀祖地南音名师赴台。晋江蚶江南音名师林子修等赴鹿港时，码头上欢迎的人群成千上万，鼓乐喧天，连日本人亦生爱慕之心。日本昭和天皇还是太子时，曾出游台湾聆听南音清唱。林子修等五位名师演奏名曲《百鸟归巢》，博得赞誉。[①]

[①] 福建省地方志编纂委员会制作《泉州市志·文化艺术·南音》，http://www.fjsq.gov.cn/showtext.asp？ToBook=3222&index=4041，最后访问日期：2013年8月15日。

日治时期，闽南南管艺师来台教授本地戏班，如新竹共乐园、香山小锦云班等，其于全省各戏院轰动的演出，亦造成一时的南管白字戏风潮。①

1920年代到1930年代初是台湾近代南音的鼎盛时期，约有一百个南音社团，还办有南音杂志，战后由于种种原因日渐萧条，目前全台有二十多个活动力较强的南音社团，聚集着一批南管知音，共同传唱闽南乡音。

3. 北管乱弹

北管是唱曲、奏乐并重的音乐，当其用于戏曲演出的时候，又叫"乱弹"。北管音乐在乾隆至嘉庆年间同乱弹一起传入台湾。② 之所以说北管是经由福建传入台湾，理由有二：（1）经田野调查发现，"在泉州惠安一带流传着称为'北管'的曲种，泉州惠安北管除演出方式、用乐等近同于台湾北管细曲及弦谱外，也取用了许多与台湾北管近同的小曲，可见两者应为同一源流的曲种"③。（2）清治后期，台湾流行一句戏谚："吃肉吃三层，看戏看乱弹。"此亦为闽西及闽南流行的戏谚，从一个侧面证实了台湾乱弹与福建戏剧的渊源。

经福建流传至台湾的乱弹分为西皮和福路两个派别，区分颇为严格。西皮音乐用二黄、西皮等曲牌，主弦用的是吊规仔，祭祀的戏神是田都元帅；而福路派的音乐用彩板、平板等曲调，主弦则用椰胡，拜的戏神是西秦王爷。日本人伊能嘉矩说："西皮、福路之纷争，曾在台湾屡屡发生。……而两派各自以其所信仰者为正，同时斥他方为邪，树党分类相抗，并无趣味与乐曲之一般民众亦附和雷同，变为互相势立竞争之见，终至互相执械私斗……"④

早期的音乐戏剧活动基本都与宗教庙会相关，北管戏使用锣鼓伴奏，喧嚣热闹，比起舒缓文雅的南管更加适应庙会活动的气氛，以致在台湾独领风骚百年。王诗琅曾提及："一九二三年四月，昭和太子访台，台北大稻埕、艋舺两地二十六个子弟团出动艺阁与阵头，其中二十二团北管子弟，

---

① 吕诉上：《台湾电影戏剧史》，（台北）银华出版部，1961，第237、第240页。
② 吕诉上：《台湾电影戏剧史》，（台北）银华出版部，1961年，第185页。
③ 张继光：《台湾北管与泉州惠安北管之关联试探》，（台南）《台南科技大学学报》2004年第29期，第181—194页。
④ 转引自曾学文《台湾戏曲发展的历史阶段》，《民族艺术》1994年第3期，第31—32页。

其余南管二团、什音一团，可见当时乱弹在民间的盛况。"①

有清一代，及至光复之前，从福建原乡传入台湾的南管和北管乐曲，是台湾民间最为盛行的音乐，两百多年中，优雅舒缓的南音和喧嚣热闹的北管通过文人雅集、节令庙会、婚丧喜庆等活动响彻台湾大地，使福建乡音成为台湾历史舞台重要的背景音乐。

三 由福建师傅传下台湾弟子并延续至今

从传承方面来说，戏曲与民间工艺一样，渠道无非就是师徒相传和家族传承两种，正规的程序是：弟子执拜帖入门，学习时间要三年四个月。三年四个月以后，师傅认为徒弟可以出师的，就将其拜帖归还，意为已学成出师，可以自立门户。但是因为职业剧团均以表演盈利为导向，在实际的操作过程中，不一定如此严格；并且由于师父一般兼任剧团头手和老板二职，分身无暇，面对面口传身授的机会不多，多数还是要靠徒弟长期观摩和自身领悟，故而更难做到严格如斯。但大体上的时间和套路总是不差的。

从台湾本地剧团的师承源流来考察，与福建相关的，一种情况是由福建师傅直接传下台湾弟子，以五洲园、亦宛然和阁派陈深池系统的布袋戏团为代表；另一种情况是外乡师傅传给福建弟子，再由福建弟子传入台湾，以张氏皮影戏团的传承谱系为例。

1. 五洲园和亦宛然传承系统

明朝大才子唐伯虎有诗一首："纸做衣裳线做筋，悲欢离合假成真。分明是个花光鬼，却在人前人弄人。"讲述了他观看傀儡戏的体会。事实上，早在宋朝时期我国的木偶艺术就已经发展到鼎盛阶段，《东京梦华录》就记载汴京开封瓦舍众多，其中"大小勾栏"（百戏杂剧演出场所）五十余座，大的可容纳数千人。后来，木偶艺术传入福建地区，福建艺人更是生发出百般变化，民众更是热衷，福建便有了"偶戏之乡"的美名。台湾的偶戏一般是由福建地区直接传入的，流行的有傀儡戏、皮影戏和布袋戏三种，目前傀儡戏多用于祭典仪礼演出，皮影戏全台仅余寥寥五个戏团，三大偶戏中只有布袋戏能适时而变，发展势头良好，深受民众喜爱。2006年在全台范围的网络票选活动中布袋戏一举夺下冠军，成为"台湾意象之冠"，可

---

① 转引自（台中）静宜大学中文系台湾民俗文化研究室制作《台湾传统戏曲风华·台湾的大戏·乱弹戏》，http://web.pu.edu.tw/~folktw/theater/theater_a07.htm，最后访问日期：2013年8月15日。

见其在台湾民众心目中的地位。

布袋戏又称"掌中戏",演师以双掌操弄戏偶演绎故事,有"十指撼动古今事""双掌操弄百万兵"的说法。目前台湾的布袋戏演师大多认为布袋戏起源于明朝末年泉州秀才梁炳麟将悬丝傀儡改为掌中操作。"相传:此戏发明于泉,约三百年前,有梁炳麟者,屡试不第,一日偕友至九鲤仙公庙卜梦。仙公执其手,题曰:功名在掌上。梦醒,以为是科必中,欣然赴考。及至发榜,又名落孙山,废然而归。偶见邻人操纵傀儡,略有所感,自雕木偶,以手代丝弄之,更见灵活,乃藉稗史野乘,编造戏文,演于里中,以抒其胸积。不料震动遐迩,争相聘演,后遂以此为业,而致巨富,始悟仙公托梦之灵验。"[1]

泛而言之,布袋戏的传承路径是由泉州起始,进而传到漳州、潮州,并由这三地分别传入台湾。据考证,最晚在清嘉庆年间(1796—1820),台湾已有闽南布袋戏的传入。[2] 而闽南的掌中戏也在这个时期达到艺术的成熟期,掌中戏的演出普及之后,演艺人才纷纷渡海去台,跑码头演出或干脆定居下来。[3] 布袋戏从此在台湾落地生根。根据后场配乐的不同,在福建和台湾流行的布袋戏分为三类:"泉州称'南管布袋戏',漳州为'北管布袋戏',闽南粤东交界的潮州、诏安等地区,则称'潮调布袋戏'。"[4]

较早去台的布袋戏艺人有泉州童铨(一说姓"康")和陈婆,是清末日据初重要的布袋戏演师。二人在1870年代左右赴台,都在艋舺一带演出南管布袋戏,技巧又不相上下,被誉为"双璧",他们常常打对台拼戏,遂流传有"胡须全与猫婆拼命"的俚谚。童铨自泉州去台后,长期居住在台湾;而陈婆并不常住台湾,家眷也都在泉州,只是经常往来于泉州和艋舺两地,并曾远至新加坡卖艺。他们二人的情况也代表了早期去台献艺的民间艺人的大致情形。二人在卖艺过程中不断授徒,被视为台湾南管布袋戏的开山祖师。

就入台路径来说,这种由福建师傅传下台湾弟子的情况是最多见的。比如陈婆传下亦宛然李天禄和小西园许天扶,算师传下五洲园黄海岱,这些台湾弟子将泉州先辈的布袋戏技艺发扬光大,传下徒子徒孙众多,其领头者被视为台湾的"国宝级艺人"。

---

[1] 李汝和主修、廖汉臣整修《台湾省通志·学艺志艺术篇》,(南投)台湾省文献委员会,1961,第33页。
[2] 江武昌:《台湾的布袋戏认识与欣赏》,(台北)台湾艺术教育馆,1995,第20页。
[3] 江武昌:《台湾布袋戏简史》,(台北)《民俗曲艺》1990年第67、68期,第90页。
[4] 邱一峰:《闽台偶戏研究》,(台北)政治大学中国文学系博士学位论文,2004,第117页。

云林黄家是台湾布袋戏第一家族（见图7-1），他们的布袋戏技艺属于家族传承，其先祖跟随同治年间赴台献艺的泉州著名布袋戏艺人圳师习艺。这一派布袋戏的特色是：文白典雅、诗词丰富。自黄家第一代黄总改唱北管以后，该派就以北管布袋戏为招牌，现今是台湾硕果仅存的北管布袋戏派别了。难能可贵的是，云林黄家嫡系传承体系中的演师能会通适变，活跃

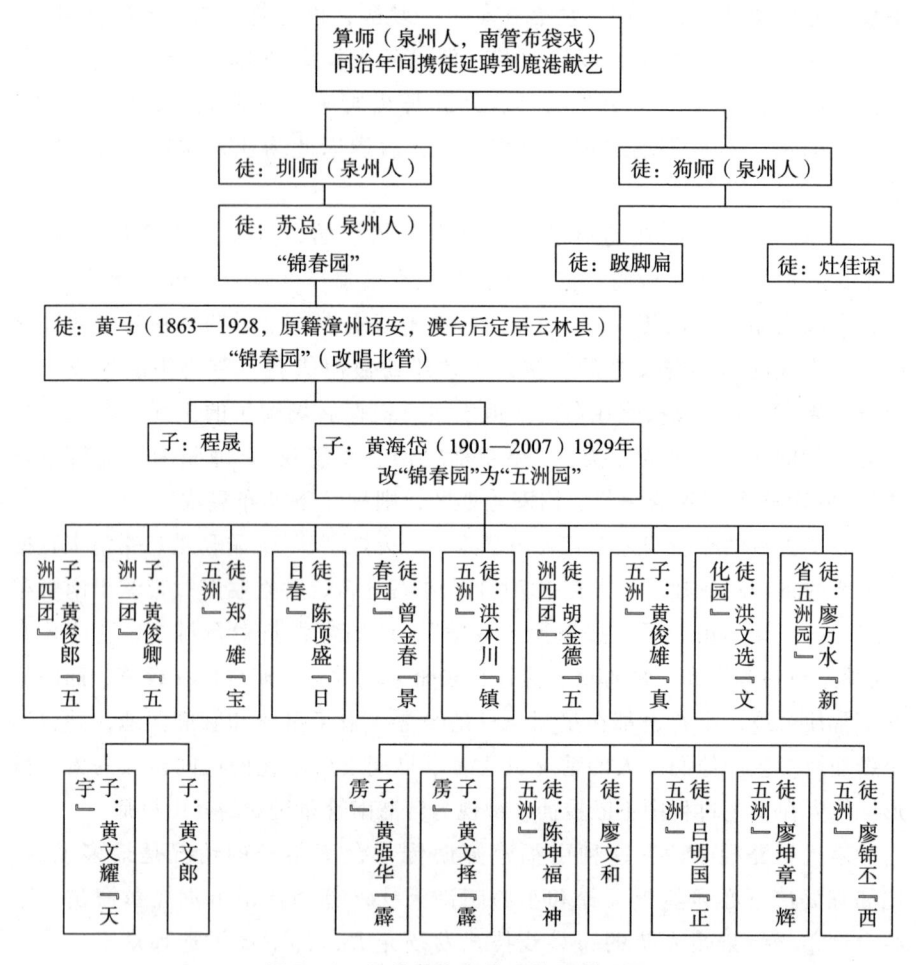

```
              算师（泉州人，南管布袋戏）
              同治年间携徒延聘到鹿港献艺
                      │
          ┌───────────┴───────────┐
       徒：圳师（泉州人）          徒：狗师（泉州人）
          │                        │
       徒：苏总（泉州人）    ┌──────┴──────┐
         "锦春园"        徒：跛脚扁    徒：灶佳谅
          │
       徒：黄马（1863—1928，原籍漳州诏安，渡台后定居云林县）
         "锦春园"（改唱北管）
          │
     ┌────┴────┐
    子：程晟   子：黄海岱（1901—2007）1929年
              改"锦春园"为"五洲园"
```

图7-1 云林黄家布袋戏传承谱系图

注：关于黄海岱的师承问题，厦门学者陈耕、吴慧颖《闽台民间戏曲的传承与变迁》（海峡两岸五缘论——海峡两岸五缘关系学术研讨会会议论文，福州，2003）引用黄海岱1992年访问厦门市台湾艺术研究所座谈记录，称由狗师传下弟子"唐册泉州师傅"俊师，因在闽南话中发音相同，"俊师"和本文所引台湾学界普遍称呼的"圳师"实为同一人。

资料来源：刘一德《霹雳布袋戏发展历程解析》，（嘉义）南华大学出版与文化事业管理研究所硕士学位论文，2008，第147页。笔者制图时稍作增补。

于布袋戏史上的各个时期，尤其是开创并引领了台湾电视布袋戏和多媒体布袋戏（霹雳布袋戏）的风潮，使传统布袋戏在现代社会中焕发出勃勃生机，创造出了文化传承的新境界。

亦宛然传承谱系可追溯到的最早的祖师是泉州南管布袋戏演师陈婆，1934年，24岁的李天禄以徒孙辈身份和86岁高龄的"先生祖"猫婆同台演出《天波楼》。一个戏台，联结两代，联系两地，这成为李天禄的珍贵记忆。终其一生，李天禄对布袋戏的发源地泉州情有独钟，推崇备至，认定只有泉州传来的老规矩才属正途，在同行都改用新彩楼和大木偶之时，仍然始终坚持使用老彩楼和八寸小木偶，并坚持乐师现场配乐。1990年，88岁

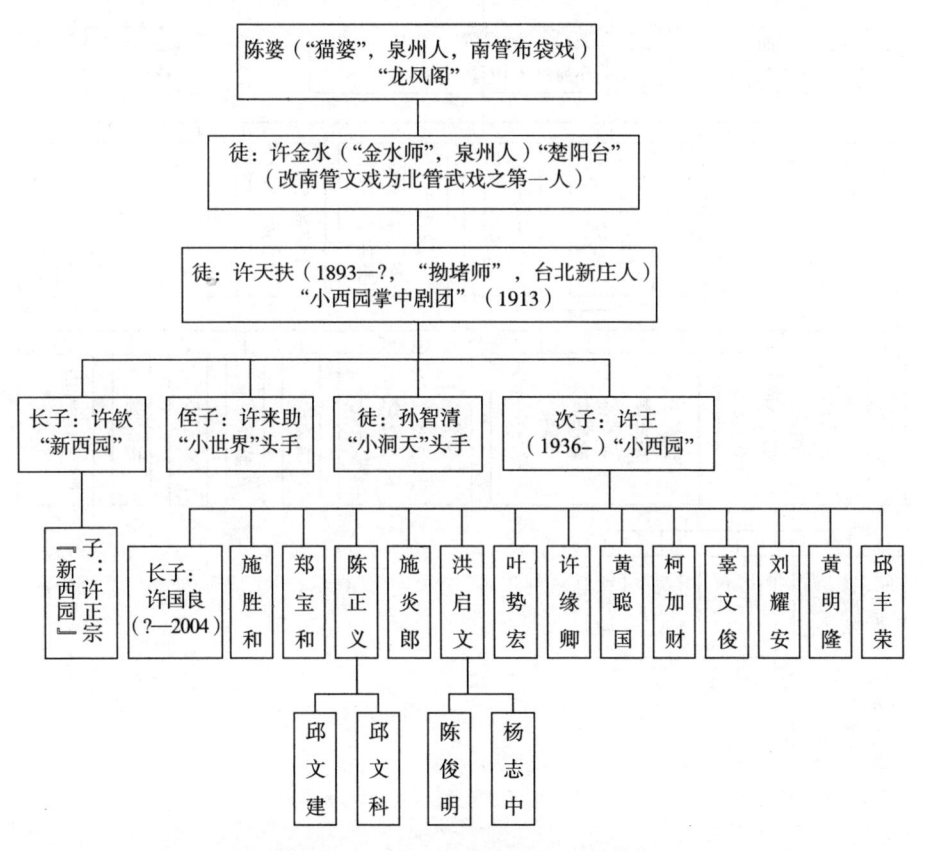

```
陈婆（"猫婆"，泉州人，南管布袋戏）
"龙凤阁"
        │
徒：许金水（"金水师"，泉州人）"楚阳台"
（改南管文戏为北管武戏之第一人）
        │
徒：许天扶（1893—?，"拗堵师"，台北新庄人）
"小西园掌中剧团"（1913）
    ┌──────┬──────┬──────┬──────┐
长子：许钦  侄子：许来助  徒：孙智清  次子：许王
"新西园"    "小世界"头手  "小洞天"头手  （1936—）"小西园"
    │
子：许正宗
"新西园"

长子：许国良（?—2004）
施胜和  郑宝和  陈正义  施炎郎  洪启文  叶势宏  许缘卿  黄聪国  柯加财  辛文俊  刘耀安  黄明隆  邱丰荣

邱文建  邱文科  陈俊明  杨志中
```

图7-2 小西园掌中剧团传承谱系图

资料来源：邱瑞婷《小西园掌中戏研究》，（台北）中国文化大学文学院中国文学研究所硕士学位论文，2012；邱一峰《闽台偶戏研究》，（台北）政治大学中国文学系博士学位论文，2004。

```
                        ┌─────────────────────────────────┐
                        │ 陈婆("猫婆",泉州人,南管布袋戏)  │
                        │          "龙凤阁"                │
                        └─────────────────────────────────┘
                              │                    │
        ┌─────────────────────────────┐      ┌──────────────┐
        │ 徒:许金水("金水师",泉州人) │      │ 徒:林金火   │
        │         "楚阳台"             │      │  "楚阳台"    │
        └─────────────────────────────┘      └──────────────┘
           │                    │
┌──────────────────────┐  ┌──────────────────────────────────────┐
│徒:许金木("望冬仔",  │  │徒:许天扶(1893—?,"拗堵师",台北新庄人)│
│    台北人)"华阳台"   │  │    "小西园掌中剧团"(1913)           │
└──────────────────────┘  └──────────────────────────────────────┘
        │                              │                    │
  ┌──────────┐          ┌───────────────────────────┐  ┌──────────┐
  │徒:郑武曲│          │子:李天禄("阿禄师",       │  │徒:林祥  │
  │ "新赛乐" │          │1910—1998)亦宛然(1931)"华阳台"│  │"景春园" │
  └──────────┘          └───────────────────────────┘  └──────────┘
```

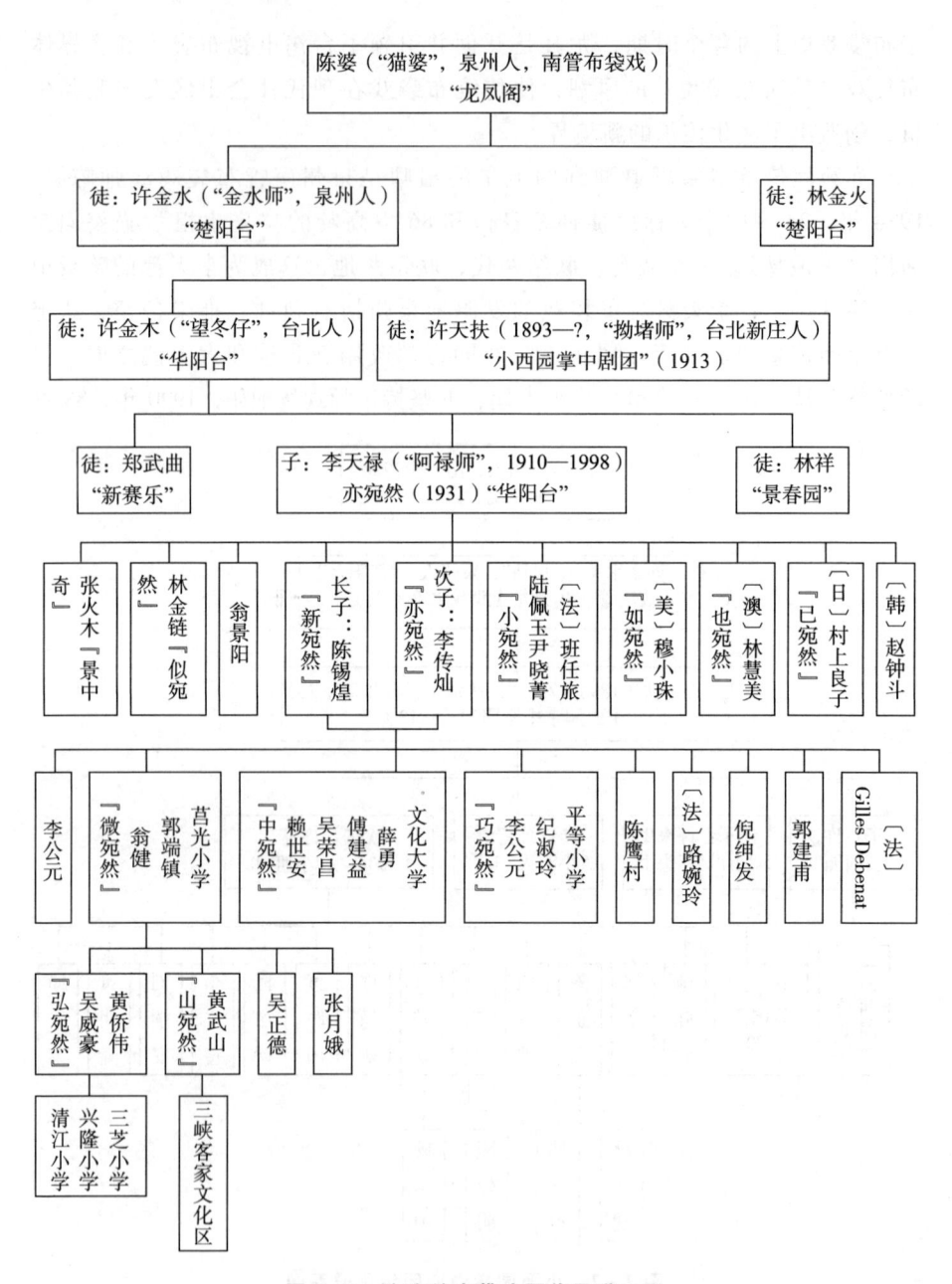

图7-3 亦宛然布袋戏团传承谱系图

资料来源:叶芳君《以陈锡煌艺师个案为例探讨台湾布袋戏艺术之传承》,(台北)台北教育大学人文艺术学院艺术与造型设计学系硕士学位论文,2010,第51页。

的李天禄还把自己的两个儿子送到泉州提线木偶大师黄奕缺的门下学艺，当时大儿子陈锡煌60岁，而次子李传灿45岁，并且两人均已独自担任头手多年。将技艺成熟的儿子送到泉州学艺，足见李光禄对艺术的执著追求和对原乡技艺的充分认可。尊重传统却并不泥古，在光复初期，李天禄就以京剧为底本，再参考漳州杨胜布袋戏京剧唱腔与身段，很巧妙地将京剧的文武场引进布袋戏的后场，并大量采用京剧的唱曲及口白，这种独树一帜的风格，因京剧被称为"外江戏"之故，也被称为"外江布袋戏"。既保留操偶技艺和木偶最传统的形式，又大胆吸收新剧种的长处，将二者加以融会贯通，这不得不说是李天禄先生的过人之处。李天禄晚年声名显赫，世界各地都有慕名而来拜师的学生，他毫不藏私，倾囊相授，这些学生学成回国后大都自组布袋戏团，将布袋戏技艺推向国际。

此外，有清一代"民间酬神还愿的宗教活动与婚丧喜庆礼俗，是台湾传统戏曲的主要演出时机，大多属于庙会与外台戏演出形式"①，故而民间的戏剧演出是属于"野台戏"的形式。而野台戏最有趣的两个特色是时有"拼戏"和"罚戏"的情形。"拼戏"就如前文所言"胡须全与猫婆拼命"的情况，聘演戏剧的金主，有时为了增加热闹的气氛，有的则是因应群众的要求，通常会请两个戏班分别在庙埕一隅搭台演出，为证明自己的演出胜过对方，戏班不得不拿出看家本领全力以赴，于是，拼戏往往比一个戏班独唱来得热闹并受欢迎。"如，1960年代间，周水松的高甲戏与李天禄的布袋戏也曾在台北大龙峒较劲过，交手不下数次，双方戏迷各为其主互相叫阵，曾引发不少次激烈的冲突。"② 拼戏的时常发生，反映出台湾民众对戏剧的极大热情。而"违禁罚戏"的风俗则体现了当时社会上戏剧演出的传播功能和公信力。也就是当有两方发生争执时，因不愿兴讼生事，乃经众人仲裁，由犯错者请一台戏在神前公演，以示郑重赔礼之意。"其最主要的目的应在于以'罚戏'作为手段，将犯者恶行藉乡民看戏而散布周知，以儆效尤，使民众知所警惕。"③ 罚戏一般是作为乡庄规约而存在，不是官方行为，例如《重修清福宫碑记》："庄中新栽榕木以壮神光，不许折枝采叶，以伤明叶。以上列禁，如有故犯者，罚戏一

---

① 石光生：《自废墟升起的火凤凰——台湾戏剧教育百年》，(台北)《美育》2011年第180期，第29页。
② 邱一峰：《闽台偶戏研究》，(台北) 政治大学中国文学系博士学位论文，2004，第137页。
③ 张启丰：《清代台湾戏曲活动与发展研究》，(台南) 成功大学中国文学系博士班博士学位论文，2004，第192页。

台，决不轻贷。"① 可见乡民对神灵的重视及戏剧与人民日常生活的紧密关联。

2. 陈深池阁派传承系统

在南管、北管布袋戏之外，潮调布袋戏同样是台湾布袋戏市场的主力军，而陈深池传下的阁派系统堪称潮调布袋戏的代表。日据时期台湾民间对南部布袋戏演师所作的评比，有"五大柱"与"四大艺师"之说②，内有二人重复，亦即共有七大名师，其中有三人为陈深池的弟子，足见其高超技艺及授徒传艺之用心。

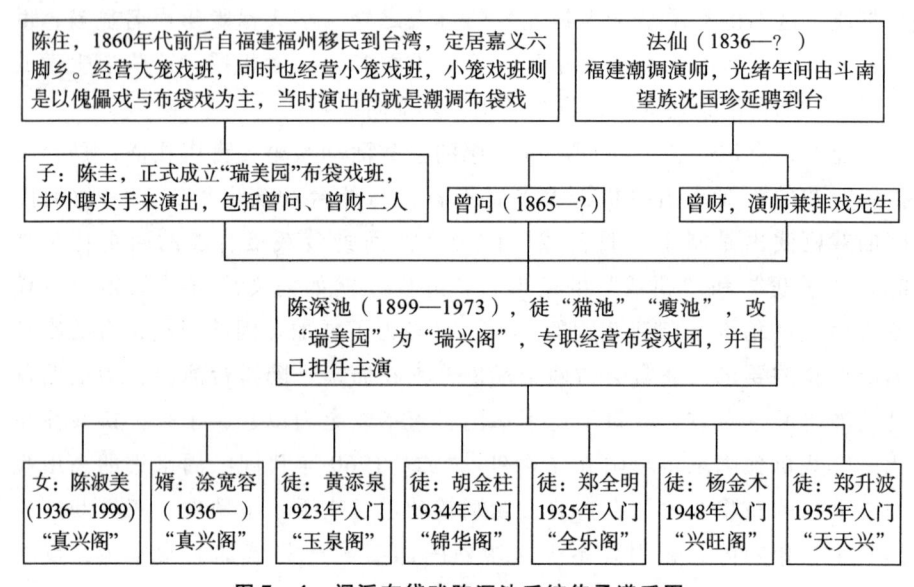

```
┌─────────────────────────────────────┐   ┌─────────────────────────┐
│ 陈住，1860年代前后自福建福州移民到    │   │ 法仙（1836—？）         │
│ 台湾，定居嘉义六脚乡。经营大笼戏班， │   │ 福建潮调演师，光绪年间由 │
│ 同时也经营小笼戏班，小笼戏班则是以傀儡│   │ 斗南望族沈国珍延聘到台  │
│ 戏与布袋戏为主，当时演出的就是潮调布袋戏│  └─────────────────────────┘
└─────────────────────────────────────┘
                │
┌─────────────────────────────────┐
│ 子：陈圭，正式成立"瑞美园"布袋戏班，│    ┌─────────────────┐   ┌──────────────────┐
│ 并外聘头手来演出，包括曾问、曾财二人│    │ 曾问（1865—？） │   │ 曾财，演师兼排戏先生│
└─────────────────────────────────┘    └─────────────────┘   └──────────────────┘

┌──────────────────────────────────────────────────────────┐
│ 陈深池（1899—1973），徒"猫池""瘦池"，改                  │
│ "瑞美园"为"瑞兴阁"，专职经营布袋戏团，并自               │
│ 己担任主演                                                │
└──────────────────────────────────────────────────────────┘

┌─────────┐ ┌─────────┐ ┌─────────┐ ┌─────────┐ ┌─────────┐ ┌─────────┐ ┌─────────┐
│女：陈淑美│ │婿：涂宽容│ │徒：黄添泉│ │徒：胡金柱│ │徒：郑全明│ │徒：杨金木│ │徒：郑升波│
│(1936—   │ │(1936—  │ │1923年入门│ │1934年入门│ │1935年入门│ │1948年入门│ │1955年入门│
│1999)    │ │  )      │ │"玉泉阁" │ │"锦华阁" │ │"全乐阁" │ │"兴旺阁" │ │"天天兴" │
│"真兴阁" │ │"真兴阁" │ │         │ │         │ │         │ │         │ │         │
└─────────┘ └─────────┘ └─────────┘ └─────────┘ └─────────┘ └─────────┘ └─────────┘
```

图 7-4 阁派布袋戏陈深池系统传承谱系图

资料来源：黄伟嘉《阁派布袋戏陈深池系统真兴阁之研究》，（台北）台北大学古典文献与民俗艺术研究所民俗艺术组硕士学位论文，2012；杨雅琪《玉泉阁布袋戏团研究》，（台南）成功大学中国文学研究所硕士学位论文，2004。

陈深池的先祖陈住于19世纪中叶从福州移居到台，经营潮调布袋戏班。传至儿子陈圭的时候，这个戏班因演出需要聘请了当时福建著名的潮调演师曾问、曾财二人。陈深池从小在戏班中耳濡目染，习得了扎实的技艺。他早期的演出是以"笼底戏"为主，戏笼与剧本都承袭自父亲陈圭，演出

---

① 张启丰：《清代台湾戏曲活动与发展研究》，（台南）成功大学中国文学系博士班博士学位论文，2004，第192页。

② 江武昌：《台湾布袋戏的认识与欣赏》，（台北）台湾艺术教育馆，1995，第40页。

技艺则是传承自福建的潮调演师，戏笼、戏码、表演都直接承袭福建原乡——可见台湾地区早期布袋戏的演出风貌，是与福建地区一脉相承的，彼时还处于复制和学习的阶段，创新的地方难得一见。这是日据以前台湾传统戏剧的普遍情况。

同时，从"瑞兴阁"系统的传承谱系可见，早在大约清中期的时候，福建地区就已经有了优秀的潮调布袋戏演师，其最早的习艺经历可能来源自潮州地区，但是台湾这一派的演师有许多是由福建的潮调演师直接传下的，从潮州直接传入台湾的情况反而相对较少，这当然与移民的数量和分布有着密切的关系。

3. 张氏皮影戏团传承系统

皮影戏与布袋戏同为台湾三大偶戏之一，"是一种运用光线的照明投射，利用手、纸或是其他物质，剪裁成为某一特定的形式"[①]，借由光线、利用光影制造朦胧的幻影效果的表演方式。台湾的皮影戏属于潮州影戏系统，从可查考的资料可知，皮影戏在明郑时期已经传入台湾，至今已有约三百年的历史。台湾目前能维持固定班底的皮影戏团均在高雄县境内，仅有五团，分别是：东华皮影戏团、复兴阁皮影剧团、永乐皮影戏团、合兴皮影戏团、福德皮影戏团。其中东华皮影戏团由于前团长张德成先后荣获第一届个人薪传奖和首届民族艺师殊荣，目前发展态势最为良好。东华皮影戏团和合兴皮影戏团系出同源，同属漳州人张荫传下的家族戏班，而张荫（或其先祖？）则是跟随潮州人陈赠学艺，学成后渡海赴台，将潮州系统的皮影戏表演技艺通过家族父子相传在台湾一代代延续下来。

从张荫的传承谱系我们发现，台湾皮影戏的传入是"潮州→漳州→台湾"的路径，故而，不能单从名称上就认定潮州影戏与福建无关，事实上，由于台湾移民多数来自福建，潮州的民间艺术经由福建中转后再传入台湾的情况比比皆是。

4. 潮调布袋戏过台湾

当然，也存在这样的情况：福建师傅传给外乡弟子，再由外乡弟子传入台湾。比如，李天禄一派以外的一些潮调布袋戏团，有不少就是由潮州地区的移民艺师带入台湾并传承下来的。事实上，这些布袋戏团从其根源上

---

① 张能杰：《论民族艺师张德成新编皮影戏》，（台北）台北大学人文学院民俗艺术研究所硕士学位论文，2008，第1页。

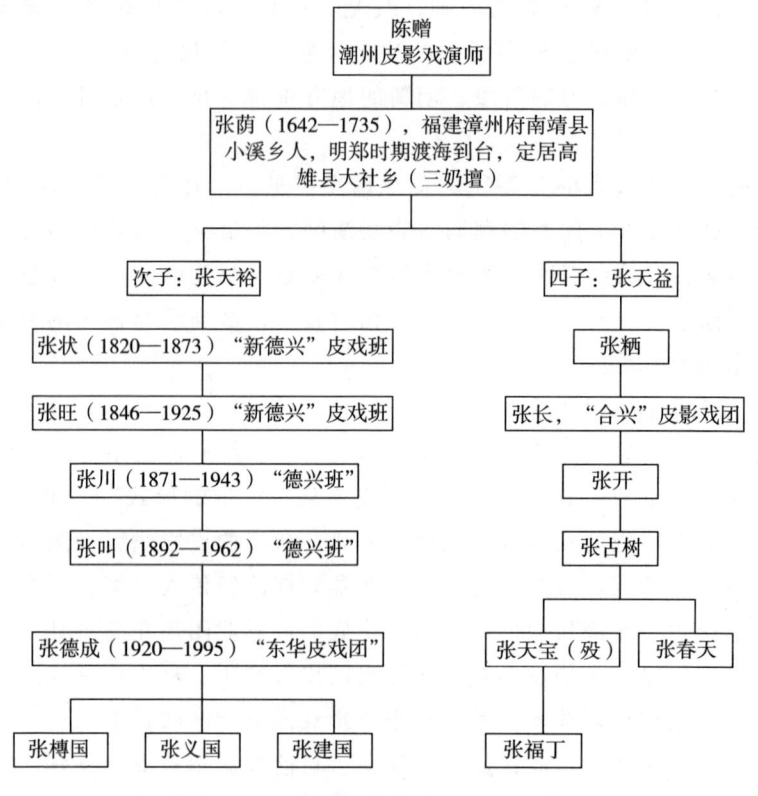

```
           ┌─────────────────┐
           │    陈赠          │
           │ 潮州皮影戏演师   │
           └────────┬────────┘
                    │
     ┌──────────────┴──────────────────┐
     │ 张荫（1642—1735），福建漳州府南靖县│
     │ 小溪乡人，明郑时期渡海到台，定居高  │
     │     雄县大社乡（三奶壇）          │
     └──────────────┬──────────────────┘
            ┌───────┴────────┐
       次子：张天裕        四子：张天益
            │                 │
     张状（1820—1873）"新德兴"皮戏班    张栖
            │                 │
     张旺（1846—1925）"新德兴"皮戏班    张长，"合兴"皮影戏团
            │                 │
     张川（1871—1943）"德兴班"         张开
            │                 │
     张叫（1892—1962）"德兴班"         张古树
            │              ┌──┴──┐
     张德成（1920—1995）"东华皮戏团"  张天宝（殁）  张春天
       ┌────┼────┐              │
     张榑国 张义国 张建国         张福丁
```

图7-5　张荫系统皮影戏传承谱系图

资料来源：张能杰《论民族艺师张德成新编皮影戏》，（台北）台北大学人文学院民俗艺术研究所硕士学位论文，2008；邱一峰《闽台偶戏研究》，政治大学中国文学系博士学位论文，2004；李美燕《台湾影戏文化的传承、创新与推广——高雄县竹围国小皮（纸）影戏个案研究》，台南大学台湾文化研究所硕士学位论文，2005。

仍然要追奉福建"先祖"。据台湾学者江武昌先生考证："闽南布袋戏源自泉州，之后再传至漳州地区，漳州布袋戏发展至一定艺术水平之后，再由漳州传至潮州地区，而泉、漳与潮州三地的布袋戏在有清一代，表演上已经各自发展出自己的艺术特色，随着漳、泉、潮三州移民'唐山过台湾'，这三地的布袋戏也分别传到了台湾。"①

潮调布袋戏过台湾的过程大致上就是"泉州→漳州→潮州→台湾"的路径。

---

① 江武昌：《台湾布袋戏的认识与欣赏》，（台北）台湾艺术教育馆，1995，第17页。

5. 定义潮州文化圈

张氏皮影戏团和潮调布袋戏"唐山过台湾"的情况，显示了漳州、潮州二地的紧密联结。广东潮州、汕头一带由于与漳州地缘相近，自古以来两地人民往来密切，语言相通、风俗相合、文化相似，实为一个文化共同体。在唐代，潮州曾三度归属福建管辖，而潮州管辖范围则包括今漳州以下各县；宋代，大量闽籍官员到潮州主政；明代，作为东南沿海主要口岸的潮州和泉州，经济和人员交往更为密切。这也就不难理解为何潮剧的分布区域，"除流行于以潮州为中心的粤东一带各县市外，也流行于福建南部的诏安、漳浦、云霄、东山、平和、南靖及闽西的龙岩等地……"[1] 皮影戏和潮调布袋戏的分布情况也与潮剧相类。此外，广东海陆丰白字戏的形成也体现了这一点。白字戏于元末明初从闽南流入海陆丰等粤东地区，后来又吸纳竹马、钱鼓、渔歌和潮剧音乐等民间艺术，改用当地方言演唱，逐步形成自己的风格特点。

可见若要定义"潮州文化圈"，福建漳州和龙岩的部分地区应该归属在内，同时，从语言来说，这些地方的方言同属闽南语系，共同以"闽南文化"视之也未为不可。面对潮调布袋戏、潮州影戏、潮剧的传承考究，当落实到具体个案的时候还是要作具体的分析，其中一部分是从福建的"潮州文化圈"中传衍出来的，不能因为"潮"字就妄下定论。

有清一代，由于移民珍重故土的观念，台湾移植了福建原乡的戏剧和音乐。在清中叶之前，戏剧的主要功能在于酬神；中、晚期之后，台湾经济发展，戏剧娱乐的成分逐渐提升，"至晚近百年来戏曲功能除了成为广大台湾人民最主要的娱乐，更是人民感情交流，力量凝聚的触媒"[2]。从"娱神"向"娱人"演变，民众对戏剧表演有了更高的要求，戏剧也逐渐有了"求新求变"的倾向，应运而转精，不断进步。于是，进入日据时期，台湾的戏剧活动就从单纯复刻福建，发展为既传承又融合，而且有创新。彼时台湾的演剧事业生机勃勃，一派繁荣景象。

第三节　1895—1949 年：福建戏班密集赴台及其影响

一　1895—1937 年

1895 年清廷因马关条约将台湾割让给日本，台湾进入五十年的殖民统

---

[1] 邱一峰：《闽台偶戏研究》，（台北）政治大学中国文学系博士学位论文，2004，第 104 页。
[2] 林勃仲、刘还月：《变迁中的台闽戏曲文化》，（台北）台原出版社，1990，第 26 页。

治时期。日据初期总督府忙于武力镇压、平定反抗,接着是对台湾的建设,如兴建铁路、设置糖厂、发展农矿等。因此这个阶段总督府在文化政策上并未强烈干涉台湾的戏剧演出,台湾民间信仰与习俗皆如往常。而传统戏剧便承袭清代的脉络,继续在广大的民间生存发展。这一时期,两岸人员往来频繁,福建戏班更是频频赴台献艺。台湾艺人用开放接纳的态度,将福建戏班的长处和新意予以吸收融合,再灵活运用到本地戏曲的各个方面,台湾的戏曲活动走上了在地化发展的道路。

及至1937年卢沟桥事变后,中日战争爆发,日本继之又发动太平洋战争,日本本国无法负荷,急需人力与物资以供驱使,于是在台湾全力推动"皇民化运动",力图消灭台胞民族意识全面日本化,脱离中国文化以加入当时的战争,此时期称为"皇民化时期"。[1] 日本殖民政府钳制台湾戏剧的演出,甚至禁止传统戏曲的仪式展演,所有现代与传统剧团不是被禁就是被收编,全面为"皇民化"与军国主义服务。也是到1937年为止,之后就没有中国戏班到过台湾的记录。日据时期最后一个福州戏班"新国风"1937年5月离台之后,于战后的1946年才再度去台。因此,将1895—1937年列为本文此部分的第一个时段。在这个阶段最重要的就是本地歌仔戏的形成,福建赴台戏班对此居功甚伟。出于论述的方便,歌仔戏的情况将在本文第四节集中介绍。

"从1895年至1937年中日战争爆发,'皇民化'禁鼓乐为止,超过60个中国戏班曾到台湾进行商业演出。"[2] 这其中福建戏班不知凡几?根据笔者所掌握的有限资料,去台的福建戏班至少有17个,包括大小梨园、徽戏、京剧、闽剧、傀儡戏、白字戏等类别,有许多更是数度赴台。详情见表7-5。

表7-5　日据时期(1895—1937)赴台演出之福建戏班一览

戏班	剧种	演出时间	演出地点	备注
厦门老戏	大梨园	1899年1月	合兴门口	
福州三庆班	徽戏	1906年8—11月、1911年2月—1912年	台北"台北座"、台南"南座"等	二度赴台
福州祥升班	徽戏	1906年11月—1907年4月、1910年2—5月	荣座	三度赴台

---

[1] 林衡道主编《台湾史》(全一册),(南投)台湾省文献委员会,1977,第493—494页。
[2] 徐亚湘:《日治时期中国戏班在台湾》,(台北)台湾南天书局,2000,第25页。

续表

戏班	剧种	演出时间	演出地点	备注
福州乐琼天班	儒林班	1907年2月	台南妈祖宫	童伶班
泉州掌中班	掌中戏	1908年1月	台南水仙宫	
福州大吉升班	徽戏	1909年1月—1910年10月	台南"南座",嘉义、台北"淡水戏馆",斗六等	
福州新福连(升)班	正剧	1913年11月	员林街文昌祠	
泉州七子班	七子戏	1919年3月	淡水馆"新舞台"	
金成发、新梨金两班合演	泉州白字戏	1919年6月	台北"新舞台"	
泉州傀儡班	傀儡戏	1920年5月	台北"新舞台"	
凤凰社男女班	七子戏	1921年1月	嘉义、大坪	童伶班
旧赛乐	福州戏	1923年1—6月、1927年1月—1928年4月	台北"新舞台",台南"南座"、"大舞台",嘉义"南座",基隆,斗六等	四度赴台
新赛乐	福州戏	1924年1—6月 1929年1—2月	台北"新舞台"、万华戏园,台中,台南"大舞台",嘉义"南座",基隆新馆等	二度赴台
泉州玉堂春班	七子戏	1924年10月	台北"永乐座"	
三赛乐	福州戏	1927年7月—1928年2月	台北"永乐座"、新舞台,台南等	
上天仙班	福州戏	1928年2月	台南"宫古座"	
新国风	福州戏	1936年1月—1937年5月	台北"第一剧场"	1946年再度赴台

资料来源:徐亚湘《论日治时期来台演出之福建戏班——以〈台湾日日新报〉为分析范围(1899—1936)》,(台北)《华冈艺术学报》2000年第5期,96—97页;陆方龙《试论日治时期来台福州班的剧种问题》,(台北)《民俗曲艺》2006年第151期,2006,第145—184页。

如表7-5所列,为何有如此之多的福建戏班赴台演出呢?日据初期,台湾传统戏剧的演出仍然是承袭明清老样式,台人颇感乏味;与此同时,到福建的台胞发现福建当地戏剧"剧目新颖、技艺高超、行头整齐、武打精彩"。此般背景之下,有台人闻见商机,大量福建戏班于是受邀赴台。果不其然,对岸戏班在台地掀起了一股热浪。

日据时期第一个赴台演出的福建戏班为厦门老戏戏班,1899年,"曾在大稻埕合兴门口搬演,每夜男女观者数以千计"[①]。

---

① 《一班老戏》,《台湾日日新报》1899年1月21日,第215号。

1906年，福州祥升班渡台演出，套演新戏《大战南京雨花台》，敷演曾国藩平太平军收复南京的故事，迥异于旧剧，演出后大受欢迎，演出当时在场外有近千人不得其门而入。[①] 此后，祥升班又多次引入新鲜剧目，台人评价其"随投时好，每演一出，令观者喝彩如轰雷，鲜有瑕疵之者"[②]。

1924年，闽剧新赛乐班在台南大舞台演出时，台南绅商会推崇其表演技艺，赠该班青衣林祯官、三花谢留惠、老生陈瑞瑞三人金牌各一面，这也是台南剧界第一次赠出金牌。[③]

闽剧旧赛乐班在日据时期四度赴台，受到台湾民众的热捧，1937年该班演毕归闽之时受到福州方面的热情迎接，"班主曾搭彩亭于街坊，悬挂金牌、锦旗，笙歌鼓乐欢迎戏班载誉归来，一时传为佳话"[④]。这从侧面说明了旧赛乐的台湾巡演大获成功。

……

闽班大受欢迎，于是这些福建戏班许多都多次受聘应邀赴台，在聘期届满后，改为戏班自营，仍然盈利可观，足迹更是遍及台湾全省，引来了台湾本地戏班纷纷模仿学习，由此对台湾戏剧发展产生了全面而深刻的影响。先是硬件方面，新式剧场不断新建；再是软件方面，包括观众的培养、戏班的成长、艺术的提升和新剧种的发展等。

1. 观戏场所的发展

有清一代，台湾的戏剧演出常与宗教节庆相结合，演出地点除了富绅家邸之外，一般都是庙埕广场的戏台；及至日据时期，才逐渐出现没有宗教色彩、专供演戏娱乐的商业戏院。如徐亚湘先生所言："台湾的商业剧场首先见于日据时期，先是中国戏班渡台演出开其先，后有台湾本地戏班承其后，共同交织出缤纷多彩的商业剧场图像。"[⑤]

日据初期，赴台商演的福建戏班得到观众积极响应，为聘戏者带来丰厚的回报，欲招聘戏班之股主渐多。但是，一方面当时台湾的日式剧场专演日本戏剧，并不完全适合中国传统戏曲的演出；另一方面这些日式剧院的档期都优先排给日本剧团，可供演出租借的为数寥寥，供不应求。这样，

---

① 《梨园杂俎》，《台湾日日新报》1907年1月2日，第2602号。
② 《前后两班之比较》，《台湾日日新报》1906年12月13日，第2587号。
③ 《受赏金牌》，《台湾日日新报》1924年3月8日，第8551号。
④ 中国戏曲志编辑委员会编《中国戏曲志·福建卷》，文化艺术出版社，1993，第464页。
⑤ 徐亚湘：《日治时期台湾内台戏班考》，（台北）《华冈艺术学报》2002年第6期，第112页。

要求新建"支那"戏院的呼声越来越高。据悉，福州三庆班和祥升班是这个事件的导火索。"自福州三庆班渡台开演后，支那剧界之热度，暴然一升，人皆以此为可获利。其与荣座、台北座商议租借者，殆不只二三。然台北座租与鸣盛组之期限已满，不日至之祥升班，尤租定荣座以充之，一时进退维谷。遂有本岛人某某者，发议如许台北，无一戏馆，实属遗憾，务须新建一大戏馆，赞成之者颇众。"① 到了1909年，第一座供中国戏班表演的"淡水戏馆"在台北大稻埕落成，两年后，台南"大舞台"开幕，是为南部第一座以搬演中国戏剧为主的戏院。

之后，台中乐舞台、艋舺戏园、永乐座、基隆新声馆、新竹座、嘉义座等也相继建立。1944年，台湾戏院已增加到168家，专映电影的28家，专演戏剧的60家，混合戏院则有80家。② 到了1949年1月，光是台北地区新核准登记的戏院就有62家，台湾的戏院数量居全国第三位，仅次于上海市和江苏省。③

这些商业剧场的不停兴建，一是得益于台湾都市经济的发达，戏班进入戏院做商业演出的条件已然成熟；二是此前许多为了日本人娱乐而建的剧场，例如浪花座、台北座、荣座、朝日座等，虽然这些地方极少演出中国戏剧，但不可否认的，它们为包括福建戏班在内的大陆戏班进入剧场演出提供了基础条件。

剧场既多，福建戏班的演出机会增加。同时，在福建戏班的带动下，台湾本地戏班也开始进入剧场。1909年，第一个台湾剧团进入戏院演出，此后，台湾地方戏剧由"野台"逐渐转往"内台"进行演出。1930年代至1960年代为台湾内台戏的黄金时期，内台戏在台湾发展出一套在地的系统脉络。"原于外台演出之本地戏班为适应内台商业演出之审美要求，就势必得在艺术内容与形式上予以提升与调整，于是与来台中国戏班和艺人的剧艺交流开始频繁，而台湾戏班进入内台演出的机会也慢慢开展。"④

2. 观众的培养

包括福州班在内的大陆戏班不断赴台从事商业巡演，渐次培养了台湾剧场戏曲观众的数量与审美能力，甚至形成一种娱乐消费模式。

---

① 《拟设新戏馆》，《台湾日日新报》1906年11月15日，第2564号。
② 叶龙彦：《日治时期台湾电影史》，（台北）玉山社，1998，第295页。
③ 叶龙彦：《光复初期台湾电影史》，台湾"电影资料馆"，1995，第88页。
④ 徐亚湘：《日治时期台湾内台戏班考》，《华冈艺术学报》2002年第6期，第136页。

首先，福建的优秀戏班密集赴台，于全台造成轰动，其高水平的演出与波澜不惊的台湾传统戏班形成了强烈对比，使台湾观众的审美趣味为之一变。通过演出，福建戏班呈现的演出样式、演出剧目以及新式曲调等开始在台湾本地流行开来，形成风潮，长期耳濡目染之下，逐渐提升了台湾观众的戏剧审美品位。

其次，福建戏班也在台湾培养了一批稳定的剧场观众。"1909年7月，有台南好事者见福州大吉升班演毕归闽，遂倡议聘请台中班来台南假大妈祖宫开演。"[1] 由此事迹可知：福建戏班在台湾连连演出好戏，使得走进戏院成为台湾观众的日常行为，形成了持续的观剧需求。由于不愁无人捧场，有利可图的情况之下，在福建戏班演出的空档，"便宜实惠"的本地戏班也开始走进戏院。

再次，福建戏班带动了台湾媒体剧评的产生。福州三庆班1906年首次赴台献艺，1906年8月25日的《台湾日日新报》对此作了报道："福州徽班三庆班在台北新起后街之台北座开演，全班八十名……"[2] 这也是台湾首次关于中国传统戏剧完整的演出评介，此后，报上开始有"菊部阳秋""戏园杂俎""本日戏出"等固定的专栏，提供演出讯息及剧评，本地其他报纸《台南新报》《民报》等也纷纷跟进，使报纸成为往后宣传、普及戏曲的固定渠道。[3] 随着赴台福建戏班不断增多，台人开始将它们进行对比，分析其优劣，眼光开始变得挑剔，剧评也日益精到，这从另一个方面反映了台人欣赏水平的逐步提升。如针对上海班和福州班的不同演出风格与艺术内容，有剧评言角色的整体表演水平上海班优于福州班、戏服上以上海班之苏州服优于福州班之漳州服、龙套（旗军手）部分则上海班远不如福州班等，进而希望往后聘戏要掌握"班底招自福州，正角招自申江的"的原则，不可偏倚。[4]

进入日据阶段，戏剧演出几乎完全成为商业行为，胃口被养刁的台湾观众对表演提出了越来越高的要求，这也带动了本地戏班的变革和进步。同时，戏班演出水平的提升又使观众欣赏水平水涨船高。如此，观众和戏班互相促进，形成良性循环，共同推动了此时期台湾演剧事业的繁荣。

---

[1]《菊部琐谈》，《台湾日日新报》1909年7月27日，第3372号。
[2] 转引自徐亚湘《日治时期中国戏班在台湾》，（台北）南天书局，2000，第263页。
[3] 徐亚湘：《论日治时期来台演出之福建戏班——以〈台湾日日新报〉为分析范围（1899—1936）》，（台北）《华冈艺术学报》2000年第5期，第92页。
[4]《菊部阳秋》，《台湾日日新报》1910年5月31日，第3627号。

3. 舞台美术的提升

这一时期，在台湾最活跃的大陆戏班非上海京班和福州戏班莫属，于台湾人而言，它们使用的都不是闽南话，然而，语言的隔膜并没有降低台胞看戏的兴致。究其原因，当时看戏重在"看"，而非"听"，武戏和舞台布景才是台湾观众关注的重点。这些外来戏班便是在武戏和舞台这两个方面对台湾产生了深远的影响。既然舞台美术是进入内台观剧之观众的重要关注点，内台戏华丽的布景与神奇的机关变景，也就成为戏班招揽顾客的重要噱头，舞台美术对内台戏的重要性是今日的我们无法想象的。

清末西方现代戏剧传入中国，位于通商口岸的福州，由于地缘之便，汲取西戏所长，纳入西方话剧立体布景的元素，配合透视绘画的表现手法，令戏剧演出呈现出多层次的视觉享受，至民国时期，福州舞台美术的发展已经走在全国前列。民国时期著名的福建布景师有俞鸿冠及贺家三兄弟，他们设计的机关布景红遍上海与福州两地，包括京剧大师梅兰芳、周信芳都请他们设计机关布景。"福州派布景以其专业的技术与华丽的设计席卷整个东亚与东南亚地区，1935年上海'共舞台'推出的《火烧红莲寺》，其机关布景令卓别林大感惊奇，甚至以莎士比亚戏剧相比。其由福州布景师李靳操刀设计制作，号称真山真水，真鹰真熊。"[1]

既然机关布景正是福州戏班的长处，也就成为其赴台商演的重要卖点。如《台南新报》为旧赛乐所做的广告："启者，今般南座开演旧赛乐。据绅商所评，实有登天之妙，新鲜衣服、苏绣雅观、古装时装、真刀真枪，无所不备，每台布景，实出天然，山林野景、竹篱茅舍、溪河瀑布、楼阁亭台、广厦寒居、汽车电车、真火真水、腾云驾雾、活动机关，此种之剧，盖世维新。"[2]

据吕诉上《台湾电影戏剧史》所言："台湾戏班开始使用机关布景是在闽剧班来台受其影响之后，尤其是当作场景背景的平面彩绘布景（软景）及单片纸质景片（硬景）。"[3] 各戏班纷纷在布景上下大功夫，制作布景成为非常热门的职业，在地戏班争相聘请随福州戏班赴台的布景师和工匠。他们中的一些人在台积极开班授课，将这门艺术传授给台湾戏班。

---

[1] 陈慧：《台湾内台戏舞台美术：源由、发展与实践》，（台北）台湾大学文学院戏剧学系研究所硕士学位论文，2012，第56页。

[2] 《台南新报》1923年2月20日，第五版。

[3] 转引自徐亚湘《论日治时期来台演出之福建戏班——以〈台湾日日新报〉为分析范围(1899—1936)》，（台北）《华冈艺术学报》2000年第5期，第99页。

例如，福州布景师张大发、黄龙雄为台湾新舞社负责设计制作机关变景。[1] 台湾高甲戏班"泉郡锦上花班"在全台各戏院巡演高甲戏，"请福州布景师设计立体华丽之机关布景，如该班演《火烧百花台》一剧几近写实之火景最为脍炙人口"[2]。

而其中最为人称道的便是福州人黄良雄于台湾创立的"明星美术布景研究社"，这是台湾第一个留名史册的布景画社，其活跃时间在1938年到1960年代初。黄良雄聘请同乡布景师及木工师傅协助，与其一起传授学生，门下的学徒于工作中学习，承继福州布景艺术的技巧与观念，许多成为后来内台戏以及闽南语影片重要的布景师。

"明星美术"以师徒制的方式教授布景艺术，四年为一期，期满结业即可出外成为独立的布景师，招收的学徒前后有20名。

> 明星美术布景研究社在台传承弟子（按入门先后排序）：
> 张鹏飞、黄炳煌、张秋福、黄能清、陈庆章、谢春票、黄昭齐、林水拱、陈锦章、洪钦壤、简英达、杜宗信、陈庆山、侯寿峰、陈其全、徐国忠、王义峰、刘森田、易茂盛、庐松全。[3]

据侯寿峰回忆，由于黄良雄明了市场趋势，熟谙客户需求，"明星美术"的生意往往比其他布景师兴隆。电视电影尚未兴起之前，"明星美术"做过的布景占全台湾剧团一半以上，包括内、外台演出的歌仔戏、布袋戏、新剧团皆是其设计范围。[4] 此外，"明星美术"的成功，也使其组织及环境厂房逐渐成为后来布景工厂学习的样板。

由于福州布景师的倾囊相授，使得台湾能有机会学到完整的布景艺术及制作布景的技艺。这些福州布景师将福州的布景艺术传到台湾，培育出台湾本地的布景画师，为内台戏注入新血，造就了1960—1970年台湾内台戏舞台美术的黄金时期。

---

[1] 陈健铭：《野台锣鼓》，（台北）稻乡出版社，1995，第23—31页。
[2] 徐亚湘：《日治时期台湾内台戏班考》，（台北）《华冈艺术学报》2002年第6期，第131页。
[3] 侯寿峰：《五十年来台湾地方戏剧的舞台设计发展始末》，海峡两岸歌仔戏创作研讨会议论文，（台北）1997，第316页。
[4] 陈慧：《台湾内台戏舞台美术：源由、发展与实践》，（台北）台湾大学文学院戏剧学系研究所硕士学位论文，2012，第128页。

4. 表演艺术的仿效

表演艺术方面主要是武戏的提升,这与福建艺人在台授艺直接相关。

武戏是福建戏班除舞台布景外的另一亮点。一方面,众多演员的精湛演技为台湾同行提供了示范,一系列精彩的武戏程式使他们大开眼界。例如,福州大吉升班老生梁振奎,被评价为"自能由熟生巧无复凿枘""全在神气,嬉笑怒骂,皆成文章"[1]。李天禄在其回忆录《戏梦人生》中也说道:"在我十一二岁时(约 1920、1921 年前后)有许多福州班来台演出,他们的服装、布景、介头(节奏)都很好,当时很多布袋戏的后场就改学福州戏的后场。"[2]

更为直接的是,当时闽剧班的留台演员进入本地戏班担任武戏指导,从而使闽剧的武戏为台湾所吸收。随着闽剧班赴台的演员,有的因为戏班经营不善,有的因为看中台湾的发展前景,他们中的一部分人选择留在台湾。"这些人大部分进入了歌仔戏班指导武戏,曾永义先生在其《台湾歌仔戏的发展与变迁》一书中即认为,歌仔戏之有武戏剧目乃始自于此。这不但丰富了歌仔戏的演出内容,还为歌仔戏进入戏院做商业演出打下了基础。"[3]

福州班旧赛乐演员萧守梨于 1923 年随旧赛乐赴台,留台后先后搭班嘉义复兴社、麻豆牡丹社及双凤社,1931 年加入台北新舞社,除担任文武戏要角外,还负责编、导及教学的工作。当时新舞社演出戏单上就强调该班有福州及上海老练排戏先生。[4] 除萧守梨之外,留台担任要角并出任戏剧指导的,还有福州福德、一平、三官先,三人受聘于桃园的京班广东宜人园;福州陈庆琳、凤川受聘于基隆德胜社;福州大吉升班花旦陈德录于台南为原七子班后改习京剧的金宝兴班授艺等。[5]

这个时期,随着台湾本地戏班的发展,福建戏班留台的人数越来越多,纷纷进入台湾歌仔戏班、采茶戏班担任戏剧指导,为台湾本地戏班培养了

---

[1] 何绵山:《试论日本侵占台湾时期福建戏曲对台湾戏曲的影响》,《中华戏曲》2008 年第 1 期,第 82 页。
[2] 李天禄口述、曾郁雯撰录《戏梦人生——李天禄回忆录》,(台北)远流出版公司,1991,第 114 页。
[3] 徐亚湘:《论日治时期来台演出之福建戏班——以〈台湾日日新报〉为分析范围(1899—1936)》,(台北)《华冈艺术学报》2000 年第 5 期,第 98 页。
[4] 刘秀庭:《守住梨园——灵猴》,《表演艺术》1997 年第 51 期,第 30 页。
[5] 徐亚湘:《日治时期中国戏班在台湾》,(台北)南天书局,2000,第 206 页。

一批武戏人才。

　　5. 新剧种的发展

　　新剧种方面，主要是歌仔戏的融合，这将在本文下一部分集中介绍；此外，便是"福州正音班"在台湾的落地生根，有福州人组建剧团的，也有本地人组建剧团的。

　　前者如"福州男女正音班"，正式名称是"嘉义福兴社"。该班至迟在1924年已经在嘉义成立，班主为福州人陈淡淡和陈依世，为"日演平剧、夜演歌仔戏"两下锅的剧团。除聘请上海京剧演员王秋甫担任教习外，戏班还集合了两岸几位知名的演员，包括萧守梨、蒋武童、乔财宝、小宝凤和"砖仔角"。[①] 后者如台南州的"福州正音"锦添花班。在1926年总督府文教局针对台湾的"支那"戏班及台湾戏班所做的调查中，嘉义福兴社和锦添花班都赫然在列。[②]

二　1945—1949 年

　　1945年日本战败投降，台湾光复，传统戏剧得以恢复演出，两岸之间也重新恢复往来。在日据时期频繁赴台演出的福州班，也在战后再度受邀赴台。在1945—1949年这四年中，福建传统戏曲在台演出的情形与日据时期差别不大。而其间颇为突出的是福建赴台剧人陈大禹和他的"实验小剧团"在话剧方面的积极活动，后文将具体介绍。

　　根据报刊资料，1945—1949年，由福建去台的传统戏班有八班十七次。当然，肯定还有更多未见报端，疏漏在所难免。

表 7-6　依报刊所见战后四年福州班和其他剧种在戏院上演情形

演出时间	剧团名称	演出地点	演员、特色
1946 年 2 月 22 日—30 日	庆升平闽班	戎馆（赤崁戏院）	
1946 年 4 月 13 日—5 月 15 日	闽班新国风	第一剧场	日：闽剧；夜：京剧 演员：林迁山（三花）、陈开民（老生）、石云生（小生）、陈平（花旦）
1946 年 5 月 12 日—15 日	闽班新国风	中山堂	

[①] 徐亚湘：《日治时期台湾内台戏班考》，（台北）《华冈艺术学报》2002 年第 6 期，第 132 页。

[②] 徐亚湘：《论日治时期来台演出之福建戏班——以〈台湾日日新报〉为分析范围（1899—1936）》，（台北）《华冈艺术学报》2000 年第 5 期，第 100 页。

续表

演出时间	剧团名称	演出地点	演员、特色
1946年6月9日—18日	闽班新国风	芳明馆	
1946年6月19日	闽班新国风	中山堂	
1946年7月22日—29日	闽班新国风	嘉义大光明	
1947年12月22—1948年1月10日	南洋厦门霓光社	新世界	福建诗歌，台岛名曲
1948年8月12日	福建力行剧团	新世界	
1949年3月16日	厦门都马剧团	全成戏院	
1949年8月2日—21日	福州班闽声剧社	基隆高砂戏院	
1949年9月17日—21日	福州班闽声剧社	新民戏院	
1949年10月6日—11日	厦门都马剧团	高雄大舞台	
1949年10月11日—21日	福州班闽声剧社	台中国际戏院	平剧闽剧。演员百余名
1949年10月21日	福州班闽声剧社	嘉义大光明戏院	
1949年11月24日	福州三山剧社	南都大戏院	（京闽）陈开民领导
1949年12月11日	福州三山剧社	高雄大舞台	
1949年12月21日	福州三山剧社	南都戏院	

资料来源：庄曙绮《从报纸广告看战后（1945—1949）台湾商业剧场的演剧生态》，（台北）台湾大学戏剧研究所硕士学位论文，2005，第96—97页。

以上是1946—1949年福州戏班在台活动的情况。战后，台湾政治经济不稳定，民生萧条、百废待兴，戏剧和电影是当时人民最主要的娱乐。"因长期未见传统式戏剧，当时的演出几乎到处疯狂，'连最不起眼的布袋戏都有人看，更有一团拆作二、三团出演，没有彩楼就是用两张长条凳重叠起来，前面用布帘围起来就地便演，观众还是围得满满的'（黄海岱语），可见光复之始，台湾传统剧受欢迎的程度。"[①] 1946年开始又有闽班赴台商演，此时歌仔戏已经成为台湾极具优势的剧种，此外，由于当权官员的推崇，京剧地位极高，去台的福建戏班便以演出闽剧、京剧和歌仔戏为主，出于商业目的考量，经常是几种戏剧轮番上演，亦即一个戏班既能演出A剧，又能演出B剧，俗称"两下锅""三下锅"。当然，这种情况在日据时期已经屡有出现，战后不过是更加突出而已。除此之外，战后四年福建戏班去

---

① 江武昌：《台湾布袋戏简史》，（台北）《民俗曲艺》1990年第67、68期，财团法人施合郑民俗文化基金会，第107页。

台的情况与日据时期相差不大。例如，1946年4月闽班新国风继1937年之后再次赴台，台湾《民报》介绍了该班的特色："闻自抗战以来，闽中民众，多习国语，故闽腔以外更能平曲，而唱做及武行外，其机关布景尤足惹观……"① 除了以唱作武行和布景作为卖点，更重点提到了能兼演闽剧和京剧。这也是此时期闽班招徕观众的普遍套路。

如此，战后四年福建传统戏班在台湾演出的情况及对台湾本地的影响并未脱离日据时期的框架。而在新剧（以普通话演出的话剧）方面，福建漳州人陈大禹联合同乡在台湾自组"实验小剧团"，积极参与剧运，在台湾话剧史上留下了浓墨重彩的一笔。

实验小剧团是由抗战初期福建省剧运主力陈大禹、姚少沧等人赴台后重组，并邀请台湾当地戏剧工作者（如辛金传、王井泉）加入，1946年底开始在剧院公开演出话剧。

表 7-7 依报刊所见外省业余剧团演出一览（实验小剧团部分）

演出日期	地点	剧目	编导及演员
1946年12月17日—19日	中山堂	《守财奴》（居仁改）	国语组导演：王淮。闽南语组导演：陈大禹 午场：闽南语。晚场：国语
1947年9月19日—24日	中山堂日	《原野》（国语、闽南语）	陈大禹导
1947年12月10日	新世界	《守财奴》。客串音乐跳舞独唱	陈大禹导。台湾艺术剧社主办
1947年12月12日	新世界	《恋爱与阴谋》	陈大禹导。台湾艺术剧社主办
1947年12月13日	新世界	《守财奴》	陈大禹导。台湾艺术剧社主办
1947年12月14日	新世界	《原野》	陈大禹导。台湾艺术剧社主办

资料来源：庄曙绮《从报纸广告看战后（1945—1949）台湾商业剧场的演剧生态》，（台北）台湾大学戏剧研究所硕士学位论文，2005，第107页。

从表 7-7 可以发现，实验小剧团的演出分为国语、闽南语两种。众所周知，话剧口白均采用国语，而光复初期的台湾民众熟悉日语和闽南话，对听国语有不小的障碍。语言问题也是造成当时台湾社会本省和外省民众巨大区隔的重要原因。实验小剧团试图拉近本省和外省剧界的距离，为了让台湾观众能克服语言障碍欣赏到新式话剧的演出，遂将剧团分为国语和闽南语两组，例如，1946年12月该剧团在台湾剧院公演的第一出话

---

① （台北）《民报》1946年4月14日，第186号，第二版。

剧《守财奴》，其演出安排上就有午场闽南语和晚场国语的区别。该剧国语组演员均为战时在大陆东南从事剧运工作者；闽南语组由陈大禹导演，并全部选用台湾本省演员；本地的"台湾艺术剧社"还负责穿插音乐、舞蹈、独唱。国语组和闽南语组互相观摩，轮流演出，台湾本省和外省演员有了更多交流的机会。此后国语和闽南语双组进行的方式成为实验小剧团的常用套路。

"二二八事件"是此时期一个重要的转折点。1947年2月底台湾发生了大规模的民众反抗政府事件，3月至5月间国民政府派遣军队镇压屠杀台湾人民、捕杀台籍菁英，"台湾重要的剧人或遭杀害，或流亡或入狱，留下来的从此退出演剧，不再过问文化活动"。于是，日据时期形成的台湾知识分子演剧的传统几乎断绝。[①] 然而我们从表7-7可以发现，实验小剧团在"二二八"之后仍然有频繁的演出。保证了知识分子演剧的继续存在。在"二二八"事件给台湾本省知识分子演剧造成毁灭性打击的时代背景下，实验小剧团这样的尝试对台湾剧人来说尤为难能可贵。"'二二八'之后，本省剧人消失殆尽，'实验小剧团'的存在，让本省演员还有残余的挥洒空间。"[②]

台湾文化界名流王井泉对实验小剧团的这些尝试颇为期许，在1947年该团演出《原野》时，发表了这样一篇文章：

"光复，光复，我们听过宋非我先生《壁》的呼喊，我们看过林传秋先生《罪》的挣扎，还有那些中南部的朋友活动的表现，我们都曾经怀着关切的兴奋，期待一个顺利的发展，但是，事实无情，我们还是在寂寞中回旋、彷徨。

这时，实验小剧团站起来了，他们说，这个实验小剧团是在台湾建立的，他们的基础要建立在台湾民众身上，事实的，他们是在台湾剧艺界的合作下完成这个组织……我们认为，这是台湾文化再生的呼唤，由于这次演出，我们又发生了无限的希望……"[③]

如上所述，实验小剧团积极推进两地剧界合作，此功绩之一。其二，以知识分子的责任感密切关注时事，并主张用戏剧这种深入人心的艺术形

[①] 庄曙绮：《从报纸广告看战后（1945—1949）台湾商业剧场的演剧生态》，（台北）台湾大学戏剧研究所硕士学位论文，2005，第3页。

[②] 庄曙绮：《从报纸广告看战后（1945—1949）台湾商业剧场的演剧生态》，（台北）台湾大学戏剧研究所硕士学位论文，2005，第109页。

[③] 王井泉：《我的感想》，《台湾新生报》1947年9月19日，第692号，第五版内文。

式进行民众教育。陈大禹在"二二八"之后写作了剧本《香蕉香》,并亲自编导,于1947年11月在中山堂演出。这是第一个以"二二八"为题材公开上演的作品。根据陈大禹自己的说法,演这出戏就是希望能借该剧演出,"沟通过去的本省人与外省人的情感隔膜问题"①。演出第一天观众爆满,然而戏进行到一半时,本省与外省的观众便吵成一团,军方后来还派了三辆车,带机关枪把中山堂团团围住,第二天戏院门口就贴了一张告示,说是演员病了,不能上演,但其实是以"具煽动性,加深本省与内地同胞间的隔阂,增加彼此的仇恨"的理由遭到禁演。②虽然只演出了一场,但是《香蕉香》犹如平地惊雷,以其极强的社会批判性和时代精神成为台湾话剧史上的重要篇章。

其三,实验小剧团也对推动台湾剧运充满使命感。1949年3月4日,以陈大禹、吴建声和金姬镏为首的戏剧界人士,筹组"台湾戏剧协会",希望能借由团结台湾剧界,打开台湾剧运的难关。并在会中提出减低娱乐税,以及开放公众剧场公演话剧等诉求,改善当时台湾剧运的低潮。该会最后因为陈大禹被捕无疾而终。③此后,剧团主力陈大禹潜回大陆,剧团濒临解散。

基于以上三点,结合当时的文化环境及戏剧氛围,实验小剧团在战后初期的台湾社会有着特殊的地位,对光复初期话剧在台湾的推展有着极大贡献。

总的来说,1895—1949年,福建对台湾戏剧的影响涉及方方面面,归结起来,表现为推进旧剧种的本地化进程和新剧种的生成。"外来剧种的传入,经过融合改变后,逐渐呈现本土化的现象,同时本土剧种的自然生发,也受到外来剧种的影响。"④这是一个方面。另外,在此期间,台湾本地歌仔戏也开始向福建输出,并迅速在闽南一带流行起来。故而,在日据到国民党政权去台前的这段时间内,闽台戏剧交流的概况是双向交流、互为影响。

---

① 陈大禹:《破车胎的剧运》,《台湾新生报》1948年1月1日,第797号。
② 邱坤良:《战后台湾剧场的兴衰起落(1945—1949)》,《台湾近百年史论文集》,(台北)财团法人吴三连台湾史料基金会,1996,第164页。
③ "文建会"编《光复后台湾地区文坛大事纪要》,(台北)"文建会",1995,第28页。
④ 罗丽容:《南戏·昆剧与台湾戏曲》,(台北)新文丰出版股份有限公司,2012,第252页。

第四节 1949年以后：以歌仔戏为代表的闽台双向交流与互动

作为台湾传统戏曲的代表剧种，歌仔戏发展至今已有百余年的历史。百年歌仔戏发展史，首先是一部海峡两岸民间音乐交流、融合的历史。闽台二地的音乐戏剧渊源在歌仔戏上体现得淋漓尽致。

（源流）福建→（形成）台湾→福建⇌台湾

图7-6 歌仔戏地域传衍图

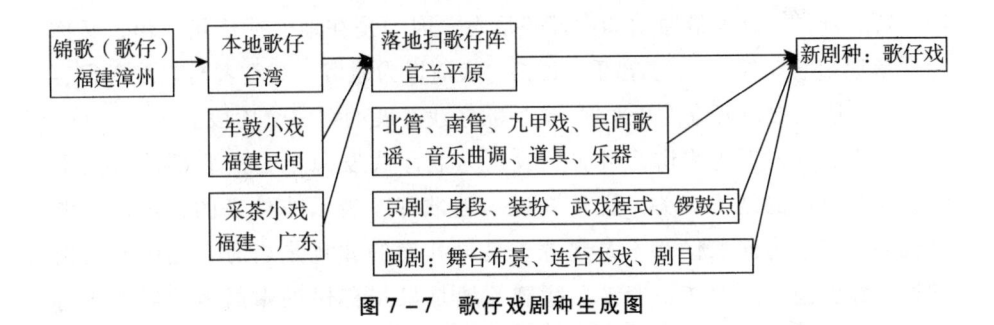

```
锦歌（歌仔）    本地歌仔      落地扫歌仔阵                  新剧种：歌仔戏
福建漳州   →   台湾     →   宜兰平原         ↗↘
                车鼓小戏      北管、南管、九甲戏、民间歌
                福建民间      谣、音乐曲调、道具、乐器
                采茶小戏      京剧：身段、装扮、武戏程式、锣鼓点
                福建、广东    闽剧：舞台布景、连台本戏、剧目
```

图7-7 歌仔戏剧种生成图

本地歌仔戏（19世纪末20世纪初）→野台歌仔戏（民国初年左右）→内台歌仔戏（1925—1937,1945—1960年代）→广播歌仔戏（1954—1955年出现，1960年代兴盛）→电影歌仔戏（1955—1960年代）→电视歌仔戏（1962—1990年代）→舞台歌仔戏（1980年代—1990年代）

图7-8 歌仔戏历史流变图

注：历史流变图仅仅说明在各个历史时期具有突出表现的歌仔戏形式，事实上，各个不同的歌仔戏样式经常是同时并存的。例如，本地歌仔戏直至今日都未曾完全消失。

一 源流考究

此处又涉及台湾的传统音乐。由福建直接输入台湾，并对台湾戏曲产生重大影响的传统音乐，除了本文第二节论及的南音和北管之外，还有锦歌。

歌仔戏的起源，可追溯到漳州芗江一带的锦歌（即闽南歌仔）。早期在闽南许多地方都没有锦歌的称谓，而是一律称为歌仔，这一名称也被移民带入台湾并沿用至今；大陆方面在1953年以后将歌仔戏改称为芗剧，又将漳州芗江地区称歌仔为锦歌的说法一并采纳，歌仔遂称锦歌。歌仔泛指闽南音乐中比较通俗的歌曲，无论是作为歌唱的民歌，或是作为念诵的童谣，都称为歌仔。①

闽南歌仔明末清初随移民传至台湾，并发展成为台湾的本地歌仔。这里需要特别说明的是，"台湾闽南语歌仔，只有一部分是传自闽南，有相当部分是移民到台湾后才创造的。……而歌仔戏最早的曲调'七字调'、'哭调'等是在这些新创造的歌仔而不是直接从大陆传过去的歌仔的基础上产生的"②。

后来，本地歌仔吸收车鼓戏和采茶戏的动作表演，开始有了人物的装扮，结合滑稽诙谐的民间故事，在庙埕空地即兴表演，或在迎神队伍中载歌载舞，随神轿游行，形成了最原始的歌仔戏形态，因为是在地面或广场演出，又称为"落地扫歌仔阵"。由于音乐、说白、表演极为通俗，观赏者与表演者很容易交流，所以很快就流传开来。③ 这是歌仔戏发展的第一个阶段。

首先，从发源地来讲，目前一般认为歌仔戏发源于台湾北部的宜兰平原，这和移民的结构有关。宜兰人说本地歌仔，表示非外来的，这也是歌仔戏的雏形。为何歌仔戏不是起源于最早开发的并且是当时文化中心的南部地区呢？南部如府城、鹿港、艋舺等地是泉州移民的聚居地，当地流行的是南管。而宜兰人口中漳州移民占了93%，并且由于宜兰三面环山的地形，交通不便，所以能保有标准的漳州腔。于是，在漳州流行的歌仔就随着移民传播到宜兰地区。

其次，从音乐源头来讲，【七字调】④ 源自闽南歌仔。"闽南歌仔中短小抒情的曲调主要有'七字仔'（又称'四空仔'）、'大调'（又称'五空仔'、'丹田调'）以及一些从其他曲种移植过来的民间小曲（又称'花调'、'杂歌'）等。这些歌仔多为七字四句体，十分注重句尾协韵（民间称

---

① 陈耕：《闽台民间戏曲的传承与变迁》，福建人民出版社，2005，第80—81页。
② 陈耕：《闽台民间戏曲的传承与变迁》，福建人民出版社，2005，第86—87页。
③ 此前台湾流行的音乐只有南管和北管两种，南管音乐不适应庙会的热闹演出，在清中后期基本被北管所取代，但北管有一个问题，即唱的内容听不懂，歌仔戏用的是闽南语白话，这无疑是其迅速流行的巨大助力。
④ 【七字调】以每句七字的歌词结构得名，是闽南歌谣的特色，唱起来较一般歌谣更白话。本地歌仔曲调中的【七字调】大部分直接来源于移民在台湾新创造的歌仔，而非锦歌。追根溯源，锦歌是本地歌仔的源头，与【七字调】是间接关系。

'罩句')"①。而本地歌仔在音乐上是以歌仔为基础,再吸收老白字戏、车鼓戏中的俚俗歌谣,且此时所使用的曲调种类较为单纯,以【七字调】为主。

从流传下来的《陈三五娘》《山伯英台》《吕蒙正》《什细记》四大出剧本可以发现,"本地歌仔曲调的运用以由锦歌【四空仔】演变而成的【七字调】最为普遍,其数量高达百分之九十以上,且细分为【大七字】、【古早七字仔】、【七字白】、【七字仔拆】、【七字仔软】、【七字仔反】等多种形式。其他则有源自锦歌【五空仔】的【大调】、【倍思】……质言之,本地歌仔所运用的曲调相当有限,而【七字调】则是本地歌仔最主要的曲调"②。从闽南传去的歌仔七言体的【四空仔】与【七字调】相比,二者无论在唱词句式、唱腔结构和旋律进行等方面都基本相同,其伴奏的四种乐器也是闽南歌仔传统的"四管齐"。当然,此后,为了歌仔戏戏曲表演的需要,【七字调】的节奏、旋律又有了一些紧缩或扩张、改弦或易宫等变化,创造出了不少新的曲调。

最后,歌仔戏的第一部创作剧本就是闽南民间故事《陈三五娘》③。从留存的演出纪录来看,日据以来歌仔戏《陈三五娘》演出频繁,可以说,歌仔戏在梨园戏之后,着力于此剧的演出。蔡欣欣教授也指出目前歌仔戏所演出的《陈三五娘》,无论在故事情节、潮泉土腔的声韵、咬字及若干身段的运用上,大抵都是以小梨园七子班(由闽南传入)的表演方法为基础。④

可见,歌仔戏无论是最早的来源地还是早期的曲调和剧本都是脱胎自闽南地区。

二 赴台福建戏班助力歌仔戏成长

如果说日据时期福建戏班对台湾戏剧的影响涉及方方面面,那么,将这些方面加以吸收并全部融合的就非成型初期包容度极强的歌仔戏莫属了。

---

① 陈新凤:《从歌仔到歌仔戏——歌仔戏唱腔音乐源流考》,福建师范大学音乐学院博士学位论文,2002,第2页。
② 林茂贤:《本地歌仔研究》,《百年歌仔:2001年海峡两岸歌仔戏发展交流研讨会论文集》,(宜兰)台湾传统艺术中心,2001,第47—48页。
③ 吕诉上:《台湾电影戏剧》,(台北)东方文化书局,1977,第235页。
④ 蔡欣欣计划主持《重要民族艺术艺师廖琼枝歌仔戏保存计划之一·〈陈三五娘〉剧本注释与导读》,台湾传统艺术中心,2004,第16页。

大陆戏班在台演出日久，其表演艺术与戏文剧目渐渐为台湾本地歌仔模仿、吸收，歌仔戏从一种载歌载舞的形式趋向综合形态，至20世纪20年代发展成较成型的戏曲形式。

日据前半期，以福建戏班和上海京班为主的大陆戏班频繁赴台作商业演出，台湾于是出现了大量现代剧场，也养成了民众买票看戏的习惯，这些都为歌仔戏进入内台做好了铺垫。台南"丹桂社"是目前可考台湾歌仔戏第一个进入戏院内台演出的戏班，时间在大正十四年（1925）八月二十六日。是年九月三十日的《台湾日日新报》就此作了报道："台南大舞台蔡祥氏。者番募集股份。投资二千余圆。购置服色。往北聘请剧员四十余名组织一班。号丹桂社男女团。脚色整齐。服色清新。去二十六日开演。艺员认真献技。大受一般欢迎云。"①

"福州戏的连本戏与布景也都在此时被歌仔戏吸收，而后再与京班、福州班留台班底结合，更发展出了歌仔戏的武戏剧码，强化了歌仔戏表演的基础与多样性。"② 舞台布景与武戏是福州戏班的两大专长，当时歌仔戏班大量聘请福州戏班留台的布景师傅和演员制作布景或担任戏剧指导，更有专程从福建重金延聘布景师傅的情形。进入内台以后，因为招揽观众的需要，炫丽的舞台效果对演出愈加重要，于是，福州布景师对歌仔戏的影响越来越大。甚至出现了过犹不及、喧宾夺主的情况。"无论是机关布景与灯光幻术的运用，照理皆应符合剧情之必然与不能妨碍演员表演两个基本原则，但是，在当时由票房价值支配演出内容的商业环境中，这种因生存竞争转现的负面效应，它很难跳脱一种沦为舞台技术夸耀的局限。"③

无论如何，在日据时期，福建戏班的频繁演出激发了台湾在地戏班的成长，歌仔戏向福州戏等大戏学习后，在表演及舞台效果上都大为进步，赢得社会大众的喜爱。也就是从这个时候开始，歌仔戏逐渐取代其他剧种的地位，成为台湾第一大剧种。从职业剧团的数量来看，对比1928年和1958年的数据，由1928年的14团成长到1958年的235团，虽然难免有统计口径的差异，仍然不难发现在这个时期歌仔戏班的极速发展，在1958年的台湾，歌仔戏已经是当之无愧的市场霸主了。

---

① 《赤崁特讯·剧界消息》，《台湾日日新报》1925年9月30日。
② 纪家琳：《台湾当代庙宇剧场戏台体制研究》，（台中）白象文化事业有限公司，2013，第96页。
③ 徐亚湘：《日治时期中国戏班在台湾》，（台北）南天书局，2000，第189页。

表 7-8　1928 年台湾各州厅剧团数表

(单位：团)

	台北州	新竹州	台中州	台南州	高雄州	台东厅	花莲厅	澎湖厅	总计
正音班	1	—	3	4	2	—	—	—	10
四蓬	3	2	2	1	2	—	—	—	10
乱弹	7	2	4	9	4	—	—	—	26
九甲	—	—	—	6	1	—	—	—	7
白字戏	4	2	1	2	—	—	—	4	13
歌仔戏	1	2	—	5	2	—	1	3	14
布袋戏	2	2	4	15	5	—	—	—	28
傀儡	2	—	—	1	—	—	—	—	3
总计	20	10	14	43	16	—	1	7	111

资料来源：1928 年由台湾总督府文教局印行之《各州厅剧团数表》，转引自杨雅琪《玉泉阁布袋戏团研究》，(台南) 成功大学中国文学研究所硕士学位论文，2004，第 4 页。

表 7-9　1958 年台湾省职业剧团情况表

(单位：团)

剧种	歌仔戏	布袋戏	京剧	客家戏	皮影戏	傀儡戏	南管戏	潮州戏	都马戏	大陆各地方戏
剧团数	235	188	15	12	9	3	3	1	1	9

资料来源：转引自曾学文《台湾戏曲发展的历史阶段》，《民族艺术》1994 年第 3 期，第 40 页。

三　两岸的歌仔戏交流与互相影响

1. 歌仔戏回传闽南

日据时期闽台二地交通完全仰赖海运。1905 年以后，有十数艘定期轮船往返基隆、淡水、高雄与厦门、福州之间；到了 1912 年，基隆、厦门之间一个月更有高达十次的航班，此后这两地便成为出入台闽二地的重要门户。此外，除了这些大型定期轮之外，民间亦有中小型的帆船及戎克船频繁往返两地。[1] 这些无疑为两地民间交流提供了极大的便利。

据厦门海关提供的厦门口岸出入台湾人数和驻厦门日本领事井上庚二郎于 1926 年提供的资料，1925 年左右在厦台湾籍民数估计在 8000 至 10000

---

[1] 徐亚湘：《论日治时期来台演出之福建戏班——以〈台湾日日新报〉为分析范围 (1899—1936)》，《华冈艺术学报》2000 年第 5 期，第 89 页。

人，同时每年还有 6000 多名台胞进出。① 另《台湾省通志·政事志外事篇》亦记载，1898—1937 年旅居厦门及福州的台湾人，从千人增至近 3 万人。闽台二地往来之密切由此可见一斑。

首先，歌仔戏由在厦台胞带入闽南，最早由台胞在厦门当地成立戏班，进而其他本地戏班也纷纷仿效。

根据厦门学者所做的田野调查，至迟在 1918 年歌仔戏就已经传入厦门。"1918 年，厦门就有演唱教习歌仔阵的歌仔馆'仁义社'。"② 但是由于日据所造成的隔阂，直到 1925 年，歌仔戏在厦门的影响都局限于在厦台胞的圈子里，传入闽南的歌仔戏发展缓慢。1925 年，闽南第一个歌仔戏班双珠凤的成立改变了这种局面。"1925 年，旅厦台湾商人曾琛为班主的小梨园戏班'双珠凤'，聘请台湾歌仔戏艺人戴水宝（即矮仔宝）来教戏，并到台湾聘请一些歌仔演员，将双珠凤改为闽南第一个歌仔戏班。首场在厦门鼓浪屿戏院演出《山伯英台》，受到热烈欢迎。"③ 歌仔戏以新鲜平民化的表演方式和亲切的乡音土语迅速博得厦门民众的好感，当时本地著名的小梨园戏班受其影响不得不改弦更张。"新女班原是小梨园……1925 年，出国到新加坡演出，载誉归来。同年，戏班在厦门与改唱歌仔戏的双珠凤对台，小梨园不受欢迎。翌年，新女班也改唱歌仔戏。"④ 作为颇有实力的传统戏班，面对初来乍到的歌仔戏却毫无招架之力，足见当时歌仔戏在厦门受欢迎的程度。不久，歌仔戏传入了闽南农村。"1927 年，同安锦宅在双珠凤影响下，成立闽南农村第一个歌仔戏班。"⑤

其次，以霓生社为代表的台湾高水平歌仔戏班大量涌入闽南商演，使歌仔戏在闽南扎根。

"1926 年，台湾'玉兰社'作为目前已知的第一个到闽南作商业性演出的歌仔戏班在厦门'新世界'戏园演出，连演 4 个月，轰动厦门。"⑥ 此外，

---

① 陈耕：《闽台民间戏曲的传承与变迁》，福建人民出版社，2005，第 134 页。
② 陈耕、吴慧颖：《闽台民间戏曲的传承与变迁》，《海峡两岸五缘论——海峡两岸五缘关系学术研讨会论文集》，（福州）2003，第 480 页。
③ 陈耕、吴慧颖：《闽台民间戏曲的传承与变迁》，《海峡两岸五缘论——海峡两岸五缘关系学术研讨会论文集》，（福州）2003，第 480 页。
④ 颜梓和：《歌仔戏班"双珠凤"的采访资料》，厦门市台湾艺术研究所编《歌仔戏资料汇编》，光明日报出版社，1997，第 126 页。
⑤ 陈耕、吴慧颖：《闽台民间戏曲的传承与变迁》，《海峡两岸五缘论——海峡两岸五缘关系学术研讨会论文集》，（福州）2003，第 480—481 页。
⑥ 陈耕、吴慧颖：《闽台民间戏曲的传承与变迁》，《海峡两岸五缘论——海峡两岸五缘关系学术研讨会论文集》，（福州）2003，第 480 页。

台湾霓生社、霓进社、明月园、凤舞社、丹凤社、小美园、爱莲社等职业歌仔戏班也纷纷赴厦门及周边地方演出，使歌仔戏在闽南流传开来。

表 7-10　日据时期部分来闽歌仔戏班

演出时间	剧团名称	演出地点	演员	备注
1926 年	玉兰社	厦门"新世界"		连演四个月
1929 年初 1932 年 1937 年	霓生社	厦门龙山戏院	月中娥、青春好、冲霄凤、勤有功、貌师	三度赴厦，又赴周边巡演
1929 年（另说 1927 年）	霓进社	厦门龙山戏院	瑶莲琴、锦兰笑	
1929 年	明月园	厦门"新世界"	赛月金	
1933 年	凤舞社	厦门鼓浪屿戏院	小宝凤、有凤音、叶金玉、天仙菊、黄月亭	
1934 年	台北丹凤社女优团			
1934 年	大湖小美园男女班	厦门、漳州等		赴厦门、漳州、汕头等地巡演，历时三年
1937 年	爱莲社	厦门龙山戏院	月中娥、李少楼	后改名"复兴社"

资料来源：厦门市台湾艺术研究所编《歌仔戏资料汇编》，光明日报出版社，1997。

尤以 1929—1937 年三度来厦的霓生社影响为大。霓生社于 1916 年在台北组建，历经十年时间，戏班渐趋完善，到 1929 年来厦门公演的时候，已经是一支演员阵容强大、设备完善、行当齐全、服装布景华丽、艺术水平较高的戏班了。1929 年初厦门龙山戏院聘请霓生社到厦门公演，戏班一行七十多人，更含不少好手。甫一开演，就受到厦门观众的热烈欢迎，在龙山戏院连演一个多月，场场爆满。随后，又在厦门其他地方和同安、石码、海澄演出一年多，造成轰动。这也是台湾歌仔戏班第一次在厦门以外的闽南内地地区演出，可以说，霓生社对歌仔戏在闽南的传播和普及功不可没。在其带动下，闽南各地纷纷成立歌仔戏班。此外，霓生社在闽南时间长、范围广、水平高的演出提高了闽南观众的欣赏水平，确立了闽南人对歌仔戏模式的认同，也使观众对歌仔戏的评判有了参照。厦门观众把歌仔戏分为"土班"和"正班"，所谓"土班"就是存留着早期模仿车鼓戏痕迹的戏班；"正班"就是以霓生社为代表的学习京剧表演动作的戏班。一"土"

一"正",无疑表明了观众的褒贬嗜好。①

最后,台湾艺人在闽授徒,形成最初的歌仔戏教师队伍。最早一批歌仔戏教师队伍的组成一是从台湾延聘过来教戏的,二是来闽歌仔戏班的留闽演员,三是来闽歌仔戏班在闽演出时因需要所招收的本地龙套和学徒。第一类比如前文提及双珠凤聘请台湾歌仔戏艺人矮仔宝来厦门教戏的情况;第二类比如知名演员"戏状元"月中娥,"四大柱"赛月金、味如珍、诸都美、锦上花等人长期留在厦门,一边演出,一边传授技艺;第三类比如霓生社在厦门演出时招收了一些本地青年入班参加演出跑龙套,邵江海先生就有此经历。在台湾艺人的传、帮、带之下,培养了一批本地青年演员,他们成长起来之后,和留闽台湾艺人一起担负起了在闽南教授歌仔戏的任务。从此,本地戏班和艺人都迅速成长起来。

如此,在台、闽二地剧界人士的共同努力下,大致在1918—1932年这15年间,歌仔戏以厦门为切入点和中心,涟漪式地向厦门郊县、泉漳层递扩散,完成在闽南的传播。②

2. 福建歌仔戏在台湾

论及闽南歌仔戏对台湾的反哺,尤为突出的是都马剧团在台湾的活动,时间在1950年代。

都马剧团原来是梨园戏新来春班,活跃于龙溪、厦门、同安一带。1940年掌班叶福盛、青衣张一梅、小生八治、老生和尚、龙水等人,与班主发生争执,愤而离班。后来与南靖几人合股筹建歌仔戏班,并在漳州一带招聘一些歌仔戏艺人加入队伍。取剧团名称为都马抗建剧团。1948年由于国共战事紧张,戏班生意受到影响,于是改名为厦门都马剧团,决定到台湾演出。原本预计隔年7月即返回厦门,却因福建解放,两岸隔绝,从此留在台湾发展。都马班初到台湾演出时,并没有受到太多的注意。直到1951年,团长叶福盛偶然欣赏了越剧《孟丽君》的演出后,激发了灵感,将越剧剧本改编成十本的歌仔戏《孟丽君》,并仿制了越剧的古装头、太子帽、靴子、服装等。戏一推出后,造成轰动,所到之处戏院必定客满。由此引来其他歌仔戏班纷纷仿效。从此都马班开始对台湾的歌仔戏产生很大的影响。

其一,在歌仔戏中引入越剧装扮。如前所述,在《孟丽君》成功后,

---

① 陈耕:《闽台民间戏曲的传承与变迁》,福建人民出版社,2005,第139—140页。
② 陈耕、吴慧颖:《闽台民间戏曲的传承与变迁》,《海峡两岸五缘论——海峡两岸五缘关系学术研讨会论文集》,(福州)2003,第481页。

原本属于越剧的行头，成为都马班专有特色，并被冠上"都马头""都马裯""都马靴"等名词。而这种服装，无形中取消了一些传统的表演身段，如甩发、水袖等，从而深刻地影响了台湾歌仔戏表演程式的发展变化。

其二，将闽南歌仔【改良调】引入台湾歌仔。与此同时，都马班所专用的【杂碎调】及其他【改良调】，自然也被纷纷仿效，日益盛行。遂有"都马调""都马哭""都马尾""都马走路调"等名称流传。直至今日，【都马调】已和【七字调】并驾齐驱，成为台湾歌仔戏中不可或缺的曲调。

这里，需要对【改良调】稍作说明。抗日战争时期，日本在台湾强制推行"皇民新剧"。于是，来自台湾的歌仔戏在福建曾一度被视为"亡国调""汉奸调"而遭禁演。漳州邵江海、林文祥等人重新从闽南歌仔【杂碎调】、【哭调】改创新腔，名为【改良调】，并更名"歌仔戏"为"改良戏"。通过他们编演的剧本，【改良调】在闽南城乡产生广泛影响。而都马班是在1940年，由于其演出地点龙溪一带盛行"改良戏"，戏班便由梨园戏改唱改良戏。也因此，在1948年渡台之时的都马班实际上是一唱"改良戏"的歌仔戏班。【改良调】便随之传入台湾。

都马班以不同于台湾本地戏班的独特演出风格确立了在台湾歌仔戏界的地位。1953年，都马班在台湾省地方戏剧协进会主办的"第二届地方戏剧比赛"中获得第一名，报纸杂志纷纷介绍，将其名声推向巅峰。据说，当时其他戏班如果和都马班同地演出，没有上戏的演员，都会跑去观摩都马班的演出。

戏班演出的成功激发了都马班的雄心壮志，1955年，他们拍摄了首部闽南语电影，也是台湾电影歌仔戏的开山之作。由都马班团长叶福盛制作、邵罗辉导演的《六才子西厢记》，使用一架十六厘米摄影机和几万尺的胶卷来拍摄。但由于灯光不足、画面模糊、影像与声音搭配不良等，导致了这次播映的失败。虽然失败，但《六才子西厢记》的大胆尝试为后来者提供了宝贵的经验和启示，直接影响了麦寮"拱乐社"的陈澄三先生，他在拍摄《薛平贵与王宝钏》时，注意弥补灯光不足的缺点，多采外景录制，影片于1956年推出之后极为轰动并掀起拍片风潮。[①]

论述至此，从明清时期的横向移植，经过日据时期的吸纳融合之后，以歌仔戏新剧种的成熟和强势发展为标志，台湾的音乐戏剧完成了在地化

---

① 关于都马班的资料，出自陈耕、曾学文《百年坎坷歌仔戏》，台湾幼狮文化事业股份有限公司，1995，第121—126页。

的过程。而在此之后的两岸音乐戏剧关系以"交流"来定义更为恰当,同样是在两岸各自精彩的歌仔戏,见证了这样的改变。

众所周知,民间艺术的表演空间来自观众,观众是决定其生存的关键因素。创新题材、改变旧有的演出方式,持续吸引观众的兴趣,才是民间表演艺术能够维持下去的主要因素。歌仔戏从孕育到成熟再到如今的精致化发展,始终深谙此道,不断迎合,不断改变。

我们试图给歌仔戏一个定位,亦即分析它的"结构运动":如同一个错综的蚕茧,社会环境中的政治、经济是决定一个剧种是否可以存在的大生态。各种不同的表演艺术(其他大戏、小戏、音乐等)、电影、电视等与歌仔戏之间又形成了一个中型的生态网,它们之间有彼此排斥、共生或替代的可能,由此也决定了歌仔戏生存的方式;各个歌仔戏班之间也形成了一个生态系统,它们可能经由合作、竞争或模仿,形成一种新陈代谢关系,或者一股流行风潮。再者,歌仔戏自身表演体系当中,服饰装扮、音乐曲调、戏曲唱腔、身段程式、故事内容、唱词口白、舞台布景等,也与观众形成一个小型的生态体系。这些不同的元素之间,经过剧场中的互动交流,不停博弈、此消彼长,从而形成一种新的表演风格或新的审美品位。[①] 这也就是歌仔戏不断融合、变动、改良的原因所在。也正因此,台闽之间的歌仔戏交流才如此生动,直至今日,双方还能互相借鉴、互相影响——歌仔戏正在路上。

(本章撰稿:郑海婷)

[①] 参考了陈龙廷对布袋戏的解读。见陈龙廷《从台湾文化生态的角度来研究台北地区布袋戏商业剧场(1961—1971)》,(台北)《台湾文献》1995年第2期,第123—126页。

第八章　闽台传统美术之传承

美术是台湾文化史丰硕的一环，台湾与福建的密切关系，同样存在于美术领域。考察闽台文缘之美术交流，活跃时段主要是明清和日据时期，彼时两地人员往来频繁，艺术交流密切，台湾人文兴盛。尤其是明清时候的台湾，从创作书画的宣纸到盖房筑屋的建筑材料，从附庸风雅的官绅士大夫到面朝黄土背朝天的农民，绝大部分都是来自福建。福建的文化传统在移民时也随之迁播台湾，同时又因地制宜有所调整，形成了台湾独特的美术风貌。

从美术方面来看，自1661年郑成功登陆台湾，到1927年日本统治下的首届台展举办，二百六十六年的时间中，"文人书画"一直是台湾社会中和民间工艺并行的重要艺术类型。由于"文人"和"匠人"分野明显，圈子各自独立，一般互不交叉，本文将从文人美术和民间美术两个方面分别来谈闽台美术渊源。首先是脉络较为清晰的文人美术，主要是水墨书画创作的情况，这一时期台湾当地的书画创作类型是中国传统文人书画，"闽习"一说突出显示了闽地书画对台湾的巨大影响。其次是类目繁多的民间美术，在明清日据时期，相较文人美术，台湾的民间美术甚为精彩，大量的"泉州师傅""漳州师傅"是台湾民间美术创作的执牛耳者和中坚力量。

第一节　福建与台湾传统书画艺术

台湾从明郑时期开始，即有大量汉人移民，此时就开始有书画作品传世，从现存资料来看，台湾的文人美术从一开始就受到了闽地的影响，直至日据初期，其中的福建基因都是台湾艺坛上最活跃的元素。

从最早的作品来看，早在明嘉靖十六年（1537），福建泉州的抗倭名将俞大猷就在金门的石壁上留下了"虚江啸卧"四个大字，这是台湾地区现存最早的碑刻，现为"金门八景"之一。

留存至今的绘画作品在台湾的出现则要晚二百多年。从出版的图录来看，在台湾目前所能收集到的最早的一张水墨画出自闽人甘国宝，是他在1767年前所作的水墨"指画"老虎的作品。①

但是，严格说来，清中期之前的台湾以垦殖为要务，先民的关注点不在书画，早期这些孤立的作品并未对台湾书画艺术的发展产生实质性的影响。书画艺术在台湾真正成规模有影响是在清中叶以后。

郑氏去台之后，大力发展台湾文教，多年建设之下，及至清中期，更因商业发达和科举制度的引入，台湾的书画活动也被带动起来。清朝在道光三年（1823）特准录取台籍进士一名，订定从福建举人的名额中拨出，产生了所谓"开台进士"的先例。科举制度惠及台湾，这大大鼓舞了台湾士子，台湾文风益盛，传统的书画艺术也逐渐为士人所重视。经济力量是支持美术活动的条件，1858年，台湾被列为通商口岸，门户开放促进了经济的发展，约1860年左右台湾士绅阶层逐渐形成。② 巡台御史张湄《瀛壖百咏》有序云："五纪以来，地辟民聚，居然一大都会。昔之鲛窟鹿场，今皆庐宇矣；昔之荒榛垫莽，今皆黍稷矣；昔之亡命遗俘，今皆长子孙而称地著矣；昔之雕题凿齿、翦发文身，今皆躬礼乐而口诗书矣。"③ 描绘了当时台湾经济繁荣、人文兴盛的情形。

台湾隶属我国边陲地区，书画艺术的发展深受中原传统影响，与闽地的关系尤为密切，活跃着许多由闽入台的宦游文人和流寓书画家。书画活动主要依附于文人士绅举办的诗会雅集，以附庸风雅为尚。直至清末，台湾的艺术活动仍然显得尚古而保守。④ 这类诗书画唱和的活动延续到了日据时期，总体上是属于士绅阶层的活动，对民间的影响不大。较为著名的文艺雅集地点有：新竹"北郭园"、"潜园"、板桥"林家花园"、雾峰"莱园"和台中"筱云山庄"等。

---

① 甘国宝，福建人，乾隆年间曾担任台湾总兵，擅画虎，他于1767年离台，《纸墨虎》当成于此前；另有一说认为最早的画作是台湾当地画家庄敬夫1762年作《墨松图》，时间上当与甘国宝《纸墨虎》相差不大。
② 周婉窈：《台湾历史图说》（增订本），（台北）联经出版事业公司，2009，第101页。
③ 王必昌纂辑《重修台湾县志》卷十三，《台湾文献丛刊·第113种》，（台北）台湾银行经济研究室编印，1961。
④ 颜娟英：《美术》，《台湾近代史·文化篇》，（南投）台湾省文献委员会，1997，第71—74页。

在这样的背景下，福建书画影响台湾，主要是通过三种方式：①画作流入台湾，成为台湾文人师法临摹的范本，以黄慎为代表；②赴台做官、担任西席或设帐授徒，广泛交游，以"汲古屋三先生"为代表；③赴台卖画办展，以李霞为代表。恰好三人在时序上先后接续，下文按此脉络一一述之。

一 闽人画作流入台湾，成为台湾文人就近师法的对象

这一类书画家没有亲自到过台湾，但是由于他们在闽地影响极大，通过他们的作品或者他们赴台的友人、门人、追崇者的宣传推荐而被台湾文人所熟知，进而成为台人习字学画时临摹师法的对象。此外，也存在台湾文人来福建学艺过程中接触到其作品的情况。闽地书画家伊秉绶、华嵒、上官周、黄慎以及广东书家何绍基等，都属此列。

临摹是中国书画学习最为通行的方式，透过临仿学习前人或师门的技法，几乎是不变的法则。书法方面，由于中国书法是高度形式化的艺术，不临摹碑帖，则无法得古人形质，于是有了"隶宗秦汉，楷法晋唐"的经验之谈，"特别是在学而优则仕的科举时代，书法优劣常常关系到仕途的命运，士人无不在临摹上下工夫"[1]。绘画亦然，"明清之际师古临摹的风气愈来愈盛，摹元人笔意、仿王黄鹤法、师梅道人、写云林意，到后来师六如、天池、八大、渐江、石涛，甚而四王吴恽、板桥、新罗，漪欤盛哉！"[2] 此种因袭传统，师古临摹的方式，台湾的文人书画亦不能避免。黄慎和他所代表的"闽习"风格正是通过这种方式对台湾画坛产生了深远的影响。

（一）黄慎其人

黄慎（1687—?，1770年尚在），字恭懋，号瘿瓢子，福建宁化人，"扬州八怪"的代表画家，于诗文书画皆有造诣，以画为生，是文人化了的职业画家。黄慎晚年曾回忆自己学画的初衷："某之为是，非得已也。某幼而孤，母苦节，辛勤万状。抚某既成人，念无以存活，命某学画。"[3] 一方面反映了幼年孤苦；另一方面学画就能寻得温饱，这也从一个侧面反映了当时民间对绘画颇有需求。

黄慎早年从学同乡画家上官周，用笔设色十分工细，练就了深厚的造型功底。到扬州后，偶然见得怀素的真迹，细心琢磨，遂画风大变，以狂

---

[1] 郑国瑞：《郭尚先书学观》，（高雄）《应华学报》2008年第4期，第143页。
[2] 陈秀良：《许筠书画研究》，明道大学国学研究所硕士学位论文，2011，第31—32页。
[3] 黄步青：《题黄山人画册》，转引自《扬州八怪之一——黄慎》，http://www.smsqw.cn/readbook.asp? id=899，最后访问日期：2013年8月25日。

草入画，写神不写貌，写意不写形。他的画作反映世俗化生活和市井趣味，深得时人欢迎而声震大江南北。郑燮称赞他："爱看古庙破苔痕，惯写荒崖乱树根，画到神情飘没处，更无真象有真魂。"①

黄慎的写意人物画最为人称道的便是其线条功夫。这得益于他深厚的工笔基础和杰出的书法造诣。"在黄慎之前的历代书画家虽也讲以书入画，但那仅仅是书法用笔的方法在绘画上的运用，线条都脱离不开古代总结的十八描的范畴。黄慎的草书入画是指一笔下去连带中侧峰的运用，笔尖、笔肚、笔根的快速提按、拖拉，笔迹在宣纸上所呈现墨色的浓淡枯湿虚实缓疾等不同的变化所产生的新的'描'法。这样的创新大大扩展了线条表现力，使作品笔墨交融，相得益彰。"② 这也是黄慎之所以超出当时民间匠人画家之处，无怪乎黄慎的同乡后学伊襄甲嘲笑学黄慎的民间画家"如学邯郸步"。

黄慎晚年衣锦还乡回到福建，足迹遍布八闽大地，与在闽文人多有往来，其作品在闽地受到热捧，他的书画创作风格也成为一时风尚。约在乾隆十四年（1749），黄慎受到当时在台湾任职的好友杨开鼎的邀约，请他赴台，次年黄慎应约拟至台湾，在他到厦门的时候，却刚好碰上了因奔母丧离职回籍的杨开鼎，既然邀约人都已离台，黄慎渡台一事也就因此作罢。《福建省厦门志·卷十三》记载了这一事件："黄慎，曾游鹭岛，欲渡台不果。有'丈夫有志金台杳，壮士空余铁骨寒。老我儒冠催鬓短，凭君簪笔重毫端'之句，题寺壁。厦门画家多宗之。"③ 这也是黄慎本人与台湾最近距离的一次"接触"，终其一生，黄慎并未到过台湾。

虽然如此，台湾早期水墨画，尤其是人物画，却"几乎都是黄慎的画风"④。这一方面是因为作为职业画家，黄慎创作颇丰，他的一些作品通过大陆赴台人员带入台湾；另一方面，黄慎在福建、广东和江浙都有着大量的追随者，早期赴台的游宦文人基本上来自这些地方，他们在台湾也透过书画活动对黄慎做了大量的推广。黄慎的画作和画风随着这些沿海省份的画家传入台湾，从而对台湾产生极大影响。

---

① 台北故宫博物院"个性尽张扬——'扬州八怪'绘画作品展"人物介绍，http://www.dpm.org.cn/www_oldweb/Big5/E/E30/wenwu/E30e.htm，最后访问日期：2013年8月25日。
② 陈招：《有笔有墨谓之画——论黄慎〈渔父图〉》，《文物鉴定与鉴赏》2012年第5期，第51页。
③ 《福建省厦门志》（清道光十九年刊本），（台北）成文出版社，1967，第289页。
④ 庄素娥：《扬州八怪对台湾早期水墨画的影响》，《东南大学学报》（哲学社会科学版）2003年第1期，第75页。

第八章　闽台传统美术之传承

表 8-1　黄慎关系表

师承	交游	弟子	追随者：福建书画家	挚友：赴台官员	追随者：赴台书画家	追随者：台湾书画家
师从：上官周（1665—1749后，福建汀州）	郑燮李鱓边寿民程绵庄李㷆	李乔罗询巫逆王陈汝舟伍君辅	马曩张敔林云章巫堂周槐	杨开鼎（？—1749 任职台湾）杨朴园（1755—1759 任分巡台湾道，1778 年任台湾总督）	蔡㴔庆（福建同安）陈邦选（福建同安）廖庆三（福建汀州）张竣波（福建闽侯）曾茂西（福建）	林觉（清，嘉义）谢彬（清，光绪年间，台南）许龙（清，嘉义）林天爵（约1875年生，彰化）范耀庚（1877—1950，新竹）林秋梧（1903—1935，台南）
临摹：王羲之、王献之（晋）	王文治于文燮金兆燕	刘非池张试可等十多人	李灿（1732—？）曾图南吴慎		吴凤生（广东潮州）李霞（1871—1938，福建仙游）詹培勋（1865—？，广东潮州）吕璧松（1872年生，台南）	
受启发：怀素（725—785）	张宾鹤朱文震许其卓曾芝田等著名书画家、诗人、学者、官员	（可查考者）	沈瑠池（约1810—1888）沈镜湖（1858—1936）李耕（1885—1964）郭梁（1894—1936）黄羲（1899—1979）			

资料来源：庄素娥《扬州八怪对台湾早期水墨画的影响》，《东南大学学报》（哲学社会科学版）2003年第1期，第74—79页；林子云《书坛怪杰黄慎》，http://linziyun.blog.hexun.com.tw/6377510_d.html，最后访问日期：2013年8月25日；陈小娟《黄慎绘画艺术研究》，福建师范大学美术学院硕士学位论文，2010。

赴台官员杨开鼎、杨朴园都对黄慎推崇备至,他们雅好书画,又在台湾担任重要行政职务,对黄慎作品在台湾的传布当有不小的推动。而赴台书画家们则通过担任西席,以设帐授徒、广泛交游的方式扩大了黄慎在台的影响。此外,不少台湾书画家都有直接题款表明摹写黄慎的作品或者是未有题款但画面布局、技法、风格等皆与黄慎相同的作品传世。(见表8-1)

黄慎在台湾影响巨大,以至于言及台湾传统书画,必言黄慎。按照台湾故宫博物院研究员崔咏雪先生的看法,台湾早期水墨人物画的师承,"特钟福建画家黄慎,或因黄慎迅疾夸大的特色,显得精神生动,较符合台地海岛居民述求的剽悍特质,与干练之习气,故在台湾人物画中影响深远"[1]。黄慎在台湾民间同样有着良好的市场。直至今日,在嘉义的美街,裱画店中的主要商品之一就是从福州、厦门、潮州等地输入的黄慎画风的人物画。[2] 除了黄慎之外,有清一代在福建备受推崇的伊秉绶、华喦、徐渭、郑燮、何绍基等人,都是通过同样的方式成为台湾文人临摹师法的范本,进而影响到台湾艺坛,可见闽台两地审美趣味相投,当时福建的书画"热门潮流"通过闽地赴台文人的传播,在台湾也蔚为大观。

(二) 所谓"闽习"

黄慎这一类有"迅疾夸大的特色"的作品,一般被认为深具"闽习"风格,它透过黄慎的诸多追随者的传布成为有清一代台湾水墨画最突出的特色。"谈此时期的地域风格有'闽习'一词,其意指笔墨飞舞,肆无忌惮,狂涂横抹顷刻间完成大体形象,意趣倾泄无遗,气氛却很浓浊,十足霸气,一点也不含蓄。"[3] 从"闽习"这一提法的源头来看,上官周和黄慎是代表画家。清人张庚在他初刊于1735年的著作《国朝画征录》中,对黄慎的老师上官周评价道:"有笔无墨,尚未脱闽习也;人物工夫老到,亦未超逸。"此后,方熏在《山静居画论》中说"闽习":"好奇骋怪,笔霸墨悍,与浙派相似。"[4] 秦祖永在《画学心印〈桐荫论画〉》里说,"闽人多失之重俗"[5],并且评价黄慎"未脱闽习,非雅构也"[6]。在他们的论述中,相

---

[1] 崔咏雪:《在水一方:1945年以前的台湾水墨画》,(台中)台湾美术馆,2004,第109页。
[2] 林伯亭:《嘉义地区绘画之研究》,(台北)台湾历史博物馆,1995,第110—111页。
[3] 王耀庭:《从闽习到写生——台湾水墨绘画发展的一段审美认知》,《东方美学与现代美术研讨会论文集》,(台北)台北市立美术馆,1992,第12页。
[4] 方熏:《山静居画论》(1集5册),(台北)艺文印书馆,1966,第167页。
[5] 秦祖永:《画学心印〈桐荫论画〉》,上海扫叶山房,1946。
[6] 转引自秦领云《扬州八家丛话》,上海人民出版社,1985,第45页。

较于在温柔敦厚的诗教观影响下讲究内敛、含蓄、淡雅的文人画传统而言，"闽习"刻意求奇，笔墨霸悍，失之重俗。

事实上，这种地域性风格的形成绝非一人一时之功，在黄慎、上官周之前，就有不少福建画家偏好这种画风。"首先不能忽略'浙派'，浙派兴盛于明代早、中期，后来虽为吴派所取代，但它始终在浙、闽地区发展，也就是说，退出中央画坛之后，仍在地方维持势力。福建更因地近浙江，这类水墨放纵作风之普遍影响，是可以想象的。"[1] 以现存作品论，如明代福建画家陈子和、郑颠仙等人的画作面目与当时的浙派相差不远，后者更被视为浙派晚期的代表性画家之一。《图绘宝鉴续纂·卷一》谓郑颠仙"画人物俱野放"。颠仙的传世画作《柳荫人物图》，吸取牧溪、梁楷天然之趣，以泼墨侧锋，拖泥带水，尽情挥写乱石老柳，以细碎之笔，密点柳叶，疾写杂草。人物造型，偏头斜目，举止怪诞，神情诙谐，更以颤笔写衣纹，颠狂之气跃然画外。这恰恰吻合了前文对"闽习"的描述，可见，所谓"闽习"风格至晚在郑颠仙这里已经出现了。后来黄慎以草书入画的作品同样承袭了这样的特点，并以其大量的流通作品巩固并传播了这种风格。

"闽习"创作风格深刻影响了光复以前的台湾水墨画，其原因有三：

（1）中原文人画传统影响。

中原受元明两代的影响，清朝时期盛行文人画，福建地区同样如此。受到福建直接影响的台湾绘画，也就接续了中原绘画的这一主流。有清一代台湾有文献记载之画家，都属擅绘文人画，并且以写意水墨为主。文人画主张抒写性灵，"不在画里考究艺术上功夫，必须在画外看出许多文人之感想"（陈衡恪语）。因此，"不一定在画中孜究技法。一般人士遂不重视画家规矩，对设色、写生、工笔描绘少有研究。又当时士大夫雅好淡雅简逸，此风气之形成使得工笔画家渐少而水墨（写意）画家日众。当时流寓来台之画家大都擅水墨画，间或施以淡彩。少有工笔者"[2]。

中原的文人画传统讲究内敛含蓄，其传至台湾地区，台人因自身的审美趣味，吸收上就有所偏颇，侧重于写意画风，而非其诗教观。严格说来，在台湾，文人画与"闽习"杂糅相成，共生并存，不似大陆地区分野明显。

---

[1] yuliman：《台湾清代水墨画选》，http://bbs.8mhh.com/thread-105363-1-1.html，最后访问日期：2013年8月25日。

[2] 林伯亭：《清朝台湾绘画之研究》，（台北）文化学院艺术研究所硕士学位论文，1971，转引自yuliman《台湾清代水墨画选》，http://bbs.8mhh.com/thread-105363-1-1.html，最后访问日期：2013年8月25日。

再进一步探究,事实上这种杂糅更早在福建地区就已经存在,但是由于历史和地理的原因福建更受中原影响,画坛的元素比起台湾较为丰富,是以文人画与"闽习"的杂糅在福建并不如在台湾表现突出。

(2)硬件制约,画具简便。

当时台湾初辟,笔墨颜料宣纸等画具都是由大陆地区运送而去,画具难以齐备。由于这种硬件的制约,在作画之时,一般就采用较易取得的"笔""墨""纸"三物,如此要画出工笔、设色的作品就显得材料不足了。这无疑也是早期台湾崇尚简逸文人画风的一个原因。

(3)契合台人审美趣味。

画不雅驯、生猛十足的"闽习"风格恰恰迎合了垦拓时期台湾移民的喜好。"斯土初辟,荆天棘地,需要的是一股勇迈直前的拓荒性格,拓荒者所具备的性格,往往是野趣多于雅赏,以远离中原画坛核心,所代表的乃是乡野的'俚趣',以快速笔墨所见的官感式刺激,一种刹那间醒目的刺激力,能符合这种要求。……在台湾的先民,流露出的品味正是如此。"① 上至官绅士子,下至民间百姓,都对"闽习"水墨喜爱有加,于是构成了台湾早期绘画的一大风貌。有学者如此评价:"标示着中国文化典型传承的台湾水墨画,从初始的开端就注定是边缘发声的命运,'闽习'风格表述的就是疏离正统的变异。而其发展的历程始终摆荡在断裂、移除与置换的交替演化中,文化汇聚后异质交融的新生提供更替需要的养分。"②

当然,"闽习"不能概括黄慎或者闽地画家的所有作品,只是就台湾而言,从审美取向和当时的客观条件来说,台湾文人确实更倾向于简逸写意水墨的这一路风格,因此,在台湾的"闽习"是对原乡有侧重地接受并在地发展的形式。

需要说明的是,"闽习"一般仅针对绘画来说,书法艺术领域由于严格讲究形式,并且受到科举考试的强力规范,"闽习"的发挥空间并不充裕。

(三)"闽习"与台湾画家

以台湾而言,由于其书画创作甫始便受到福建的直接影响,故而早在黄慎之前闽派画风就已经流传到台湾,例如台湾本地画家庄敬夫、林朝英

---

① 王耀庭:《从闽习到写生——台湾水墨绘画发展的一段审美认知》,1992,转引自 yuliman《台湾清代水墨画选》,http://bbs.8mhh.com/thread-105363-1-1.html,最后访问日期:2013年8月25日。
② 庄连东:《扩延极致——"以异出新"的台湾水墨创作模式分析》,《纪念辛亥100周年两岸百家水墨大展》学术研讨会会议论文,台北,2011,第156页。

及由闽入台的蔡催庆等人，虽然由于年代较早，可能尚未受到黄慎的影响，但是从他们的存世作品来看，还是具有典型的"闽习"风格，与黄慎可谓系出同源。

在这段历史中，祖籍福建漳州，落籍台南府城的画家林朝英（1739—1816）甚为突出。日本学者尾崎秀真评价他："清代二百五十年之间，在台湾勉强可举出之艺术家者，仅林朝英，即'一峰亭'一人而已。"林朝英工墨画善书法，书法以竹叶体闻名，草书擅长鹅群体；其水墨画"极为注重线条的律动感以及墨色变化……不同于后来流行的四君子名士画那般的陈腐，闽习笔墨在他的手底下绽放出无比的生命力"[1]。

林朝英的《自画像》中，"衣服以粗疏的笔墨绘成，但是衣着线条以及衣服折痕却极为自然，毫无造做气息，在面部的描绘上则是以极工细的笔触勾勒出眼、鼻、耳、口，眉毛以及胡须均极细心描绘"[2]，不难看出是受了明代福建莆田画家曾鲸（1568—1650）人物画风的影响。

稍晚于林朝英的台湾画家林觉，被认为是台湾绘画史上"闽习"风格的代表人物。"林觉，字铃子，亦县治人（台南）。曾作壁画，见者称许者，遂刻意研求。善绘花鸟，而人物尤精。嘉庆间，薄游竹堑，竹人士争求其画，今犹保之。"[3] 从存世的纸本水墨画来看，林觉用笔潇洒狂放，走大写意一路，题款则一律以狂草写就，从绘画到书法都近于黄慎风格。黄慎对于台湾早期书画创作的影响，在林觉的作品中体现得非常明显。而林觉比起黄慎运笔更加泼辣大胆，倒也不失为一家风格。

黄慎、林觉、蔡催庆三人都是以卖画为生的职业画家，为了迎合商人"渔翁得利"的购买心理，都作有不少渔翁题材的画作。从三人的三张渔翁图来看，在笔墨表现方式上大有互通之处。林觉的渔夫在许多细节处只以粗浊的线条带过，比起黄慎运笔更加快速不拘，落墨更为浓浊，十分张扬。黄慎的渔翁渔妇则造型准确，表情生动，衣服纹理自然，整体兼工带写，线条表现十分出色，有金石之气。蔡催庆和林觉的渔翁与之相比，线条看似粗放，而内劲不足。几相比较，高低立见。

光绪年间的台湾画家谢彬同样是黄慎的追随者，从其传世水墨《八仙

---

[1] yuliman：《台湾清代水墨画选》，http：//bbs.8mhh.com/thread-105363-1-1.html，最后访问日期：2013年8月25日。
[2] yuliman：《台湾清代水墨画选》，http：//bbs.8mhh.com/thread-105363-1-1.html，最后访问日期：2013年8月25日。
[3] 连横：《台湾通史》，（台北）众文图书公司，1979，第977页。

图》可以很明显看出是学习自黄慎的同题材作品。

总体而言，同样是"闽习"风格的作品，单论技法的圆熟度，台湾早期画作的水平与福建相比，尚稍逊一筹，"然细加比较，这些基于闽习的风格，却又有所细微的差别，或许可以名之为'台湾味'"①。亦即，同中求异，我们可以发现台湾"闽习"水墨画自成一派的独特风格——一种"台湾味的美感"。

二 福建书画家赴台授徒，广泛交游

清中期以后，两岸往来日趋便利，大量的书画家由闽渡台，他们主要由三部分人组成：①游宦游幕的官吏，如甘国宝、谢曦、沈葆桢、刘铭传、唐景崧、叶文舟等；②受岛上豪绅大户邀聘赴台的书画家，如吕世宜、谢琯樵、叶化成、马兆麟、林云俊、陈邦选等；③民间画辅、画工，如蔡催庆等。②他们能诗善文，在台期间，或以画会友，或设馆授徒，直接促进了台湾传统书画艺术的发展，促使台湾本地书画家渐渐成熟。尤其是道光、光绪年间一直到日据时期的传统书画活动，大量寓台的艺术名士承担了传承与教化的工作。"十九世纪中叶是台湾文化社会内地化取向的巅峰，富贾名绅竞相延聘宦游或流寓书画家以求邸宅蓬荜生辉。"③

在原乡享有良好声望的书画家受邀到台湾豪绅富贾家中担任教育家族子弟的西席工作，主人家为他们提供了优越的物质条件和广阔的交游平台，是以他们中的许多人在台期间留下了丰富的作品，并时常与地方文人雅士交流艺事，大大活跃了台湾艺坛。厦门书家吕世宜和诏安画家谢琯（管）樵就是被台湾士绅所供养延揽最具代表性的人物，尾崎秀真有言："台湾流寓名士，于文余推周凯，诗推杨雪沧，书推吕西村，画推谢管樵。"④ 又连雅堂："近代如谢管樵、吕西村，皆有名艺苑。管樵之画，西村之书，乡人士至今宝之。"⑤ 吕、谢二人并另一位福建名家叶化成，都曾经服务于板桥林家，"汲古屋"为林家藏书室和教习室，三人常在此讲学传艺，故获称

---

① 王耀庭：《从闽习到写生——台湾水墨绘画发展的一段审美认知》，《东方美学与现代美术研讨会论文集》，（台北）台北市立美术馆，1992，第124页。
② 吴步乃、沈晖：《台湾美术简史》，时事出版社，1989，第4页。
③ 李钦贤：《台湾美术阅览》，（台北）玉山社，1996，第31页。
④ 转引自卢嘉兴《台湾金石学的导师吕世宜》，《台湾研究汇集》，（台湾）卢嘉兴自印本，1966，第25页。
⑤ 转引自高拜石《古春风楼琐记（第一集）》，（台湾）高拜石自印本，1960，第30页。

"汲古屋三先生",三先生寓台期间,于上层社会带动书画品评的风气,求书乞画者络绎不绝,使汲古屋成为当时文化艺术的传播圣地。

(一) 吕世宜与台湾书法

吕世宜(1784—1855),又名大,字可合,号西村、一瓢道人、百花瓢主、种花道人,福建泉州同安人,1822年举人,博学多闻。爱金石,工考证,精书法,篆隶尤佳。道光年间,吕世宜文名、书名显赫,震动朝野,尤于华南一带声名远播。

道光十七年(1837),53岁的吕世宜应板桥林家之邀教授林家子弟。"当时淡水林氏以富豪闻里闬,而国华与弟皆壮年,锐意文事。闻其名,见其书,心焉慕之,具币聘,来主其家。世宜遂主林氏,日益收拾三代鼎彝,汉唐碑刻,手摹神绘,悠然不倦。林氏建坊桥亭园,楹联楣额,多其书也。"[1] 林朗庵评价吕世宜:"为讲金石学、书道,以唤起文雅风气,而为全台宗师,复为林家购置书籍数万卷,暨金石拓本千余种,用开台湾金石学初步焉,故台湾今日之稍知金石学为何物者,则先生之赐也,又坊间流传之善本旧拓,多为林家旧有,亦无一非先生手泽也。"[2] 因此,后人称其为"台湾金石学之导师"。然事实上在台湾书坛,直到晚清和日据时期,因为字帖的大量印行,金石才开始有比较多人去学习。是以在金石学方面,西村多有开拓之功,而非传播之功。

吕世宜真正为台湾书坛所熟知,并造成影响的是他的隶书。在吕世宜之前,台湾最盛行的是二王帖学和米芾书风,而隶书则实实在在是因为吕世宜的影响才在台湾流行开来。山中樵说:"台民喜习汉隶,吕西村所影响也,惜无西村朴茂雄迈,俊爽宽宕功夫。"尾崎秀真曰:"台湾隶书皆吕西村流。"[3] 从现存书迹来看,后世台湾书坛的隶书几乎都受到吕世宜一些影响,从而形成一股时代风潮。

著作方面,吕世宜《爱吾庐论书》一篇,评褚河南书、说刻帖、谈石鼓文、论各家书,等等,当为台湾书坛最早的书学理论。[4] 另外,吕世宜自嘉庆十一年(1806)记《丙申鬲铭跋》起,迄咸丰《仿汉双鱼洗跋》止,计78篇书跋,光绪五年(1879)由林维源校刊梓行,并于1924年6月起在

---

[1] 王诗琅:《台湾人物志》(上),(高雄)德馨室出版社,1987,第400页。
[2] 林朗庵:《台湾金石学导师——吕西村》,黄水沛译,《文献专刊》第三、四期合卷,台湾省文献委员会,1953,第12页。
[3] 日人语二则俱见吴鼎仁《西村吕世宜》,(金门)鼎轩画室,2004,第162页。
[4] 林朗庵:《台湾金石学导师——吕西村》,黄水沛译,《文献专刊》第三、四期合卷,台湾省文献委员会,1953。

连雅堂的《台湾诗荟》上连载,其于台湾书坛书学理论的启迪是巨大而深远的。①

综观有清一代,台湾文人书法活动频繁,留下颇多字迹,然论书之作却阙如,幸好这一页的空白,由中原尤其是福建的寓台书家所填补。嘉、道之际莆田人郭尚先留有《芳坚馆题跋》,道、乾之时吕世宜有《爱吾庐论书》,至日据时期,泉州晋江的吴钟善著有《守砚斋题跋》。三人时序相连,恰恰构成了清中晚期台湾书学的脉动。

表 8-2 吕世宜关系表

师承	交游	弟子（板桥林家）	台湾追随者	任职书院
金石、书法师从： 周凯（1779—1837,浙江富阳人,赴台官员） 郭尚先（1785—1833,福建莆田人,寓台名士） 古文师从： 周礼 王辉山（1772—1823） 凌翰 刘五山 高雨农 字帖临仿： 商周金文 秦、汉、北魏拓本 王羲之、王献之 米芾、郑燮、董其昌	金石同好： 孙云鸿 林研香 林墨香 叶化成 杨庆琛 挚友： 林国华（台湾） 郭望瑶 陈庆镛 林鹤年 林树梅	林国芳 （国华幼弟） 林维让 （国华长子） 林维源 （国华次子）	郑神宝（新竹） 蔡说剑（丰原） 谢景云（铜锣） 罗峻明（嘉义）	1812、1835： 浯江书院（泉州） 1822、1831、1836： 玉屏书院（厦门） 1835： 芝山书院（厦门） 1846、1851： 汲古书屋（厦门） 1852—1854： 汲古书屋（台湾）

资料来源：叶郁枚《吕世宜书学与书法研究》,（台北）台湾艺术大学美术学院造型艺术研究所书画艺术组硕士学位论文,2010；林朗庵著、黄水沛译《台湾金石学导师——吕西村》,载《文献专刊》第三、四期合卷,（南投）台湾省文献委员会,1953,第12页。

从表 8-2 不难看出,吕世宜于书法一道浸淫尤深,各体无不擅长；他长期在泉州、厦门、金门、新竹四地书院和富绅宅邸任教,交游广泛,从学者众多。

吕世宜一生曾经两次赴台,旅台时间总共三年左右。第一次是道光十

---

① 陈秀良：《许筠书画研究》,（彰化）明道大学国学研究所硕士学位论文,2011,第22页。

七年（1837）为老师兼挚友周凯奔丧而赴台，此后回到厦门，任教于泉厦的书院。1846年，吕世宜进入厦门林家的汲古书屋担任西席，1852年随林家赴台，此后任教于板桥林家汲古书屋，至1854年离台回厦，1855年离世。① 事实上，1832年前吕世宜就经周凯引荐，认识了林家人，以后多有往来。虽然他旅台时间不长，然通过林家这个纽带，吕世宜与台湾的渊源关系长达二十多年。

（二）谢琯樵与台湾文人水墨画

从18世纪到19世纪中叶台湾的水墨画都有显而易见的"闽习"特征。画坛普遍宗黄慎，但是黄慎并不易学，学得不好，便容易流于恶俗，这样的画作在当时的台湾比比皆是，也使得台湾的"闽习"画家和作品值得称道者寥寥，画虎类犬者在在，整体的创作水平并不高。谢琯樵的出现极大地改善了这种情况，是台湾水墨画史上承前启后的重要画家。

谢颖苏（1811—1864），福建诏安人，字琯樵，亦作管樵，号北溪渔隐、懒云山人。于咸丰七年（1857）至咸丰十年（1860）流寓台湾，虽寓台时间前后仅四年，然足迹遍及台湾南北，遗留作品丰富，名震台湾艺坛。

谢琯樵家族有先祖中过武举人，而其父其姐又是家乡著名文人，故其不同于一般文弱书生，他擅长技击，喜谈论兵事，同时能书善画，亦擅诗文。琯樵一生辗转奔波，居无定所，多担任官员幕僚或乡绅西席，然而颇负书生意气，他在画作中常以兰竹自况，高兴时画兰，抑郁时写竹，书卷气淋漓尽致地溢于笔端。有题自画菊诗写道："半生落拓寄人篱，剩得秋心只自知。莫笑管城花事澹，笔头自有傲霜枝。"② 他的死亡也是由于这种性格上的血性和意气，同治三年（1864）琯樵有感于时任福建巡抚的台湾人林文察的知遇之恩，在文察死于太平军之乱后，前往营救欲夺回其遗体不果，遂被掳，殉难于漳州万松关，享年五十四岁。

尾崎秀真称其为"清朝中叶以后南清第一钜腕"，评价他："盖彼确有一种天才，其魄力气慨之超越，直跃其诗文书画之上。"③ 足见琯樵的人格魅力，他以书画抒写心境性灵，直得文人画的精髓。对19世纪中叶遍布粗糙"闽习"绘画的台湾画坛，实有醍醐灌顶之意。正是琯樵以自身鲜明的

---

① 叶郁枚：《吕世宜书学与书法研究》，（台北）台湾艺术大学美术学院造型艺术研究所书画艺术组硕士学位论文，2010，第56、第160页。
② 《翰墨春秋》，（台中）台湾美术馆，2004，第172页。
③ 转引自陈宗琛《台湾地区书法之传承与发展》，《书法之美：人与书写艺术——馆藏书法名家作品陈列特展》，（高雄）高雄市立美术馆，1995。

文人气质，结合其诗书画作品，才真正将明清之际大陆地区的文人书画精髓带到台湾，打破了台湾"偏激粗放"的"闽习"风格一统天下的局面，带领清中后期的台湾艺坛达到传统文人书画艺术的高峰。

清中后期台湾有相当多的人学习谢琯樵一派的四君子画，这股风潮一直持续到日据时期。第一回台展东洋画审查委员木下静涯于展览期间发表一则《东洋画鉴查杂感》，文中就提到当时台湾四君子画作泛滥的情况："东洋画的出品中，极为粗劣的作品相当多。如一笔线描之兰、竹、达摩像，均属非常幼稚的画作。类似芥子园画谱之模样，显然系出于抄袭之作。……在入选作品中，约半数是南宗画，因习画的人数增多，相对地作品也较多的缘故。"[①]

兹就表8-3作如下补充说明。

从师承来看，谢琯樵兰竹学郑燮，花鸟似新罗山人华嵒，许多台湾画家都是通过谢琯樵才转而间接摹习郑燮、华嵒二人的作品。此事例当为前文"未至台湾者却通过赴台文人在台湾发生影响"说法之例证。

从授徒来看，台南砖仔桥吴家主人吴尚霑（沾）被认为是谢琯樵在台湾所收的唯一正式弟子。[②] 他跟随谢琯樵习画，墨兰画得极为精湛。《1990台湾美术年鉴》如此介绍他："吴尚沾，清代书画及篆刻家。字润江，号秋农，台湾台南人。咸丰九年（1859）举人，擅长书画及篆刻。尝师事诏安谢管樵，习画梅兰竹菊，以兰最为精湛，今传世作品多是墨兰。"[③]

我们还发现，谢琯樵在台四年时间，有近两年都在台南海东书院讲学，教导台湾士子。这是因为当时台湾书院制度承袭福建，海东书院由兼学政的台湾道主持，琯樵先后佐幕台湾道裕铎和孔昭慈，以他大才子的声名，书院讲学应该是他佐幕时期的工作之一。

谢琯樵在台追随者众，许多台湾画家因慕其名而随之命名为"樵"，如陈亦樵、李亦樵、李学樵、施梅樵等。其中被称为"鹿港第一画家"的陈亦樵（1845—1891），因学琯樵画法而自称亦樵，可见对琯樵的仰慕崇拜。[④]

[①] 〔日〕木下静涯：《东洋画鉴查杂感》，《台湾时报》1927年11月，第23—24页。
[②] 《史谱区师承简谱》，《书法之美：人与书写艺术——馆藏书法名家作品陈列特展》，（高雄）高雄市立美术馆，1995，第178页。
[③] 《1990台湾美术年鉴》，（台北）雄狮图书股份有限公司，1989，第462页。
[④] 谢忠恒：《谢琯樵之艺术研究》，（台北）台湾艺术大学造型艺术研究所硕士学位论文，2009，第210页。

表 8-3 谢琯樵关系表

师承	入台前后	追随者	台湾交游
师从： 汪志周（福建诏安，画学华嵒） 沈锦洲（福建诏安，琯樵是否师承之？存疑） 临摹： ·兰竹：郑燮 ·花鸟：徐渭 陈淳 可馈（铁舟和尚） ·书法：颜真卿 米芾 苏轼	·1851年 厦门林家"汲古书屋" ·1857年，赴台 台南砖仔桥吴家"宜秋山馆" ·1858年 入裕铎（时福建分巡台湾兵备道）幕，任教海东书院 ·1859年 入孔昭慈（时福建分巡台湾兵备道）幕，任教海东书院 ·1860年 任板桥林家 游历艋舺地区 ·1860年末—1864年 游历福州三山地区 ·1864年 入林文察（1824—1864，时福建提督）幕，是年身死	由闽入台： 许筠（1851年入台，泉州） 林纾（1852—1924，福州） 林宝镛（1854—1925，晋江） 台湾： 陈亦樵（1845—1891，鹿港） 施少雨（1864—1949，鹿港） 王席聘（1876—1929，鹿港） 黄元璧（1846—1920，彰化） 李德泽（1892—1972，云林） 范耀庚（1877—1950，新竹） 郑淮波（1911—？，新竹）	弟子： 吴尚霑（1828—？，1858年举人，台南） 其他： 林国华 林国芳 林文察 邵连科（1819—1862，台湾镇总兵） 杨承泽（噶玛兰通判） 查元鼎（1804—约1886） 查仁寿 艋舺在野众文士（姓名不可考）

资料来源：谢忠恒《谢琯樵之艺术研究》，（台北）台湾艺术大学造型艺术研究所硕士学位论文，2009；周明聪《刚直不屈一支笔：谢琯樵的艺术与人生之研究》，（台北）《史物论坛》；卢嘉兴《前清流寓台南的艺术家谢琯樵》，（台北）《雄狮美术》1973年第32期。

陈亦樵的弟子施少雨、王席聘二人同样学习珺樵而有所得。施少雨后来又跟随游鹿港的诏安画家沈瑞舟学画，习得诏安画派笔铿墨锵的冷逸气息，尤擅水墨牡丹。①

交游方面，对比表 8-2 与表 8-3，不难发现谢琯樵与吕世宜在 1851 年时曾经共同主厦门林家，教导林家子弟。此间二人惺惺相惜，多有交流。有琯樵赠西村《没骨牡丹》为证，作品款文云："大富贵亦寿考，西邨先生清赏，辛亥冬至后画于汲古书屋。管樵颖苏。"②

此外，不似吕世宜赴台专事板桥林家，由于谢琯樵在台期间从文武主多人，游历台湾各地名室，与各路人士结识交游；又琯樵入裕铎、孔昭慈、林文察等台湾高官之幕府，因工作关系结识了许多台湾上层文士，真可谓见识多广而阅人无数。加之书写《石芝圃八十寿屏》广受好评，声誉日隆，是以琯樵被台湾官绅争相礼聘，其书画也多被台邑文人临摹学习，虽然在台前后仅四年，却"对清代后半期台湾书画与文教影响，可说是具指标性且极为重要"③。

谢琯樵在 1859 年底离开板桥林家之后，去了艋舺，在艋舺期间，与大龙峒当地文士结交，常有诗文酒会，但作品落款一般仅说明活动事宜，并不清楚指出这段时间与之交谊文士的具体姓名。说明与此前结识的上层官、商不同，琯樵在艋舺的交游者应多为在野文士。④ 足可见其交游范围之广。

三 福建书画家赴台卖画办展，受到台湾民间欢迎

进入日据阶段，前期日本总督府并不禁止台湾与大陆的往来，两岸交通顺畅，互动颇为频繁。一方面，有许多大陆书画家赴台，据统计，仅仅在 1895—1930 年，赴台的大陆水墨书画家就比清代多了好几倍。⑤ 这些赴台的画家，有的专程卖画办展，有的会停留一段时间，同时教导台湾学生，并与当地文人切磋艺事。另外，也有不少台湾传统书画家前往闽地探亲游历或学习，详情见表 8-4。

---

① 《彰化县史迹文物专辑（二）》，（彰化）彰化县政府，1985，第 41—42 页。
② 图录刊印于郭承权《吕世宜书法研究——兼论与台湾书坛发展之关系》，（台北）台湾师范大学美术研究所硕士学位论文，2000。
③ 谢忠恒：《谢琯樵的绘画创作思想》，（台北）《2004 造型艺术学刊》，第 169 页。
④ 谢忠恒：《谢琯樵之艺术研究》，（台北）台湾艺术大学造型艺术研究所硕士学位论文，2009，第 110 页。
⑤ 李国坤：《台湾早期绘画研究——以李金进为例》，（台北）《2003 造型艺术学刊》，第 331 页。

表 8-4 1895—1945 年由台渡闽传统书画家考表

姓名	生卒	籍贯	渡闽事由
林鹤年	1847—1901	淡水	乙未抗日时,毁家纾难,积极襄赞刘永福黑旗军,事败后内渡,定居厦门
施士洁	1853—1922	台南	乙未之役只身内渡,携眷归于晋江故里,后居厦门鼓浪屿
许南英	1855—1917	台南	乙未抗日失败,内渡归籍漳州。受聘厦门"菽庄吟社"社友
高选锋	1856—1911	台北	乙未割台携眷内渡,寄籍福建侯官
庄士勋	1856—1918	鹿港	乙未割台内渡避乱,三载余返台
汪春源	1869—1923	台南	乙未割台举家内渡,1911 年寄籍漳州,1914 年受聘厦门"菽庄吟社"社友
施梅樵	1870—1949	鹿港	乙未割台后,避乱晋江,后返台
连雅堂	1878—1936	台南	1905 年携眷内渡,于厦门创立《福建日日新报》,之后多次往返闽台之间
蔡雪溪	1885—?	台邑	1915 年游江南,经福建,摹学林纾、吴芾等当地流行风格,艺益精进
妙禅	1886—?	新竹	20 岁左右皈依佛门,拜福建兴化后果寺住持良达为师,并在雪峰寺掩关 3 年,又参访名山古刹 5 年。后多次往返两岸,与福建僧侣往来频繁
潘春源	1891—1972	台南	1924 年开始内渡大陆习画,并遍游名山大川,修除积习改摹仿为写生,1926 年游学泉州、厦门
林熊祥	1896—1973	台北	年少在福州随陈宝琛学习,常客居榕城,与书画人士结交
蔡旨禅	1900—1958	高雄	曾只身到厦门美专深造,后归台在彰化设帐授徒
斌宗	1911—1958	鹿港	23 岁在福建游学
黄贤		艋舺	1895 年日军侵台,奉母移居闽侯
陈祚年		台北	乙未割台后内渡,于福州东瀛执教,后返台延续汉学
黄彦鸿		淡水	乙未割台后内渡,归籍福建侯官
蔡寿石		鹿港	乙未割台携眷内渡,居福建晋江十余年

资料来源:翁志承《1895—1945 年闽台中国画传衍》,福建师范大学美术学院博士学位论文,2011,第 30—34 页。笔者制作时稍作删减。

台湾书画家来闽游学、拜师请益,这充分体现了对福建书画的推崇。1930 年代由台湾传统书画家举办的全台美术展览,其画部的审查员仍然全部来自内地,由福建仙游画家李霞领衔,可见台湾传统画家对福建的极大肯定。①

不容否认,此时期因官办美展的举办,文人书画创作受到极大冲击,然而,在书画市场上,传统水墨仍然占据了市场的大部分。"台湾传统家屋

---

① 黄瀛豹:《现代台湾书画大观》"自序",现代台湾书画大观刊行会,1930。

习惯在厅堂悬挂书画，房间或书房也悬挂山水、四君子、花鸟或人物，作为装饰。传统文士之间喜庆酬赠往来，也是以书画作为礼物。因此传统绘画有其实际市场需求。"① 这种活跃的市场需求自然吸引了大量的福建画家赴台办展卖画。当时如仙游画家李霞、福州书画家洪毅②、福建画家张锵、陈子奋③、厦门画家吴苇④、泉州画家蔡丽邨等都渡海到台。据台湾学者施翠峰调查："大陆书画家来台的目的，当然是以开画展出售作品为主，因为当时台湾已有购藏艺术作品之风气。当时台北、新竹、台中、嘉义等地，几乎与新市街之形式，同时掀起购画风气，其中以新竹市为盛。……当然，他们来台巡回各大城市举办展览，结果几乎无一例外，悉数都能满载而归。"⑤

此处，对大量福建画家来台办展的背景应该有一个清醒的认识。

综观台湾早期的书画作品，在缺乏主流画家及作品参考的情况下，受福建一地的影响极大，视野难免受限；更因为长期的师徒相传和画稿临摹，传抄因袭之下，僵化定型了无新意。此般情状让日据初期赴台的日本艺术家非常不以为然，他们批评这种没有创新在在抄袭的临摹之作，更积极透过官办美展扭转台湾水墨画创作的方向。首届台展，许多颇负名气的书画家提交的参赛作品由于这个原因名落孙山，反而是几个少年人的新意之作受到青睐。这种强力的介入当然引来不少台湾传统画家的抵抗，他们便自行组织了另一个全岛展览，李霞等人受邀赴台，便是基于此背景。此后，中国人和日本人在书画艺术领域开始了一段相当长的角力过程。这是日据时期台湾艺坛的基本情况。

福建画家李霞1928年10月从上海前来新竹，寓居北门陈房家中，应各界要求作画，广受当地士绅的欢迎，许多新竹书画家也前往请益求教。⑥

李霞（1871—1939），亦称李云仙，号髓石子、抱琴游子，福建省仙游县东山乡人。他1908年曾随同乡江春霖御史晋京，名扬京都画坛，有"麻

---

① 黄琪惠：《日治时期台湾传统绘画与近代美术潮流的冲击》，（台北）台湾大学文学院艺术史研究所博士学位论文，2012，第109页。
② 1930年8月，见颜娟英编《台湾近代美术大事年表》，（台北）雄狮图书股份有限公司，1998，第110页。
③ 1933年11月3日，联展于铁道旅馆，见颜娟英编《台湾近代美术大事年表》，（台北）雄狮图书股份有限公司，1998，第134页。
④ 1934年2月，见颜娟英编《台湾近代美术大事年表》，（台北）雄狮图书股份有限公司，1998，第141页。
⑤ 施翠峰：《人物画家李霞》，载巴东主编《李霞的人物画研究》，（台北）台湾历史博物馆，2007，第11页。
⑥ 《台湾日日新报》1928年10月14日、10月28日、11月11日，第4版。

姑李"之雅称，1914年参加巴拿马全球赛会，1923年参加美国赛会，均获优等奖章。1928年秋赴台，寓居于新竹。1929年，其力作多幅参加"新竹益精会"举办的"全台书画展览会"并任审查委员。同年又在台中举办"李霞先生画道展览"。李霞居住在新竹期间，经常指导示范，许多新竹画家如张金柱、陈湖古、郑琳煌、郑玉田、陈心授等人都受他画风的影响。范耀庚与他时常交流，切磋画艺，女儿范侃卿也跟他学画。[1]

兹列日据时期李霞台湾追随者名录如下：

陈心授　廖四秀　曾浴兰　范耀庚　范侃卿　郑玉田　郑琳煌　张品三　余清潭　陈湖古　张金柱[2]

有关新竹画家仿李霞画作可以举出很多例子，如"李霞在1929年全岛书画展展出的《大欢喜图》，陈湖古1931年有仿作，1932年郑琳煌也制作《皆大欢喜》。又如李霞《麻姑献寿》，1932年张金柱《祝嘏图》、郑琳煌《麻姑》都根据此图绘制。另有范耀庚《骑驴老翁》明显是模仿李霞的《福寿图》等"[3]。他们在李霞离台之后仍不断根据李霞留下的画稿或原作临摹学习，对李霞的热衷可见一斑。

李霞在台湾引起的热潮，与深受台岛人士喜爱的前辈黄慎不无关系。李霞画风豪放野逸，霸气十足，极富视觉张力，与黄慎如出一辙，李霞还在不少画作上直接题词"取瘿瓢子意"，在《髓石子自序》中谓："初从线纹入手，旋习写意，而私淑吾闽华新罗、上官周、黄瘿瓢诸大家……"黄慎在诸师中对其影响尤大，这与清后期福建汀州画家李灿有关，李霞为李灿从侄，少习李灿遗作。李灿无论笔法、取材、画风都与黄慎相近，民间收藏界曾经流传这样的谚语"有钱者藏瘿瓢，无钱者藏珠园"[4]，可见其作画颇得瘿瓢子风韵。

---

[1] 王耀庭：《李霞的生平与艺事兼记"闽习"在台湾画史上的一页》，《台湾美术》1991年第13期，第42—50页。
[2] 黄琪惠：《日治时期台湾传统绘画与近代美术潮流的冲击》，（台北）台湾大学文学院艺术史研究所博士学位论文，2012；翁志承：《1895—1945年闽台中国画传衍》，福建师范大学美术学院博士学位论文，2011。
[3] 黄琪惠：《日治时期台湾传统绘画与近代美术潮流的冲击》，（台北）台湾大学文学院艺术史研究所博士学位论文，2012，第121页。
[4] 梁桂元：《闽画史稿》，天津人民美术出版社，2001，第246页。

李霞在台湾人物画史上为"闽习"再续一章。正如台湾学者王耀庭所言:"李霞的画风正是闽习的再现,颇能和台湾此地结合,这是渊源于闽台一家的因缘。日据时期,新竹地区'闽习'风格的人物画,颇能见到,这与李霞的居停有关。"①

此外,此时期两岸的书画交流除了人员互访外还有一个值得关注的面向:福建画家学习台湾。他们回闽后成立画会组织,交流切磋艺事,并面向民间举办书画展览。

以李霞为例。李霞寓台期间曾经深入参与过台湾的画会组织"新竹益精会"及该会举办的全岛美展,这种艺术活动的形式大大启发了李霞。他在离台返闽的次年(1930),联合在榕画家萧梦馥、陈笃初、吴适、张镪、李耕、林节、郭梁、陈子奋等人,商议组织成立"龙珠画苑",由李霞担任画苑首席。"龙珠画苑"是福建近代民间早期的书画团体,画苑设在福州城南龙津境,一时汇集闽中国画坛高手于一堂,先后参加者多达20余人,两周一集,切磋技艺,探讨画理。还时常邀请文艺界名流参与赋诗题识,集体合作,彩笔频挥,各抒情怀。画苑还曾在福州鼓楼总督口"寿人氏药房"的空旷场所公开展出,吸引了许多书画收藏家和书画爱好者,影响深远。②

台湾与福建仅一水之隔,两地往来十分密切,因此台湾的文人书画创作,无论是师从还是绘本的临摹,当然都是以最容易取得的福建为主,自然就深受福建风格的影响,"闽习"由此顺势成为台湾早期绘画的最大特色。总体来说,台湾书画家以自学为主,临摹古今画谱与画册,尤其是在福建有影响的"摹本",这类书画家占据多数。他们中一部分有明确师承,一部分则以转益多师的方式不断学习,包括本地和福建的画家都是他们的师法对象。此外,他们还通过诗书画雅集的形式互相切磋学习。福建文人书画的传统正是通过这样的方式不断渗透到台湾水墨书画的血脉中。到了日据时期,台湾传统书画家仍然对闽地艺术推崇备至,不仅有许多人亲自来闽,更是邀请福建名家渡台并奉为座上宾。福建书画家同样从台湾学到了组织画会和办展的经验,回闽之后立即在闽地着手实践。两地书画界密切交流,互相影响,在书画史上留下了生动的篇章。

---

① 王耀庭:《近百年中原水墨画与台湾之关系》,《新世纪台湾水墨画发展学术研讨会论文集》,(台北)台湾历史博物馆,1999,第91页。
② 翁志承:《1895—1945年闽台中国画传衍》,福建师范大学美术学院博士学位论文,2011,第73页。

第二节　福建与台湾民间美术

一　概说

民间美术因应于民间的实际需求而生发，多与建筑活动密切相关。明清以来，随着经济的发展和移民的日渐增多，台湾出现了兴建寺庙和宗祠建筑的热潮，清中后期，士绅阶层形成，私宅府邸也大量修建，台湾的建筑活动十分活跃，这就吸引了许多"唐山师傅"去台工作，同时也将大陆的民间美术传播到台湾。

其中，福建与台湾两地以人群流动为背景，而拥有共通的建筑文化。"台湾之人，中国之人也，而又闽粤之族也。""台湾宫室，多从漳泉。""台湾虽产材木，而架屋之杉，多取福建上游，砖瓦亦自漳、泉而来。"① 台湾的传统建筑格局多源自闽南地区，清代主要从福建运进石材、木料、砖瓦等建筑材料。当时的台湾人民非常推崇原乡的工艺，"聘请著名的'唐山师傅'来台成为建筑工程中品质优良的保证"②，在台湾各地，从澎湖到台北，都留下了福建匠师的优秀作品。

表8-5　台湾传统匠师司传分布情形一览

一	台北盆地的泉州溪底派匠师，其中包含安溪匠师
二	台北盆地的漳州派匠师
三	宜兰的漳州派匠师
四	新竹的泉州派匠师
五	新竹的客家匠师
六	台中的漳州派匠师
七	鹿港的泉州派匠师
八	彰化的客家匠师
九	台南的泉州派匠师，其中包含澎湖的匠师
十	屏东的客家匠师

资料来源：李乾朗主持《传统营造匠师派别之调查研究》，（台北）"文建会"，1988，第30页。

---

① 连横：《台湾通史》卷二十三"风俗志"。
② 蔡雅蕙：《以客籍邱氏彩绘家族为主探讨日治时期台湾传统彩绘之源流》，（台湾）"行政院"客家委员会奖励客家学术研究计划，2009，第15页。

从表8-5可以看出，与台湾人口中十之七八为福建漳泉移民及其后代的数据相对应，来自福建泉州和漳州的匠师同样是台湾匠师群体的主力。从最开始受聘赴台的技艺展示，到言传身教的开宗立派，再到竞相比作的同场对垒，福建匠师及其传承人参与并几乎主导了早期台湾民间美术的一路成长。

福建匠师渡海赴台有三个高峰期：一是清中后期鹿耳门与厦门开放对渡以后，两岸人员有着经常性的往返；二是日据时期，大陆局势动荡，而台湾相对安定，且工资水平也高于福建，当时全台寺庙兴起一阵翻修的风潮，大量福建匠师赴台；三是光复以后，国民党政权迁台，包括福建匠师在内的大陆各省工匠赴台参与建设。这些匠师应聘赴台工作，往往一待数年，但大部分在结束工作之后，就返回大陆，也有小部分人落籍定居，在台授徒，培养出了台湾的本土匠师。纵然由于长久以来"重道轻器"观念的影响，这些匠师中绝大多数人的名字甚少见诸文献，然而他们中的佼佼者仍然以其精湛技艺及精美作品扬名至今，一些人被称为所在工艺领域的台湾开山祖，比如王益顺与溪底派匠师、惠安蒋氏石匠与台湾庙宇石雕、郭氏家族与建筑彩绘……这无疑是对福建匠师在台活动的极大肯定。

建筑是历史的直观呈现，我们从中可以看到福建匠师及其传人在台活动的生动画卷。从建筑入手来谈台湾的民间美术，一方面是各类建筑工事，其建筑形式及特点多承袭自福建地区；另一方面是工匠，其工艺传承基本都有福建原乡的渊源。如果说前者需要专业的比对与细部的研究，那后者的考察则可以为我们描绘出一张张清晰的传承图谱，这将是本节的重点。

同时，虽然台湾传统建筑主要承袭闽南传统建筑形式而来，但台湾蕞尔小岛，南北不过三百多公里，人口密集，来自祖国各地的匠师在相互交流之间，吸收中国其他地区的建筑风格，并因应本土地理环境而作修正，在兼容并蓄之中，创造出台湾传统建筑的独特风味。

比起大陆，台湾传统建筑"官""民"分野不很明显，相对而言，其民间特色更为鲜明，更为随意、自由，比如可以常常看到"拼场"和"对场"[①]的情况，亦即由两组不同流派的匠师来共同完成一栋单体的建筑，拼比竞作同一场工程。这在大陆是比较少见的，特别是在官方的建筑中几乎没有。

---

① 中国传统建筑是左右对称的形制，凡是两派或两组匠师共同建造一座建筑，双方采取左右分造的对垒情形施工，可称之为"对场"；若采取前后殿分开之个别施法，则可称之为"拼场"。也有两组以上匠师竞作的情况。

精彩的技艺比拼要求到台开拓创业的"唐山师傅"们的确要有两把刷子。一方面，当时的闽地工匠代表了大陆南派建筑艺术的较高水平，"中国建筑工匠各地皆有，但以苏州、福州、泉州诸地可谓巧匠辈出，嬗承各派精髓于不绝"①。另一方面，僧多粥少，工匠们要不断展现实力，才能多为自己和徒弟们争取工作机会。工匠们的恪尽职守和高超技艺使得台湾的民间美术站在了高起点上。

二 师承制度

学徒制度是中国传统匠师传承的方式，其中家族传承同样属于师徒相传之一种。匠师们代代累积经验，师徒相传，克绍箕裘，进而将建筑匠艺推进到一个又一个高峰。在台湾，自道光二十年（1840）至1988年，各作匠艺师传四代之多。②

匠师很多都没有接受过完整的教育，甚至在光复后的数据统计中，台湾民间技艺人才教育程度仍然普遍偏低（小学以下占63.5%）③，他们基本上是跟随师傅努力学习并经长期实践才具备专业能力。然而他们的社会地位虽不及士大夫，却仍然获得了民间很高的尊重，"民间盖房有求于他们，而且迷信如果亏待匠师，未来落成的房子不能平安"④。甚至在工作完成之后，主人家还会给匠师奉上大红包或牌匾，以示敬意和感谢。

匠师的薪资水准可以作为辅证。日据初期台湾的工资高出大陆许多，甚至高于日本，如1898年之际台北地区的工资较厦门高3—5倍，但生活费反较厦门低。⑤ 即便在这样的情况下，唐山匠师的薪资仍然较高。建筑彩绘只是营造业的装饰类工作，但以邱玉波、邱镇邦所绘的新竹北埔姜氏家庙为例，营建费为36851.90元，而邱氏父子的薪资就高达3305元，几乎占了总营建费用的10%。⑥ 正是由于社会地位不低，生活上又有保障，才有许多人家将小孩送去拜师学艺。

民间匠师们的技术，大多都是由严苛的学徒制度培训出来的。"学徒跟

---

① 李乾朗主持《传统营造匠师派别之调查研究》，（台北）"文建会"，1988。
② 李乾朗主持《传统营造匠师派别之调查研究》，（台北）"文建会"，1988。
③ 王嵩山：《集体知识、信仰与工艺》，（台北）稻乡出版社，1999，第141页。
④ 赵文杰：《台湾传统匠师参与古迹修复之研究》，（桃园）中原大学建筑学系硕士学位论文，2002，第93页。
⑤ 吴文星：《日据时期在台"华侨"之研究》，（台北）台湾学生书局，1991，第8页。
⑥ 林会承主持《新竹县北埔姜式家庙彩绘研究》，（新竹）新竹县政府，2002，第35页。

随师傅工作与生活,起初先作打杂,继而作打磨工具及简单的施工操作。师傅认为他有慧根,才开始传授一些基本知识。最后徒弟可以升为承手或副手,接受师傅交下来的局部工作,如此前后要三年四个月的时间。通常出师之后,也很少独当一面出外谋生,都是继续为师傅作事,吸取更多经验。"[1] 实际上,三年四个月只是最基本的时间,精熟一门技艺需要长时间的练习及观摩,经由师父由浅而深的指定交办工作中,不断进行练习、模仿、观察、思考、实践,才进而达到技术精熟、创新改变,成为拥有独立风格的艺师。例如,学习神像雕刻技艺就"至少要'十年的初胚,五年的修胚,十年的绣线'才能略有小成"[2]。

"这种承传方式,久而久之即形成一种所谓'匠帮',匠帮即是工匠的小社会,他们为了维护自己的职业安全与利益,发展出一套规矩,例如购料的习惯、施工的程序、工作的组织、工作时间与仪式、收取费用的标准以及传统之方式等。"[3] 故而,在传统建筑工艺领域,帮派的分野是十分明显的。又由于匠师收徒传艺,采取"口传身授"的形式,在"一日为师,终身为父"观念的影响下,师徒之间形成了一种亲密的共生求活的养生缘,这种感情维系了技艺的不失传和进步。此外,每种技作都有一套传承口诀,这在各个派系之间由于口音以及经验的作用又有不同,也使各个有系统发展的派系存在于营建业的无形组织中。比如,"北方匠师说'弯拱',传到江南宁波一带成了'圆弓',到泉州成了'员光',而到台湾成了'弯弓',有其一脉可寻的渊源"[4]。

台湾传统建筑学家李乾朗在研究报告中把台湾最主要的建筑匠师分为六种,分别是:

① 大木匠师——建筑设计与梁架结构或门窗;
② 雕花匠师——梁枋间的雕刻及门窗雕花;
③ 石匠师——台基地面及阶梯或柱珠石鼓;

---

[1] 赵文杰:《台湾传统匠师参与古迹修复之研究》,(桃园)中原大学建筑学系硕士学位论文,2002,第93—94页。
[2] 郑丰穗:《台湾木雕神像之研究》,(台南)台南大学台湾文化研究所硕士学位论文,2008,第50页。
[3] 赵文杰:《台湾传统匠师参与古迹修复之研究》,(桃园)中原大学建筑学系硕士学位论文,2002,第94页。
[4] 赵文杰:《台湾传统匠师参与古迹修复之研究》,(桃园)中原大学建筑学系硕士学位论文,2002,第58页。

④土水匠师——地面及山墙或屋顶作脊铺瓦；

⑤彩绘匠师——油漆梁柱及彩绘；

⑥剪黏匠师——屋脊剪花及泥塑或交趾陶饰。[①]

其中，又由于匠师兼作情形甚为普遍，如大木匠师兼木雕，石作与石雕，剪黏与泥塑、瓦作，常被混合称呼，相沿成习，故而，在论及与建筑相关的民间美术时，本节将讨论对象分为四类：彩绘、木作、石雕、陶艺。

结合前文所述，从这四类工艺入手来考察闽台民间美术的亲缘关系，匠师的师承，即一张"匠师谱系"的书写将直观呈现出此亲缘关系。本节的主要工作就是调查整理这四类民间工艺的台湾师傅的传承谱系与流派，进而厘清福建师傅的赴台路径及发展。

三 建筑彩绘

先从与传统文人美术联系最紧密的建筑彩绘谈起。

中国古典建筑以木结构为主，为色彩的多变提供了很大的发挥空间。《中国美术辞典》对建筑彩绘定义为："运用浓艳色彩在梁、枋、椽、天花、斗拱、柱头等部位描绘的各种图案纹样。既具装饰作用，又可保护木材，是我国传统建筑艺术特征之一。"[②] 而台湾的建筑彩绘主要是从南方苏州式彩绘的系统演变而来，承袭自明清时期的闽粤形式，闽粤彩绘文化则保留唐宋古风的特质。

"彩绘"一词于传统建筑中，包含有两种施作工法，"彩"泛指木构架的髹漆作工；"绘"意指在屋架结构上及木构件之形体上所施作之图文或书画创作。[③] "彩绘"的称呼在台湾各地并不统一，也有称为"彩画""油漆"或"油"的[④]，由于主要考察对象为民间美术，故本节所指称的"彩绘"以"绘"的部分为主。

台湾第一代本土彩绘师傅以鹿港郭氏家族为代表，他们于1860年以前就由泉州晋江到台湾并落籍当地，此后承接了一系列重要工程的彩绘工作，以其细腻画风和严谨态度广受好评，成为台湾最负盛名的彩绘家族，今天已传承至第四代。

[①] 李乾朗主持《传统营造匠师派别之调查研究》，（台北）"文建会"，1988。

[②] 沈柔坚：《中国美术辞典》，（台北）雄狮图书股份有限公司，1989，第452页。

[③] 李奕兴：《鹿港天后宫彩绘》，（彰化）凌汉出版社，1998，第16页。

[④] 李奕兴：《彰化节孝祠》，（彰化）彰化县立文化中心，1995，第8页。

除了以郭家为代表的本土师傅之外，在清代和日据时期，台湾的建筑彩绘行业仍然是以由闽、粤去台的"唐山师傅"为主，他们中的一部分人留台发展并在台授徒，发展出许多彩绘流派。

"在清朝中叶道光、咸丰时期之前，台湾本身并无彩绘匠师的产生，故自古有'唐山师傅'之尊称流传，至同治年间，才有鹿港郭姓彩绘匠师作品开始出现，台南方面在清初仍以唐山师傅为主，至清末民初才有何金龙及吕璧松赴台授徒，并传下陈玉峰与潘春源系统的彩绘匠师。"① 事实上，从20世纪三四十年代起，台湾才出现了各据一方的彩绘匠派，以台北、新竹、鹿港、台南等地为彩绘重镇。这一时期也是台湾彩绘蓬勃发展的时期，优秀艺师辈出，留下了许多精彩的彩绘作品，有些作品留存至今，目前已被列为台湾的重要古迹。目前学界研究的关注点大都在这一时段。而有清一代，由于几乎难见作品留存，且时间较久远，就给研究带来了很大的难度，基本只能从后代匠师的追述中了解其师承状况。②

就目前整理的文献内容及调查资料来看，记载日据时期以前的彩绘资料非常少。

调查显示，台湾目前尚存的建筑彩绘作品，年代较早的有清道光年间（约1820年代）台北林安泰宅的通梁包袱彩绘，同治年间（约1860年代）台中社口林大夫第的栋梁彩绘，光绪年间（约1870年代）潭林宅摘星山庄与彰化永靖余三馆栋梁彩绘。③

更确切地说，从作品调查的状况来看，在台湾，1910年以前的彩绘画作目前仅剩中部地区几间大宅，它们中除摘星山庄外，多数建筑的彩绘并无明确落款作者，因此可以说，日据时期以前有关彩绘匠师在台活动的资料并不完整，也就无从追查其历史发展。

鉴于此，本节从日据时期台湾最重要的几个彩绘匠师派系的情况入手，进而再追溯其各自师承情况。

---

① 李乾朗、李奕兴、康诺锡、俞怡萍：《台湾传统建筑彩绘之调查研究》，（台北）"文建会"，1998，第30页。
② 台湾庙宇或家宅的彩绘作品，由于建筑一般数十年一修，便也随之重绘，故年代久远者几乎不见。另外，台湾官署在日据时期多毁于日本人之手，而民间家宅更因天灾及不孝子孙等人祸，其彩绘作品能留存者甚少。
③ 李奕兴：《台湾传统彩绘》，（台北）艺术家出版社，1995，第14页。

表 8-6　1910—1930 年代台湾重要彩绘匠师流派统计表

派别	代表人物	赴台时间	师承	祖籍	落籍地区	执业地区	代表作品
郭氏	郭连城 郭春江 郭新林 柯焕章 郭佛赐	1860 年前	祖籍地家传	福建泉州府晋水日湖	彰化鹿港	台中 彰化 南投	社口大夫第 潭子摘星山庄 彰化节孝祠 鹿港龙山寺
李氏	李狗 李金泉 李秋山 黄兴 傅锭镁 傅柏村	1891 年	祖籍地家传	福建泉州府晋水日湖	新竹	台北 新竹	艋舺晋福宫 艋舺大龙峒孔庙
潘氏	潘春源 潘丽水 潘岳雄	日据前	泉州吕壁松 潮汕师傅		台南	台南	艋舺龙山寺 云林拱范宫
陈氏	陈玉峰 陈寿彝 蔡草如	日据前	泉州吕壁松 潮汕师傅		台南	台南 高雄 屏东	屏东蔡宅 台南邱宅
—	洪宝真 洪诗荣 庄武男	日据前			台北	台北	艋舺龙山寺 艋舺清水祖师庙 青山宫
黄氏	黄矮 黄水龙 柳德裕 陈柱	日据前	大陆师傅		台南	台南	台南后壁陈厝 台南麻豆林厝 台南善化胡厝 台南下营周厝
曾氏	曾憨盛 曾万壹 曾金松 曾永裕	日据前	大陆师傅		宜兰	宜兰	宜兰郑氏家庙 广孝堂
刘氏	刘沛 刘福银 刘昌州	日据前	台中师傅		台中石冈	苗栗 台中 南投	南投埔里黄宅 台中东势刘开七公宗祠
—	李应彬	日据前	台北林德旺		台北	台北	台北龙山寺
—	叶成 陈万福 陈颖派	日据前	—		彰化和美	彰化	彰化县花佛堂
吴氏	吴乌棕 吴万居 黄荣贵 黄振邦	日据	祖籍地家传	福建泉州		台北 艋舺	艋舺将军庙 艋舺龙山寺 艋舺清水祖师庙

续表

派别	代表人物	赴台时间	师承	祖籍	落籍地区	执业地区	代表作品
黄氏	黄文华 黄友谦	1922—1925	祖籍地家传	福建东山	澎湖马公	澎湖	澎湖马公天后宫
邱氏	邱玉坡 邱镇邦 邱有连 邱汉华	约1915年	祖籍地及福建学艺	广东大埔	苗栗头屋	桃园 新竹 苗栗	桃园大溪斋明寺 新竹北埔姜氏家庙
苏氏	苏滨庭 苏加成	1920年代	祖籍地家传	广东大埔	云林北港	嘉义 屏东	屏东宗圣公祠 嘉义徐宅
—	朱锡甘	1922—1925	祖籍地学艺	广东大埔		澎湖	澎湖马公天后宫

资料来源：蔡雅蕙、徐明福《1910至1930年代台湾传统建筑匠司谱系之探讨》，(台北)《民俗曲艺》2010年第169期，第89—145页；蔡文卿《台南市大天后宫庙宇彩绘之研究》，(屏东)屏东师范学院视觉艺术教育研究所硕士学位论文，2003；蔡雅蕙《以客籍邱氏彩绘家族为主探讨日治时期台湾传统彩绘之源流》，台湾"行政院"客家委员会奖励客家学术研究计划，2009。

表8-6大致整理了清末到日据时期台湾地区有重要作品的15个彩绘匠派，其中有4个直接师承自福建原乡，有3个在学习和工作过程中受到福建师傅的影响，有4个师承目前不可考，其余4个师承自台湾师傅或者广东师傅。(见图8-1)由此可见福建的建筑彩绘对台湾地区的影响面之广。

图8-1 1910—1930年代台湾彩绘匠派师承类别分布（据表8-6）

同样是从表8-6和图8-1的统计中，可以得出结论：福建因素作用于台湾建筑彩绘，以传承的角度切入，主要是通过以下三个渠道。

（一）福建原乡的技艺传承、到台湾以后的家族传承和师徒相传

这一类匠师基本上是在原乡就从事彩绘及相关行业的，因工作机会渡海赴台，一部分工作结束后回到大陆，另一部分则落籍台湾，并将技艺传承下去，开宗立派。这部分人是台湾彩绘起步阶段的核心人物，主要以鹿港郭氏家族为代表。

1. 鹿港郭氏家族

清咸丰年间，来自福建泉州的郭连城带着一家老小落籍彰化鹿港，从事建筑彩绘业，凭借高超技艺承接了不少豪绅贵族家宅宗祠的彩绘工作，自此开启了台湾本土彩绘匠师的历史。台湾现存的早期建筑彩绘作品，比如摘星山庄、社口林大夫第等，据考察都是出自郭家。可见郭家在很早的时候就已经在当地享有盛名，并能够与"唐山师傅"同分一杯羹。郭家到台之后，已传承至第七代，到第四代为止皆有族人从事彩绘工作，前后历经一百多年的岁月。此间，郭家的彩绘风格也不断改变，可谓是台湾本土建筑彩绘发展的一条生动线索。由于郭家的显赫名声和广泛影响，由其传承下来的优雅细致、蕴涵书卷气的创作风格成为台湾中部地区建筑彩绘的重要特点。

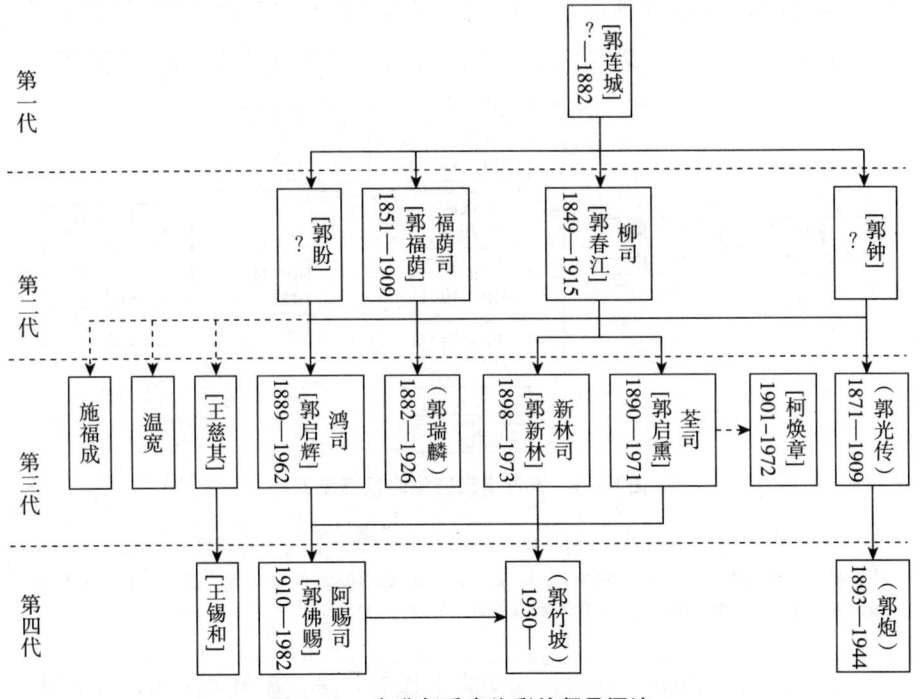

图 8-2 鹿港郭氏家族彩绘师承源流

注：1. 制图时间：1999 年 2 月。
2. [ ] 为画师，( ) 为油师，其他无注记者为油漆师。
3. ——直线为直系血亲，……虚线为无血亲关系。
资料来源：陈美玲《鹿港彩绘司郭氏家族研究》，《视觉艺术》第 2 期，第 79 页。

2. 新竹李氏匠派及其他

新竹是台湾彩绘的又一重镇，李氏匠派的发展是台湾北部彩画的重要脉络。第一代匠师李狗同样来自泉州晋水日湖，赴台之前在原乡就从事油漆涂业。道光之前台湾没有本土彩绘师傅，多由大陆延聘名师赴台，李狗于1891年应聘到台湾新竹，为当时正在修建的城隍庙作彩画，城隍庙完成后就留在台湾发展。李狗应该不是第一位去新竹的彩绘师傅，但目前被公认为是第一位在新竹落籍并传承彩画的"唐山师傅"，被称为"新竹彩绘的开山祖"。李狗儿子李金泉，是新竹地区彩画开创继起发展的关键人物，清末开始在新竹从事彩画工作，享誉北部地区，他收徒众多，形成了有着粗犷豪放着重意趣风格的彩画匠派。据言"目前新竹地区彩画情形，除少部分聘请中、南部地区司傅或新竹地区师承外地彩画技艺者施作外，多数由李金泉匠派传承的弟子来承接工程"[①]，可见李氏匠派在新竹地区的影响。

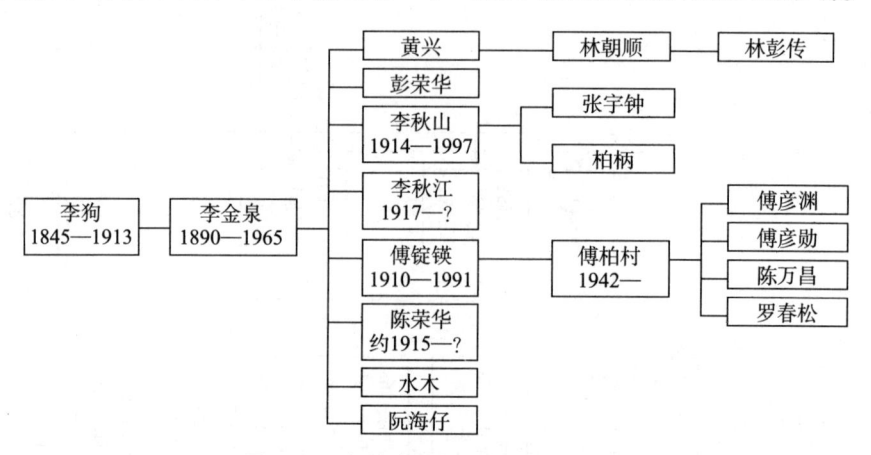

图 8-3　新竹李氏匠派彩绘师承源流

资料来源：高启斌《新竹李、傅彩画匠派研究》，（台北）台北艺术大学文化资源学院建筑与古迹保存研究所硕士学位论文，2008；蔡雅蕙、徐明福《1910 至 1930 年代台湾传统建筑匠司谱系之探讨》，（台北）《民俗曲艺》2010 年第 169 期，第 89—145 页。

此外，在台北地区，还有一个不得不提的彩绘匠派就是吴氏，日据时期福建师傅吴乌棕（约1874—?）带领徒弟黄荣贵和其子吴万居赴台为艋舺将军庙施彩，此后便留台发展。他们的作品还有艋舺清水祖师庙及龙山寺等。

---

① 高启斌：《新竹李、傅彩画匠派研究》，（台北）台北艺术大学文化资源学院建筑与古迹保存研究所硕士学位论文，2008，第 22 页。

```
吴乌棕 → 吴万居（子）
       → 黄荣贵（徒） → 黄振邦
```

图 8-4　台北吴氏匠派彩绘师承源流

资料来源：高启斌《新竹李、傅彩画匠派研究》，（台北）台北艺术大学文化资源学院建筑与古迹保存研究所硕士学位论文，2008；蔡雅蕙、徐明福《1910 至 1930 年代台湾传统建筑匠司谱系之探讨》，（台北）《民俗曲艺》2010 年第 169 期，第 89—145 页。

在离岛澎湖的部分，同样是由福建赴台的东山师傅黄文华（1897—1968）占有开创者的重要地位，黄文华 1919 年应邀赴台为澎湖马公天后宫施彩，此后留在澎湖定居，并继续传承彩绘事业。与他同时期来澎湖的还有粤东客家师傅朱锡甘，但目前查无其落籍资料，可能是完成工作后就返回大陆。

（二）台湾师傅到福建地区观摩学习或与福建师傅有所交流

日据时期，潘春源与陈玉峰被并称为台南地区两大彩绘匠师。由他们开启并传承下来的潘氏家族和陈氏家族目前仍然是台南地区最重要的两个彩绘世家。潘、陈二人都在台展上有过优异成绩，日据时期彩绘事业兴盛，他们凭借深厚的传统书画基础，投身庙宇彩绘行业，是台湾当时最著名的本土匠师。虽然二人并未正式拜师，在彩绘方面可说是自学成才，但他们不同艺术风格的形成仍然离不开艺术交流与学习观摩。据考证，由于同样生活于府城，二人都与当时的台南著名画家、祖籍泉州的吕璧松（1871—1931）

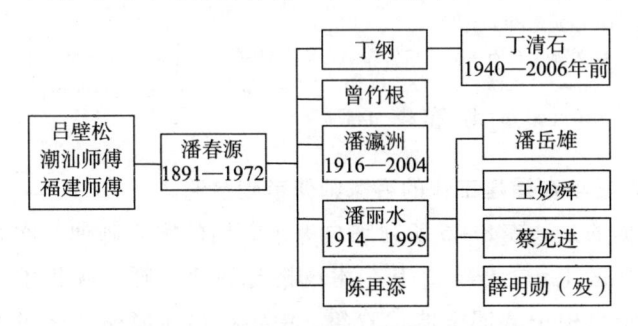

```
吕璧松      → 丁纲 → 丁清石 1940—2006 年前
潮汕师傅    → 曾竹根
福建师傅 → 潘春源 → 潘瀛洲 → 潘岳雄
         1891—1972  1916—2004
                   → 潘丽水 → 王妙舜
                     1914—1995 → 蔡龙进
                   → 陈再添 → 薛明勋（殁）
```

图 8-5　府城潘氏家族彩绘师承源流

注：制图时间为 2013 年 6 月。

资料来源：蔡文卿《台南市大大后宫庙宇彩绘之研究》，（屏东）屏东师范学院视觉艺术教育研究所硕士论文硕士学位论文，2003；蔡雅蕙、徐明福《1910 至 1930 年代台湾传统建筑匠司谱系之探讨》，（台北）《民俗曲艺》2010 年第 169 期，第 89—145 页。

有过深入的交流，陈玉峰还收藏了许多吕壁松的作品；同时，二人都到过大陆潮汕地区观摩学习绘画。潘春源祖籍福建，在年轻时的大陆探亲之行中，也应该有机会实地参考和观摩学习了福建的庙宇彩绘。[①]

潘、陈二人原本都是学习传统书画的，他们后来以相当大的精力从事彩绘工作，并有良好的成绩，同样可见出日据时期台湾建筑事业的蓬勃发展，彩绘工作人员需求量大。也从另一方面说明彩绘与传统书画创作之间的隔阂并不太大，许多方面仍然是相通的，深厚的传统书画功底为潘、陈二人从事彩绘工作打下了良好的基础。他们的个人绘画风格也大体决定了府城彩绘后来工巧繁复、强调造型的风格走向，甚至对日后台湾的建筑彩绘都可谓有相当深远的影响。

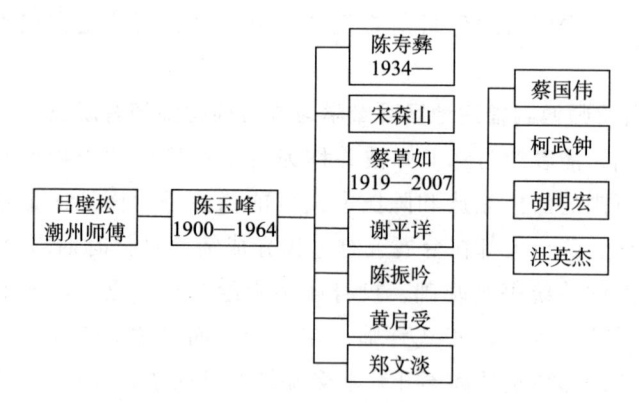

图 8-6　府城陈氏家族彩绘师承源流

注：制图时间为 2013 年 6 月。

资料来源：蔡文卿《台南市大天后宫庙宇彩绘之研究》，（屏东）屏东师范学院视觉艺术教育研究所硕士论文，2003；蔡雅蕙、徐明福《1910 至 1930 年代台湾传统建筑匠司谱系之探讨》，（台北）《民俗曲艺》2010 年第 169 期，第 89—145 页。

（三）由常年在福建工作的客家师傅带到台湾

值得一提的是，表 8-6 所列来自粤东大埔的客家师傅，在赴台之前许多都在福建地区工作、学艺，其艺术风格与闽地匠师一脉相承。如邱家后代所整理的家谱中记载邱玉坡"青年、中年在福建漳州、泉州等地彩绘祠

[①] 蔡雅蕙、徐明福：《1910 至 1930 年代台湾传统建筑匠司谱系之探讨》，（台北）《民俗曲艺》2010 年第 169 期，第 121 页；谢世英：《妥协的现代性：日治时期台湾传统庙宇彩绘师潘春源》，（桃园）《艺术学研究》2008 年第 3 期，第 127—128 页。

堂、神庙、豪宅，享有盛名"①。据调查，邱玉坡虽然渡台数次，但并未曾落籍台湾，他大部分时间还是留在漳州、泉州从事彩绘工作，一年仅在过年及清明时节才会回乡。② 由于玉坡家乡大埔横溪村与福建在地缘上相当接近，他与同乡几人组成了一个油漆彩绘的施工团队，除偶尔前往台湾外，基本上常年在福建一带工作，其交通方式通常以步行及水运为主。到福建的路线主要有两条，耗时7—10天，邱氏团队在路途上边走边找工作。

（1）横溪—水祝—大东孙公坪—长乐（福建）—九峰—平和—南靖—漳州—龙海—泉州；

（2）横溪—岩东大和坪—坪山—大东坛市—广福亭—长乐（福建）—平和—南靖—漳州—龙海—泉州。③

由路线便可知他们的主要工作地点就在福建。这样，一些粤东的客家师傅同样跟福建有着密不可分的关系，他们赴台工作的时候，将在福建地区长期工作的经验和艺术交流所得一并带入台湾地区。通过优秀的彩绘作品的展示和一代代的技艺传承，他们为台湾人民所熟知。

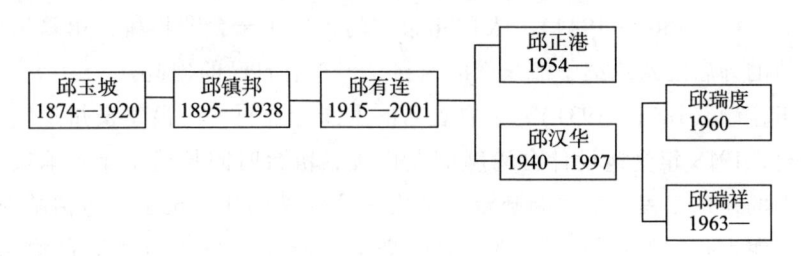

图8-7 苗栗邱氏彩绘师承源流

注：制图时间为2013年6月。
资料来源：蔡雅蕙《以客籍邱氏彩绘家族为主探讨日治时期台湾传统彩绘之源流》，台湾"行政院"客家委员会奖励客家学术研究计划，2009。

清末到日据时期台湾建筑彩绘行业有两个特点：第一，此时期彩绘行

---

① 邱有良编《邱氏宗谱》，非出版品，1998，第33页。
② 蔡雅蕙：《以客籍邱氏彩绘家族为主探讨日治时期台湾传统彩绘之源流》，台湾"行政院"客家委员会奖励客家学术研究计划，2009，第43页。
③ 蔡雅蕙：《以客籍邱氏彩绘家族为主探讨日治时期台湾传统彩绘之源流》，台湾"行政院"客家委员会奖励客家学术研究计划，2009，第52—53页。

业多为家族间的传承，且各派也各有不同的执业区域；第二，"唐山师傅"是此时期台湾当地从事建筑彩绘行业的主力军，随着时间的推移，越来越多的台湾当地匠师出现，他们中的一部分师承大陆师傅或家族技艺传承，另一部分师承本地匠师或自学，但大部分都与福建师傅或画师有着密切的艺术交流。福建的彩绘基因就这样通过他们，根植于台湾建筑彩绘的血脉之中，并一代代传承下来。

四 木作

（一）大木

前文提及，中国传统建筑主要为大木构造，所以负责"营宫室"计划估价与督工构筑统合角色之责的匠师，大多属木匠。历来主场者一直都是由大木作木匠担任，他们经常既是总设计师又是包工头，常年合作下来，有自己的一套工作班子。所以对主家来说，只要找到好的木匠，其他的就不必操心。日据时期台湾地区的大木师傅，以本土的陈应彬、叶金万与泉州溪底来的王益顺为三大支柱，他们的传人目前仍服务于匠界。[①] 这三位大师，或吸收闽派建筑特点而推陈出新，或本人就从闽渡台而精益求精，都与福建关系密切。

陈应彬（1864—1944），人称北派掌门，出生于台北板桥，祖籍漳州南靖。他的寺庙建筑承续了漳州派的风格，但也有自己的创造。

王益顺（1861—1931），来自著名的木匠专业村——福建泉州惠安崇武溪底村，1918年受邀设计台湾艋舺龙山寺，留台时间长达十年，承接了许多重大的建筑工程。王益顺赴台时带去一套完整的建筑班子，包括雕花匠、石匠、泥水匠、陶匠与彩绘师，他们毫不吝啬地把技艺传授给台湾弟子，对台湾的寺庙建筑深具影响，人称"溪底派"。

叶金万（1843—1930），祖籍福建同安，早年在漳州习得大木和凿花技艺，18岁时由福建漳州府东安县去台。叶金万精于庙宇施作，技艺精巧，授徒甚多。[②] 其传承谱系见图8-8。

[①] 李乾朗等：《清末民初福建大木匠师王益顺所持营造资料重刊及研究》，台湾"内政部"，1996，第47页。

[②] 采访叶金万曾孙叶秀富。转引自刘敬民《大木司傅叶金万、徐清及其派下之研究》，（台北）台北艺术大学传统艺术研究所硕士学位论文，2005，第17页。

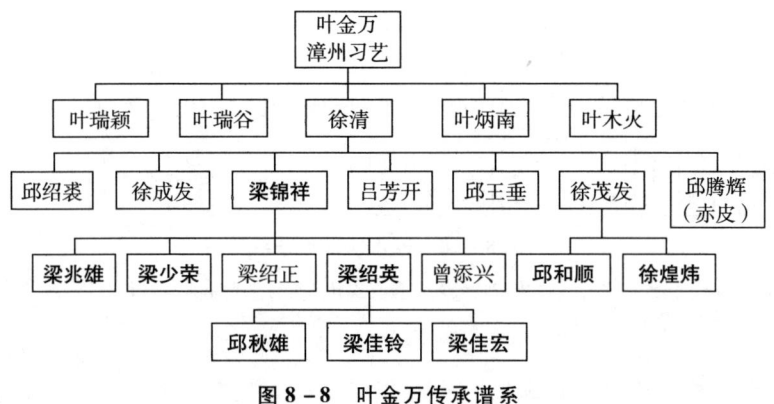

```
                    叶金万
                    漳州习艺
    ┌─────┬─────┬────┴────┬─────┬─────┐
  叶瑞颖  叶瑞谷   徐清    叶炳南  叶木火
   │      │      │       │      │      │
  邱绍裘 徐成发 梁锦祥  吕芳开 邱王垂 徐茂发  邱腾辉
                                         （赤皮）
         ┌──┬──┬──┐        ┌──┐
       梁兆雄 梁少荣 梁绍正 梁绍英 曾添兴 邱和顺 徐煌炜
                  ┌──┬──┐
                邱秋雄 梁佳铃 梁佳宏
```

图 8-8　叶金万传承谱系

注：1. 制图时间：2003 年 11 月。
2. 姓名用黑体字的表示制图时仍在世。
资料来源：刘敬民《大木司傅叶金万、徐清及其派下之研究》，硕士学位论文，台北艺术大学传统艺术研究所，2005，第 29 页。

（二）木雕（凿花）

木雕是小木作的一个部分，在台湾称为"凿花"。台湾的传统凿花艺术承袭自泉州、福州、潮州三地，其中又以泉州影响尤大。近代以来参与台湾寺庙兴修的著名木雕匠师，如惠安崇武的杨秀兴做艋舺龙山寺木雕、泉州黄良做澎湖马公天后宫木雕等，他们传徒多人，对台湾近代寺庙木雕艺术有着极大的影响。此外，在台南有着很大名声和影响的还有来自泉州惠安的苏水钦，由他和黄良二人传承下来当前台南木雕匠师的体系。

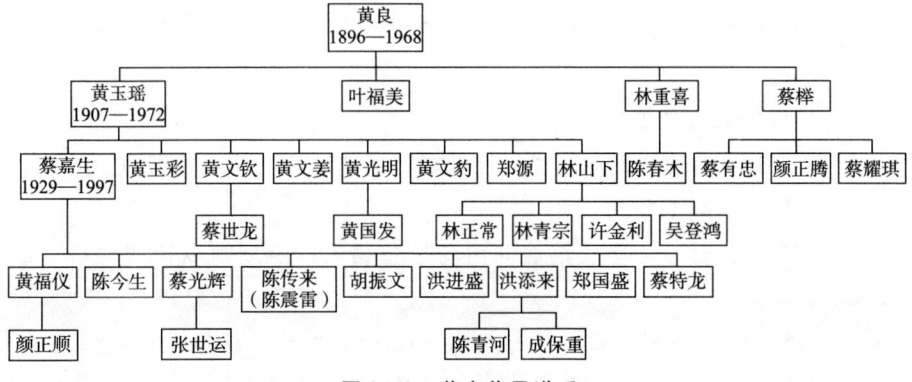

```
                           黄良
                        1896—1968
         ┌────────────┬─────────┬─────────┐
      黄玉瑶         叶福美      林重喜       蔡桦
     1907—1972
  ┌─────┬────┬────┬────┬────┬────┐  ┌────┬────┬────┬────┬────┬────┐
 蔡嘉生 黄玉彩 黄文钦 黄文姜 黄光明 黄文豹 郑源 林山下 陈春木 蔡有忠 颜正腾 蔡耀琪
 1929—1997
         蔡世龙      黄国发   林正常 林青宗 许金利 吴登鸿
  黄福仪 陈今生 蔡光辉 陈传来 胡振文 洪进盛 洪添来 郑国盛 蔡特龙
                （陈震雷）
  颜正顺         张世运        陈青河 成保重
```

图 8-9　黄良传承谱系

资料来源：侯淑姿主持《高雄市传统艺术普查委托研究计划期末报告修正版》，高雄市政府文化局委托，2006，第 16—17 页。

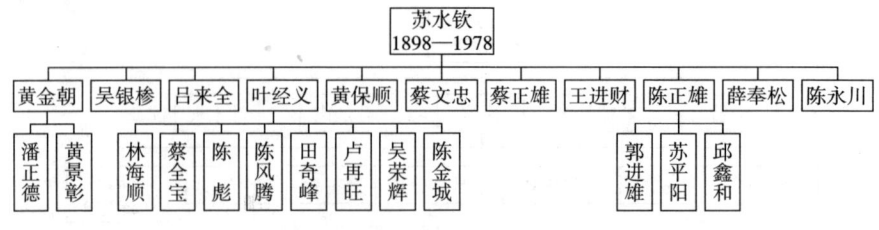

```
                    苏水钦
                   1898—1978
┌────┬────┬────┬────┬────┬────┬────┬────┬────┬────┐
黄金朝 吴银椮 吕来全 叶经义 黄保顺 蔡文忠 蔡正雄 王进财 陈正雄 薛奉松 陈永川
 │    │    │    │    │    │              │    │
┌┴┐  │   ┌┴┐  │  ┌─┼─┐ │              ┌┴┐  │
潘 黄  林  蔡 陈  陈 田 卢 吴 陈          郭 苏  邱
正 景  海  全 彪  凤 奇 再 荣 金          进 平  鑫
德 彰  顺  宝    腾 峰 旺 辉 城          雄 阳  和
```

图 8-10 苏水钦传承谱系

资料来源：侯淑姿主持《高雄市传统艺术普查委托研究计划期末报告修正版》，高雄市政府文化局委托，2006，第 16—17 页。

（三）木雕神像（妆佛）

由于民间工艺的发展多是因应于市场的需求，所以在木雕方面除了凿花外最突出的一块就是木雕神像工艺，又称"妆佛"①。如果说台湾大木领域中闽南因素影响甚大，那么，在雕塑方面，福州的基因却不得不提。日据时期在台湾号称"佛像雕塑三条龙"②的陈骏桯、林起凤、林邦铨三人均来自福州。例如，生于 1894 年的陈骏桯师承福州大坂流派创始人柯传钟，兼善木雕、泥塑、脱胎佛像。林起凤则是以泥塑闻名，是台湾本土杰出雕刻家黄土水（1895—1930）的启蒙授业恩师。三位福州大师是台湾神像雕塑黄金时期的代表人物，他们在丰原慈济宫同场竞艺的景象，至今仍为人所津津乐道。

> 据传林起凤师自信颇满，于是故意将神农大帝旁边的太监容貌，塑成陈骏桯师傅的样子，陈骏桯师傅也不遑多让，将另一名太监的容貌仿效成林起凤师傅，后为庙方所发觉而勉以修改，但仍有几分形似两人的面型。③

1. 妆佛行业的特点

相较于工艺美术的其他门类，神像雕塑呈现出两个鲜明的特点。

（1）作者一般不落款。

传统神像雕刻与民间宗教信仰活动息息相关，雕刻师以神明为尊崇的

---

① "妆"为妆点，台湾神像雕刻为木雕与漆艺的综合表现艺术，一般木雕神像是将木材经过雕刻后，再透过漆艺的妆点粉饰，方能塑成一尊庄严华丽的神祇雕像，所以塑神像称为"妆佛仔"、"刻佛仔"，故采用"妆佛师傅"来称呼从事专业神像雕刻的师傅。
② 黄淑芬编纂《中国文化佛像神像专辑》，（台北）圣像出版社，1988。
③ 郑丰穗：《台湾木雕神像之研究》，（台南）台南大学台湾文化研究所硕士学位论文，2008，第 21 页。

主体，自知不是作品的重心，所以大多数不在神像上落款，有的也只是标示出所作年月及供奉信士的信息，后人基本难以追溯这些作品的作者。这种情况到了光复后传统神像成为艺术品收藏的对象时才有所改变。所以尤其是明清时期的神像作品对作者和年代的追溯就非常困难。

尽管如此，从零星资料中仍可看出，在清末以前台湾神像雕刻业基本是泉州匠师的天下。目前能找到的台湾地区最早留有名号和具体作品的妆佛师傅就来自泉州，是"清康熙元年（1662）南鲲鯓代天府初建之时，由先民至泉州礼聘名匠'妈福师'前来开斧雕刻的六尊木雕王爷"[1]。此后，在嘉庆和道光年间大量"唐山匠师"赴台，由于泉州移民大量分布于台湾西部沿海，因此与泉籍匠师的交流最为频繁。在开发最早的"一府二鹿三艋舺"，至今，府城市场仍然是以自清朝时候便有的泉州派神像雕刻老店为主；鹿港方面，也是以泉州派为主。泉籍匠师在台湾各地留下了许多珍贵的造像，其精湛传神的技艺为后来者所顶礼膜拜。

目前能查到的台湾第一家神像雕刻店是府城的"来佛法"，也就是现在的"来佛国"。其先祖来自福建泉州府晋江县前埔乡，"来佛国"是蔡氏亲族在晋江便已经营的家族事业。开台第一代蔡三番在道光十五年（1835）之前就已在台定居。

表8-7 台南市"来佛国"传承谱系表

	第一代	第二代	第三代	第四代	第五代
店铺	来佛国	来佛国	来佛国	来佛国	佛莱国
姓名	蔡三番	蔡四海	蔡连	蔡金永	黄瑞祥
代表作品	府城武庙正殿神像	府城大天后宫四海龙王 府城武庙正殿关平、周仓神像 武庙北极殿赵、康元帅像	府城广州宫上帝爷、三坪祖师神像	府城妈祖楼镇殿妈祖 府城朝南宫天上圣母 府城玉天宫宁靖王	—
备注	1835年前定居府城	—	—	"来佛国"停业	自创"佛莱国"

资料来源：郑丰穗《台湾木雕神像之研究》，（台南）台南大学台湾文化研究所硕士学位论文，2008，第35—36页。

（2）宗教色彩最为浓厚。

传统用于供奉的神像基本上是传家、传世的，信众们相信供奉越久的

---

[1] 郑丰穗：《台湾木雕神像之研究》，（台南）台南大学台湾文化研究所硕士学位论文，2008，第19页。

神像越灵验，所以妆佛师傅对待每一尊神像都格外认真和虔诚。传统的妆佛工艺有一道必不可少的工序——"净"。"净"本身被视为对神明或使世俗的个体具备神圣特质之必要条件，雕刻师傅必须在各阶段对雕作神像的木材施行"净"的仪式，并开光点眼。故而各地的妆佛店一般都有一个供奉的神灵或者祖师，每个匠派供奉的神灵一般各不相同。匠师在开光、净符施作之前，会呼请神灵前来并借助神灵之灵力赋予神像力量。

这些被供奉的神灵或祖师，一般是原乡历史上的能人。例如，在20世纪五六十年代独占云林北港市场的闾山堂，他们的师尊被称为"法主公"，原名张慈观，福建永春张家庄人，生于宋高宗绍兴九年（1139），因其法力高强，被"红头法师"尊为祖师爷神格供奉。[①]"敬神如神在"，就这样满怀敬畏之心来进行艺术上的精工细作，在一次次的神像制作中，福建祖师成为融入台湾妆佛师血脉之中的信仰。

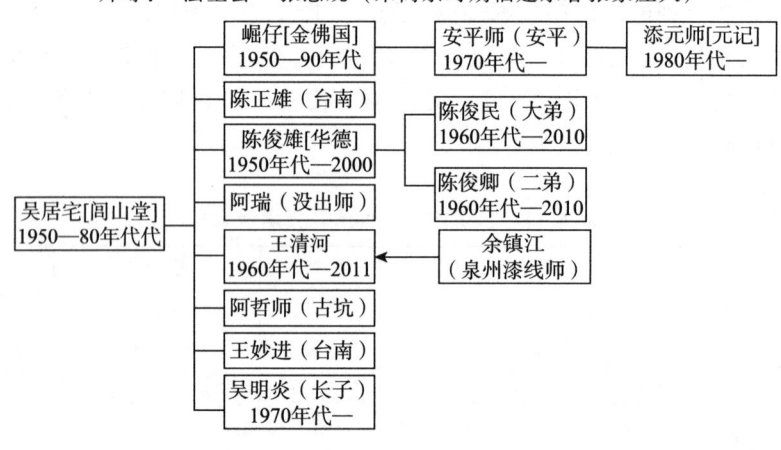

师尊："法主公"张慈观（宋高宗时期福建永春张家庄人）

图8-11　北港闾山堂传承谱系

注：方框内第一行为匠师姓名，第二行为其所经营妆佛店的营运时间。

资料来源：王燕琇《北港地区木雕妆佛师傅之研究——以王清河师傅为例》，（台北）台北教育大学人文艺术学院台湾文化研究所硕士学位论文，2012，第89页。笔者制作时稍作增补。

所以以前有许多妆佛师傅还可以兼任一些道士和风水师的工作，居宅师就经常被请去指导民间的道场和法事。上文提及的"来佛国"，"早期除

---

① 王燕琇：《北港地区木雕妆佛师傅之研究——以王清河师傅为例》，（台北）台北教育大学人文艺术学院硕士学位论文，2012，第88页。

了能雕刻神像外,也精通符箓、风水堪舆之法,在地方上常助人处理无形事务"①,其蔡氏家族就流传下来一些符仔书和风水笔记。

与彩绘的情况一样,在妆佛事业兴盛之时,同样有一些其他门类的匠师"跨行"涉足这一领域。但这些匠师一般专做雕刻,不做入神、开光仪式。例如鹿港李松林师傅。李松林师承家族的泉州派小木作凿花工艺,以其精湛手艺在当地深受喜爱,于是许多人请他雕刻神像。由于是"半路出家",李松林只负责神像雕刻,传统的入神、开光仪式需要主家另外聘请法师、道士来主持。

2. 台湾妆佛匠派

台湾学者王嵩山提到,一般来说,台湾目前的雕刻师傅,几乎全部来自福建的漳、泉、福三州的后裔,或者追溯其祖师,必是来自这三个地方。② 可能在台湾彩绘工艺的发展脉络中少不得提及粤籍匠师,相形之下,台湾的妆佛工艺,基本上是福建匠师及其传承人的"天下",将台湾几个重要的妆佛匠派的传承谱系铺陈开来,便织成了一张堪称全面的妆佛工艺网络。

表8-8 台湾重要妆佛流派统计表

执业地区	派别	店铺	代表人物	赴台时间	师承	祖籍	代表作品
府城	泉州派	来佛国	蔡三番 蔡四海 蔡连 蔡金永 黄瑞祥	1835年前	祖籍地家传	福建泉州晋江前埔乡	府城大天后宫四海龙王 府城武庙正殿关平、周仓神像 府城广州宫上帝爷、三坪祖师 府城妈祖楼镇殿妈祖
		佛西国	蔡义培 蔡心 蔡金茂 蔡南山 蔡天民 蔡有诚	清末	泉州京师	福建泉州	府城大天后宫镇南妈祖 府城延平郡王祠郑成功像
		西来国	黄姓师傅 陈达 陈河钦 李温 王鲁	清朝	泉州黄姓师傅	福建泉州	高雄盐埕沙陶宫五府千岁 高雄内门南海紫竹寺镇殿观音佛祖

---

① 郑丰穗:《台湾木雕神像之研究》,(台南)台南大学台湾文化研究所硕士学位论文,2008,第35页。
② 王嵩山:《集体知识、信仰与工艺》,(台北)稻乡出版社,1999,第192—195页。

续表

执业地区	派别	店铺	代表人物	赴台时间	师承	祖籍	代表作品
府城	福州派	人乐轩	林亨琛 林利铭 林贞良 陈朝清 吴邦雄	1902年	祖籍地家传	福建林森县（今闽侯县）	台南市大人庙朱府千岁 北厂保济殿刑王爷
		光华佛具店	林宗养 陈启村 李明来	日据	台湾师傅	福建福州	
	漳州派	金芳阁	陈金泳 黄德胜 曾应飞	清朝	祖籍地家传糊纸手艺，自学木雕	福建漳州	台南有福隆宫镇殿保生大帝 台南显威堂、兴济宫刑王爷
鹿港	泉州派	小西天	吴田 吴虎 吴清波 吴东岳	清嘉庆年间	祖籍地家传	福建泉州晋江南大街	
		施自和佛店	施礼 施至利 施至辉 施世瞳	清中叶	泉州凤勾	福建泉州	鹿港奉天宫镇殿苏府大王爷 台中宝觉寺弥勒佛 台中市武德宫镇殿关圣帝君
		—	李松林	清道光年间	祖籍地家传刻花手艺，自学木雕	福建泉州永春	释迦出山像
艋舺	福州派	庐山轩	陈禄官 陈中和 陈国祯	1902年	祖籍地家传泥塑手艺，自学木雕	福建福州	泥金作法
		求真佛店	潘德 吴荣赐 石振雄	1930年	祖籍地家传	福建福州	艋舺龙山寺释迦出山像 台北永正庙 木栅仙公庙 竹山天心宝宫
		林福清	林福清 陈连紫 王稻瑞 王两传	清末	祖籍地学艺	福建福州	新竹狮头山海会庵目犍连尊者 高雄旗津天后宫王爷 基隆城隍庙八司神像 海霞城隍庙五营将军神像
新竹	泉州派	法西方佛店	杨栽 高成德 高汉文	清道光年间	早年浙江温州学艺	福建泉州南安	新竹内外妈祖庙 新竹城隍庙 新竹武圣庙 新竹池王爷、白王爷、清王爷、上帝公庙镇殿大神
	福州派	—	林发本	清末	祖籍地学艺	福建福州	新埔广和宫内诸神
		禄山轩	魏坤海	1974年开店	潮州师傅 福州师傅		

续表

执业地区	派别	店铺	代表人物	赴台时间	师承	祖籍	代表作品
通霄	福州派	李金川	李金川 罗素良 朱铭 黄承业	1940年代回通霄	福州巧朝相		通霄慈惠宫前殿横梁人物
云林北港	福州派	闾山堂	吴居宅 王清河	1950年代开店	泉州师傅		

资料来源：郑丰穗《台湾木雕神像之研究》，（台南）台南大学台湾文化研究所硕士学位论文，2008；王燕琇《北港地区木雕妆佛师傅之研究——以王清河师傅为例》，（台北）台北教育大学人文艺术学院台湾文化研究所硕士学位论文，2012；蔡雅蕙、徐明福《1910至1930年代台湾传统建筑匠司谱系之探讨》，（台北）《民俗曲艺》2010年第169期，第89—145页。

表8-8直观呈现了泉州派和福州派在台湾妆佛界的地位。这是目前台湾主流的两大妆佛匠派。泉州派赴台较早，是台湾妆佛工艺的拓荒者；福州派到清末和日据时期才开始进入市场，不过由于其灵活的经营方式和广纳门徒的传承方式，福州派目前在台湾分布最广泛，占有重要地位。

泉、福两派在传承、经营理念及工艺手法上都有较大的不同。从下文列举的几个传承谱系可略见一斑。

（1）传承方式不同。

泉州派一般以家族式传承为主，授技于外人较少。福州派则一般是师徒相承、广泛收徒。

图8-12 鹿港"小西天"传承谱系

资料来源：郑丰穗《台湾木雕神像之研究》，（台南）台南大学台湾文化研究所硕士学位论文，2008，第46页。笔者制作时稍作删减。

从"来佛国"和"小西天"的传承谱系可见，作为泉州匠派，其技艺都只是传授给族内成员，基本不见外姓徒弟，这种方式比较容易造成后继无人的情况。如"来佛国"现今家族中无人继承妆佛事业，其技艺由徒弟黄瑞祥习得。（见表8-7、图8-12）

而对徒弟几乎"来者不拒"的福州派就没有这方面的忧虑，发展迅速。通霄李金川匠派的发展就是典型的例子。李金川被称为"海线始祖"，1940

年代开始，通霄镇在他的带领下，木雕产业蓬勃发展，曾造就了每三户人家就有一户从事雕刻的空前盛况。李金川师承自福州师傅巧朝相，成名后按照福州派的惯例广泛收徒，他的徒弟学成后多数在通霄地区开业，工厂数量多、体量大，是通霄雕刻产业发展的重要推手。

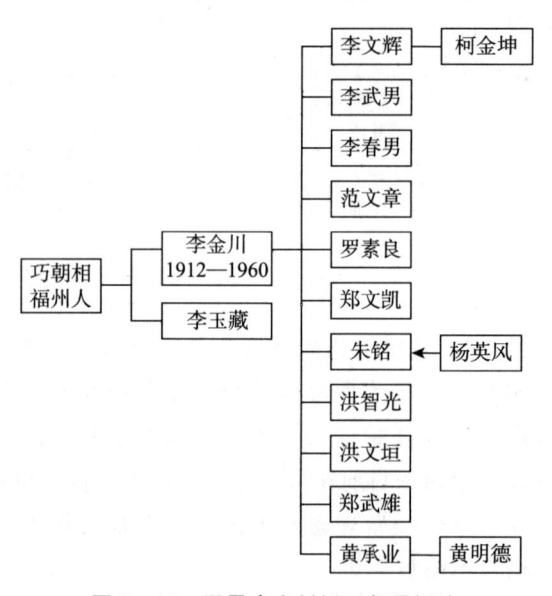

图 8-13 通霄李金川派系师承源流

资料来源：洪雅芳《通霄雕刻产业之研究》，（台中）东海大学历史研究所硕士学位论文，2011；郑丰穗《台湾木雕神像之研究》，（台南）台南大学台湾文化研究所硕士学位论文，2008，第 63—64 页。

李金川的第七位弟子就是当前享誉国际的雕塑大师朱铭。朱铭（1938—），本名朱川泰，台湾苗栗人，16 岁正式拜入李金川门下，后来又随杨英风大师学习，在传统与现代之间走出了一条新路。光复后台湾雕刻进入了多元发展的阶段，朱铭就是其中最具代表性的人物。

也因为是广泛收徒，"福州派的师傅在传授徒弟时，通常会'留四分，放六分'，如果悟性较高的，便能靠自学而出师，甚至能青出于蓝"[1]。北港王清河师傅就在出师之后另外跟随台南漆线大师、来自泉州的镇江师学习漆线手艺。（见图 8-11）

---

[1] 王燕琇：《北港地区木雕妆佛师傅之研究——以王清河师傅为例》，（台北）台北教育大学人文艺术学院台湾文化研究所硕士学位论文，2012，第 40 页。

广泛收徒的形式使得福州师傅在台湾留下了众多弟子和传人，影响深广。人称"木雕状元"的福州人林福清，清末从福州来到台湾打天下，在台湾各地留下了许多优秀的作品。林福清泥塑、木雕技艺都超凡，他来到台湾后，广纳徒弟，培植后生，基隆的陈连紫、竹北的彭木泉便是其高徒，分别习得了他的木雕和泥塑手艺，并且发展成为当今台湾地区重要的木雕匠派和泥塑匠派。（见图8-14）

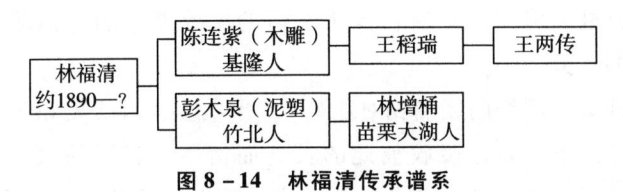

图8-14 林福清传承谱系

资料来源：郑丰穗《台湾木雕神像之研究》，（台南）台南大学台湾文化研究所硕士学位论文，2008，第55页。笔者制作时稍作增补。

（2）经营理念不同。

泉州派固守传统套路，而福州派的经营方式则较为灵活，他们将机械引入纯手工的佛像制作中，于是佛像制作开始走向规模化和批量化生产，大批的雕刻工厂在台湾出现了。大陆开放之后，他们又将工厂开到海峡对岸，事业愈加壮大。

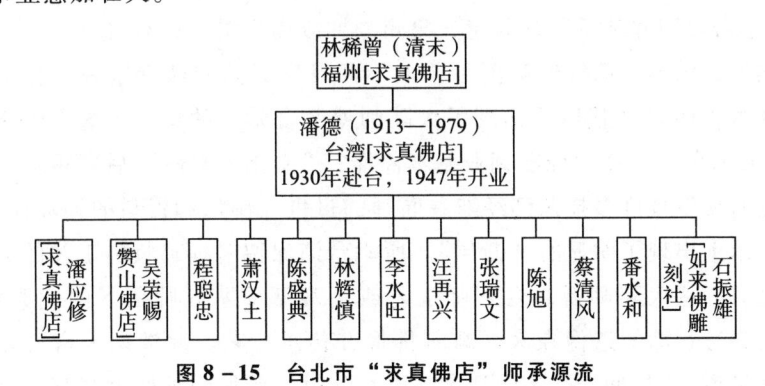

图8-15 台北市"求真佛店"师承源流

资料来源：郑丰穗《台湾木雕神像之研究》，（台南）台南大学台湾文化研究所硕士学位论文，2008，第53页。

"求真佛店"系统的吴荣赐和石振雄是此中的开路先锋。1970年代初，吴荣赐与台湾机械工厂合作生产"车佛仔枪"，机械车枪开始应用于台湾的神像雕刻，大大加快了神像生产的速度。石振雄则对到大陆投资相当热衷，他可能是台湾最早在大陆设神像雕刻厂的人,他用高温铁膜直接烙印替代人工开脸,进一步提高了生产速度,在业界形成一时风潮。

(3) 艺术表现不同。

泉州派和福州派在艺术上也各具特色。"泉州重皮,福州重骨"。简单说来,泉州派的神像属于"神格化"的写意手法,重视外观线条做漆线的雕作;福州派的神像属于"人格化"的写实手法,多用粉线堆叠来表示花纹和绣线。此外,漳州匠师对神像粗胚后的精致整修的"锦雕"手法也深受部分人士的喜爱。

在传统社会,派系的区隔相对明显,"事实上,现今资讯发达,在大众传播工具的传送下,各派吸收彼此的长处而衍生出自己的风格,彼此差异越来越小,甚至分不清哪些是泉州派作品、哪些是福州派作品了"[①]。

3. 小结

从以上对台湾神像雕刻业主要派系的简单梳理可见,福建原乡的妆佛工艺不断在台湾生根发芽,至今仍然是台湾妆佛界的主流业态。这些来自泉、福、漳地区的妆佛师在台湾各地定居发展,世代传承下来,建立了稳定的客源支持和地方声望,从而能够长久发展。

考察传承脉络,各匠派开台先祖基本上都是在福建原乡就从事神像雕刻的知名匠师,在光复之前的台湾神像雕刻业界,基本上是对福建技术引进、"学习巩固并传承"的状况,泉州派抑或福州派,莫不如是。

然而,随着台湾神像雕刻工艺的不断发展成熟和两岸宗教文化交流的日渐频繁,1980年代以后出现了大陆师傅赴台学习的情况。这是由于大陆"文化大革命"时期神像雕刻业基本停滞,"文化大革命"后要重新发展妆佛产业时便发现许多技艺已经随着匠师的过世、佛像和资料的损坏而失传,技艺传承上出现了明显的"断层"。所幸台湾保留着福建妆佛工艺的完整传承,这时一些大陆师傅赴台拜师学艺或是观摩前辈匠师留下的优秀作品,学成后参考台湾的造像在大陆雕刻佛像并传承技艺。北港朝天宫文化组纪组长就说道:"早期八〇年代到大陆进香阵时,看见的神像大多都是近台湾学的,因为他们在文革时已经有断层了。除非说文革时有些师傅很年轻约30岁,等到改革开放后,他尚记得怎么造像、原料怎么调配,像生漆如何

[①] 王燕琇:《北港地区木雕妆佛师傅之研究——以王清河师傅为例》,(台北)台北教育大学人文艺术学院台湾文化研究所硕士学位论文,2012,第83—84页。以上为此文作者访谈北港朝天宫文化组纪组长所得。

调制成漆线等,不然他们破坏过,剩下来的传承也是没有啦!"①

在妆佛工艺领域,1970年代以来的台湾有效地反哺于大陆原乡。通过活络的互动,闽台两地共同传承了优秀的妆佛技艺。

五 石雕

台湾明清庙宇材料的运用、匠师技术多仰赖福建原乡,例如石材多取压仓之砻石、花岗石、青斗石、泉州白等,修建亦多交由泉州、漳州名匠师负责设计建造。

根据林会承教授的推论,台湾寺庙建筑上的石刻,约在清道光(1821—1850)前后盛行。此前不少寺庙的石雕都是在大陆雕好才运到台湾安装的。在清末民初时期,台湾已经孕育出了第一代本土打石匠,但是雕得最好的,还是泉州惠安石匠。② 例如1911年在重修艋舺龙山寺时,就特地从惠安延聘石雕名匠赴台作业。

台湾庙宇石雕深受福建惠安崇武体系的影响,清末民初和日据时期惠安崇武石匠大量渡台,其中以来自惠安崇武峰前村的蒋氏石匠一族最具代表性。峰前是以蒋姓为主的单姓氏村庄,当地盛产石材,居民多以石雕为业。在早期台湾庙宇石雕界有句行话为"无蒋不成场",这说明了峰前蒋氏一族在台湾庙宇石雕界中具有重要的影响力。③ 他们的石雕作品遍布台湾南北,其定居台湾的传人对台湾近百年石雕技艺的承续与风格建立都具有莫大的影响。代表性人物有蒋馨、蒋银墙、蒋文山、蒋栋材、蒋文浦、蒋树林等匠师。作品则有鹿港天后宫、台南大天后宫、艋舺龙山寺、北港朝天宫等。这些大家耳熟能详的作品,现在都已经被指定为台湾的二级、三级古迹,其中的石雕几乎全部出自峰前村蒋氏打石匠之手,是台湾相当重要的文化资产。

从户籍资料来看,峰前蒋氏石匠最早于光绪年间在台湾落户,日据时期台湾大兴土木,仍有大量惠安石匠赴台。据日本官方1937年初的一份调查报告统计,1904年9月末在台石工计22人,后又进入23人,年终累计

---

① 王燕琇:《北港地区木雕妆佛师傅之研究——以王清河师傅为例》,(台北)台北教育大学人文艺术学院台湾文化研究所硕士学位论文,2012,第84—85页。
② 林会承:《传统建筑手册形式与做法篇》,(台北)艺术家出版社,1995,第153页。
③ 简士豪:《前石匠蒋九——在台生平与作品调查研究》,(台北)《艺术论文集刊》2011年第16、17期合辑,第2页。

45人。至1937年统计增至270人。最高年份1914年有299人。①

```
蒋贤              蒋仁荣(台湾养子)    蒋再木(子)      蒋金吉(养子)
1908年入台  ──   1880—?         ── 1911—1971  ── 1932—?
落籍彰化
```

图8-16 蒋再木师承谱系

资料来源：庄耀棋《在台惠安峰前村蒋氏打石匠司群之研究》，（台北）台北艺术学院传统艺术研究所硕士学位论文，2002。

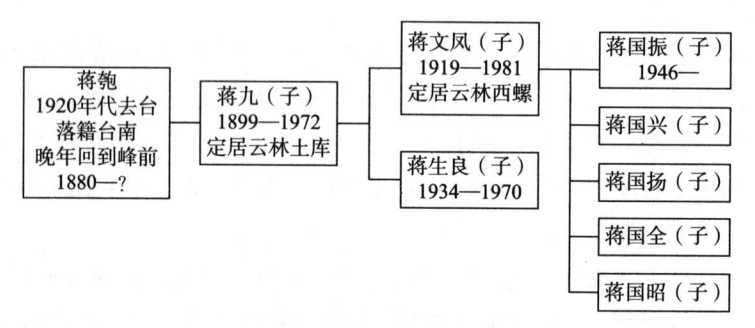

```
                                    蒋文凤(子)       蒋国振(子)
                                    1919—1981  ──  1946—
                  蒋九(子)           定居云林西螺
蒋匏              1899—1972                          蒋国兴(子)
1920年代去台  ── 定居云林土库   ──                ──
落籍台南                                             蒋国扬(子)
晚年回到峰前                       蒋生良(子)
1880—?                            1934—1970  ──   蒋国全(子)

                                                     蒋国昭(子)
```

图8-17 蒋九师承谱系

资料来源：简士豪《前石匠蒋九——在台生平与作品调查研究》，（台北）《艺术论文集刊》2011年第16、17期合辑，第10页。

惠安蒋氏石匠的石雕技艺基本上属于家族或同乡之间代代相传，授艺于外人较少。蒋氏石匠在台湾以收养子、传弟子的形式传承家族技艺，常年合作的工作团队成员一般也都是同乡同族人（见图8-16、图8-17）。光复后惠安石匠张木成改变了这种工作模式，他与台湾本土匠师广泛合作，大大活跃了台湾的庙宇石雕业界。

1937年以后，受到中日战争的影响，在台惠安石匠业务骤减，又因海峡两岸交通中断，使得他们被迫滞留台湾，于是，在1945年停战后，他们中有将近八成的人选择返回福建故乡，导致一时台湾石作技艺出现青黄不接的局面，也使得当时原本在台湾便扎根不深的石作体系几近于崩溃。在这样的背景下，来自惠安的石匠张木成（1904—1993）脱颖而出，他承包了台湾各地的许多庙宇石雕工程，并建立起与之搭配的匠帮系统，这种事业模式极大地影响了1960—1980年代台湾的庙宇石雕走向。

---

① 庄耀棋：《在台惠安峰前村蒋氏打石匠司群之研究》，（台北）台北艺术学院传统艺术研究所硕士学位论文，2002。

张木成出生于石雕之乡惠安,其父张火广(？—1937)是惠安当地出名的石雕匠师,家学渊源和不断自学,使他拥有了精湛的石雕技术。他于1923年渡台,和父亲张火广一起,至少在台湾留下了17件以上的庙宇石雕作品。[1]

张木成对光复后台湾的庙宇石雕事业影响甚大,主要是源于他在工作组织形态上的转变。1965年开始,张木成从石雕作坊转向承包寺庙石雕工程,他开始从师傅头的角色转变为石雕业务承包的经营者,开始使用有效率的工作模式,就是"培养经常合作的匠人,以达到较佳的工作配合,而他的匠师班底不仅仅只有亲属或徒弟,还利用每次外出工作的机会,观察当地匠人,去芜存菁,维持一批优秀的匠师班底,将工作做到有效率的人力投入;并将原本只让有亲属关系或是师承关系的匠人来 huan 场,扩及到他所信赖并观察到的好匠人身上,如1980年马公山水里的上帝庙,即是交由澎湖当地的匠人来 huan 场"[2]。这种灵活、开放和不藏私的工作方式,比起传统只任用亲属和徒弟的模式更加有效率,在台湾石雕界被广泛采用,迅速培养了一大批台湾的当地匠人,因大批福建石匠离台而出现的断层得以填补。是以,张木成对战后台湾的庙宇石雕人才的培养功不可没。

1980年代开放大陆探亲,此时,与妆佛工艺一样,"惠安崇武的传统石雕受到文化大革命的影响,传统庙宇石雕技艺已经产生严重断层,老一辈的石雕匠师也几乎凋零殆尽。然而当地惟有石材仍然不虞匮乏,故许多台湾乡亲回惠安开设石雕工厂或是指导雕刻技术"。例如著名石匠蒋九的后代蒋国振"曾几次回乡指导其乡亲石雕技艺"[3]。在台惠安石匠始终不忘故乡,并以从惠安祖辈上习得的石雕技艺传授故乡的年轻一代工匠,拳拳爱乡之心可感可佩。

六 陶艺

交趾陶为一种低温铅釉软陶,是台湾传统建筑常见的建筑装饰物之一,用于寺庙、宗祠或富宅的建筑装饰。它源自华南地区,系先民至台湾开垦而随之传入台湾,台湾现存的早期交趾陶极可能在清朝中叶由泉州传到台

---

[1] 邱圣杰:《北台地区石匠张木成作品之研究》,(台北)台北科技大学建筑与都市设计研究所硕士学位论文,2009,第12页。
[2] 吴家玲:《张木成打石事业初探》,http://www.tnua.edu.tw/~education/download/culture/3.pdf,最后访问日期:2013年8月26日。
[3] 简士豪:《前石匠蒋九——在台生平与作品调查研究》,(台北)《艺术论文集刊》2011年第16、17期合辑,第12页。

湾。"对台湾交趾陶的发展具有较大的影响与贡献者，主要是来自泉州地区的匠师。他们除了留下作品，在技术上影响台湾的交趾陶发展，此外也为台湾培育出不少交趾陶匠师。"①

台湾交趾陶匠师体系大致可分为叶王传承体系、柯云传承体系、苏阳水传承体系，现在分布于台湾各地的交趾陶匠师几乎都是出自这三派。这三派匠师都有着福建的"艺术血统"。由于叶王和洪坤福的活动范围多在台南嘉义，故而嘉义是台湾交趾陶的发源地，主要流派即由他二人开启——宝石釉的叶王和水彩釉的柯云。

（一）叶王传承体系

叶王（1826—1887），本名叶狮，字麟趾，祖籍福建漳州，嘉义人。他被公认为台湾本地交趾陶的创始者，也是台湾第一位有文献记载的陶艺家，传世作品现存于台南佳里震兴宫、学甲慈济宫。其父叶清岳是一名陶工，叶王年幼时在耳濡目染之下常以泥土捏塑人物自娱。叶王的作品完全凭手工捏塑而成，成品多属小件，造型生动，用色温润鲜艳兼具，独特的胭脂红釉色又叫"宝石釉"，被视为叶王用色的特色。尾崎秀真尝谓："台湾三百年间，只产生陶艺名师叶王一人。"②

叶王没有嫡传弟子，但将独门制釉法——宝石釉方传给许子澜、黄得意二人。第三代林添木还另外向泉州师傅蔡文董学习交趾陶艺及水彩釉方，后来收徒多人，将叶王的技艺发扬光大，对形塑嘉义地区鼎盛的交趾陶创作风气功不可没。③

关于叶王的师承流传着两种说法：一说习自泉州、漳州匠师，另一说习自建造台南两广会馆的广东陶匠。目前一般将他归为潮州派体系，然而根据考证，叶王应是跟随泉州、漳州匠师习艺。由于闽南与潮汕地区地缘接近，潮汕的烧窑技术又特别突出，似可大胆推论叶王的师父虽为闽南人，但艺术取向上偏向潮州一派。施翠峰在《重新认识台湾交趾陶》④ 一文中严正指出叶王的师承来历与广东匠师无关，理由有三：其一，广东窑为高温

---

① 《清末到日治时代泉州匠师对台湾交趾陶的影响与贡献》，第 2 页，http://www.ied.edu.hk/asahkconf/view.php? m = 3773&secid = 3778，最后访问日期：2013 年 8 月 28 日。
② 尾崎秀真：《清朝时代的台湾文化》，"台湾文化三百年纪念会"论文，1920。
③ 侯淑姿主持《高雄市传统艺术普查委托研究计划期末报告修正版》，高雄市政府文化局委托，2006，第 104 页。
④ 施翠峰：《重新认识台湾交趾陶》，《以手筑梦——台湾交趾陶艺术》，（台北）台湾历史博物馆，2000。

窑，叶王交趾陶却是低温窑；其二，叶王仅懂闽南话，如何交谈；其三，台南府两广会馆建造于清光绪元年，当时叶王已约50岁，但目前留存的叶王作品基本上都是他47岁前所做。施翠峰以有力的证据辩驳了叶王师承的广东说，他并加以判断：叶王的师承应是较叶王稍早期的泉州或漳州师傅。

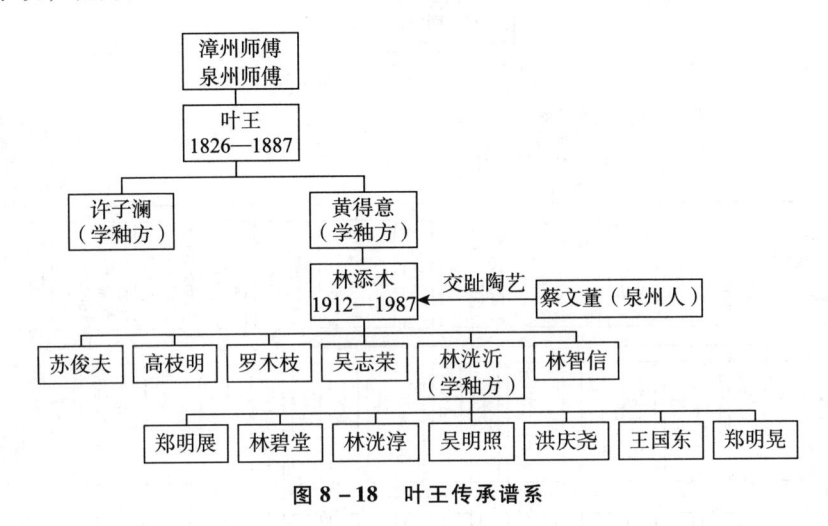

```
              漳州师傅
              泉州师傅
                │
              叶王
            1826—1887
        ┌───────┴───────┐
     许子澜          黄得意
    （学釉方）        （学釉方）
                      │
                   林添木      交趾陶艺
                 1912—1987 ─────── 蔡文董（泉州人）
      ┌────┬────┬────┬────┴────┬────┐
     苏俊夫 高枝明 罗木枝 吴志荣 林洸沂  林智信
                              （学釉方）
      ┌────┬────┬────┬────┬────┬────┐
     郑明展 林碧堂 林洸淳 吴明照 洪庆尧 王国东 郑明晃
```

图 8-18 叶王传承谱系

资料来源：侯淑姿主持《高雄市传统艺术普查委托研究计划期末报告修正版》，高雄市政府文化局委托，2006，第104页。笔者制作时稍作增补。

（二）柯云传承体系

柯云，号云师（一说名"柯训"，号训师），福建泉州府同安县马銮乡人，属第一批渡台的剪黏和陶艺匠师，他名气响亮，早在1908年就赴台参与了北港朝天宫的修缮工程。[①] 柯云的入室弟子洪坤福，泉州同安县人，于1910年赴台，因其杰出技艺与广东何金龙被时人称为台湾剪黏界的"南何北洪"。洪坤福名气极大，据说他在台湾工作期间，"每到一处便有人拜师学艺"[②]。这一派目前在台湾发展良好，"北部、中部地区近五十年来活跃的匠师多为其门人"[③]，洪坤福的弟子江清露，在彰化永靖一带传徒甚众，致使当地形成了密集的匠师群，而嘉义新港出身的梅菁云留在故乡传承技艺，

---

① 施翠峰：《以手筑梦——台湾交趾陶艺术》，（台北）台湾历史博物馆，2000，第31—34页。
② 蓝芳兰：《从庙顶走来的匠师——林再兴交趾陶艺术研究》，（彰化）彰化师范大学艺术教育研究所硕士学位论文，2001，第18页。
③ 侯淑姿主持《高雄市传统艺术普查委托研究计划期末报告修正版》，高雄市政府文化局委托，2006，第89页。

也使新港地区成为剪黏和泥塑匠师云集之地。"至今该流派弟子散布台湾北中南各地,艺术成就备受世人肯定"[1],"在战后他们是影响台湾交趾陶发展的重大功臣,也是现今交趾陶剪黏业界的主流"[2]。

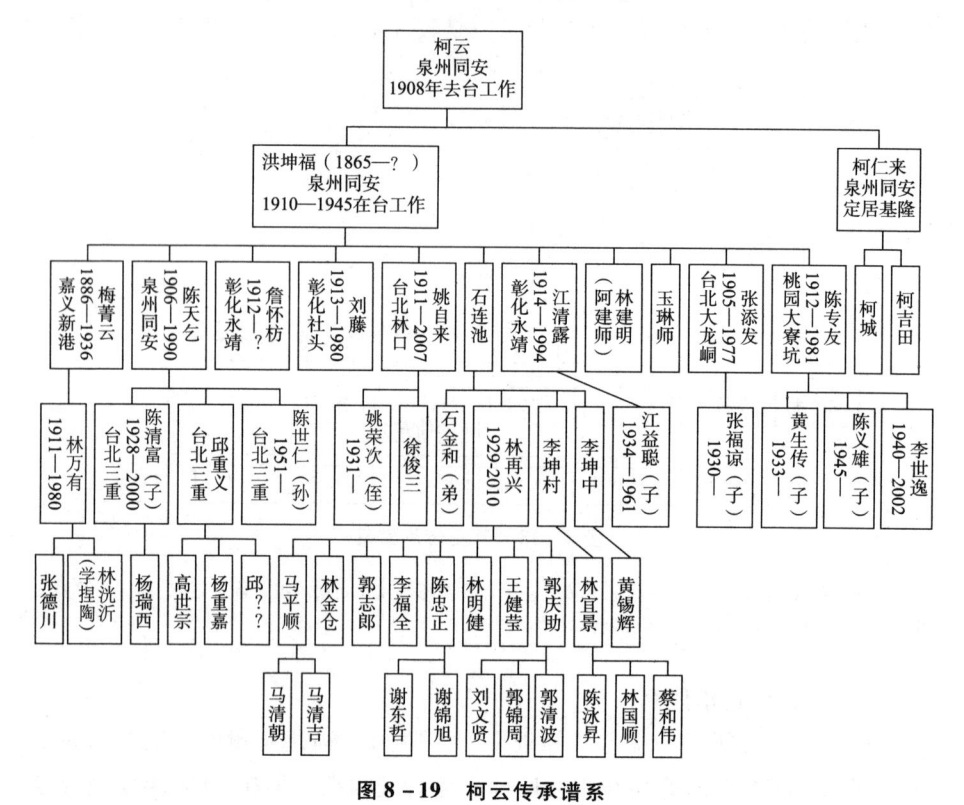

图 8-19 柯云传承谱系

资料来源:《清末到日治时代泉州匠师对台湾交趾陶的影响与贡献》,第 17—19 页,http://www.ied.edu.hk/asahkconf/view.php? m=3773&secid=3778,最后访问日期:2013 年 8 月 28 日;侯淑姿主持《高雄市传统艺术普查委托研究计划期末报告修正版》,高雄市政府文化局委托,2006,第 105 页;蓝芳兰《从庙顶走来的匠师——林再兴交趾陶艺术研究》,(彰化)彰化师范大学艺术教育研究所硕士学位论文,2001;黄于恬《剪花司傅陈天乞研究》,(台北)台北艺术大学建筑与古迹保存研究所硕士学位论文,2010。

(三) 苏阳水传承体系

现今将苏阳水一派归于潮州派传承体系,是因为其第二代弟子朱朝凤

---

[1] 李乾朗:《清末明民初台湾的泉州交趾陶初探》,《彩绘人间——台湾交趾陶艺术展》,(台北)台湾历史博物馆,1999,第 12—17 页。

[2] 《清末到日治时代泉州匠师对台湾交趾陶的影响与贡献》,http://www.ied.edu.hk/asahkconf/view.php? m=3773&secid=3778,最后访问日期:2013 年 8 月 28 日。

为新埔客家人之缘故，实际上包括苏阳水在内的第一代都是泉州惠安人。他们除了擅长交趾陶艺，也擅长剪黏，新竹广和宫前殿墙上的龙虎堵是苏阳水的存世代表作品。苏阳水和柯云一样，光绪年间赴台，属于赴台的第一批交趾陶匠师，他们将技艺传授给台湾弟子，培育出了许多后代的知名匠师，是台湾剪黏和泥塑工艺的启蒙者。苏阳水的徒弟朱朝凤便是台湾北部名匠。[①]

表8-9 苏阳水传承谱系

第一代	第二代	第三代
苏宗罩 苏阳水（1894-1961） 苏鹏（苏萍，1878-1927） 苏清钟（苏承宗，1892-1941） 苏清富（苏承富，1900-?）	朱朝凤（1911-1992，新竹新埔客家人）	朱文渊（1947- ，次子） 朱作明（1954- ，三子） 朱作祺（1958- ，四子）

资料来源：侯淑姿主持《高雄市传统艺术普查委托研究计划期末报告修正版》，高雄市政府文化局委托，2006，第105页。笔者制作时稍作增补。

"台湾传统建筑装饰匠师的技艺，在泥塑和剪黏的装饰技巧方面属于同一门类的表现形式，且泥塑又是剪黏的制作过程中相当重要的一个部分，因此剪黏匠师通常具有泥塑及交趾陶的专长。"[②] 以上三派的匠师，除了叶王一派专擅交趾陶制作，另两派兼作交趾陶及剪黏，还有不少擅长泥塑的，如柯云、洪坤福、苏阳水等人在这三个工艺领域都有着杰出的技艺。这也就造成了从事交趾陶制作和剪黏、泥塑的经常是同一拨人。比如，探讨高雄市泥塑工艺的传承状况，其实就是柯云一派在高雄地区的拓展。而探讨台湾剪黏工艺的传承状况，同样绕不过柯云、洪坤福一脉。

当然，这三个派系是属于在交趾陶方面发展良好的，如果论及剪黏，除了柯云、洪坤福和苏阳水派系，在日据时期还有潮州何金龙、台南安平洪华、台北陈豆生都相当出彩。但他们收徒不多，或已有断层，目前的影响不及柯云派系。

[①] 李乾朗：《明末清初的泉派交趾陶初探》，《彩塑人间——台湾交趾陶艺术展》，（台北）台湾历史博物馆，1999，第13—14页。
[②] 侯淑姿主持《高雄市传统艺术普查委托研究计划期末报告修正版》，高雄市政府文化局委托，2006，第114页。

七 结语

我国传统庙宇、富宅装饰布置设计几乎达于饱和，无论是木雕、石雕、彩绘、泥塑、交趾陶、剪黏，都是经由无数丰富想象力与长年累积的精练技巧才成就的美好造型，追溯台湾地区许多古迹的源流并考察历来之发展，其工法或材料都与福建地区息息相关。考察台湾民间美术各门类的师承谱系，其中总是少不了福建的基因，福建名匠将技艺传授给台湾本土弟子，在徒弟又传弟子的情况下，使其徒众甚多且分布广，让台湾民间美术和建筑工艺更加绵延发展，从而逐渐形成现今属于在地的台湾匠师网络。在台湾开发和建设的阶段，许多福建师傅留下杰出的作品，也把技艺传入台湾，同时也刺激了台湾本土匠师的成长，以福建师傅及其传人为主导，闽台二地的匠师共同谱写了明清尤其是日据时期台湾民间工艺美术的灿烂景观。

（本章撰稿：郑海婷）

第九章　闽台风俗习尚

民俗是一个国家或民族中广大民众所创造、享用和传承的生活文化，是人们传承文化中最贴近身心和生活的一种文化。民俗既是历史的积淀，也是文化的传承，因而对增强民族凝聚力有着不可忽视的作用。

福建的大部分地区位于东经115°50′至120°40′，北纬23°30′至28°22′，台湾则位于东经119°18′03″至124°34′30″，北纬21°45′25″至25°56′30″，地理位置相当，气候差别不大。台湾土地肥沃，资源丰富，明末清初时作为郑成功反清的基地开始得到大规模的开发；1684年清政府在台湾设府、隶属福建的政制设置进一步密切了台湾与福建的关系。明末清初掀起的福建移民台湾的热潮最终形成了台湾总人口中汉族占97%，其中八成以上是闽省移民血脉的历史。早在乾隆年间所修的《重修台湾县志》中即记载有"（台湾）民非土著，大抵漳、泉、惠、潮之人居多"，这些移民在移居台湾时大多以地缘、血缘关系聚居，基本保持了祖籍地的风俗习惯，这就造就了台湾的"习尚与内地无甚异"[①]的现实。即使是日本占据台湾时期，在进行了充分的调查之后，殖民者也不得不承认"台湾的移住民，绝大多数都是汉民族，他们的祖先早在几百年以前，从台湾海峡的对面福建和广东两省陆续迁入。就因为如此，所以台湾的一切风俗习惯，几乎都和大陆的闽粤两省相同"[②]。在历史发展的长河中，八闽的许多民俗文化汲取了台湾的土壤养分后在台湾生根，形成具有浓厚闽南特色的台湾民俗。

---

① 《中国地方志集成·台湾府县志辑》第3辑"乾隆重修台湾县志·嘉庆续修台湾县志"，上海书店、巴蜀书社、江苏古籍出版社，1999，第227页。

② 〔日〕铃木清一郎：《台湾旧惯习俗信仰》"著者序"，高贤治等编译，（台北）众文图书公司，1984。

第一节 衣食住行习俗

衣食住行是人生活的基本需要，不同民族、不同地域的人们有着不同的生活方式。台湾人口中福建人占大多数的现实决定了台湾地区衣食住行习俗必然与其祖地大同小异。

一 衣

历史上，台湾汉族居民的服装和福建一样，1660 年代到过台湾的 Albrecht Herport 即记载台湾人"穿着长及膝下的长袍，下面穿长而大的裤子，是白棉布或 Pelang 做的，腰上缠着一条红布做的钱带。他们大抵头上不戴帽子，只有少数人，尤其是富人，则到半额为止缠着一块绣花网巾"[1]。

郑成功的反清复明使闽台民众富有大汉民族主义思想，因此即使在满族统治的清朝，台湾民间仍与福建相近，多穿明代以前就一直流传下来的分上装与下装的汉服——"衫裤"，即所谓的"唐装"，而不是满族的长衫马褂。"衫"即上装，男的中开襟，女的大面侧开襟（俗称大面襟衫），衣衫上均安布扣；下装则是裤裆、裤头、裤管宽大的裤子。因台湾"多燠，南北稍殊，夏葛冬裘，尽堪度岁，故无狐貉之需"[2]，民众遂往往喜着单衣短裤，《噶玛兰厅志》也载有"孩子夏天间不着袴，隆冬亦少结袜。……地气近热，西风四起，单衣漂泊如蝴蝶……穷冬则棉袄短褂，便可御寒"[3]，同样，与台湾同为亚热带气候的福建人民旧时穿着与台湾雷同，也是"乡村赤足，穿短裤，长不及膝也"[4]，到了寒冬添加一两件棉衣而已。在服饰色调上，台湾"男女多用素布，乡村则尚青黑"[5]，因其不种棉，无纺织，衣物来之不易，深色衣服可经久耐脏，且沿海民众衣物常为海水溅湿，为不显眼，遂也与福建沿海渔民一样，多着黑、棕两色的大襟衫，或仿莆田湄洲岛、漳浦一带渔民以荔枝树汁将衣衫染成褐色。遇到节假日或出门访

---

[1] 〔瑞士〕Albrecht Herport：《台湾旅行记》，台湾银行经济研究室编《台湾经济史三集》，（台北）台湾银行印刷所，1956，第 126 页。
[2] 连横：《台湾通史》，九州出版社，2008，第 371 页。
[3] 陈淑均：《噶玛兰厅志》卷五（上）"风俗（上）"，（台北）大通书局，1984，第 199 页。
[4] 李景铭编纂《闽中会馆志》。转引自福建省地方志编纂委员会《闽台关系志》，福建人民出版社，2008，第 103 页。
[5] 连横：《台湾通史》，九州出版社，2008，第 371 页。

亲问友，女性则喜穿红衣裙，即使老人亦是如此，因台湾"人以红为瑞"，以致"嫠妇侧室，则不得服，其礼稍杀"①。1860年代台湾四口通商后，各色花布及洋布大为盛行，城市妇女多喜着之，"若泉州之白布，福州之绿布，宁波之紫花布，尚销行于乡村也"，而且服装式样也开始丰富多彩，"衣服之式，以时而易"，"红闺少妇，绣阁娇娃，选色取材，皆从时尚"。②为遮蔽沿海的风沙烈日及山区的瘴气，商工农渔都有戴斗笠或裹黑头巾的习惯，士子戴小帽，妇女出门则必携雨伞来遮面，"谓之含蕊伞，相传为朱紫阳（即朱熹）治漳之俗"，后来将伞"合之如杖，尚持以行"③，对外通商后则改用布伞遮蔽炎炎日头。因气候湿热，闽台民众都有打赤脚或穿木屐的习俗。木屐，在福建又被称为"广屐"，是我国民间流传数千年的木制拖鞋，既耐穿又无脚臭之弊，很适合贫困农家或市民使用。尽管古代南方许多省份都曾流传木屐，但现今只有在闽台粤地区这种木屐仍极流行。与日本流行高跟屐不同的是，闽台地区的木屐少见高跟，一般仅寸厚，以适于山路或市井街巷穿行。

台湾也通行出生不久的婴儿穿白棉布制成的"和尚衫"，稍后则穿用两条布带系在背后的"押胸衫"，四个月后开始穿下面开裆的"肚仔裤"，六七岁大才改穿"密底裤"。小孩所穿的这些衣服都是外婆家所送，包括出生到满月、满四个月、满周岁，外婆家都会至少送一套衣、帽、裤、鞋、肚兜、首饰（包括手镯、脚镯、长命锁、项圈等），从头到脚，一应俱全，预示"有头有尾，有始有终"。尤其是童帽与肚兜，制作精良，色彩艳丽，而且往往绣有花、鸟、鱼、蝙蝠、鹿、龟或"寿"字样的吉祥图案，以寓"福禄寿"的祈福避邪之意。

二 食

台湾饮食以福建闽南饮食为主，但又结合了大陆各地的饮食文化特点，形成丰富多彩的饮食文化。

1. 日常主副食

"台湾产稻，故人皆食稻"④，台湾居民均以米及其制品为主食，日用以

---

① 连横：《台湾通史》，九州出版社，2008，第372页。
② 连横：《台湾通史》，九州出版社，2008，第372页。
③ 连横：《台湾通史》，九州出版社，2008，第372页。
④ 连横：《台湾通史》，九州出版社，2008，第373页。

三餐为度，或一粥二饭，或一饭二粥。午饭以米饭配汤菜，早、晚餐则以粥为主，配以菜脯蛋、酱瓜、咸鱼、豆豉、豆腐乳等小菜。台湾的闽南籍民众还保留了家乡的饮食习惯，喜食咸粥，即在白粥内加入虾米、鱿鱼、猪肉、香菇、青菜等，不仅味道鲜美，增进食欲，而且为体力劳动增加了热量；冬季早晨许多台湾人有吃甜粥的习惯，除在粥内加糖外，还加入冬瓜糖、桂圆干等，以补身体之需。与咸粥一样，闽南籍的台湾人至今仍喜欢吃咸饭，即将作为配菜的肉、海鲜、香菇以及芋头或南瓜或"番薯签"等加入米锅中一起煮，待水干后即成咸饭。咸饭样式很多，有芥菜饭、高丽菜饭、芋头饭、南瓜饭以及肉饭等。这种主副食合一的做法，既富有风味又省时间，还节约柴火。过去在台湾，缺粮的地区或缺水的澎湖等地还兼食地瓜等杂粮。地瓜是由福建的移民引进的。[①] 早在明万历三十一年（1603）陈第所撰写的《东番记》中就记载当时台湾已种有此物，到荷据中期以后，南部台湾的汉族移民区内已盛行栽种地瓜，并逐渐成为缺粮区的主食。同时，地瓜因耐贫瘠性土地能力强，能很好地利用难以生长粮食的盐碱地以及沙碛地，因而成为金门、澎湖等海岛地区民众饭桌上的"宠物"。林豪的《澎湖厅志》云："澎人常饭，夏用黄黍煮粥，或以膏（高）梁舂碎杂薯片煮食。……秋后皆食生地瓜，冬春食干地瓜，即薯片、薯丝也。"[②] 随着生活水平的提高，台湾地区以地瓜为主食的情况逐渐改变，地瓜更普遍被用来酿酒或做成地瓜干等零食。

　　历史上"台湾之馔与闽、粤同，沿海富鱼虾，而近山多麋鹿，故人皆食肉"[③]。如今，随着社会的发展，食鹿现象已少见，肉类增加了猪肉、牛肉以及鸡、鸭、鹅、鸽子等家禽肉，尤其是牛肉面遍布台湾大街小巷，成为著名的台湾平民美食。台湾人的副食中海鲜占有半壁江山。闽台两地海产资源十分丰富，闽台先民很早就好食鱼腥。《临海水土志》就记载了台湾远古居民"饮食……取生鱼肉，杂贮大瓦器中，以盐卤之，历日月乃啖食之，以为上肴"。可见在好食海鲜这方面，台湾与大陆福建的先民相同。闽台海域常见常食的海鲜有数百种之多，其中最具地方风味的有海蛎（即牡蛎）、泥蚶、蛏、蛤、贻贝（俗称淡菜）、虾、黄花鱼、加腊鱼、鲳鱼、马

[①] 陈汉光：《番薯引进台湾的探讨》，《台湾文献》1961年第12卷第3期，（南投）台湾省文献委员会。
[②] 林豪：《澎湖厅志》卷"风俗志·风尚"，台湾文献丛刊第164种，（台北）大通书局，1984，第321页。
[③] 连横：《台湾通史》，九州出版社，2008，第373页。

鲛鱼、带鱼、鱿鱼、墨鱼、虱目鱼等。因产量丰富，台湾滨海人家还擅长腌制各种咸鱼。山区人家则多腌制菜蔬、豆腐或制作笋干以供全年食用。

2. 风味小吃

风味小吃最能反映民间的文化。台湾的风味小吃品种繁多，不胜枚举。其中许多风味小吃均传自福建，凡闽南、福州、客家普遍有的，台湾地区亦大多有，而且味美价廉，遂有民谣曰："鱼丸、燕丸、太平燕，男女老少吃不厌；肉粽、薄饼、担子面，街头巷尾皆可见。"台湾风味小吃共有八大类100多种，其中从福建流传过去的著名小吃有贡丸（取猪的后腿肉切成小块，加入适量的油、盐、味精、姜汁等调料后一起放入捣臼内捶打至肉烂，再用手捏成一粒粒丸状，用水煮熟，肉质富有弹性）、蚵仔煎（"蚵仔"即牡蛎、海蛎。闽台盛产海蛎，把新鲜肥美的海蛎、金黄的鸡蛋、翠绿的茼蒿与韭菜调入番薯粉放入油锅煎成两面酥黄的饼状，口感香脆，内馅香滑，在福建泉州、晋江一带，民间赞蚵仔煎好吃得"连舌头都卷到肚子里了"。蚵仔煎相传是郑成功复台时传入台湾的）、鼎边趖（就是福州的"鼎边糊"，又称"锅边糊"，相传是清代沈葆桢治闽台时由福州人传到台湾，也有说是福州人带到厦门，再从厦门传入台湾。是用海蛎、金针菜、木耳、咸菜、芹菜、鱿鱼丝加入锅底煮开后，再在热锅边上均匀浇上磨成粉糊的米浆，稍干后用小铲铲入锅中弄碎或取出切成丝，再与底汤同煮，便成一道清爽鲜美的小吃了）、烧肉粽（闽台的烧肉粽以制作工艺精细著名，包粽子的糯米需浸水8小时后，混合调味品将糯米用油炒至六分熟，再包入精心焖制的红烧肉、虾米或干贝、板栗或花生。吃的时候再蘸以甜辣酱或番茄酱、蒜蓉酱等），等等。此外还有从闽西传到台湾的豆腐干，来自同安的金门贡糖等。另外，除了传自祖籍地福建与广东的美味外，台湾人还对一些来自大陆的传统美食加以创新，从而创出具有本岛特色的风味小吃。如与闽南咸粥共源的虱目鱼粥就是用台南、高雄两地主产的虱目鱼煮成咸粥创新而成的小吃；新竹米粉也是莆田兴化粉传到台湾后仿制而成的。

台湾的一些祭祀食品也是颇具地方特色的风味小吃。由于盛产稻米，因此这些食品很多都是米制品，如炊粿，即将五分糯米配一分粳米磨成粉粿再榨去水分后成"粿粹"，粿粹揉好包馅，再压扁后盖上粿印。喜庆时用的粿上面要染红，或用红粿粹盖在上面，再用粿印盖成龟形或桃形。若是丧事用则不染红，称作白粿或软粿仔。粿的种类繁多，有红龟粿、甜龟粿、发粿、碗糕粿、糖粿、咸粿、菜头粿、芋粿等。客家人中则把类似的大米制品称为"粄",但又有所不同,是把大米碾成粉或磨成浆,再添加不同的佐料,再用搅、蒸、煮、烤、炸等不同方法制成味道各异、形状不同的粄,如糍粑粄、簸箕粄、老鼠粄、绿豆粄、芋子粄、艾叶粄等。

3. "食补"观念

台湾与大陆南方一样,非常讲究食补。所谓"食补",就是利用食物的营养功效,并结合身体情况,通过膳食来达到增强抵抗力、延年益寿的目的。台湾人认为食物最补(即最营养)的部分都在汤里,因而许多饮食店都用大锅文火熬汤,或在烹调食物时加糖以润肺,调和脾胃。台湾民间还常以"四神"(淮山、芡实、莲子与茯苓)炖猪肚、小肠等做滋补汤水,是著名的滋补小吃。民间食补习俗中最独特的是所谓的"半年补",即在每年的农历六月初一,家家户户都要用米粉搓丸子,做成甜粢丸,认为吃后可除炎夏百病。另外,台湾民众还沿袭了闽南一带"补冬"(又称"养冬")的习俗,即立冬时要煮糯米饭,杂以黑枣、桂圆肉和酒、肉等共食,或者吃糯米桂圆粥;还有为了有助于青少年长身体,用"八珍"(当归、川芎、白芍、党参、熟地、炙草、白术、茯苓)炖公鸡或蚶壳仔草与酒炒猪肉给男孩子吃,女孩子则吃公鸡炖红曲、蚶壳仔草。与食补密切相关的饮食观念是台湾民间盛传的滋阴补阳之说。受传统的阴阳思想影响,台湾人认为食物有冷性、温性(或平性)、热性、燥性、湿热性之分,而且"阴阳互补""冷热相冲""五行调和"。滋阴就要吃冷性食物,以调节体内虚火,避免燥热,如清炖甲鱼、冰糖炖燕窝等就是著名的滋阴补品,而且这些滋阴补品在就寝前食用效果最好。补阳则是吃热性食物,如炖羊肉、猪脚炖"八珍"、红酒炖河鳗或鹿茸、鹿鞭等,可以壮阳补肾、扶元益血。吃滋阴补品时要忌吃热性、燥性的食物,如油炸食物、羊肉、鹿茸等;补阳时忌吃冷性食物,如白菜、萝卜、水果等。因此在台湾,冬令进补大多食温热性食材,短时间内忌食蔬菜,尤其是萝卜、白菜及茶水,民间认为这些凉性食物及饮料会"克"掉温性的补品效果。

4. 饮茶习惯

台湾人受福建饮茶习俗的熏陶极深。台湾的原住民本没有喝茶的习惯。17世纪福建、广东民众大量移居台湾的时候带去了饮茶的习惯,同时19世纪60年代后台湾茶树大量培植,也为台湾饮茶之风日盛创造了条件。

饮茶,闽台地区又称作"吃茶",是福建、广东与台湾等地极为普遍的生活习惯。在台湾地区，人们有着与闽南人相似的饮功夫茶习惯。闽台人都喜欢喝乌龙茶，只不过福建人最喜欢喝安溪的乌龙茶，而台湾人则以冻顶乌龙为上品。喝茶讲究茶道，有备水、备具、备茶、置茶、嗅茶、温壶、装茶、润茶、冲泡、浇壶、温杯、运壶、倒茶、敬茶、品茶等一系列程序。此外，泡制功夫茶，对水、茶壶、茶杯都很讲究。水须山泉，最差的也要井水，万万不能用自来水；茶壶一般用红色的宜兴陶壶，称为"小掌罐"，配有茶杯、茶盘、茶洗、烘炉、水壶等。历史上，台湾曾生产过供春、秋圃、潘壶等几种质坚耐热、外观雅致的紫砂名壶；茶杯则最好是景德镇所产的小瓷杯。品茶时茶盘里一般只摆三只茶杯，当地有"茶三酒四游玩二"的俗语，意即品茶以三人为宜，因"品"字即为三口，三只茶杯象征着"品"字。

茶除了在日常生活中占有重要的一席之地外，在闽南、台湾，茶象征着缔结同心、至死不渝，因而在婚俗中还扮演着重要角色，从相亲、定亲到举行婚礼，都离不开茶。提亲时，待字闺中的女孩往往要遵照父母之命，按照辈分向男方亲友一一奉上茶水。若男方看上女方，就要到女方家"送定"，这时待嫁的女孩则要端上甜茶（即在茶水中加上两粒蜜金枣，闽台民间叫"金枣茶"），请男方来客品尝。娶亲日到来时，女方家要请娶亲队伍吃"鸡蛋茶"（即在甜茶内放一个泡过糖的脱壳蛋）。婚宴后，新郎、新娘则要在媒婆或家人的陪伴下，敬请"闹洞房"的宾客品尝蜜饯、甜冬瓜条等"茶配"，此举称为"吃新娘茶"。成亲后的第二天，新婚夫妇合捧"金枣茶"，到厅堂跪献长辈，这就是闽南、台湾民间著名的"拜茶"礼仪，也是茶礼在婚事中的高潮。倘若远离故乡的亲属长辈不能前往参加婚礼，新郎家就用红纸包上茶叶，连同金枣一并寄上。

在台湾，祭祀祖先和神灵时也要用到茶。许多中老年人一大早就会提着一壶茶到土地公或妈祖庙里为神明"点茶"，即在神龛上摆上三只杯子，再将茶杯注满新茶，以求神灵的佑护。有些人家因灾病祈求神灵保佑时，亦会许愿若平安后，将在路边的树下或亭子中置一茶水桶供路人饮用。至今在台湾的乡间仍会见到这种习俗。

此外，在客家人聚居的花莲、新竹、苗栗等地仍保留着喝擂茶的习俗，将茶叶、芝麻、大米、生姜、胡椒、食盐等原料放在特制的擂体内，以硬木擂在钵里擂成细粉，然后用开水冲泡而成。有些客家人还喜欢加入绿豆、紫苏、甘草、香菜等不同配料。

三 住

民居是最基本的建筑类型，一个地区的民居风格往往反映了该地区民众的心愿、信仰和审美观念。

占移民人数绝大部分的福建人在给台湾带去耕作技术、宗教文化的同时，也带去了家乡传统的建筑形式与文化，特别是闽南的建筑风格对台湾的影响相当大。来自泉州、漳州的福建移民常常聘请各自祖籍的匠工建房，因此建筑风格往往与老家相似。如宜兰地区多漳州派建筑，鹿港、新竹多是泉州式建筑，竹东与苗栗则多客家派系，桃园、台中、彰化是漳州派与客家派混杂，嘉南平原则泉州派、漳州派并存，台北、高雄与屏东地区则是漳、泉、客多派交错。此外，台湾的建筑不仅在建造风格上深受福建传统建筑文化的影响，甚至连建筑材料、技术都仰赖福建。

在台湾，房屋的叫法与闽南一致，称为"厝"，进则叫做"落"，三进、五进的豪宅通常称为"三落大厝""五落大厝"。台湾早期的住宅，承传了闽南泉州和漳州一带的造型，以致有"台湾宫室，多从漳、泉"[①]之说。民间住屋大多为"院落式"，以厅堂为中心组织空间，讲求纵向扩展，成长方条的一字形，故又称"一条龙"，也有横向扩展的组群结合。小型的"一条龙"住屋成三开间，一厅二房，中为正厅，闽南话叫作"正身"，既是客厅，同时又供奉神灵和祖先灵位。厅左为大房，右为二房。如果家里人口多，则会在主屋两房增建屋顶比正厅低矮的厢房，与漳泉一带一样俗称"护龙"或"护厝"，或住人或做厨房、仓库之用，体现了尊卑长幼的等级观念。三间排成一列称为"三间起"，左右两房再向外伸展成五间一列，则为"五间起"。"一条龙"的建筑风格后来逐渐变化发展成三合院、四合院式。所谓三合院的屋宅，就是由"一条龙"式向前加盖左右护龙，形成"凹"字形，中间空地做庭院；如三合院再加一进，就成为二进，形成四状。将护龙式三开间或五开间的方式连接围成一个天井，就成为四合院。

闽南派建筑最富有特色的当属大量使用红砖，至今台湾农村许多地区仍可见到这种民居。这主要源于闽南人以红为瑞，建筑中普遍采用红瓦顶、红瓦筒、红砖屋脊、红地砖等，表明主人对喜庆红火的追求。深受家乡民居建筑风格影响的闽南移民到台湾后，自然延续家乡的传统，采用色泽鲜

[①] 连横：《台湾通史》，九州出版社，2008，第370页。

艳、纹路清晰的红砖，而且往往还在建筑的外墙上用红砖组成多种图案，或者砖石间砌（俗称"出砖入石"），象征着吉祥、幸福。

除了闽南派作为主流建筑风格外，客家、潮州和福州建筑风格也都深深影响了台湾。台湾北部的客家村庄多与漳州人相邻，因而其建筑材料、风格均与漳州人的相似。而南部的客家人因受外来影响较少，因而较多地保存了客家建筑简朴内敛的风格，屋面多用青灰瓦，墙面则喜用较大面积的白灰墙或灰砖等，有的虽也搭配闽南的红砖，但常用卵石墙基，与闽南派建筑还是有很大的区别。福州式建筑更多出现在北部台湾（清代随着台湾政治重心的北移，官宦多集中居住在台北地区）及福州人聚居的马祖地区。建筑以三梯状的墙面当立面，两侧为巨大的马鞍形或火焰形山墙，高出屋顶许多。房屋一般是纵深二间，前后两坡水，以瓦盖顶，中为厅堂，两侧为官房。内部以木结构承重；为适应海岛风大的自然环境，马祖的民居往往在屋顶的覆瓦之间再铺一层仰瓦，然后在仰瓦上压小石块，既使房屋的抗风能力更强，又不影响屋面排水。这种形式在闽东沿海古民居中是很常见的。

当时，台湾的建筑技术远不如大陆，特别是在建造庙宇、官衙或富豪大宅时，多会从家乡聘请"唐山"师傅，其中泥水匠以漳州工匠居多，木匠则以泉州的匠师为多。这些匠工把来自福建的石雕、木雕、泥雕、剪黏、交趾陶等民间建筑工艺带到台湾，同时结合台湾本土的实际，逐渐形成台湾建筑风格。

台湾本地虽也产木材，但建筑所用的杉木在20世纪50年代之前，均选用闽江上游出产的杉木，俗称"福杉"。台湾的砖瓦以黏土烧成赭红色，与闽南所产质地相同，但产量不多，因此建筑时也要从闽南的漳、泉一带输入。此即连横在其书中所写的"台湾虽产材木，而架屋之杉，多取福建上游。砖瓦亦自漳、泉而来，南北各处间有自烧，其色多赤"[①]。台湾建筑所用的石材品质较差，因而在建筑巍峨大宅时要从闽南漳、泉一带运来花岗石等精制石材。

四 行

明末清初福建、广东民众大量移民台湾，也把家乡的交通工具车、轿

---

① 连横：《台湾通史》，九州出版社，2008，第371页。

带到了台湾。在火车、汽车出现之前,台湾岛内有身份的人与有钱的人家出门坐轿子,而普通人家外出则多用牛车,物品的搬运亦多倚重牛车,因此牛车成为当时最重要的交通工具。清末民国后,人力黄包车和三轮车逐渐流行,长途旅行时则搭载火车或乘坐船只。

闽台民俗中,出门远行须先查看历书,择吉日动身。闽南和台湾民间出门都有"七不出,八不归,初一十五不来往"之说,即初七出门、初八归来都是不吉利的,初一、十五两日因鬼神较多亦不宜出门。为祈求出门谋生顺利,民众出门前要在祖先或神像面前焚上三炷香,以求冥冥之中的佑护。祭拜之后,还要准备家乡的泥土一小包、井水一小瓶、针线若干,寓意出洋的人既能适应新的水土,同时又不忘家乡故土;或者带上自己的守护神,以图途中化险为夷。顺利回归或满载而归之后,更要摆上丰盛的祭品来还愿。祭拜神明后,行前,家人一般还会煮碗"太平面",里面卧上两个"太平蛋",以祝福一路平安。

船是海峡两岸民众往来或出洋谋生最重要的交通工具,自古以来,闽人就"以船为车,以楫为马,往若飘风",因而船也成为渔民和从事海外贸易的商人的命根子,但"行船走滩三分命",当时依靠设备落后的海船作为交通或谋生的工具,若碰上恶劣天气是很危险的,为此,在渔村,渔民视船只为圣洁之物,不允许女性上船(渡船例外),甚至不允许女性跨越船的缆绳、橹篙和晒在沙滩上的渔网等;船头是渔民给神明"献纸"的神圣之地,因此忌讳外人从船头走过。为保证行船、讨海安全吉利,正月初三、十三及逢七、二月逢八之日都不开航。每年春节过后第一次出海,渔民们一般都会到妈祖庙进香,求问出海的良辰吉日。行船途中遇有漂浮的尸体,不能避开,要想方设法将其打捞上岸,并按习俗买棺安葬。这些无主尸骨被称为"好兄弟"。每逢初一、十五,渔民都会到海边祭拜这些"好兄弟"。每隔几年还要举办一次海醮,即用纸糊一只大"彩舟",船上供奉王爷的纸糊神像,并备上丰盛的酒菜以及香烛纸箔。彩舟"出巡"时家家户户都要在门前供奉三牲果品,焚香拜迎。出巡完毕彩舟要送到海上焚化,以求将来出行平安、生意兴隆。对于以捕鱼为生的渔民而言,出门平安是最重要的,这种愿望也充分反映在日常生活中忌说"翻""沉"等不吉利的字眼,而以别的字取代,如"翻个头"就叫作"转个头",甚至为避讳"沉"字,船上"盛饭"都要说成"装饭"。煎鱼只煎一面,以免翻船。吃鱼更忌"翻",如果吃小一点的鱼,就用筷子将之整只夹到自己碗里吃;如果比较大，就先把上面的鱼肉吃完，然后把露出来的鱼脊骨夹掉，再吃下半部的鱼肉，万万不能把鱼从盘碟中整条翻转过来，因为翻鱼就意味着在海中不幸翻船。有些地方甚至在吃完鱼时不能把筷子直接放在碗沿，而要绕碗几周后才能放下，表示船绕过了暗礁和浅滩，平安停泊。此外，为防止碗筷掉进海中，人们在吃饭时禁止随便跑动。要是打破了汤匙碗盘之类的物件，不能说"破了"，而要说"没了"，因为"破"易让人联想到"破船"，是极不吉利的事情。

第二节 岁时节庆习俗

连横在《台湾通史》中说，"台湾之人，中国之人也，而又闽、粤之族也"，因而台湾的岁时节庆大都是根据农历来欢度，而且习俗与福建区别不大。

一 春节

春节是随着大陆移民传到台湾岛内的，因此闽台正月期间的许多习俗是一致或类似的，如泉州民谣云："初一场，初二场，初三无姿娘，初四神落天，初五舀肥，初六隔机，初七七元，初八完全，初九天公生，初十好食天，十一倒去觅（回娘家探望），十二请女婿，十三吃糜配芥菜，十四搭灯棚，十五上元暝，十六地妈生，十七'那怎生'（即春节就这样过去了）。"[①] 同样，台湾也有歌谣云："初一场，初二场，初三老鼠娶新娘，初四神落天，初五隔开，初六挹肥，初七七元，初八完全，初九天公生，初十有食食，十一请子婿，十二查某子返来拜，十三食糜配芥菜，十四结灯棚，十五上元暝，十六相公生。"[②] 两地正月的习俗相差无几。

新年的序幕一般是由"开正"揭开的，即在除夕午夜后子时到卯时之间，由家中尊长开启大门，同时焚香点烛、燃放鞭炮，迎接新的一年的到来。随后，全家上下穿上新衣，在尊长的带领下，祭祀天地、神明、祖先，并祈求新的一年阖家平安，万事如意。祈福结束后全家人要喝泡着红枣、瓜条的甜茶，祈求今后的日子甜甜蜜蜜，并互道恭喜。正月初一早饭多吃

[①] 福建省地方志编纂委员会编《福建省志》"民俗志"，方志出版社，1997，第248页。
[②] 台湾省文献委员会编《台湾省通志》卷二"人民志·礼俗篇·宗教篇"（上），（台北）众文图书公司，1971，第11页。

线面（长寿面）或年糕，含"长命高寿"之意。吃完早饭后，许多人还会到庙里行香。之后再到亲戚家拜年，谓之"拜正"或"贺岁""贺正"。"拜正"时宾客要互致"恭喜""发财""拜年啦"等语，以示祝福；主人还会热情奉上茶点，俗呼"请吃甜"，以糖果、蜜饯、槟榔、柑橘等甜食居多。这一天，忌杀生、清粪、倒垃圾、哭泣、吃药、打破物品等，以求吉利。在闽台地区，过年时要放一根或两根连根带叶的甘蔗在门里，取甘蔗有根（头）有尾，所计划的事始终如意之意，以象征着这个家永远不会没落，期望家门节节高升。

初二是闽台绝大部分地区出嫁女儿归宁之日，俗称"做客"。女儿、女婿带着孩子回到娘家拜年，不仅要带礼物，若娘家中还有幼小弟妹或弟妹有儿女，还要赠予红包。岳父、岳母则要设宴款待，外婆还要送鸡腿给外孙，或用红线系古钱在外孙颈上，俗称"结衫带"。

初三民间普遍流传是老鼠嫁娶日，因此这一天晚上各家都提早熄灯入睡，并在家中撒上米、盐等物，意曰"老鼠分钱"。在闽台地区，初三还被当作"送穷鬼"日，家家户户清扫垃圾，以香纸送出屋外，放在路旁，焚香烧纸相送，意为"穷去富来"。有些地方还在这一天祭亡灵，故一般不到别人家拜年。

初四"神落天"则是去年上天奏报的人间诸神在这一天要回到人间，为此，各家各户要上供牲醴、果品等物，烧香烧金纸，迎接诸神。"隔开"日意即到此日春节已过得差不多了，祭拜神明的供品可以撤去，街市开始恢复营业，店铺、工厂、作坊门口燃放鞭炮，开张营业生产。"挹肥"或"舀肥"说明乡下人恢复进城清除粪肥，农民准备下地干活了。"天公生"是指正月初九日是玉皇大帝的诞辰。这一天不仅家家户户会祭拜玉皇大帝，在台湾彰化、福建厦门等地还会演戏欢庆。

二 元宵

正月十五元宵节，又称"上元节"，汤丸是主要的食物，闽台均称之为"元宵丸"。而闹花灯则是这个节日最主要的活动。闽台地区普遍从正月初十就开始放灯，一直到十五。如台南安平正月十五这一天，"各街境或闹龙灯，或装故事迎花灯，弦管锣鼓，四处游行"，在福建厦门则"自十三日起，络续张灯，是夕大盛"。这一天闽台两地除了闹花灯外，还要舞龙舞狮，又称"弄龙""弄狮"，既祈祷平安，又寓喜庆之意。连横的《雅言》

中就记载台湾"元宵,有弄龙之戏……又有弄狮之戏"① 的热闹场景,其中以南部西螺和台北大龙峒的舞狮最为著名。福建则以福建漳平新桥的"云墩灯龙"最为闻名遐迩。舞龙舞狮队伍每到一处,各家都要燃放鞭炮迎接,"甚有以银钱、糕品相馈赠者,名曰'挂彩'"②。

闽台两地的元宵节还有一些十分有趣的习俗,包括:(1)祈子之俗。台湾的祈子方式有"贯(穿)灯脚",据说欲求子的妇女从灯下穿过就有望生男孩。或者到神明前祈怀,求得花一枝或"亚公仔"一个回家供奉;或者偷窃别人喂猪盆,以"被人咒骂则为生男之兆"③,也有的地方是偷拔人家的竹篱以为吉兆,因"竹篱"谐音闽南语的"得儿"。而福建的祈子之俗则由新嫁女父母以送灯方式来表达,因为在闽方言中,"灯"为"丁"谐音,"每添设一灯,则俗谓之'添丁'"④。因而在福州一带,若已嫁的女儿还未生出男孩,娘家就要在正月初给女儿送观音送子灯,此谓"送丁";若已生有男孩了,娘家就可送各式的灯,为"添丁仔"之意;闽南各地的习俗则是给嫁后未生育的女儿送一对白芙蓉灯,已生男者则送一红一白的,并在灯内点有蜡烛,若灯被烧,则被视为喜事,谓之"出丁",而且若是白灯失火,则被视为生男吉兆,若是红灯失火,则被视为生女吉兆。(2)偷物之俗。台湾地区男女以在元宵之夜偷得物件为吉兆,特别是未婚女子以偷窃别人家菜园里的葱菜而不被主人发现为吉,因有谚语云"偷得一根葱,嫁个好老公;偷得一根菜,选个好女婿"。菜园主人也往往会成人之美,主动放开菜园任人去偷。未配之男则窃取他家墙头老古石,因有"偷老古,得好妇"之说。福建厦门亦有"未字少女……偷摘人家园蔬及春帖,遭诟骂,谓异日必得佳婿"⑤ 之说。前文所载为得子而偷窃他人喂猪盆或竹篱,也是偷俗之一。(3)"听香"之俗。元宵夜深之时,闽台妇女在神明前烧香祭拜,掷筊后请示出行的方向,沿着这个方向窃听别人所语,将听到的第一句话告知神明,再掷筊"以卜休咎,名曰听香;盖即古'镜听'遗意"⑥;

---

① 连横、王石鹏:《台湾语典·雅言·台湾三字经》(合订本),台湾文献史料丛刊第八辑,(台北)大通书局,1987,第214页。
② 柯培元:《噶玛兰志略》,台湾文献丛刊第92种,(台北)大通书局,1984,第112页。
③ 胡建伟:《台湾省澎湖纪略》(二),中国方志丛书台湾地区17,(台北)成文出版社,1984,第455页。
④ 谢肇淛:《五杂俎》(上),(台中)中央书店,1935,第43页。
⑤ 周凯:《厦门志》(上册),台湾文献丛刊第95种,(台北)大通书局,1984,第641页。
⑥ 林焜熿:《金门志》,台湾文献丛刊第80种,(台北)大通书局,1984,第388页。

史料记载在嘉义也有听香的习俗。

三 清明

清明的主要活动内容是祭祖扫墓。在福建祭祖扫墓日期比较灵活,清明前后十天都可以。扫墓时要清除墓周的杂草与泥沙,培上新土之后,开始"挂纸",即"压纸",扫墓人用小石子或砖块将长方形的黄白纸或五色纸压在坟墓之上,表示子孙已经祭拜祖坟,也向他人显示死者是有后人的。"挂纸"意义重大,以至在闽台地区往往把清明扫墓称为"挂纸"或"压纸"。上供祭拜也是扫墓的重要内容之一,先拜坟墓的守护神土地公,然后再拜墓主,并祈求死者保佑生者。

台人则"多于正月巡视坟墓,名曰'探墓厝'。祭扫坟墓不专在清明及三日节。大凡二、三两月,南北纸钱四处飞飏"[1],而所谓的"三日节",是指台湾的"漳州及同安人不做清明节,祀其祖先于三月初三日,名曰'三日节'"[2]。此习俗与民族英雄郑成功有着密切的关系。传说郑成功率军屡次击败清军,后又移兵驱逐荷兰,并顺利收复台湾。然而怀恨在心的清军却乘机入侵厦门、金门,烧杀淫掠,造成"嘉禾断人种"的惨剧。直到三月初三,幸存者才陆续回岛。由于无法弄清死去亲人的忌日,因而在三月初三共同祭祀,长久以来成为风俗。

清明的应节食品是清明粿,各地做法不同,福州有"菠菠粿",泉州、晋江有"润菜饼",漳州、诏安、漳浦一带则吃"薄饼"。闽南和台湾一些地方还有清明吃"春饼"(即春卷)的习俗,如"澎人清明节,家家皆食春饼……亦名薄饼。盖本金、厦之俗也"[3]。

四 端午节

闽台地区多俗称农历五月初五端午节为"五月节""午日"。

赛龙舟是端午节不可缺少的活动。闽台地区多江河湖泊,十分利于赛龙舟,即使"地无大江大湖可以竞渡,或以小池为之"[4],可见赛龙舟风气

---

[1] 佚名:《安平县杂记》,又名《节令》,台湾文献丛刊第52种,(台北)大通书局,1984,第3页。
[2] 佚名:《安平县杂记》,台湾文献丛刊第52种,(台北)大通书局,1984,第3页。
[3] 林豪:《澎湖厅志》,台湾文献丛刊第164种,(台北)大通书局,1984,第316页。
[4] 万友正:《福建省马巷厅志》(全),中国方志丛书第98号,(台北)成文出版社,1967,第92页。

之盛。闽南与台湾的龙舟竞渡活动规模盛大,尤其在台湾,不仅龙舟造型宏大(一只龙舟可容纳三四十人),色彩华丽,而且比赛前的各种祭祀仪式与准备程序都相当隆重。龙舟赛的准备工作在端午前一个多月就已开始,而且在农历四月初一、十五和五月初一要分别打三次"预备龙舟鼓",以昭告他人龙舟赛季即将来临;赛前还要举行隆重的"龙王祭"。五月初五比赛正式开始后,一时锣鼓喧天,参赛船队奋勇划船,岸边观者热烈助阵,在台湾连寺庙都参与了这一活动,"沿海竞龙斗舟,寺庙海舶皆鸣锣击鼓,谓之龙船鼓"[①],把节日气氛引向高潮。

除龙舟赛外,包粽子是端午节必不可少的内容。粽子古称"角黍",台湾粽子有南北之分,北部粽子的包法与闽南粽子类似,主要是将糯米事先调入酱油炒过焖过再加配料包起来蒸熟,吃起来米粒分明,有嚼头;南部粽子则与福州粽子相同,将生糯米及生花生用水泡并加入配料,再将整个粽子放入锅中用水煮熟,这样煮熟的粽子有黏性,软而绵。另外,由客家人做的"碱粽"在台湾也颇受欢迎,是以糯米浸泡碱水,或再加入少许花生或豆子后煮熟。在闽台地区,端午节亲友间会相互赠送粽子,如福建将乐有"斗米粽,家家送"的俗语,台湾云林县斗六堡也有端午节"以竹叶包糯米为粽,所谓'角黍';用以投赠"[②] 之俗。但服丧的家庭一般一年内自家不能做年糕和粽子,要由其他亲友赠送,丧家收下粽子后往往要以冰糖作为回礼。如台湾的宜兰就有"新丧之家不做粽,由亲戚赠之"[③] 的习俗,而在福建,新丧人家也是由亲戚(多数是对门亲家)送粽子。在福建福州,还忌讳给上了岁数的老者送粽子,因"送粽"谐音"送终",颇不吉利。在台湾,端午节还有一个独特的"立鸡蛋"习俗,即在端午节当天正午12点如果能很快将一个鸡蛋立起来,就能得到好运。一般认为端午节正午阳气最重,所以能立得起鸡蛋。

农历五月天气开始炎热,各种蚊虫大量滋生,传染病也相继出现,因此五月被称为"毒月",端午的重要内容之一就是驱蚊和去"五毒"(蝎子、蛇、蜈蚣、壁虎、蟾蜍)。悬艾插蒲就是因为艾草与菖蒲有着强烈的芳香气味,又有杀菌的药效,既可治病,又可驱邪,将之钉在门槛即可收"艾旗

---

① 连横:《台湾通史》,九州出版社,2008,第369页。
② 倪赞文:《云林县采访册》"斗六堡·岁时",《中国地方志集成·台湾府县志辑》第4辑,上海书店、巴蜀书社、江苏古籍出版社,1999,第25页。
③ 林美容等:《宜兰县民众生活史》,(宜兰)宜兰县政府,1998,第81页。

蒲剑""艾虎蒲龙"之效。烧艾绒、燃硫黄、喷或饮雄黄酒等也都是祛毒避邪之法。闽台地区还普遍流行在端午节用中草药熬汤沐浴的习俗，如福建平和、台湾嘉义都要在端午"午时则煎蒲艾水，举家洗浴"①，台湾彰化也是"午时采苦草浴儿，以辟邪气"②。闽台地区为小孩系"长命缕"或"百岁索"的习俗也是为了祈求孩子平安健康成长，即用包粽子的五色丝线编成彩索，或挂于小孩项上，或系于其手腕处。如泉州"小孩……臂系五色丝搓成的'长命缕'（似手镯）"③，台湾也是"以五色长命缕系小儿女臂上，男左、女右，名曰'神链'"④。为避邪去疫，闽台地区还流行亲友间互送香袋，用沉香、朱砂、樟脑或者白芷、丁香、木香等药材研磨成粉状后制成各种形状的香袋随身携带，小孩子则多佩在胸前。

五 七夕

七夕民间的主要活动是年轻妇女在月光下穿针引线，同时备上瓜果，"祭于中庭，曰乞巧，以祀牛女双星"⑤；而男子则忙于屠狗祭魁星，祈求魁星保佑自己科举高中，官运亨通。这一天还是七娘妈（即织女）的生日。在台湾，民间相信七娘妈是专司佑护孩童的工作，因此七夕这一天家中的小孩都要祭拜七娘妈，直至16岁成年。满16岁的孩子在七夕日必须祭祀酬神，在福建亦有此俗。陈寿祺《重纂福建通志》中记载："近代冠礼，惟礼法之家偶一举行；民间男女年十六，延巫设醮，告成人于神，谓之'做出幼'。"同时还得"蹬七娘妈亭"以示自己已成年，可脱离七娘妈的庇护。"七娘妈亭"是一个竹扎纸糊的小亭子，由父母或长辈高举，孩子们男左女右，由里而外蹬绕三次，每次蹬绕时长辈都要摸摸孩子的头，说些祝福的话语。

七夕这一天，闽南、台湾的许多地方小孩还要拜"天孙"，家长解下端午节系在孩子手臂上的长命缕，并祈求孩子健康成长。有的则要拜"床母"。台湾民间认为15岁以内的孩子都受床母保护，下午6时15岁以内的

---

① 黄许桂主修《平和县志》，厦门大学出版社，2008，第455页。
② 周玺：《彰化县志》，台湾文献丛刊第156种，（台北）大通书局，1984，第286页。
③ 泉州市地方志编纂委员会编《泉州市志》（全五册），中国社会科学出版社，2000，第3582页。
④ 刘良璧：《重修福建台湾府志》（全），台湾文献丛刊第74种，（台北）大通书局，1984，第97页。
⑤ 周玺：《彰化县志》，台湾文献丛刊第156种，（台北）大通书局，1984，第287页。

孩子都要在自己的寝室上供祭拜床母，以求自己能够顺利成长。

分豆结缘也是七夕的一个重要习俗。七夕分豆结缘本是乞巧的活动，但随着历史的发展，逐渐衍变为孩子们之间互相赠送各种豆子，以表达与朋友的"快乐缘""欢喜缘""和好缘"等各种缘分。这种习俗传入台湾后，除了互赠豆子外，还互赠芋头、龙眼，如《续修台湾府志》载有七夕"黄豆煮熟洋糖拌裹及龙眼芋头相赠贻，名曰'结缘'"①。

六 中元节

农历七月十五又称"七月半"，是佛、道合流的节日，又称"鬼节"。其主要活动是超度亡魂与祭祀祖先。

中元节的主要内容是超度亡魂，从农历七月初一"鬼门"开直至三十日关"鬼门"，人们都得招待来到人间的鬼魂好吃好喝，以免它们作怪。在福州地区这类活动称为"做半段"，在闽南一带则称为"普渡"。"做半段"与"普渡"的主要活动是定期轮流举行全村性的大宴会，同时还要连续几天演戏给神明观看。在闽南人聚居的台湾地区则普遍举行"普渡"，请和尚或道士念经，摆供品祭天祀鬼，祈求阴间的鬼魂能安安分分，不在人间作怪，并希望阎罗王能尽快让这些鬼魂投胎转世。入夜则以竹竿燃灯。台湾各地尚有"抢孤""抢旗"之俗，就是在法事做完之后，任人抢走所供的鱼肉饭菜果品，称为"抢孤"。"抢旗"则是抢夺悬于为举行"普渡"而立的数丈高的"灯篙"上的三面小旗，据说抢到手就能吉祥幸福。此外，放水灯也是闽台"普渡"的一种方式，在临近江河湖海的地方，将水灯排或水灯头放置水中，任其漂流。

祭祖也是中元节的一项重要活动。在福建闽南地区，外出的人都要想方设法在农历七月十五这一天回乡祭祖，否则会被视为"月半不回无祖"，要受到责怪。在台湾，"台人以清明为春祭，中元为秋祭，冬至为冬祭，各祀其祖，必诚必腆，非是者几不足以为人子孙"②，可见闽台两地对祖先的祭祀都极为重视与隆重。祭祖分家祭和族祭，家祭就是在家中厅堂上摆放祭品，祭拜祖先灵位，并给祖先焚烧冥纸与寒衣；族祭的规模较大，一般在家族祖屋或祠堂举行。

---

① 余文仪：《续修台湾府志》（中册），台湾文献史料丛刊第一辑（5），（台北）大通书局，1984，第501页。
② 连横：《台湾通史》，九州出版社，2008，第370页。

七　中秋节

赏月、吃月饼、拜"月里娘娘"是闽台中秋节的主要习俗。闽南、台湾民众习称月亮为"月娘妈",对月亮十分崇拜。到中秋节这天晚上,几乎家家户户都要到月光能照到的地方摆上香案,置办月饼、时令果品等,敬奉月娘妈。不过,拜月活动是未嫁女子之事,有俗语"男不拜月,女不拜灶"为证。民国《政和县志》卷二十"礼俗"中记有中秋"女子陈设香案及月饼、瓜果之属,集庭中玩月,未嫁者多就案前拜之,谓之拜月宫"。

中秋之夜女子拜月,文人学士则往往要聚饮赏月,还举行作诗、扶乩、猜谜等活动。皓月当空,不免引发雅士的诗兴,福州的文人常在中秋之夜聚集在万寿桥下赏月"盘诗",漳平的文人也要于"是夜各置酒玩月,歌唱赠答"[①],台湾地区"是夜,士子递为燕饮赏月"[②],可见海峡两地文人在中秋均有赏月作诗之雅兴。

祭祀土地神也是闽台地区中秋节不可或缺的一项内容。"春祈而秋报",中秋时节正是收获季节,为表知恩图报,"凡里社各备物以祀土神,即古者'秋报'遗意也。坊间神祠敛钱致祭,或演杂剧;村落间则以酒肉祀田间土神,逐处皆然"[③],台湾也在中秋"祭当境土地,张灯演戏"[④]。与拜月活动不同的是,祭祀活动一般在白天举行。

福建厦门、晋江安海和台湾在中秋节还流行独特的"博状元饼"之俗,如今则流传于闽台地区。博饼又称玩状元饼、玩会饼等。博饼一般在中秋前十天就开始,到中秋之夜达到高潮,家家户户燃起红烛,摆上会饼,全家老小都要参与这个活动。这个传统据说是郑成功从福建带到台湾的。三百多年前郑成功据守厦门驱逐荷兰人收复台湾后,为缓解士兵思亲想家之情,中秋节时郑成功部将洪旭设置了"中秋会饼",每会63块饼,设状元1个,对堂(探花)2个,三红(榜眼)4个,四进(进士)8个,二举(举人)16个,一秀(秀才)32个,分别代表文或武状元、榜眼、探花、进

---

① 蔡世钹修、林得震纂《福建省漳平县志》(全),中国方志丛书第93号,(台北)成文出版社,1967,第61页。
② 刘良璧:《重修福建台湾府志》(全),台湾文献丛刊第74种,(台北)大通书局,1984,第98页。
③ 黄许桂主修《平和县志》,厦门大学出版社,2008,第456页。
④ 刘良璧:《重修福建台湾府志》(全),台湾文献丛刊第74种,(台北)大通书局,1984,第98页。

士、举人、秀才，从农历八月十三日至十八日军中按单双日分批轮流博饼，每组五六个人参加，每人轮流用六颗骰子掷入碗中，掷出四红就夺得"状元"，取"秋闱夺元"之意，以讨美好彩头。此后博饼活动逐渐传到民间，从八月初五到十五，街上都会卖为"博状元饼"而特制的整套大小月饼。

福建人民所食的月饼种类繁多，从几两重到十余斤的"巨无霸"都可见到，而且用料考究，制作精细，许多月饼上还印有嫦娥奔月、吴刚伐桂、玉兔捣药及苏武牧羊等图案。台湾百姓在汲取祖地月饼制作方法的同时，还创制出具有本地特色的台式月饼。台式月饼饼皮类似苏式月饼的酥皮，内馅则与广式月饼接近，以枣泥、莲蓉、豆沙、五仁、椰子、可可居多，甜而不腻，松软爽口，口味较为清淡，绿豆馅与蛋黄酥是台式月饼中最具代表性的两款月饼。吃芋也是闽南、台湾人中秋节时不可缺少的美食之一。因为明末抗倭名将戚继光率领的戚家军吃芋解决了缺粮问题，大败敌人，于是人们对芋头有着特殊感情，并且拟人化地把芋头分为芋母、芋子、芋孙，作为亲情的一种象征，过节时家家户户都要购买芋头。芋饼、芋饭、芋泥等种种美食，几乎可拼成一桌芋头全席。闽台人几乎到了没有芋头不成节的地步。

此外，闽台民间妇女在中秋节亦有"听香"习俗。《厦门志》卷十五《岁时》载有"妇人拈香墙壁间，窃谛人语，以占休咎，俗谓之听香"，即妇女燃香礼拜时向神明表达要卜测之事后，根据神明指示的出门方向拈香出门，以在路上听到的谈话或歌声来占卜所问之事的吉凶。后来这种习俗也传到台湾，中秋"夜深时，妇女听香，以卜休咎"[1]。

八 重阳节

农历九月初九是民间传统的重阳节。这一天的民俗活动有登高、放风筝、饮菊花酒、插茱萸、吃寿糕等。

农历九月秋高气爽，是登高的好时节。宋代梁克家《三山志》有汉闽越王无诸九日登于山九日台，"凿石樽以泛菊"[2]的记载，于是后人附会九月九日登高可消灾祛病，从此每逢重阳，家家户户都要登高。福建、台湾两地还把这一天定为"敬老节"。登高往往选择名胜古迹之处，于是登高就

---

[1] 连横：《台湾通史》，九州出版社，2008，第370页。
[2] 梁克家修纂《三山志》，海风出版社，2000，第642页。

成了两岸读书人的雅事。泉州"九日登高,饮茱萸菊酒,唯士人间行之"[1],政和"九月九日重阳节,登高饮萸酒,多士人行之"[2],台湾地区也是"重阳,士人载酒为登高会"[3]。在登高的同时往往伴随着饮菊花酒、佩茱萸,以示延年益寿、避邪祛寒之意。正因为一些地方以重阳节为士人之节,遂有宴请老师的习俗,如澎湖"重阳节,各澳塾馆备酒肴,请社师燕饮,谓之登高会"[4]。

放风筝也是重阳节的重要活动之一。闽南、闽西、闽北一带重阳节放风筝已成惯例,尤其是儿童,更是热衷于此。福建平和重九日"儿童竞以长绳系纸鸢,出郊原乘风纵之。其高入云,顾而乐之"[5],政和的"童子多放纸鸢"[6],台湾的"童子制风筝,如鸢、如宝幢、如八卦河洛图,竞于高原因风送之,以高下为胜负"[7]。在清初还盛行夜放风筝,并"系灯而纵之,明彻星河"[8],台湾也有此俗,"夜或系灯其上,远望若炯炯巨星"[9]。不过,在福州"鸢"方言为"殃",为免灾殃,有人在放风筝时就故意把线弄断,让风筝飘落他处。

重阳节的传统食物是重阳糕,"糕"与"高"同音,寓意万事皆高。闽台的重阳糕各地品种不同,各显地方特色。福州地区做的是"九重粿",共九层,层层可揭开,以符合"重九"之意;建瓯、浦城则有五色"九重糕";厦门、南平、尤溪、大田、长汀等地则制作栗糕;福安则是七层糕;连城吃的是"薯糕""芋糕"……而台湾地区重阳节则比较普遍吃麻糍。

---

[1] 怀荫布修,黄任、郭赓武纂《中国地方志集成·福建府县志辑》卷二十二"乾隆泉州府志",上海书店出版社,2000,第492页。
[2] 《中国地方志集成·福建府县志辑》卷八"民国崇安县新志、康熙松溪县志、民国政和县志",上海书店出版社,2000,第616页。
[3] 刘良璧:《重修福建台湾府志》(全),台湾文献丛刊第74种,(台北)大通书局,1984,第98页。
[4] 胡建伟:《台湾省澎湖纪略》(二),中国方志丛书台湾地区17,(台北)成文出版社,1984,第459页。
[5] 《平和县志》(全一册),中国方志丛书第91号,(台北)成文出版社,1967,第193页。
[6] 《中国地方志集成·福建府县志辑》卷八"民国崇安县新志、康熙松溪县志、民国政和县志",上海书店出版社,2000,第616页。
[7] 刘良璧:《重修福建台湾府志》(全),台湾文献丛刊第74种,(台北)大通书局,1984,第98页。
[8] 陈锳等修《海澄县志》(全一册),中国方志丛书第92号,(台北)成文出版社,1968,第178页。
[9] 刘良璧:《重修福建台湾府志》(全),台湾文献丛刊第74种,(台北)大通书局,1984,第98页。

九 冬至

闽台两地均将十二月二十一日或二十二日冬至称为"冬节",并有"冬节大如年"之说。其主要内容包括祭祀神祖和阖家围坐"搓圆"。

在闽南和台湾地区,"冬至大如年,唔返无祖宗(不赶回家的人没有祖宗)",外出谋生的人在冬至日一般都要赶回家,以"冬节圆"来祭拜祖先神明。如福建南安冬至这一天"各家以糯米和糖为丸,祀家神祖先,谓之'添岁'"①。台湾民间在冬至也会"家作米丸祀先祭神……是日长幼祀祖、贺节,略如元旦"②。福建的宗族势力强大,在同一村落往往建有同姓或同宗祠堂;在移民台湾后往往沿袭祖地传统,在同姓同宗聚居地公建家祠,祀一姓一族公奉的祖先。因而在冬至节前闽南与台湾同祖同宗者要举行祭祖之仪,如南安冬至"大宗巨室,则具牲牢,陈庶馐,大祭祠堂,谓之'冬蒸'。祭毕则合族共馂,以尽其欢"③。

冬至的传统食物是汤圆。汤圆象征着圆满、团圆,因此在闽南一带流行"平时都要贴锅边,何况冬节不搓丸"之说,道出闽人对冬至"搓丸"的重视。"搓丸"又称"搓团""搓圆",是闽台冬至最重要的民俗活动。清代施鸿保在他的《闽杂记》一书中即记有福州地区"搓圆"的仪式:"今福州俗于冬至前一夜,堂设长几,燃香烛,男女围坐作粉团,谓之'搓圆'。且以共神祀祖,并馈送亲友,彼往此来,髹篮漆盒,交错于道。""搓圆"时还要象征性地捏些蝙蝠(福)、梅花鹿(禄)、寿桃(寿)及鲤鱼(年年有余)、金元宝等物,以图吉利。许多地方都会把煮熟的圆子粘在牲畜、禽类身上,以保其平安,或者粘在门户、桌椅、器皿、水井、鸡舍、猪圈等处,以供老鼠吃了不再损坏家中的物品(闽南),或是取圆子形状以达阳气(永春、惠安),或者是祈求"出好丁"(即生男孩)(台湾)。新娶媳妇的人家,有的还让新媳妇搓个粿放入火盆中烤,视其膨胀形状的凹凸,以为生男或女的征兆。

冬至是气温进入一年最冷时节的开始,为加强御寒能力,闽台民间普遍流行"补冬",这也是两地"食补"文化的一个表现。不过,各地"补

---

① 戴希朱总纂《南安县志》(上册),南安县志编纂委员会整理,1989,第245页。
② 刘良璧:《重修福建台湾府志》(全),台湾文献丛刊第74种,(台北)大通书局,1984,第98页。
③ 戴希朱总纂《南安县志》(上册),南安县志编纂委员会整理,1989,第245页。

冬"的食物不尽相同，如福建将乐民间以吃狗肉为主，以狗肉的阳气来抵御冷冬，此外还吃豆腐，认为豆腐补脑；泰宁与台湾地区则普遍是杀鸡鸭，台湾人家更为讲究，往往要在鸡鸭或羊肉中加入当归、八珍等药物炖汤，或以糯米加桂圆、糖等蒸成米糕而食；沙县人则吃泡过酒的鸡蛋、黑枣或用鸡、鸭、兔及猪脚炖酒。有钱人家则服用人参、鹿茸等更高一级的补品。因为进补风气盛行，连冬至这天煮的糯米粉圆子都被称为"吃补丸"。

十　祭灶

农历腊月廿三或廿四日祀灶神，俗称"祭灶"，其习俗主要是送灶与拂尘。

这一天，掌管民间善恶的灶王爷将上天向玉皇大帝述职，玉皇大帝根据灶王爷的报告，定来年各家的吉凶祸福。为了让灶王爷在玉帝面前说好话，人们均要祭灶，多供奉牲醴、糖饼、瓜果等甜食，特别是灶糖灶饼，以求灶王爷在玉帝面前尽说甜言蜜语。闽台民间还有一种说法，认为腊月廿四日不仅灶神上天述职，其他诸神也要上天向玉皇大帝朝贺新年，因此各家各户不仅要为灶神送行，还要举行祭祀仪式，恭送诸神上天。福建泉州腊月送神"古有'官三、民四、疍家五'之说，即官家廿三日送神，民家廿四日送神，疍家廿五日送神……为防止灶君多嘴，敬祀的菜肴中，特有一碗'番薯粉牵'（牵，方言 kian），用以糊住神的嘴巴"[①]。台湾也传"十二月二十四日……俗传百神以是日登天谒帝"[②]。

祭灶前后数日民间要拂尘，又称扫尘、扫年等，就是各家在迎接春节前大做卫生，不仅要打扫房屋，擦洗门窗，还要把家中各种家什器皿清洗干净，以扫除家中一切晦气，保佑来年平安。

十一　除夕

农历十二月的最后一夜为"除夕"，又称"大年夜""做年"等，闽台方言称为"年兜日"。作为一年中的最后一个节日，民间极为重视，其辞旧迎新仪式极为隆重，而且讲究吉利。

[①] 泉州市地方志编纂委员会编《泉州市志》（全五册），中国社会科学出版社，2000，第3585页。

[②] 刘良璧：《重修福建台湾府志》（全），台湾文献丛刊第74种，（台北）大通书局，1984，第98页。

祭灶之后，家家户户开始忙于采购年货。为迎接新年，闽台地区除置办牲醴外，还要制作各种糕粿。台湾的年粿歌"甜粿过年，发粿发钱，菜包包金，菜头粿吃点心"就饱含着人们的美好愿望。亲朋好友间还盛行互送年货，如漳州地区在除夕前数日往往"亲朋间常持礼物相赠，称为'馈岁'"[1]，台湾也是"除夕前数日，亲友各以仪物互相赠答，谓之'拜年'"[2]。许多地方还有出嫁女儿在年关之前向娘家父母送年礼的习俗，称为"送年"或"分年"，以示孝心。

除夕这一天是全年最重大的祭祖节日，中午过后，每家要祭祀神明祖先。即使是贫困人家也会尽其所能，为祖先摆上各色糕粿、鸡鸭鱼肉等丰盛菜肴。祭祀时全家老小都要虔诚跪拜，先祭天地神明，再祭祖先，最后祭"下界爷"，即野鬼孤魂等。祭祀之后，燃放爆竹，俗称辞年。

祭祀结束之后就进入除夕的高潮——全家团聚夜宴，在闽台地区俗称"围炉""吃年夜饭""合家欢"等。"围炉"一词源于全家围坐的桌子下放置的一个红泥小火炉，炉子外壁上要贴有一张方形红纸，炉中火烧正旺，炉边要放置一些铜钱，以示温暖如春，财气旺盛。吃年夜饭不分大小贵贱，包括地位低下的童养媳、佣人等，都要上桌同时就餐，举杯共饮。过年是全家团聚之时，因而外出的家人除了特殊原因，一般都会赶回老家团聚，若赶不回来，家人要空出一个位置，放上他的衣物，并摆上碗筷，以表团聚和思念。闽台地区年夜饭的许多菜肴富含寓意，如要吃鸡而不能吃鸭，因为闽台方言中"鸡"与"家"谐音，吃鸡表示全家"食鸡起家，展翅高飞"之意，而"鸭"与"押"谐音，有"在押"之嫌，为不祥之意；长年菜（芥菜或菠菜）是年夜饭中不可或缺的一道菜，寓意长寿、幸福绵长；"韭"与"久"同音，因而韭菜也成为吉祥菜，而且吃韭菜要一根一根从头吃到尾，不能咬断，也不能横着吃，这样才能"长长久久"；萝卜在闽南与台湾地区俗称"菜头"，与"彩头"谐音，因而也深受欢迎。鱼更是除夕夜宴席上的重头菜，但上桌后一般不吃，以示"年年有余"。围炉的最后一道菜常是甜的，如花生汤、菠萝汤或芋泥等，寓意未来的生活是甜蜜的。

年夜饭结束后，儿孙们最企盼的就是长辈发"压岁钱"了。在福州，

---

[1] 漳州市地方志编纂委员会编《漳州府志》（5卷本），中国社会科学出版社，1999，第2584页。
[2] 刘良璧：《重修福建台湾府志》（全），台湾文献丛刊第74种，（台北）大通书局，1984，第98页。

若夫妻双方都健在，则要给儿孙两个红包，若只有一方健在，则只给一份，但每个红包的钱数都是双数，以示好事成双。在台湾，过去压岁钱是"用红线穿制钱百枚，取意长命百岁"[①]，现在虽改用纸币，但用意相同。

围炉之后，闽台地区有些地方还有"跳火盆"（或"跳火囤"）的习俗。如在闽南，跳火盆仪式由家中长者主持，在点烛焚香后，把过年时做卫生用的工具堆在家门口，添上一些干的番薯藤，再盖上一种燃烧时会发出响声的野生棘刺（俗称"火囤刺"），然后在鞭炮声中点燃"火囤"。在跳火盆时，人们往往口中还要念"烧火囤，火拉轮；公担金，婆担银"等吉语，小孩们则相互跳过火囤堆。到火囤熄灭时，主妇把火囤堆的余烬装到新的"火烘"中，叫"加火"，表示发家致富的愿望。莆仙一带也有类似的习俗。台湾的"跳火盆"习俗仅流行于泉州府籍人中，在漳州府籍人中则很少见到。台湾的跳法是围炉后在门前放一盆子，烧上稻草、甘蔗粕等，由家中男性按老幼顺序依次跳过火盆，跳时口中还要念吉祥之语，如"跳火盆，饲猪较大船，过火气，百般都不畏""跳得过，富不退"等。

第三节　人生礼仪习俗

一个人从最初呱呱坠地，到最后归于尘土，其间要历经结婚、生子、做寿及丧葬等人生中必然要经历的若干礼仪阶段。福建移民到达台湾后，为求生存、繁衍和发展，往往也把家乡的婚丧喜庆习俗带到台湾，从而造成闽台地区婚丧喜庆的习俗相同或相近。

一　嫁娶

婚姻嫁娶是人生的一件大事，自古以来备受重视。闽台的婚嫁礼俗均滥觞于儒家传统的"问名、纳采、纳吉、纳征、请期、亲迎"等"六礼"，但在长期的历史发展过程中，逐渐融入地方习俗，使婚姻礼俗逐渐演变为议婚、订婚、择时迎娶、完婚、回门等程序。

按照传统习俗，年轻人的婚姻大事要由家长主持。到了适婚年龄，家长自然会聘请媒人说媒议婚。说媒之前，男女双方家长都会设法打听对方的家庭情况，如门风、家产、品性、相貌等，俗称"探家风"。若双方都较

[①] 刘宁颜总纂《重修台湾省通志》卷三"住民志·礼俗篇"，（南投）台湾省文献委员会，1993，第59页。

为满意，就进入正式的"议婚"环节，由媒人把女方的庚帖（俗称"八字"）交给男方，男方家则把庚帖压在祖宗神案牌位下，三天后若家中平安无事，就开始安排"相亲"事宜。相亲时，男方随媒人到女方家，由女孩奉茶，在奉茶的瞬间男女双方互相观察对方，若男方满意，就在茶盘上留下大红包，女孩若也满意，再以芝麻、红枣、花生等泡茶待客，于是，这桩婚事就告成功。

议婚后，一般就要选择吉日举行订（定）婚仪式。"订盟之日，男家以戒指赠女，附以糕饼之属"①，女孩戴上未来婆家送来的戒指、项链、手链之类的首饰，就意味着她已属于男方，因而定亲在闽南一带往往又被称为"挂手环""戴手指"。首饰之外，男方家还要送去礼饼、猪肉、面、糖、鸡、鸭、蛋、鱼、酒、衣料等。在台湾民间，这些礼品一般要凑成双数，通常是十二件。这些礼品和定金上一定要用红纸或红线"挂红"，以图吉利、喜庆。习惯上，除定金可以全部留下外，女方一般要把礼品取出一部分或大部分，再添加一些别的礼物，送还男方作为答礼。订婚仪式后女方家一般要设宴款待男家，而且待嫁女孩也要入席，并被一一介绍给男方亲人认识，而且从此以后两家的称呼开始改换，未婚男女都要随对方称呼其父母。

择时迎娶是为了择吉避凶，又称"送日子""送日帖"等，就是要选个良辰吉日准备迎娶新人。在闽台民间，择时日有许多禁忌，如普遍忌讳在无"春"之年（即当年无立春日）成亲，福州等地还忌18岁、24岁出嫁女儿，因临水夫人陈靖姑在18岁结婚、24岁殉难。在台湾，民间的忌讳更多，均不在四月、五月、六月、七月、九月举行婚嫁，因为"四"与"死"同音，"五"与"无"谐音，六月又有"六月娶半年妻"之俗语，夫妻不能白头到老，七月是鬼月，"九"与"狗"又谐音，有"九月狗头重，死妻又死夫"之说，因此都不宜嫁娶。

婚嫁礼仪中以"完婚"大礼最为繁杂，闽台地区均有安床礼、哭轿、避冲忌讳、坐床翻铺等习俗。在披红挂彩准备迎娶新人前，男方家庭要选择吉日时辰举行"安床"仪式，以男女新人的八字与门窗、神位的位置来选择新床的位置与方向，尤其忌讳与桌子、椅子及橱柜等尖角相对。到了迎娶日，新郎、新娘都要沐浴更衣，新娘还要请福寿双全的"好命人"绞

---

① 连横：《台湾通史》，九州出版社，2008，第374页。

脸，俗称"开脸"。开脸可以使新娘脸若明月，美似天仙，新郎见了将更爱怜。吉时一到，新郎拜过祖先后就出发接亲；新娘拜过神明祖先后，要与父母叩别。在上轿前的这一段时间里新娘必须"哭轿"，谓之"哭好命"，哭了才会发财、好命。闽台地区均流行新娘上轿后娘家兄弟要泼碗水到轿子上，表示"嫁出去的女儿泼出去的水"，将永远不会被夫家休弃。新娘上轿时还须随身携带几样吉祥避邪的物品，如桂圆、盐、米等，以备在路上碰到犯冲时驱邪。在厦门，新娘往往还要带上一把纸折扇，在离开家一段距离后丢下，让娘家的一个小男孩拾回，因闽南话"扇"与"姓"同音，把扇子拾回，表明女子出嫁后仍不改姓，以表达对娘家的感恩思念之情[①]；而在台湾此举却表示"送扇不相见"，意为新娘出嫁后属于夫家，不归娘家。到了婆家，新娘不能马上下轿，须由新郎家的小孩用盆捧双柑或苹果来迎请新娘，以示新婚夫妇圆满吉祥。新娘下轿前，新郎要用扇子将轿顶打三下，并用脚踢轿门三下，此所谓"踢轿"，以示夫君之威严。新娘出轿后，男方的"好命人"一手牵新娘，一手举米筛罩在新娘头上，俗称"过米筛"，也是表示男人压制女人之意，现在多用花伞代替米筛。入门后就要举行"拜堂"仪式，一拜天地，二拜祖先，三拜高堂，再夫妻交拜。拜堂结束后新郎新娘进入洞房，双双并坐床沿，俗称"坐床"，这时新郎为新娘揭开红盖头，并请亲邻中父母兄弟姐妹俱全的男孩在新床上翻滚，并有儿女成群的女眷在一边口念"翻落铺，生查哺（男孩）；翻过来，生秀才；翻过去，生进士"之类的吉利语。在闽南与台湾还要吃"新娘圆"，寓意团圆美满，汤圆吃一半后要交换着吃，以示心心相印、不分彼此。之后大摆宴席，主宾皆欢。宴席散后往往还有闹洞房之举，闹得越欢，喜气越高涨。

完婚之后，新娘要择日回娘家省亲，俗称"归宁""回门"，也有称"做客""请女婿"等。闽台各地回门的日期不一，闽南习惯七日后拜见娘家父母，台湾各地则一般是完婚十日内，以婚后第四日最为普遍。回门之日女家往往要设"回门酒"招待新人，并请亲朋好友作陪，但新人要坐在大位，而且每道菜上桌时都得由女婿先动筷子。回门一般当天日暮时就要返回夫家，暗含"暗摸摸，生查哺（男孩）"的意思，同时新人还要带上两根连根带叶的甘蔗、雌雄雏鸡一对及其他礼物回家。因为甘蔗寓意新婚夫妻有头有尾，白头偕老，日子越过越甜；丈母娘送的鸡闽南语为"娶路

---

① 福建省地方志编纂委员会编《福建省志》"民俗志"，方志出版社，1997，第164页。

鸡",带回家后要放在床底下,看先跑出来的是雌还是雄的,以卜测新娘未来是生女孩还是男孩,而且"娶路鸡"不能杀,要好好养着,以象征子孙昌盛,不断繁衍。

除传统婚俗外,闽台地区以前还盛行童养婚、指腹为婚、招赘婚、娶妾纳婢、填房婚、丧婚、公鸡娶妇、冥婚等婚俗,这些婚俗很多都源于福建人出洋谋生的生存机制。如童养婚习俗的流传,就是因为男方远在他乡,家中缺乏劳动力,遂先抱个童养媳为家里添个人手;而公鸡娶妇则是因为在外谋生的新郎在婚期到来时无法及时赶回而以雄鸡代替与新娘拜堂成亲。

二 生育

中国人最注重传宗接代,因此早在妇女怀孕之前,尤其是在婚嫁之时,就有许多围绕着未出生的生命的习俗。如旧时无论新娘子家境如何,娘家都会陪嫁一只红漆马桶,因为马桶俗称"子孙桶",表示娘家希望新人能够孕育众多的子孙。新娘入新房坐到床上后,婆家长辈会抱一健康聪明的男孩在新床上滚几滚,再撒上红枣、花生、桂圆、莲子,以示"早生贵子"。除此之外,每逢元宵节,娘家父母往往要给已嫁但未育的女儿送"观音送子"灯或"天赐麟儿"灯等,或是绣花灯、莲花灯各一对,预示娘家对"添丁"的期盼。未育的妇女在元宵节之夜"贯(穿)灯脚"、偷他人的猪盆、拔别人家的篱笆等习俗,都是一种美好的祈子愿望。

怀孕后,为了把孩子平安生下,婆家会开始加强孕妇的营养,同时还要约束孕妇的各种行为,以免冲犯胎神。因此,在孕期内,严禁孕妇随便移动床铺或修理房屋,孕妇不能参加别人的婚礼和丧礼,要避免接触其他孕妇或产妇,以免"喜冲喜"或"凶冲喜";同时还忌看傀儡戏,不能去寺庙、井台,忌看祭祀、建灶、打井、上梁等一切重要活动;在饮食方面还有许多禁食习俗,如不能吃兔肉(怕未来产下的孩子长兔唇)、狗肉(以免孩子将来爱咬人,吃奶时会咬奶头)、公鸡(以免生下的孩子夜里哭闹)、螃蟹(以免孩子流口水,或者像螃蟹那样爱抓别人的手脚)、河蚌肉(以免孩子滋舌头)、姜(以免生下的孩子长六根指头,因姜形似"多指")、鸭子(以免孩子得摇头病)等。

孩子出生后,产妇"坐月子"的禁忌和约束就更多了。旧时孕妇生产、坐月子都须在婆家,忌于娘家或他人家分娩,因闽台民间流行"宁借人死,不借人生"的习俗,以免自家的福气被带走。产后的妇女在一个月内不得出房间,并要吃黑麻油、老姜母、橘饼、公鸡、黄花鱼等物大补元气。产妇坐月子期间,陌生人、闲人都不能进入月内房,尤其禁止属相为虎的人、戴孝者或其他孕妇、产妇入内;饮食起居方面也有许多禁忌,如禁食水果、蔬菜等"生冷"食物,一个月内不可洗头洗澡,忌碰冷水,只能用温开水或热水洗脸洗手或擦身子。

在闽台地区,孩子出生当日、三天、十二天以及满月、满四个月、周岁时都要举行仪式,其中尤以满月与周岁最为隆重。婴儿出生一个月称"满月",以往重男轻女思想严重,生男孩子才能办"满月酒"款待贺喜的亲友,生女孩则不能享受此待遇。满月时,台湾"产妇的娘家会派产妇的兄弟,给外甥送'头尾'来。所谓'头尾',就是指婴儿从头到脚所穿的全部衣物而言,包括帽子、衣服、银牌(胸饰)、金锁、手镯、脚镯、鞋袜等"[1],福建的龙海也有外婆家送外孙"头尾"之俗[2]。小孩周岁时要"做周"。产家在这一天要祭拜神明祖先,大宴宾客;外婆家则要送来婴儿的衣裤鞋袜,有钱人还会订制银质"天官锁"和手镯、脚镯之类给"做周"的小孩。"做周"最重要也最有趣的就是"抓周"或"试儿"之举了。"抓周"时闽台两地所摆放的东西有所不同,但都是摆上12样东西,把"做周"的孩子抱放在这些物品中间,任由孩子抓取,以最先抓起的物品来卜测孩子将来要从事的职业或兴趣所在,来增添"做周"的喜庆气氛。

三 做寿

中国人年满虚岁五十,才开始做寿,这之前只能称为"过生日",因为以前人们寿命较短,通常五十岁才能称得上是有"福"之人,才可举行庆寿活动。以后每逢十岁,就可举行一次寿庆,但闽台地区各地做寿的岁数有所不同,有的地方认为"九"为凶年,因此做寿一般做"九"不做"十",如四十九岁做五秩大寿,五十九岁做六秩大寿等,以跳过"九"的关口;而漳州人则逢"一",即五十一、六十一及以上带"一"的岁数做寿。

尽管闽台民间做寿的年龄有所不同,但做寿的场面大同小异,如厅堂中间一个"寿"字、两边的寿联都是不可或缺的,香案上要燃起红烛,案

---

[1] 刘宁颜总纂《重修台湾省通志》卷三"住民志·礼俗篇",(南投)台湾省文献委员会,1993,第70页。
[2] 福建省地方志编纂委员会编《福建省志》"民俗志",方志出版社,1997,第201页。

几上要摆满寿桃、寿面、寿龟粿等,并贴有红纸或染成红色,以示吉庆。只是有钱人家做寿更讲究排场,如送礼的寿烛须"足斤",上书"福如东海、寿比南山"等金字,要在礼物上置金色"寿"字,寿诞食品必须有玉(猪肉)堂(白糖)富(麸)贵(桂圆)和寿桃等。寿宴是做寿的重要内容,少者数十桌,多者上百桌,有的还连办三天,并请乐队吹奏、请戏班演戏、舞狮舞龙等。

在闽台地区,有的地方在给老人做寿的同时,会举行为老人预备棺木的仪式。棺木民间又称"寿材",预先为老人准备寿材反而有助于老人阳寿的延长,如台湾澎湖的有钱人家"即于是日,于买备在家之棺木,雇工人做棺。工人用斧尽力一劈,其木屑飞去得远,即以为长寿之兆,主家喜不自胜;飞得近者,即以为去路无多也。做好将棺竖起,放在厅上,以俟将来之用,名曰做寿,又曰赞寿。赞之为言站也,以其竖起棺寿之谓也"[①]。

四 丧葬

宋元以来闽人葬俗深受朱熹的《家礼》影响,随着明末清初大批闽人移民台湾后,闽人亦将葬俗的繁文缛节移植到台湾,大体有"搬铺、举哀、报丧、小殓、服丧、守灵、大殓、出殡、下土、做七"等程序。

老人病危时,家人要把老人从寝室及时移到房屋的正厅,谓为"出厅"。因为民间笃信只有在正厅死去,死者才可与祖宗、亲属的亡魂团聚。依照礼仪,临终的男人要移到正厅的正旁(右侧),而女人则移到正厅的侧旁(左侧);如果家中尚有长辈在世,则临终之人只能移到"护龙"放置,只有对家中有重要贡献的长子或叔伯父才能移到正厅;而未成年的子女则只能在寝室的地上铺些稻草或草席放置;溺死的、自杀的长辈也不能移至正厅。老人"出厅"后,家属要随侍床前,在外地的亲人也要尽可能赶回来与之见上最后一面,聆听遗言,或等候分配遗产,俗称"分手尾"。

亲人去世,家眷通常以痛哭来表达悲痛之情。哭丧一般边哭边述说死者生前所做的善事和对死者的眷念之情。哭丧以妇人居多,夸张者披头散发,捶胸顿足,以示对死者的吊唁。因为按照闽台习俗,死者若无人哭,或哭的人少,或哭的声音小,乡邻会认为死者生前无能,或者子孙不孝。

入殓分为"小殓"与"大殓"。"小殓"一般是在老人临终或刚亡时为

[①] 胡建伟:《台湾省澎湖纪略》(二),中国方志丛书台湾地区17,(台北)成文出版社,1984,第442—443页。

其擦洗身体,在死者身体尚未完全僵硬前换上寿衣,并梳好头发,以让死者干干净净、整整齐齐地离开人世。"大殓"时,死者长子抱头,次子、女儿、媳妇、孙子等抱腰、膝、脚,将之轻轻放入灵柩,并放置一些随葬品。盖棺时家属与旁观者要远离棺材,忌人影倒映棺内,以免"尸压子孙";与死者生肖相克者更不能在场。入殓后,要把死者生前睡过的枕席、穿过的衣物弃之野外或焚烧,谓之"送脚尾"或"送草"。

出殡是丧事中最重要的事项,是死者、生者荣耀的体现。按旧俗,出殡日要由择日师选定,然后通知亲朋好友参加。参加者所送奠仪必须单数,以期"祸只单行"。出殡前,先是子女儿孙披麻戴孝在灵堂哭祭,然后依次跪拜在灵柩前,由亲友行三鞠躬礼,最后起柩出门。安排在出殡队伍最前面的一般是黑布白字的横幛,接着是亲戚朋友送的花圈、挽幛和扎魂轿(内置遗照,遗照由长孙抱在手上)。孝男孝女扶柩跟在后面,接着是乐队和亲友族人等送葬行列。送葬途中要不断燃放鞭炮、抛撒纸钱。送葬亲友送一段路程后就可离开,但死者子女及至亲要将灵柩送到墓地。

下葬时要择吉时,一般选择涨潮时间,寓意后代子孙能如潮水般兴旺发达。下葬后要祭祀后土、神主及拜墓,然后由长孙抱神主回家,放置于厅堂,俗称"安位"。之后,丧家备酒宴酬谢参加吊唁和送葬的亲友。

闽台"做七"又称"做旬",第一个七日为"头七",第七个七日为"满七"或"尾七",每七日一祭,尤以"尾七"最为隆重,这一天要请僧道诵经"做功德",焚烧纸、竹所扎的灵屋、金山、银山等物,以祝愿亡者在阴间能够富贵连绵。

闽台两地还普遍流行拾骨归葬祖籍、停柩归葬的风俗。拾骨归葬又叫"洗骨""捡骨",是埋葬多年后再把坟墓掘开,拾出骨头,放入陶瓮后重新择地埋葬。拾骨葬在闽台地区非常流行,一是受风水之说影响,把家中出现的一些灾厄归咎于墓地风水不好,须重新拾骨迁葬才能改变;二是因为台湾民众多为福建移民,落叶归根的传统思想往往使子孙秉承死者的遗愿,将其遗骨带回家乡重新安葬。停柩归葬又称"寄厝",闽南语称"打桶",即人死装殓后不马上埋葬,而是把棺柩停放在家中、寺庙或厝于野外几月、几年,甚至数十年、上百年后再埋葬。这同样也源于风水之说,丧家听信方术之士之言,认为未到吉时或未有吉地,就久候不葬。或者有的是因为丧家有子孙在他乡谋生未能及时赶回,需要停柩;而对在家的孝子贤孙而言,停得越久也就意味着越孝顺,于是就出现了停柩数年、数十年的现象。

从以上简要的描述可以看出，闽台两地风俗相通、习惯相同，塑造了"闽台同一风俗区"或"闽台风俗文化圈"，历史地形成闽台常民相同或相近的"感觉结构"。这表明闽台两地常民拥有一种相同的生活方式和文化记忆。这是闽台区域文化的基础、根脉和重要表征。

（本章撰稿：潘健）

第十章 闽台方言关系

第一节 闽台闽南方言及其文化探源

闽南方言是闽台两地共同使用的方言之一，具有深厚的文化底蕴和历史积淀。对闽台闽南方言及其文化进行探源，不仅有利于增进两岸同胞的文化情感，形成积极的文化纽带，而且对推进两岸文化交流与合作，促进海峡两岸关系的良性发展，都有着重要的意义。

一 闽台闽南方言的渊源

闽南方言，顾名思义，是流行于闽南地区，并随着闽南人向外播散，作为闽南人相互交流和沟通的语言工具。诸多史料已证实，闽南方言的发源地在黄河、洛水流域，闽南方言因此被称为"河洛话"。闽南方言与其发源地有着怎样的渊源，这还得从中原汉人移民入闽的历史说起。

历史上，中原汉人曾有三次大规模的南迁入闽。西晋怀帝永嘉五年（311），中原人第一次大规模南下入闽。当时，北方匈奴攻陷晋都洛阳，皇帝被俘，晋室南渡，西晋灭亡，史称"永嘉之乱"。大批中原人为躲避战乱，纷纷迁往长江中下游，其中一部分人便迁入了福建。这批大规模南来入闽的中原汉人主要居住在福建的北部、东部和南部三个区域，在闽南地区则主要居住在以泉州为中心的晋江流域。这批入闽的汉人带来的是上古中原汉语。居住在晋江一带的汉人同样把中原汉语传播到闽南，为闽南话的形成打下了基础，这应该说是闽南方言的雏形。中原汉人的第二次较大规模南下入闽大约是在公元7世纪的时候。公元669年，李唐王朝以泉州间"蛮獠啸乱，人民苦之"为借口，从中原派出军队，进行"征蛮"。朝廷先是将河南光州固始县人陈政、陈元光父子为首的120名将领派往绥安（今漳州漳浦县一带），接着又调了"58姓军校"对其进行增援。经过长达二十年的征战，陈元光掌握了漳州政权，驻扎在漳浦一带的这批汉人也就地入籍，他们带来的是7世纪中原古汉语，这对闽南话的进一步形成和发展起了一定的影响。第三次是唐朝末年，外族入侵、国家动荡，南北分治。王潮、王审知率领数万军队起兵南下，在福建转战八年，终在福建称王。这是中原汉人继东晋"八族南迁"之后的又一次大规模入闽。数万人迁移入闽，最直接的影响就是他们带来的10世纪的中原汉语，对福建方言，包括闽南方言的最终形成有很大的作用。

中原汉人的这三次大移民，带来了大量先进的中原文化。值得一提的是，陈元光、王审知在掌握闽南政权后，在闽南大力开展生产和海上贸易，使闽南的经济获得巨大的发展，也使闽南方言文化得以逐渐形成。就闽南方言的形成而言，中原汉文化比闽越文化发达，因此在双方的语言交流与融合中，虽吸收了一些当地的土著语言，但更多留存的是中原古汉语的成分。这样，从晋开始，再到隋唐五代，经过几个历史时期的进化、更迭与演变，由中原古汉语分化出来的闽南方言就基本成形了。

台湾与福建南部仅有一水之隔。历史上，闽南人多次渡海入台，闽南方言也随之传播到台湾。台湾著名历史学家连横在《台湾语典·自序》中说："夫台湾之语，传自漳、泉；而漳、泉之语，传自中国。其源既远，其流又长……高尚优雅，有非庸俗之所能知；且有出于周、秦之际，又非今日儒者之所能明，余深自喜。"[1] 这里所说的"台湾之语"，实际上指的就是台湾的闽南话，如今它已普遍通行于台湾大部分地区。连横在《雅言》中又说："晋、唐之际，闽南渐启，中土人士之宦游者日多，则其语言必有存者。以今考之，且有各地方言，若关中语、若蜀中语、若河溯语、若沅湘语，尚杂于台湾语中。"[2]

从宋元时期开始，闽南沿海一带就陆续有一些闽南人过海到台湾，开荒拓殖。"元代，泉州人移居澎湖、台湾渐多……据族谱记载，永春岵山和南安丰州的陈氏、石井溪东的李氏，元代都有族人迁居台湾。"[3] 到了明清两代，闽南人开始大规模入台屯垦定居，并将闽南方言及闽南风俗习惯带

---

[1] 连横：《台湾语典·自序（一）》，《台湾文献丛刊》第161种，（台北）台湾银行经济研究室，1963，第1页。
[2] 连横：《雅言》，《台湾文献丛刊》第166种，（台北）台湾银行经济研究室，1963，第9—10页。
[3] 泉州市地方志编纂委员会编《泉州市志》，中国社会科学出版社，1999，第3404页。

到台湾。先是天启四年（1624），"颜思齐、郑芝龙海商武装集团开始屯垦台湾北港。适值福建沿海旱灾，泉、漳一带贫民竞相奔往，四年间不下3000人……崇祯元年（1628年），郑芝龙归顺明朝，又值福建严重饥荒，在福建巡抚熊文灿支持下，先后招募泉、漳一带饥民数万，'人给银三两，三人给牛一头'，至台湾西部垦荒。据族谱记载，在这次有组织的向台湾大规模移民的过程中，晋江安海的颜姓、黄姓、吴姓，东石的蔡姓、郭姓，金井的曾姓，青阳的庄姓；石狮龟湖的黄姓，永宁的高姓；南安石井的李姓；安溪科榜的翁姓等，都有族人移居台湾"①。这批闽南人在台湾"开土田，建部落，以镇抚土番，而土番亦无猜焉"②。

到了1661年，郑成功收复台湾，他带去的将领和士兵主要也是泉州人。"据统计，郑成功、郑经父子治理台湾期间，先后移入的官兵、眷属和东南沿海各省居民至少净增6万人。据族谱和其他材料的不完整统计，这时期从闽南各地有30多姓移民进入台湾。"③ 清朝统一时，施琅将军带去的是大量的漳州人，"至乾隆四十九年（1784年），清廷开放晋江蚶江与台湾鹿港对渡，闽南人移民台湾再次出现高潮"④。大量移民到台湾的基本都是漳州人和泉州人。"邑无客庄……比户而居者，非泉人，则漳人也。"⑤ 由于闽南人入台的人口以泉州人和漳州人为主，他们在台湾开垦、安家落户，往往是杂居在一起的，而闽南方言中漳州与泉州的口音存在一些差异，于是漳州音、泉州音混在一起后便逐渐演化成不漳不泉、亦漳亦泉的台湾口音，也即闽南方言中的台湾音，当地人称之为"漳泉滥"⑥。这也正如台湾学者丁邦新在《台湾语言源流》中所说："如果我们把台湾闽南话比作当年厦门开埠以后的厦门话，说它不漳不泉、亦漳亦泉、拥有几种方言的特点，实在是很确当的。"⑦ 现今，闽南方言可以说是台湾的主要方言，使用人口大概占台湾总人口的80%。

根据洪惟仁的研究成果，台湾闽南方言依照方言分布格局可分为四个

---

① 泉州市地方志编纂委员会编《泉州市志》，中国社会科学出版社，1999，第3405页。
② 连横：《台湾通史》，《台湾文献丛刊》第128种，（台北）台湾银行经济研究室，1962，第11页。
③ 泉州市地方志编纂委员会编《泉州市志》，中国社会科学出版社，1999，第3405页。
④ 泉州市地方志编纂委员会编《泉州市志》，中国社会科学出版社，1999，第3405页。
⑤ 王必昌：《重修台湾县志》，《台湾文献丛刊》第113种，（台北）台湾银行经济研究室，1961，第401页。
⑥ 陈耕编著《闽南民系与文化》，（台北）河洛文化事业股份有限公司，2009，第104页。
⑦ 丁邦新：《台湾语言源流》，（台北）台湾学生书局，1979，第82页。

州：北闽州、中闽州、南闽州、澎湖州。北闽州：漳泉成同心圆状分布，最外圈是老漳腔，中圈是泉腔，中心地带是新漳腔。桃园县北部及东北海岸由三芝的东部，经基隆到宜兰等台北盆地外属于漳州腔，盆地内大部分是泉州腔，只有北部士林、阳明山、内湖属于漳州腔。这个泉腔区内还有一个漳州腔的方言岛，包括板桥、永和、土城等。整体而言，北闽州的漳泉分布构成"漳包泉、泉包漳"的分布大势。中闽州指的是嘉义以北，包括云林、彰化、南投、台中及苗栗、新竹的海线地区，最远达桃园西南角的蚵壳港。本区漳泉界线分明，滨海地带大体上是泉腔方言的分布区，内埔地带主要是漳腔方言分布区。西边的滨海地带是同安、晋江、惠安腔等海片泉腔方言的分布区；近海平原地带如彰化的溪湖、芬园，云林的元长、褒忠，嘉义的蒜头，台南的后壁则是安溪腔或山区南安腔等山片泉州腔方言的分布区。泉州腔方言的分布趋势和原乡祖籍的分布成了镜象对照。南闽州的闽南语只有"高雄海口偏泉区"较具特色，其余地区分为"台南漳泉混合区"和"高屏漳泉混合区"，主要分布在台南县及以南的平原区，这个区内当然也可以再细分为许多次方言，不过那样的次方言之间，差异性都很小，而共同性很大。它们有一个共同的特色，就是看不出是漳是泉。澎湖州是最纯粹的闽南语分布区，大部分地区讲同安腔闽南语，划归"泉腔区"，白沙乡以漳腔为优势，划为"漳腔区"，但其内部方言受到同安腔影响，次方言复杂。①

目前，从台湾岛内不同地区的闽南方言发音情况来看，尽管仍有一些音调的差异，但其内部基本是比较一致的。可以说，随着闽南人生产生活的变迁及居住地的转移，闽南方言也随之"跋山涉水""生生不息"。台湾闽南话与福建闽南方言无论是语言形态、语法特征、习惯用语等都是大同小异。可以肯定地说，闽台两地的闽南方言拥有共同的语言渊源，是同一源头的支流，有着不可分割的紧密联系。正如台湾学者臧汀生在《台湾闽南语歌谣研究》中写道："以通行台湾全省之《天乌乌》为例，一般以为系本地土产，事实不然，谢云声先生于1928年所辑闽歌甲集第三十九载有通行泉州厦门一带之天乌乌三首，及当时通行于台湾者亦三首。就其内容而论，泉厦者较简短，台湾者冗长，主从地位岂不甚明？"②

---

① 引自洪惟仁《台湾的语种分布与区划》，《人文与社会科学简讯》2013年3月；洪惟仁《闽南语概论讲义》第1章，2010，第6—7页。
② 臧汀生：《台湾闽南语歌谣研究》，（台北）台湾商务印书馆，1980，第46页。

透过闽台闽南方言，我们可以发现闽台文化的亲缘关系，"而汉语普通话和闽南话亦即'台湾话'的关系，正是中华文化整体与闽台地方文化之间的源流关系的一个缩影"[①]。

二 闽台闽南方言的语言形态及文化意涵

由于闽台闽南方言的源流关系，其语言形态便有了诸多共性，如方言中的古汉语特征、语言习惯、方言地名等等。而且因为有了共通的闽南方言，闽台两地使用闽南方言进行传播的南音、梨园戏、高甲戏、歌仔戏、民间"讲古"、提线木偶和布袋戏等艺术形式，才始终保持着长盛不衰的生命力和传统文化底蕴。从闽台闽南人所使用的闽南方言中，我们可以看到，构建于闽南方言之上的闽台文化丰富而多元，是闽台两地人民日常生活智慧的结晶，也是闽台两地建立良性沟通和稳固关系的媒介，具有丰富而独特的文化风貌和内涵。因此，探讨闽台闽南方言的语言形态及文化特性上的共同点，有助于我们更加深入认识构建于闽南方言之上的闽台区域文化，以及中华民族悠长的历史文化韵味。

首先是闽台闽南方言的语言特点。

闽南方言的形成历史悠久，其在演变过程中受到了来自中原中古汉语和上古汉语的影响，是保留中古汉语最完整的方言之一，被称为古汉语的"活化石"。这在汉语诸方言中是非常独特的，也是其与汉语共同语互相区别的重要标志。

在语音方面，闽南方言与古汉语的音调大体吻合。我们知道，古汉语有四个音调：平声、上声、去声、入声。现今，入声在标准普通话中已不存在，而闽南方言中却依然保存完整。比如，"合、十、佛、答、得、八、杂、格、药、屋、菊"等等，都属于古入声字，它们在闽南语中的发音声调与古音一致。还有一种情况是，闽南方言口语中的声母与古汉语的声母是一样的，上古汉语无轻唇音，闽南语把中古轻唇音读为重唇音。如"飞、蜂、肥、饭、放、斧"等等。这些字发音时需要双唇紧闭，也叫双唇音。读音的声母b、p与古音一致。正由于闽南方言的声调和音韵保存了许多古音成分，因而，用闽南方言吟诵古代诗词和韵文，常常会觉得朗朗上口，婉转流利。

在词汇方面，许多古籍中可以看到的基本词汇，如"箸""囝"等一直

---

① 朱双一：《闽台文学的文化亲缘》，福建人民出版社，2003，第458—459页。

在闽南方言中使用。"囝","子也。《集韵》:音蹇。谓闽人呼儿为囝。《青箱杂记》:唐取闽子为宦官。顾况有《哀囝诗》"①。又如,"筷子"闽南方言叫"箸","蛋"闽南方言叫"卵","锅"闽南方言叫"鼎","剪"闽南方言叫"铰",等等。有些词语在闽南方言中仍然沿用古义,比如"走"字,"急行也。释名:徐行曰步,疾行曰趋,疾趋曰走"②。闽南方言保留古义"跑"。例如:伊走来走去(他跑来跑去)。又如"兜",闽南方言指的是"家"。"兜","围也。引申为聚,又为家。例:阮兜(则我家),恁兜(则尔家)"③。

在语法方面,闽南方言有几个特点:一是通过改变词语的读音产生新的词。如闽南方言中三个单数的人称代词"我""汝""伊",如果分别加上鼻音韵尾便可产生新的词"阮""恁""怹"。"阮:我等也。阮,尔等也。怹,彼等也。"④ 这三个代词的用法也很有意思,既可作为复数的人称,也可作为单数的人称。例如在"阮尽卜去福州"(我们都要去福州),在这里"阮"表示复数第一人称;而在"伊是阮姊妹"(他是我的姐妹),在这里"阮"则表示单数第一人称。"台湾方言有沿用漳、泉者,如'恁厝'、'阮兜'、'即搭'、'或位'。若以转注、假借之例释之,其意自明。何以言之?'恁,汝等也';'厝,置也',引申为居。'阮,我等也';'兜,围也',引申为聚。'即,就也';'搭,附也',附则为集。'或,未定也';'位,犹所也'。虽属方言而意可通。又如'那是'、'安仍'、'藉会'、'即款'、'忽喇'、'佳哉'、'敢采'、'崭然',凡此八语,有音有义,较诸他处方言为文雅。"⑤ 二是前缀"阿"为"发语辞。亦呼如安。例:阿舅、阿公、阿姑、阿妈"⑥。"阿"还可放在人名前面,表示亲近或亲昵。例如:阿凤、阿治。三是"有"可以放在形容词前面,表示某种事物的性质。例如:

---

① 连横:《台湾语典》,《台湾文献丛刊》第 161 种,(台北)台湾银行经济研究室,1963,第 24 页。
② 连横:《台湾语典》,《台湾文献丛刊》第 161 种,(台北)台湾银行经济研究室,1963,第 18 页。
③ 连横:《台湾语典》,《台湾文献丛刊》第 161 种,(台北)台湾银行经济研究室,1963,第 20 页。
④ 连横:《台湾语典》,《台湾文献丛刊》第 161 种,(台北)台湾银行经济研究所,1963,第 1 页。
⑤ 连横:《雅言》,《台湾文献丛刊》第 166 种,(台北)台湾银行经济研究室,1963,第 11 页。
⑥ 连横:《台湾语典》,《台湾文献丛刊》第 161 种,(台北)台湾银行经济研究所,1963,第 2 页。

有够（够了）、有熟（熟了）、有甜（甜的）、有重（够重）。四是"未""无"等表示疑问的词往往放在句末。例如：汝食未？（你吃了吗？）伊娶某无？（他娶老婆了吗？）这也即是古汉语中的语气词。"食未"，"为相见相问之辞，犹古人之言无恙；一谓生计无害可以得食，一谓身体无病可以安食。盖台湾新辟之土，凿井耕田，以食为主；而天气披猖，野番出没，时有灾患。故相问以食，则祝其无恙"①。

除此以外，闽南方言中还有一些词语的用法与现代汉语不一致，却能在古汉语中找到例证。"大家"在闽南方言中指"婆婆"，"冤家"在闽南方言中指"吵架"，"手指"在闽南方言中指"戒指"，等等，这些词语与古汉语的用法比较一致。还有一种是语素的排列次序与普通话正好相反，即所谓的"逆序词"②。如"风台—台风""气力—力气""康健—健康""头前—前头""猪母—母猪""人客—客人"，等等。这种词语的语序也与古汉语语序相一致。例如《诗经》里的"羔羊"就是"羊羔"，"树桑"就是"桑树"。

其次是闽台闽南方言的称谓词。

"男尊女卑"的观念在闽南方言区根深蒂固。这在闽南人的家庭关系及称谓中尤其明显。例如，闽南方言称男人为"查甫"，"男子曰查甫。甫呼晡。《说文》：甫为男子之美称。《仪礼》：士冠礼，伯某甫、仲、叔、季惟其所当"③。称女人为"查某"，"女子曰查某。女子有氏而无名，故曰某；犹曰某人之女某氏，某人之妻某氏"④。称夫妻为"翁某"，"夫曰翁，妻曰某。翁呼如尫，妇人有氏而无名故曰某；犹言某氏也"⑤。称妯娌为"同事"，"妯娌曰同事；谓同事翁姑，同理家事也。《白虎通》：妇者，服也，服从家事事人者也"⑥。在台湾，"旧式夫妻当面往往不好意思叫名，而唤

---

① 连横：《台湾语典》，《台湾文献丛刊》第161种，（台北）台湾银行经济研究所，1963，第39页。
② 马重奇：《闽台方言的源流与嬗变》，福建人民出版社，2002，第281页。
③ 连横：《台湾语典》，《台湾文献丛刊》第161种，（台北）台湾银行经济研究室，1963，第63页。
④ 连横：《台湾语典》，《台湾文献丛刊》第161种，（台北）台湾银行经济研究室，1963，第63页。
⑤ 连横：《台湾语典》，《台湾文献丛刊》第161种，（台北）台湾银行经济研究室，1963，第63页。
⑥ 连横：《台湾语典》，《台湾文献丛刊》第161种，（台北）台湾银行经济研究室，1963，第64页。

'喂',或没有任何称呼;新式可以当面叫名或叫'爸爸'、'妈妈',显示开始接受'个人在家族组织中的地位'的观念;或甚至叫'达伶',显示夫妻过亲密生活的正当性增加了;当面称对方的夫或妻为'恁翁'、'恁某'是不礼貌的(但现在有些年轻人则不以为意),必须称'恁头家'、'恁太太',新式的说'恁先生';对别人谦称自己的老婆为'阮牵手'、'阮某'、'阮查某侬侬'"[1]。从这些称谓的含义可见,闽南方言区女性在家庭和社会关系中处于从属地位,男性地位远高于女性。而在家庭亲属关系中,同样有一套区别男性和女性地位的称谓词。例如,对父亲的兄、弟要相应称呼为"阿伯""阿叔",他们的配偶也对应地称呼为"阿姆"(伯母)、"阿婶"(婶母)。比较而言,对母亲的兄、弟一般都称呼为"阿舅",对母亲的姐、妹也一般都称呼为"阿姨"。

最后,闽台两地有很多以闽南方言命名的地名。

闽台两地很多建筑在造型、材料、功能等方面都十分相似。"台湾宫室,多从漳、泉。城市之中,悉建瓦屋,以砖垒墙,比邻而居……乡村之屋,架竹编茅。"[2] 另外,以闽南方言命名的地名,在闽台地区也非常多见。有的地名在闽台两地甚至是相同的或相近的,既生动形象又颇具文化意味。在台湾的民间地名中,"闽南语语源的地名占绝大多数,这类地名是随着闽粤垦民赴台开拓的进展而增加起来的"[3]。可以说,这些地名一方面凝聚着闽台两地人民的生产和生活习俗的文化要素,另一方面也是人们表达对原乡的思念和自身文化记忆的一种方式。因此,这些用闽南方言命名的地名,既具备自然的、地理的特性,同时又充满人文气息,为我们考察闽台两地的语言文化渊源提供了十分生动有效的佐证。

在以地物命名的地名之中,以建筑物"厝""寮"为构词词素的地名在闽台方言中的数量颇为可观。闽南方言中,"厝","家屋也。《汉书·地理志》:五方杂厝。注:厝,处也"[4]。同族聚居,命名村落为"厝"。今闽台方言地名中,有厦门的黄厝、何厝,漳州的新厝,泉州的肖厝等,数量颇

---

[1] 洪惟仁:《闽南语概论讲义》第2章,2010,第6页。
[2] 连横:《台湾通史》,《台湾文献丛刊》第128种,(台北)台湾银行经济研究室,1962,第601—602页。
[3] 朱天顺:《从台湾地名的文化要素看两岸的密切关系》,《台湾研究集刊》1992年第2期,第44页。
[4] 连横:《台湾语典》,《台湾文献丛刊》第161种,(台北)台湾银行经济研究室,1963,第20页。

多;台湾则有台北的头北厝,台中的下马厝、六块厝等。"六块厝","因创村当初只有六栋民屋,故得称。六块厝地方,为乾隆年间福建省永春州德化县陈任可入垦之地;光绪年间再有泉州府南安县黄姓移民迁入"[①]。而以竹木芦苇一类材料搭盖的简陋屋棚等,称为"寮"。今闽台方言中以"寮"为地名者,有厦门的顶寮、肤版寮,漳州的田寮,泉州的龙寮;而在台湾则为数更多,如台北的贡寮、高雄的鸭母寮、基隆的七分寮等,竟多达数百处。还有"埔","草原也。呼如晡。台湾地名有林圯埔,为郑氏部将林圯所垦"[②]。在闽南,以"埔"为地名的有厦门的东埔、前埔,漳埔的乌石埔,平和的枫埔,永春的桥头埔,安溪的郭埔,等等。

除了地名中有相同的构词词素外,有些台湾地名与闽南地名完全相同,如在台中有龙溪,台北、嘉义有南靖、长泰,在台南有诏安,在南投有平和,在云林有泉州,在屏东有南安,在彰化、云林有同安,等等。另外,有些台湾地名还保留许多富于闽南方言特色或有特定意义的字词,如恒春县有凉伞兜("兜",即"厝")、沙尾堀;淡水厅有乌眉崎("乌"即"黑")、樟树窟、乌树林、桶盘屿、查某旦("查某"即"女人")、松仔脚、大水堀;苗栗县有泉水空("空"即"孔或洞")、风空吼,还有猪厝、榇仔脚、苦苓脚、乌山头、大滚水等地名。此外,还有其他多彩命名,如彰化的粉鸟厝、台中的卞马厝、基隆的七分寮、台北的贡寮、高雄的鸭母寮等等。其他与上述情形类似的地名常用字还有"嵌""咨""湖""墩""崎""番"等,不一而足。

闽台两地地名命名的习惯和雷同现象,为我们提供了闽南人移居台湾的历史线索,同时也充分表明了两地紧密相连的血缘和文缘。这种语言文化上的亲缘关系再次证明了闽台两地同享闽台区域文化的共性,同时也彰显了其与中华优秀文化的深厚渊源关系。

三 闽台闽南方言的当下生态

长久以来,闽南文化始终保存古汉语精髓,从泉州、漳州、厦门、金门、台湾到日本、菲律宾、印度尼西亚、马来西亚、新加坡、越南、文莱

---

① 洪敏麟编著《台湾旧地名沿革》(第二册·下),(南投)台湾省文献委员会,1984,第138—139页。
② 连横:《台湾语典》,《台湾文献丛刊》第161种,(台北)台湾银行经济研究室,1963,第21页。

等东亚、东南亚地区，甚至到美国都有闽南文化的痕迹，已经形成一个庞大且独具特色的文化圈。据不完全统计，目前海内外使用闽南方言的人口总数为7000万人左右。作为中华文化的重要支系，闽南文化以其深厚的中原文化底蕴，融汇了鲜明的地方特色，融合了海洋文化、南洋文化、阿拉伯文化和西方文化，显得多姿多彩、特色鲜明。

近年来，海峡两岸闽南文化学术研讨会、海西文化论坛、世界闽南文化节、闽南语歌曲大赛、闽南文化国际学术研讨会、两岸姓氏谱牒展暨学术研讨会等文化活动和学术活动，在闽台两地不断掀起"闽南文化"热潮。持续不衰的"闽南文化热"，吸引了两岸各界乃至全世界华人的关注，而"闽南文化热"也推动了以"闽南文化"为主题的文化交流进一步丰富，成为维系全世界闽南人尤其是海峡两岸人民情感的重要纽带。

2011年，成功大学举办"2011成功大学闽南文化国际学术研讨会"。来自加拿大、日本、韩国、新加坡、马来西亚、中国台湾及中国大陆等各地的闽南文化专家学者，从不同视角、不同层面，全方位、跨领域地诠释闽南文化。主题范围涵盖闽南学学科理论、闽南传统文学、闽南语言、闽南俗曲、当代流行闽南文化、闽南华侨、闽南村落及家族史、闽南宗教、南洋闽南文化与文学、域外闽南文献等，对闽南文化圈的内涵、特质、社会价值、地域特色、研究方法、学科构建等问题，在闽南文化、文学、宗教、民俗、历史、社会、文献等学术领域，提出了具体研究成果。2012年，首届"世界闽南文化节"在台湾登场。祖籍闽南的海外华人宗亲、香港及福建等地学者共同参与，海内外闽南人一起探讨、体验、感受台湾特有的闽南文化。成功大学的"闽南文化国际学术研讨会"通过跨领域、跨区域对话为闽南文化圈研究开创新局；金门大学举办华侨论坛，针对"华商成功之道""海外金门会馆之经营""海外闽南文化之传承"展开讨论。观众在文化节中重温了经典闽南语影片。《回来安平港》《假凤虚凰》《王哥柳哥游台湾》等多部经典叫座闽南语电影通过台南艺术大学"闽南文化影展"向观众播放；各地资深影人通过论坛研讨为台湾闽南语电影寻找新契机。2013世界闽南文化节在闽南文化的主要发源地泉州举办。丰富多彩的文化活动充分展现了闽南文化的精华及其世界影响力，搭起闽南文化交流的桥梁，并为闽南文化传承注入新的活力和动力。

台湾属于闽南文化圈的一环，语言、血统、文化上的亲近，为两岸文化交流提供了深厚的基础。毋庸置疑，随着"闽南文化"热的不断推进，闽台两地的闽南方言将获得更多的关注，其历史渊源、现时生态及未来发展前景也将获得更宽广的阐释空间。

第二节　闽台客家方言的渊源关系

闽台两地还有一个共同的方言，就是客家方言。闽西是福建大部分客家人的聚集地，而台湾客家人的重要祖籍地也在福建。两岸客家人可以说是"共祖同根""血浓于水"，有着不可分割的血缘关系，是同一种族的渊源与流派关系。梳理闽台客家方言的源头、分布及文化特点，有助于我们厘清闽台客家方言紧密相连的文化脉络，为闽台文化及闽台文化与中华文化间的源流关系提供明确而有力的佐证。

一　闽台客家人的渊源

1. 客家民系如何形成

客家民系，作为汉民族的重要组成部分，主要源于历史上中原汉人的几次南迁，并与当地部分百越民族互相融合而逐渐形成。西晋末年，中国北方陷入严重战乱，历史进入所谓"五胡乱华"时期，中原汉人为躲避战乱只好纷纷逃离家园，向南部较安定地区迁徙。唐朝中期至南宋，中原地区仍然不太平，先有"安史之乱"、黄巢起义，后来又有"五代纷争""靖康之变"等战祸，中原汉人又陆续往南边大规模逃亡、迁移。客家先民的几次南迁，主要是沿着长江中下游沿岸，先后进入较为偏僻且人烟稀少的江西东南部（赣南）、福建西南部（闽西）、广东东部东北部（粤东）等地。尤其值得一提的是，唐朝中期至北宋南迁的中原汉人，有一部分就是在福建宁化县石壁村落地生根，繁衍几代，甚至几十代。宁化石壁也因此被认为是客家人的"摇篮地"。

客家先民迁移进入赣南、闽西、粤东后，不仅带来了较为先进的生产技术，也将中原文化尤其是古中州汉语传播到当地。他们与畲、瑶等少数民族一起，拓垦耕耘，通过生产劳作中的互相交流，生活中的互相帮助甚至互通婚姻，繁衍生息，逐渐形成了以中原古汉语为主的客家方言，吃苦耐劳、自尊自重、崇祖敬宗、尊师重教的客家精神，群聚而居、注重礼俗的客家文化，并最终形成以汉民族为主体的客家族群共同体。五代至宋元时期，客家民系就在福建广东江西的连接区诞生了。后来，随着客家人口的不断膨胀及生存环境的改变，有一些客家人又从这三个地区陆续迁移，进入四川、广西、湖南、台湾等地，有的甚至走出国门，迁往一些东南亚国家，如新加坡、马来西亚、泰国、菲律宾等。

2. 闽台客家人的亲缘关系

闽西，即福建省西部，古时称"汀州"，在福建、广东、江西三省的交界地带。唐开元二十四年（736），朝廷在福州、抚州之间设置"汀州"。汀州初设时管辖范围包括长汀、黄连、新罗三个县。到了宋代，管辖范围增加到六个县，包括长汀、宁化、上杭、武平、清流、连城。而明代成化年间，"汀州"辖属县域又多了归化、永定两县，增至八个县。由于地处崇山峻岭之中，闽西经济发展和生产开发都相对落后，不过特殊的地理及自然环境也使其较少受中原战乱影响。这也成为闽西吸引大批中原移民开荒拓殖的关键因素。有学者指出："宋元时期，北方汉民入闽后落居于福建各地，其中相当一部分落居于闽西、闽北地区……特别是闽西，由于自然条件的限制，是北方汉民入闽后较晚涉足的山区，而当沿海、沿江一带自然条件较为优越的区域人口逐渐膨胀的时候，后迁入的汉民就不得不向闽西山区拓展，从而促进闽西山区的迅速开发。"[①]

闽西是客家民系的发祥地，也是台湾客家同胞的重要祖籍地。许多人认为，台湾的客家人中应是广东籍客家人最多。如陈运栋在其著作《台湾的客家人》中指出："古嘉应州属（包括镇平、平远、兴宁、长乐、梅县等县）的客家人占最多数，约占（全部台湾客家人口的）二分之一弱；其次为惠府属（包括海丰、膝丰、归善、博罗、长宁、永安、龙川、河源、和平等县）的客家人，约占四分之一；再次为潮州府属（包括大埔、丰顺、饶平、惠来、潮阳、揭阳、海阳、普宁等县）的客家人，约占五分之一强；而以福建汀州府属（包括永定、上杭、长汀、武平、宁化等县）的客家人最少，仅占十五分之一。"[②] 如果从迁出地来看的话，从广东入台的客家人的确占大多数。而如果从祖籍地来看，福建汀州府应是客家人的祖地和根基。历史上，客家人的祖先都曾经在福建汀州府停留或长期居住，最早迁抵闽西的那代祖先也被客家人奉为始祖或一世祖。应该说，海内外各地区客家人绝大部分是从闽西迁播繁衍的，当然也包括台湾的客家人。

早在明代，闽西就有一批客家人迁往台湾。明末清初，郑成功收复台

---

① 林国平、邱季端：《福建移民史》，方志出版社，2005，第42—43页。
② 陈运栋：《台湾的客家人》，（台北）台原出版社，1989，第35页。

湾时所率领的将士中大部分是闽南人，也有一些是闽西人；清康熙二十二年（1683）收复台湾后，福建沿海出现了几次移民高潮，这其中也都有闽西人参加。而更多的客家人是先从客家祖地闽西移民至闽南、粤东后，再由闽南、粤东逐渐迁徙到台湾的。客家民系从闽西播迁台湾的事实在客家姓氏的族谱中可以找到许多，以永定"江"姓为例，"据高头东山、南山、北山的族谱记载，一家兄弟三四人、五六人全部去台的很多，还有父子去台的，祖孙去台的；父亲去世，母亲携子去台的；年轻人去台娶妻的。高头江姓17－22世去台湾谋生的人很多，据不完全统计，22世以前去台湾的有460多人。……尤其是一个房族大部分人去台湾了，族谱中的记录就更不齐全。可以断定，22世以前去台湾的实际人数远不止460人"[①]。"台湾现有约500万名客家人中，从汀州直接迁台人员后裔约占10%，其余大多间接地与闽西有渊源关系。据上杭县谱牒馆资料显示，闽西先后共有70多个姓氏的居民迁往台湾，其中有张、李、邱、钟、何、简、罗、魏、游等10多个姓氏的入闽西开基始祖后裔。有的姓氏在台湾已繁衍至数十万人，如台湾张氏人口达105万人，其中，90%是上杭白砂张化孙的后裔。据永定县调查统计，该县简氏在台繁衍后裔已有20余万人，江姓在台繁衍至五六万人"[②]。在台湾，客家人当中有不少是台湾政要、商贾和文化名流，如李登辉、吴伯雄、简汉生、许信良等。

无论是历史源流还是民间族谱都可以证明，闽西是台湾客家乡亲的主要祖居地，台湾客家人的"源"在福建，根在闽西。闽台客家同宗同源，一脉相传，有血浓于水的亲缘关系。

二 闽台客家方言的分布及文化内涵

一个民系成立的重要因素之一就是有共同的语言。客家民系的共同语言即客家方言。

1. 闽台客家方言的分布情况

客家方言主要通行于广东东部和北部、广西南部、福建西部、江西南部、台湾、四川和湖南部分地区。在印度尼西亚、马来西亚、新加坡、泰国、越南、菲律宾及美洲的华侨、华裔中也有使用者。除上述地区的汉族居民使用客家方

[①] 苏志强：《高头江姓人迁台述略》，政协福建省永定县委员会文史资料委员会编《永定文史资料》第十五辑，1996，第58页。
[②] 龙岩市地方志编纂委员会编《龙岩市志》第二册，方志出版社，2006，第1340页。

言外，福建、浙江、江西、广东、安徽五省的畲族几乎都使用客家方言。

客家方言在福建省主要通行于长汀、宁化、清流、明溪、连城、上杭、武平、永定、建宁、将乐、泰宁、崇安、光泽、邵武、顺昌、沙县、永安、三明、漳平、龙岩、南靖、平和、诏安等。

在台湾，客家人主要来源于广东和福建两省。依照邱彦贵、吴中杰所著的《台湾客家地图》，从广东入台的客家人主要来自嘉应（今梅县）、兴宁、长乐（今五华）、镇平（今蕉岭）、平远、大埔、丰顺、海阳（今潮安）、潮阳、揭阳、普宁、惠来、饶平、海丰、陆丰。而从福建入台的客家人则主要来自长汀、上杭、武平、连城、永定以及南靖、平和、诏安、云霄。[1] 台湾客家委员会《2010—2011年客家人口基础资料调查研究》表明，台湾客家人占台湾总人口的13.6%，客家人口数最多的县市依次为桃园县（78.5万人）、新北市（54.9万人）及台中市（43.6万人）。[2] 客家人到台湾之后，"所居大都为近山或靠山之贫瘠地区，故客谚有云'逢山必有客，无客不住山'。人口过剩，耕地不足，促成了客家人一再迁徙……"[3] 陈运栋在其著作《台湾的客家人》中也指出："综计来自粤东及福建汀州府属的本省籍客家人，以分布于桃园、中坜、新竹、苗栗至台中东势间丘陵地及山谷间人数最多，屏东平原东侧倚山之地（即前述六堆地区）次之（约为前者的四分之一）。"[4] 而台湾的客家族群，按照其居住和集散的地方、客家方言的分布情况可分为"以桃、竹、苗三县为主的北部客家。台中县的新社、石冈、东势、和平、中寮，南投县的埔里、国姓、鱼池、水里、信义，彰化县的溪州、坝头、竹塘、二林，云林县的仑背、二仑为主的中部客家，以及居住在高屏两县，俗称的六堆客家的南部客家等三个主要地区；另外在东部宜兰的员山乡、花东地区的池上、鹿野、关山与凤林等乡镇尚有部分客家人散居于此"[5]。

2. 闽台客家方言的文化特性

（1）闽台客家方言的语言特点。

客家方言在读音上保留许多古汉语的特征。历史上大量南迁的中原汉

---

[1] 邱彦贵、吴中杰：《台湾客家地图》，（台北）猫头鹰出版社，2001，第29页。
[2] 台湾"行政院"客家委员会：《2010—2011年台湾客家人口基础资料调查研究》，见"维基百科：台湾客家人"。
[3] 钟荣富：《台湾客家语音导论》，（台北）五南图书出版公司，2004，第17页。
[4] 陈运栋：《台湾的客家人》，（台北）台原出版社，1989，第31页。
[5] 钟荣富：《台湾客家语音导论》，（台北）五南图书出版公司，2004，第16—17页。

人把古汉语带到闽西客家人集聚的地区，并与当地人的方言相互影响，相互融合，最终形成客家方言。因而如今的客家方言仍保存着许多古代汉语的词汇、语音和语法等特点，单音节词比较多，如皮（皮肤）、面（脸）、毛（头发）、被（被子）、知（知道）、惊（害怕）、食（吃）、寒（寒冷）、暗（黑暗）等。另外，客家方言中日常口语也仍沿用大量的古词语，如索（绳子）、禾（稻子）、乌（黑）、颈（脖子）、饥（饿）、朝（早晨）、昼（中午）、沸（沸腾）等。

在词汇方面，客家方言有些词语与普通话同义却不同词，也即"同义异形"。例如，普通话的"哭"，客家方言称"叫"；普通话称"太阳"，客家方言称"热头"；普通话称"儿媳妇"，客家方言称"心舅"；等等。还有一种情况是，客家方言词语与普通话词语相同，意义却不同，也即"同形异义"。例如，普通话"古典"指称"过去某种文化特色的正统和典范"，而客家方言中"古典"指的是"故事"；普通话"打靶"指的是一种射击的动作，而客家方言中"打靶"指的是枪毙。

在语法上，客家方言的构词特点主要表现为词素逆序、词语重叠、词语附加等。客家方言的词素逆序与闽南方言的特点比较类似，也即是在并列式或偏正式的词语中词素的组合次序与普通话相逆，例如，将"客人"说成"人客"，将"要紧"说成"紧要"，将"热闹"说成"闹热"，等等；在词语的叠加方面，客家方言常用于单音名词或量词的重叠，意为"每一"。例如，桌桌（每一桌）、件件（每一件）、个个（每一个），等等；而客家方言的词语附加，指的是给某些特定称谓加上前缀"亚"（或"阿"）、"老""头""公""嬷"等，或是加上中缀"晡"，例如，亚爸（爸爸）、阿婆（老婆婆）、老哥（哥哥）、日晨头（白天）、手指公（手指头）、亚黄嬷（黄阿妈）、今晡日（今天）等。

（2）闽台客家方言中的称呼词。

客家人好客多礼，且注重礼节。客家方言中有一套有别于其他方言的称呼词。如在长汀客家人那里，称呼陌生人时"常'大'字带头，如：大伯、大叔、大哥、大嫂、大伯姆、大叔姆、大姑、大姐。年青妇女，未知婚否，不要贸然称'大嫂'，应称'大姐'或'老妹'。'先生'用来泛指知识阶层的男性。对女性则称'小姐'、'太太'。对各种手艺人都称'师傅'，古今如此。对各行业人员的妻子称'××娘'。如先生娘、老板娘、师傅娘、老师娘；官员妻子称'太太'、'夫人'。本姓同族称呼，以字辈排行为主，但有时长幼辈也可互称××先生，有的互称'本家'。不是直系的，前加'堂'字，如堂叔、堂姐、堂兄弟、堂侄女等。父辈中比父亲长的称大大伯，二大伯……小的称叔，但濯田与众不同，只大伯中最长者称大伯，其余一律称叔。亲戚之间，常降辈分称呼对方，如对姐夫称姑丈。儿女亲家，初互称'亲家'、'且姆'。儿女生孩子后，男方称女方父母谓公爹、婆媸，女方称男方父母谓公爹、娭馳。邻居、亲房、同事的亲戚，也可按亲戚关系称呼，以表示亲热"①。

在台湾客家人那里，亲属关系的称呼同样也以辈分高低为基本准则。如小孩称与自己父母年纪相似的人为"太伯""阿叔""阿姨"，如果和自己爷爷、奶奶年纪相似的人，则称之为"老阿爷""老阿婆"。

（3）闽台客家的民间禁忌与谐音修辞。

闽台客家民间有许多禁忌，反映在日常生活中主要包括节日习俗的禁忌、数字禁忌、日常用语禁忌、姓氏禁忌，等等。

节日禁忌。客家俗语说："入哩年界（年关）禁忌多"。为图吉利，客家人"年底入年假至整个正月都要尽量避免说不吉利的话，平时每日清晨和初一、十五也应如此。"②春节期间，客家人忌打骂小孩、忌打碎器皿、忌讲粗话恶语、忌用不吉利的字眼，如病、死、苦、贫、灾、乱、荒、杀等。在台湾，"大体上还保持一些汉民族古老传统，腊月廿五日起入年假，到正月初五日出年假。入年假之后，男女老幼都不能骂人或说出不吉利的话，更不能说脏话"③。

日常用语方面禁忌。客家人日常用语中比较忌讳"死亡""生病"等词语。比如，为避免冒犯或不吉利，客家人日常对话时"特别要避免'死'字，非要提到不可，改用其他词语。如'走撒嘞'（走掉了）、'归天了'、'人老了'等。小孩生病忌说病字，改说'做狗'或'冻感'。一般大人生病也说'人有事'。买猪舌宜称'猪利'，因'舌'与'蚀本的蚀'同音。收入钱财，称'入银'。不宜称'入财'，因'财'与棺材的'材'同音"④。在台湾，死亡的避讳词也很多，如"过身""过往""往生""转去""老去""年老"，避提不幸事件。同样，客家人对"生病"一词也很

---

① 长汀县地方志编纂委员会编《长汀县志》，生活·读书·新知三联书店，1993，第847页。
② 长汀县地方志编纂委员会编《长汀县志》，生活·读书·新知三联书店，1993，第849页。
③ 陈运栋：《台湾的客家礼俗》，（台北）台原出版社，1991，第129页。
④ 长汀县地方志编纂委员会编《长汀县志》，生活·读书·新知三联书店，1993，第849页。

避讳，不说"生病"，而改成"人唔自然"，小孩生病要说"人不乖"，只因怕一说生病便会使病情加重而招致死亡。此外，"'血光之灾'也是要避讳的，人们厌恶血光，血是红色，而'红'在文化积淀中是吉祥或喜庆的意象，因此海陆客语把猪血换名为'猪红'，四县客语则由'红'进一步引申说成'猪旺'，'旺'与'红'音近，却更有表示吉祥的意味"①。

数字禁忌。在闽台客家民间，人们的日常生活中常常避讳"四、六、七、八"等数字。比如，客家人农历逢七、八的日子一般不相亲。而且还有"七不出门远行，八不回家"的禁忌，怕"七七八八"有许多是非。如客家歌谣所唱："初一就系初一头，初二还系新年头。初三就系穷鬼日，初四就系妹家日（回娘家）。初五又话出年卦，初六又喊嬲一日。七不去，八不归，九九十十看找狮。十一十二龙灯到，索性月半正月来归。"此外，客家俗语还有"初五、十四、二十三，且婆有银莫去担""初五、十四、二十三，老君灶里不炼丹"等说法，因此每个月的"初五""十四""二十三"，被认为是每个月的禁忌日。

姓氏禁忌。客家人忌讳自己的姓氏与某种动物的名称、某种不吉利的事物、不雅的动作、不堪的状态等同音。若遇到这种状况，这一姓氏的人就会用另一种说法来表达，以免犯讳。例如，姓杨的人称宰羊为"宰幼毛"，姓黄的人把黄牛称作赤牛或沙牛，姓朱的人就把猪叫作"肥货"。姓温的人平日就不说"猪瘟""鸡瘟"，姓谢的人不喜欢他人说"感谢"，要说"多谢"，姓刘的人就不爱听"割瘤"，姓古的人也不说"打鼓"，姓壮的人就不说"装死"，姓罗的人也不愿意听"烂箩"或"坏箩"等词。还有，长汀客家人"出门坐船，姓陈者忌说'陈'，宜称姓'浮'，因'陈'与'沉'同音。是行船之大忌。"② 同样，在台湾，"海陆客语以南瓜为'黄菩'，四县话却因此字和姓氏的'黄'相同，为避免被剖杀的不好联想，因此姓黄人家不说'黄菩'而说'金瓜'"③。

（4）闽台客家方言的谚语。

闽台客家方言中有不少谚语，包括气象谚语、为人处世谚语、家乡谚语、日常生活谚语等，内容涉及天文地理、农业生产、风土人情、生活哲

---

① 邱湘云：《委婉语在台湾语言及台湾文学中的表现》，《第四届台湾文学与语言国际学术研讨会论文集》，（台南）真理大学语文学院，2007。
② 长汀县地方志编纂委员会编《长汀县志》，生活·读书·新知三联书店，1993，第849页。
③ 邱湘云：《委婉语在台湾语言及台湾文学中的表现》，《第四届台湾文学与语言国际学术研讨会论文集》，（台南）真理大学语文学院，2007。

理、说理讽刺，等等。这些流传在闽台客家民间的谚语，一方面是闽台客家人生存、生活的智慧结晶，另一方面也彰显了闽台客家方言独特的文化内涵。

在福建客家方言区，有许多流行民间的谚语。如"立夏小满，江河尽满""芒种水，恶过鬼""人黄有病，天黄有雨""四月寒，八月旱""蚯蚓出洞有雨落""雷打冬，十个牛栏九个空""早上青蛙叫，不久雨将到"。这是关于气象的谚语。还有，"水是故乡甜，话是乡音亲""金窝银窝，不如家乡狗窝""家乡水甜入心，十年不改旧乡音""富贵不离祖，游子思故乡""摘瓜寻藤，念祖寻根""生为客家人、死为客家鬼"。这是关于客家祖地家乡的谚语。此外，"生子唔读书，不如养头猪""路不走不平，人不学不成""天光唔起误一日，少年唔学误一生""人勤地生宝，人懒地生草""男既最怕走错路，女既最怕嫁错郎""地瘦栽松柏，家贫子读书""唔登高山，唔知天高；唔入深潭，唔知地厚""骂多不听，打多不惊"。这些则是有关日常生活的谚语。

在台湾客家方言区，也有许多谚语，如为人处世方面的谚语有："子不嫌母媸，狗不嫌家贫。香花宿蝴蝶，臭肉惹乌蝇。""当面是人，背后是鬼。""相骂莫帮言，相打莫帮拳。""家财万贯，不如薄艺在身。""一日学习一日巧，三日无学十日空。""不怕虎狼对面坐，就怕人前两面刀。""手指伸出有长短，石头铺路有高低。再好良田有胖谷，再好草山有瘦牛。"[1]

三 闽台客家方言区的文化交流

从闽台客家方言的分布、闽台客家方言独特而丰富的文化内涵可以看出，台湾与福建客家人声息相通，"共祖同根""血浓于水"。可以肯定地说，两岸客家人有着不可分割的血缘关系，是同一种族的渊源与流派关系。

改革开放以来，台湾每年都有众多的客家乡亲回到福建寻根谒祖，客家文化交流更密切了闽台客属同胞的联系。近年来，福建高度重视推动这种交流，有关各方积极搭建各种交流平台，打造"海峡客家"品牌。如今，随着客家热遍布全球，世界客属恳亲大会已从单纯的恳亲联谊，扩展到文化、学术、经济、政治等层面。闽台客家文化交流也已从单纯的学术研究发展到寻根、旅游、文教、艺术、恳亲、经贸等多方面交往与合作。它不

---

[1] 胡万川编《新屋乡客语歌谣谜谚》（一），（桃园）桃园县政府文化局，2003。

仅是联络客属乡情、乡谊和跨国、跨地区交往的重要载体，还是新时期多元性的族群认同和文化交流的重要平台。作为"客家人的中转站""客家摇篮""客家祖地"，福建宁化石壁成为海内外客家人寻根朝圣的中心，每年宁化都在石壁客家公祠举行"世界客属石壁祖地祭祖大典"。众多客家的一世祖源自上杭，上杭因此广邀台湾及海内外各姓氏宗亲回祖地寻根祭祖，永定则每两年举办一届"中国永定土楼文化节"。大型原生态客家风情歌舞集《土楼神韵》正是以世界文化遗产永定客家土楼为背景，运用情景再现、原生态客家山歌以及客家杰出民俗歌舞等多种艺术手法，形象地表现"坚韧不拔、刻苦耐劳、开拓进取、拼搏奉献、爱国爱乡、团结互助、崇文重教、敬祖睦宗"的客家文化底蕴和客家精神。

闽台间的交流活动吸引了众多的台湾客属，为推进客家文化的传承与弘扬提供了感性而有效的平台，有利于加强闽台客家之间在传统文化与现代文化上的交流与互动，吸引更多的两岸民众和海外人士关注和广泛参与，构建两岸互动互信的客家文化圈。

第三节 从闽台方言看海峡两岸的文缘

闽台文化是中原汉民族文化向福建传播，继而播迁到台湾的结果，具有独特而丰富的内涵。它包括了闽台宗教、闽台习俗、闽台艺术、闽台建筑、闽台饮食等文化元素。闽台共同的文化渊源及文化形态，证明了海峡两岸深厚的文缘。当然，闽台文化元素得以传承和播散的重要载体是闽台方言，包括闽台闽南方言和闽台客家方言。

一 闽台方言的传播与分布

闽南方言和客家方言在台湾的传播与分布，与福建移民入台的活动有紧密关联。

明清两代，大批闽南人自漳、泉两地移民入台。台湾闽南方言也因此自漳、泉传入。"从明末到清末近300年间，漳州人不断向台湾大批移民，在当地形成具有本土特色的漳籍社会……漳州地域不少族谱记载，清代初、中期100多年间，一个家族向台湾移民二三百男丁者，为数不少，几乎每一代都有青年去台湾定居，仅留下少数房头承继香火祖业。南靖、平和赖氏，南靖萧氏、魏氏、李氏、简氏，平和庄氏、张氏，诏安黄氏、许氏的族谱大多载有族人为生活所迫徙居台湾的事实。……漳州与台湾一水之隔,舟楫相通。东山至澎湖98海里,东山渔民甚至径往澎湖建立渔村。漳州人有不少借渔船、舟楫之便移居台湾。《八闽全鉴》记载:'舟船起碇扬帆,顺流东向,四更功夫过黑水洋,五更功夫抵岸,七更北靠淡水(台北县淡水河口)、基隆,偏东乌石港,南抵安平(宜兰县冬山乡内)、布袋(今嘉义县布袋港),偏北抵北港、鹿港、红毛(新竹县新丰溪口北岸)、梧栖(台中县辖镇,原为小港口),偏南打狗(今高雄市)。'"① 漳州人入台以后,他们"大多成群结伙,通力合作,挺进荒野。'聚二三十人或三四十人,同搭屋寮,共居一处',垦得土地后,便在此建立村社,形成'小漳州'区域。台湾宜兰平原最初是漳州人'结庐以食'。到嘉庆十四年(1809年),宜兰漳州人共有4.25万余丁,泉州人250余丁,广东人140余丁。其时,漳州人占当地总人口数的99%。早期漳州宗族的垦居区分布于台湾西部和北部。漳浦赤湖陈姓、吴姓开基宜兰,平和赖姓开基台中,南靖梅林简姓开基南投,诏安官陂黄姓开基彰化"②。

而泉州移民入台后"多数聚居于台湾西部沿海平原地带……但泉属安溪、永春、德化等县的部分移民,则落足于略似原来家乡地理形势的丘陵山地和盆地,继续施展他们的生产技能。综合台湾人口统计数字、台湾泉属各县同乡会会刊及其他资料,泉籍台湾同胞主要居住在台北市、台北县、新竹市、台南市、台南县、高雄市、高雄县和澎湖县,占当地人口的绝对多数。而苗栗、台中、彰化、云林、嘉义等县沿海乡镇,世居住民亦多属泉州籍。泉漳、泉客(家)或泉漳客(家)平分秋色的有屏东、台东、花莲等县。即使几乎为漳州籍人天下的宜兰县,亦有泉州人开发的苏澳镇"③。

漳、泉两地入台的移民大多按照同乡聚居的原则,分布于台湾各地,不过也有杂处的情况。因此,台湾闽南方言也呈现了这样的特点,既有"泉州腔",也有"漳州腔",或者"不漳不泉"的"漳泉滥"。依据洪惟仁的考察,台湾闽南方言主要分布在西部由台中绵延至台湾最南端屏东的大平原及宜兰平原、东北及北部海岸、桃竹苗海岸、花莲海岸平原、台东海岸平原、台北盆地、南投埔里盆地、花东纵谷、澎湖群岛、小琉球、绿岛,等等。几乎所有海拔最低,最容易开发,交通最发达的平原、海岸、盆地、

---

① 漳州市地方志编纂委员会编《漳州市志》,中国社会科学出版社,1999,第2667页。
② 漳州市地方志编纂委员会编《漳州市志》,中国社会科学出版社,1999,第2674页。
③ 泉州市地方志编纂委员会编《泉州市志》,中国社会科学出版社,2000,第3406—3407页。

岛屿都是闽南语的分布区。① 而关于台湾闽南方言的分布特点,张振兴在《台湾闽南方言记略·导论》中指出:"在地理分布上,北部台北、基隆和鹿港、淡水一带,南部高雄至恒春沿海一线,主要通行泉州腔;中部嘉义、南投一带和东北部宜兰、罗东、苏沃等地主要通行漳州腔;而西部台南、台中以及东部新城、花莲一带,泉漳腔交错分布的情况则很复杂,经常分不清哪一种是主要的,哪一种是次要的……我们确实很难划出一条或几条绝对准确的地理分布界限。但是除了附属若干小岛之外,区分出大致的分布区域,这仍然是可能的。"② 对当下台湾的闽南方言生态,洪惟仁认为,所谓漳泉混合的"'混合腔'正在急速地扩张。台湾闽南语方言已经找到自己的方向,不论是偏泉腔、偏漳腔或混合腔,都一起往同一个方向在变化,方言特色正在快速地消失。长此以往,台湾将只剩下一种口音一致的'混合腔',而无所谓'偏泉腔'、'偏漳腔'了"③。

客家人自明朝始就陆续移民入台。"最早来到台湾的客家人,虽是跟随郑成功的部队入台,但这些客家人人数并不多……客家人较大规模的移民,则是清康熙中叶以后的事。早期的客家人从原乡来台,大都在打狗港、下淡水港或东港登陆,然后沿着下淡水港入据屏东竹田、万峦、高树、高雄、美浓一带,稍晚之后才有其他的客家人从鹿港、草港登陆,垦拓彰化、云林及南投等地;或从崩山港、大安港登陆,入垦大申、丰原、东势者;或从房里溪、吞霄溪上岸,垦拓房里、通宵、白沙屯等地区;或从中港、后垅港登岸,散居在苗栗一带者;或从竹堑港、红毛港登陆,开发新竹地区;或从南崁、观音登陆,成为桃园主人的客家人。"④ 随着客家人进入台湾的客家方言,依据其垦耕定居的地点而传播,主要"分布于桃园新屋乡、中坜、龙潭以南的桃园县、新竹市及海边以外的新竹县,竹南、后龙、通宵以外的苗栗县,台中的东势、大社、延至南投北端的国姓乡,整个北部的丘陆、台地,大部分是客家语区"⑤。

台湾客家人有的来自福建,有的来自广东,因而在方言的腔调上存在一些区别。而来自福建的客家方言,其内部也有不同的腔调,如"诏安腔""永定腔""汀州腔"等。使用"诏安腔"的客家人指的是来自福建省漳州

---

① 洪惟仁:《台湾的语种分布与区划》,《人文与社会科学简讯》2013年3月。
② 张振兴:《台湾闽南方言记略·导论》,福建人民出版社,1983,第2—3页。
③ 洪惟仁编《闽南语概论讲义》,2010,第20页。
④ 刘还月:《台湾客家风土志》,(台北)常民文化出版社,1999,第23—24页。
⑤ 洪惟仁:《台湾方言之旅》,(台北)前卫出版社,1994,第92页。

府的诏安县、南靖县、平和县、云霄县的移民。他们分布于云林县的仑背、二仑、西螺，桃园县的八德，大溪的黄兴村，大溪南兴的黄姓、龙潭，台中市的西屯区、北屯区部分地区，新北市的新店区的安坑庄，南投县的中寮乡部分地区，嘉义县的中埔乡境内的诏安厝，台南市的白河区境内的诏安厝，宜兰县的部分地区。使用"永定腔"的客家人，是指来自永定县、上杭县、武平县等三个县的移民。使用"汀州腔"的客家人是指来自长汀县、连城县、宁化县、归化县、清流县五个县的移民。他们分布于新北市的三芝区，彰化县的员林、永靖、溪湖，桃园县的龙潭，观音江姓，中坜吴姓、胡姓，嘉义县的部分地区。[1]

总体来说，随着闽南人、客家人陆续入台，闽、客方言成为通行台湾的主要方言。依照洪惟仁的研究，如果仍按方言腔调来划分，台湾方言可以细分为"偏漳腔""偏泉腔""漳泉混合腔""客语区"。[2] 而"泉腔"之下分为"泉山腔""泉中腔""泉海腔""同安腔"四大类。其下又分老、新、偏等次分类。至于"漳州腔"又可以分为"漳山腔""漳海腔"。"客语区"分为"四县腔""海陆腔""大埔腔""饶平腔""诏安腔"，合称"四海大平安"。[3] 在《台湾方言之旅》中，洪惟仁梳理了台湾不同腔调方言的分布情况，主要包括"海陆腔客语区""四县腔客语区""偏泉腔闽南语区""偏漳腔闽南语区""漳泉混合区"。

这样看来，随着中原汉人南迁而逐渐形成的闽、客方言，也同样随着闽、客人迁往台湾而得以广泛承传。这其中颇为丰富而复杂的方言分布形态，一方面记载着闽、客人入台的生动历史，另一方面也彰显了闽台方言的生动性和丰富性。

二 闽台方言的文化内涵

方言是历史的产物，也是文化的载体。闽台方言的传播和分布，一方面记载了闽台方言的历史渊源和交往活动，另一方面也承载着多元的闽台文化，包括闽台民间熟语、民间习俗等。闽台方言具有生动而丰富的文化内涵。

---

[1] 参考"台湾客家语"，维基百科。
[2] 洪惟仁：《台湾方言之旅》，（台北）前卫出版社，1994。
[3] 洪惟仁：《台湾的语种分布与区划》，《人文与社会科学简讯》2013年3月。

1. 闽台方言的"古汉语"特征

闽台方言的源头是历史上中原人多次南迁入闽带来的古汉语。因而,无论是闽南方言还是客家方言,都保留了诸多古汉语的特征,为人们回溯闽台方言的源流关系提供了有力的证据。

在读音方面,闽台方言保留了许多古汉语成分。以闽南方言为例,闽南语的声母直接继承上古中原语的声母系统。上古中原汉语无轻唇音,无舌上音,且多舌音。这些重要的古代汉语语音现象,在闽南语中都被保存得很好。因此,用闽南方言吟诵唐诗宋词,都完全符合古语韵脚。同样的,客家方言也继承了较多古汉语的特性,如完整的入声韵尾[-p]、[-t]、[-k]。

在词汇方面,闽台方言中仍有不少古汉语词语。"台湾话'孙子'、'侄子'、'外甥'都称为'孙仔',这是古南蛮的遗俗。"① 又如,闽南方言中的"趁钱"(赚钱)、"精肉"(瘦肉)、"敢是"(可能或是不是)、"头先"(刚才)、"汤"(烧开的水)、"呷茶"(喝茶)、"糜"(稀饭)等,这些日常使用的方言也都保留了古汉语词汇的意思。

2. 闽台方言的"熟语"

"熟语"是人们在长期的生产和生活中积累并相互传达使用的一种特殊方言形式,主要包括谚语、成语、歇后语等。在闽台两地人民共同使用的方言中,同样有许多相同或相似的"熟语"。这些"熟语"在民间方言使用区广为流传,具有浓烈的地方色彩和文化特点,同时还反映了当时的社会形态、民间风俗、生活智慧、人生哲理等。

(1)谚语。连横在《雅言》中说:"俚言俗谚,闻之似鄙,而每函真理,古人谈论,每援用之。"②《雅言》收录了57则台湾俚谚,内容包括禁忌、俗传、讽诫、气象、人生观、道德、风俗、不平之鸣、歧义殊见及歇后语式的俚谚等类别。藏汀生认为:"台湾闽南语系居民都来自漳、泉二州,此系就其近者而言,就其远者而论,则是中原汉族文化的延续,因此,台湾歌谣来源,大致可从两方向探讨,一是承接大陆家乡词调及在此地发展茁壮者,二是知识分子的创作。"③ 当然,不仅是歌谣,台湾俗谚也深受

---

① 洪惟仁:《闽南语概论讲义》第2章,2010,第5页。
② 连横:《雅言》,《台湾文献丛刊》第166种,(台北)台湾银行经济研究室,1963,第13页。
③ 藏汀生:《台湾闽南语歌谣研究》,(台北)台湾商务印书馆,1980,第40页。

福建谚语的影响,反映出闽台两地密切的语言交流。

福建谚语传入台湾之后,有一些仍然沿用原来的意思。如,台湾谚语"七不出,八不归"① 的说法与闽台相似。也有一些由于外部环境的变化而有所变化,但意思还是一样的。如闽南谚语"有钱讲话响丁当,没钱讲话没人听",在台湾则变成"无钱跟查某(指女人)讲无话,无酒跟神明掷无杯";"才吃三日菜(指吃素),就想上西天",在台湾则变成"三日无偷鸡,就想做家长";闽南谚语"好货(指好东西)不会丢路旁",在台湾则有"好柴不会流到关渡门"。再如"'嫁护鸡,隶鸡飞;嫁护狗,隶狗走;嫁护乞食,揹葭注斗。'盖以女子从一而终,虽遭困厄,不忍离异"②。福建客家谚语也有"嫁猪腾猪,嫁狗腾狗,嫁狐狸满山走"。这是"一般长辈,劝勉女孩子们,对婚姻的看法和履践的义务。换言之,就是唯命是从,不可轻易地违抗"③。

此外,闽台民间还有很多共同流传使用的谚语,内容包括农业、习俗、人生哲理、拼搏精神、海洋经验等。

农业谚语,如"惊蛰未发雷先发,四十九日云不开""惊蛰浸种,懵懵懂懂""二月不播种,三月不布田(布田,指插秧)""清明要明,谷雨要淋""燕来三月三,田园一片青""燕去八月半,田园一片黄""立秋起南风,秋后要旱冬""冬节在月头,棉被盖过头""冬节在月中,毛(没)寒和毛(没)霜""冬节在月尾,毛(没)柴炊糖馃",等等。

节日习俗谚语,如"食蛋讲太平""清明毋转去(毋转去,指没回家),厝(指家里)无祖;过年毋转去,厝无某(某,指老婆)""冬节不返无祖,过年不返无某(某,指老婆)""七月半的鸭仔不知死",等等。

在人生哲理方面,如"起厝一工(盖房子一天),娶某(指老婆)一冬,饲(指养)细姨(指小老婆)无闲一世人""钱追人财旺,人追钱发狂""人给狗咬,总不能再去咬狗""宠猪举灶,宠囝(指儿子)不孝",等等。

还有反映闽台人民拼搏精神的谚语,如"少年毋打拼,老来无名声""三分天注定,七分靠打拼""输人不输阵,输阵歹看面"等;还有一些谚语体现的是闽台人民的海洋生活体验,如"一时风,行一时帆""要看看外

---

① 连横:《雅言》,《台湾文献丛刊》第 166 种,(台北)台湾银行经济研究室,1963,第 18 页。
② 连横:《雅言》,《台湾文献丛刊》第 166 种,(台北)台湾银行经济研究室,1963,第 15 页。
③ 徐运德编《客家谚语》,中原周刊社,1993,第 200 页。

海,不看看缸内""过得海,就是仙""讨海人请亲家,无鱼也有虾"等。再如,客家谚语"学会三尾好嫁人"则反映了传统闽台社会男尊女卑的现象。"三尾"指"针头线尾""灶头镬尾"及"田头地尾",意即"女孩子未出阁前,在父母家,必须先学会三尾。将来嫁人后,首先要能够缝补衣裳、绣花做鞋等女红。其次还能够烧火煮饭,烹调膳食等事。再次,也要能够操作农事,锄田耕种等。三尾学好,便是好儿女之谓"[①]。而"所谓'针头线尾',就是对缝纫、刺绣、裁补、纺绩等女红,件件都能动手自为的意思。所谓'灶头镬尾',就是指烧饭煮菜、调制羹汤、审别五味,样样都能得心应手,学就一手治膳技能,兼须割草打柴以供燃料的意思。所谓'田头地尾',就是播种插秧,驶牛犁田,锄草施肥,收获五谷,不要使农田耕地荒芜的意思"[②]。

(2)成语。主要指的是闽台方言中的"四字格"词语。虽短短四个字,却意味深长。四字成语在方言中运用比较广泛,言简意赅,生动活泼。

如"一家一业"[③],指的是各家有各家的事,与"家家有本难念的经"同意。"无嘴无舌",指的是不善于交际。"弯街僻巷",指的是乡村的地形和景观。"大眠小死"[④],指的是睡得很熟。"大头大面"[⑤],讽刺厚颜不知耻的人。"水流破布"[⑥],比喻到处闲聊,东看西看,流连忘返。"有七毛(无)八"[⑦],指拉拉杂杂,不完整。"敢趁敢了"[⑧],即敢赚敢赔。而像"透早透暗""起早摸乌""拖身磨命"等成语则描绘了人们勤奋劳作的辛苦。而另一类成语如"臭心毒行""风声谤影""七谤八谤"等指的是对别人不怀好意,喜欢说三道四的行为。

(3)歇后语。歇后语由近似谜面和谜底的两部分组成,是带有隐语性质的口头语。闽台方言歇后语取材于闽台人民的日常生活,常用方言和闽台事物来表现,十分生动有趣。歇后语的取材范围包括民间传说、历史典故、神仙鬼怪、地方风物、各行各业、时间节气等。

---

① 徐运德编《客家谚语》,(台湾)中原周刊社,1993,第127页。
② 陈运栋:《有关客家妇女的言论》,《客家人》,(台北)联亚出版社,1983,第17页。
③ 周长楫等编著《台湾闽南谚语》,(台北)自立晚报社,1992,第10页。
④ 周长楫等编著《台湾闽南谚语》,(台北)自立晚报社,1992,第37页。
⑤ 周长楫等编著《台湾闽南谚语》,(台北)自立晚报社,1992,第38页。
⑥ 周长楫等编著《台湾闽南谚语》,(台北)自立晚报社,1992,第60页。
⑦ 周长楫等编著《台湾闽南谚语》,(台北)自立晚报社,1992,第94页。
⑧ 周长楫等编著《台湾闽南谚语》,(台北)自立晚报社,1992,第180页。

闽台闽南方言歇后语有："阿嬷生查某子——生姑（发霉）"；"脚底抹油——溜"；"乞食过溪——行李济（多）"；"六月割菜——假有心"；"秀才包袱巾——包书（包输）"；"番仔嘴须——没半批（什么都不会）"；"烟筒管破孔——坏管（难说）"；"阿里山坐火车——碰壁"；"台湾鲟——无膏"；等等。

闽台客家方言也有许多歇后语。例如："泥鳅比黄鳝——差一大截"；"裁缝打狗——有尺寸"；"借一角还十分——分文唔差"；"寒狗不识六月天——不识时务"；"狗咬鸭仔——呱呱叫"；"土地公放屁——神气"；"一只筷子食粉皮——单挑"；"鸭子嘴巴——叽哩呱啦"；"年三十晚养猪——来唔及"；"草蜢撩鸡公——不自量力"；"拳头打狗虱——有劲无处使"；"死一摆，总无死两摆——唔使惊"；"狗想豆腐骨——白费心机"；等等。

3. 闽台方言的文化习俗词汇

闽台民俗以闽台方言的广泛传播为基础，是闽台人民在长期的生产生活中形成并传承的民间生活习俗。因此，闽台方言中的许多词汇直接反映了闽台两地人民的民间信仰、节日风俗及一些特定意义的风土人情。

民间信仰是闽台民俗的主要内容，闽台两地的源流关系非常鲜明。闽台两地民间信仰中常见的词汇包括"普度""跳铜""请火""师公""进香""取香""游境"等。

还有就是与节日习俗有关的词汇。闽台闽南人在除夕时要以"嫩饼"奉祭厝主、门宅诸神，长辈要给孩子们分"过年钱"，在各自大门外"烧火囤"，全家老小围坐在一起称"守岁"；"台湾人过年时饭菜一定不能吃完，要'偆'（剩），门上要贴'春'字，这是因为台湾话'偆'（剩）和'春'同音，祝贺'年年春（偆）'讨吉利"①。元宵节"听香"、吃元宵圆；端午节"煎堆"、吃粽子等。尤其值得一提的是端午节"煎堆"。台南安平有一种小吃叫作"煎䭔"，非常有名，而到了端午节时，每家每户更是"煎䭔"飘香，并且邻里之间还要互相品评一番。而事实上，台南安平的"煎䭔"习俗，其所需要的制作原料、制作方法及闽南语读音都与闽南各地的"煎堆"习俗完全一样。闽台还有一种习俗叫"冲喜"。"冲喜"，"谓以吉胜凶也。俗于男子订婚后，如有重病，父母为迎其女来家，俾之相见，

---

① 洪惟仁：《闽南语概论讲义》第2章，2010，第12页。

谓之冲喜。冲本作充，相忌而相见者也"①。又如"伴手"，"俗赴亲友之家，每带饼饵为相见之礼。而台北曰手讯，谓手又之相问讯也"②。"凡此岁时所载，皆漳、泉人之流寓于台者；故所尚亦大概相似云。"③

还有一些闽台方言词汇反映了闽台地区特定的风土人情，比如"过番""脱草鞋""送顺水"等。还有比如做田、钯田、播田、做水、沃肥、抠草、割禾、曝粟、鼓粟、锄头等词汇，反映的是闽台方言区特有的农业文化和生产生活习性；而像高甲戏、歌仔戏、南音、傀儡、抽线傀儡等词汇，则汇聚了闽台方言区戏曲文化的精华。

三 闽台方言的差异

由于闽台文化的源流关系，两地方言形态具有诸多共同内涵。然而，闽台两地的历史、政治、地理等均存在一定差异，闽台两地的闽南方言和客家方言也因此存在一些细微差别，比如语音、腔调、词汇、语法等。以闽南方言为例，将学者周长楫主编的《闽南方言大词典》与董忠司的《台湾闽南语辞典》相比较可以发现，台湾闽南话有90%左右的词语与福建闽南话的词语是相同的。然而，张振兴在《台湾闽南方言记略》中指出，台湾闽南方言与福建闽南方言在词汇方面有一些差异。比如，有些词汇是台湾闽南方言特有的词汇。"九孔：台湾近海产的一种海螺。在来米，泛指台湾出产的大米。国姓公，指郑成功。"④ 还有一种情况是对同一种事物的不同叫法。比如"冷饮店"，台湾闽南语称"冰果店"，厦门话称"冰店"；"存款"，台湾闽南语称"寄钱"，厦门话称"在钱"；"纸币"，台湾闽南语称"银票"，厦门话称"纸字"，等等。此外，台湾闽南语还有一些外来词，尤其是日语中的某些词汇。⑤

总体而言，闽台方言的共通性远远大于其差异性，它们的存在形态、共同内涵及文化特性正是对海峡两岸深厚"文缘"的有力诠释。

---

① 连横：《台湾语典》，《台湾文献丛刊》第161种，（台北）台湾银行经济研究室，1963，第46页。
② 连横：《台湾语典》，《台湾文献丛刊》第161种，（台北）台湾银行经济研究室，1963，第48页。
③ 周宪文编《台湾通志》，《台湾文献丛刊》第130种，（台北）台湾银行经济研究室，1961，第629页。
④ 张振兴：《台湾闽南方言记略》，福建人民出版社，1983，第181页。
⑤ 张振兴：《台湾闽南方言记略》，福建人民出版社，1983，第181—183页。

四　闽台文缘

从海峡两岸闽台方言的传播历史和分布特点、闽台方言共同的文化特征可以看出，闽台两地语言相同，文缘相承，具有源远流长的文化亲缘关系。闽台方言的具体内涵是闽台两地同根同源、同文同种的真实写照。因此，"上山看日时，下海看水时""爱拼才会赢"等闽台俗语，常常能唤起闽台人民相同的内心感应。可以说，以闽台方言为载体，闽台两地人民共享着同样的生活样式、价值理念和精神诉求。而闽台方言所承载的闽台文化，是大多数台湾同胞的祖地文化，更是一条维系、滋养两岸同胞的强大生命血脉。

现今，海峡两岸关系得到不断改善，台湾与大陆之间在经济、文化等方面的往来也愈发密切。加强闽台文化交流平台建设，扩大两岸文化交流范围，使闽台方言和闽台文化成为联系两岸同胞亲情的有效纽带，必将有助于团结、凝聚台湾同胞，推进两岸同胞的文化身份确认和文化认同感，传承中华优秀文化，促进祖国和平统一。

（本章撰稿：刘桂茹）

参考文献

一、著作

1. 台湾银行经济研究室编辑《台湾文献丛刊》，（台北）台湾银行经济研究室，1957—1972。
2. 台湾省文献委员会编《台湾省通志》，（台北）众文图书公司，1969—1972。
3. 台湾省文献委员会编《重修台湾省通志》，1994。
4. 《台湾文献史料丛刊》，（台北）大通书局，1984。
5. 江日昇：《台湾外纪》，（台北）文化图书公司，1972。
6. 林仁川：《大陆与台湾的历史渊源》，文汇出版社，1991。
7. 林国平主编《文化台湾》，九州出版社，2007。
8. 林仁川、黄福才：《闽台文化交融史》，福建教育出版社，1997。
9. 台湾总督府警务局编《台湾抗日运动史》，（台北）海峡学术出版社，2000。
10. 陈小冲：《日本殖民统治台湾五十年史》，社会科学文献出版社，2005。
11. 王诗琅编《日本殖民地体制下的台湾》，（台北）众文图书公司，1980。
12. 中国第二历史档案馆、海峡两岸出版交流中心编《馆藏民国台湾档案汇编》，九州出版社，2007。
13. 福建省炎黄文化研究会等编《台湾建省与抗日战争研究：纪念抗日战争胜利60周年暨台湾建省120周年学术研讨会论文集》，鹭江出版社，2008。
14. 潘朝阳：《明清台湾儒学论》，（台北）台湾学生书局，2001。
15. 李申：《简明儒学史》，中国人民大学出版社，2006。
16. 陈名实：《闽台儒学源流》，福建教育出版社，2008。
17. 干春松：《制度化儒家及其解体》，中国人民大学出版社，2003。

18. 朱双一：《闽台文学的文化亲缘》，福建人民出版社，2005。

19. 黄道周：《黄漳浦文集》，（悉尼）国际华文出版社，2006。

20. 陈昭瑛：《台湾儒学的当代课题：本土性和现代性》，中国社会科学出版社，2001。

21. 陈昭瑛：《台湾儒学：起源、发展与转化》，华东师范大学出版社，2012。

22. 侯中一编《沈光文先生专集》，（台北）文海出版社有限公司，1980。

23. 张文彪：《儒学与当代台湾》，福建人民出版社，2010。

24. 朱杰人、严佐之、刘永翔主编《朱子全书》（第二十七册），上海古籍出版社、安徽教育出版社，2002。

25. 高令印、陈其芳：《福建朱子学》，福建人民出版社，1986。

26. 〔日〕伊能嘉矩：《台湾文化志》，江庆林等译，台湾省文献委员会，1991。

27. 陈庆元：《福建文学发展史》，福建教育出版社，1996。

28. 蒋毓英：《台湾府志》，中华书局，1985。

29. 赵园：《明清之际士大夫研究》，北京大学出版社，1999。

30. 刘登翰等主编《台湾文学史》（上卷），海峡文艺出版社，1991。

31. 刘登翰：《中华文化与闽台社会——闽台文化关系论纲》，福建人民出版社，2002。

32. 黄乃江：《东南坛坫第一家：菽庄吟社研究》，武汉出版社，2011。

33. 陈支平主编《菽庄相关诗文集　菽庄收藏杂录》（台湾文献汇刊·第七辑·第四册），九州出版社、厦门大学出版社，2004。

34. 彭瑞金：《台湾新文学运动四十年》，（台北）自立晚报社文化出版部，1991。

35. 台湾成功大学台湾文学系企划编辑《跨领域的台湾文学研究学术研讨会论文集》，（台北）台湾文学馆，2006。

36. 黄美娥：《重层现代性镜像：日治时代台湾传统文人的文化视域与文学想像》，（台北）麦田出版社，2005。

37. 陈碧笙：《台湾府志校注》，厦门大学出版社，1985。

38. 朱士嘉编《中国地方志综录》（增订本），商务印书馆，1958。

39. 金恩晖、胡述兆编著《中国地方志总目提要》，（台北）台北出版社，1995。

40. 中国科学院北京天文台编《中国地方志联合目录》，中华书局，1985。

41. 陈捷先：《清代台湾方志研究》，（台北）台湾学生书局，1996。
42. 王德恒：《中国方志学》，大象出版社，1997。
43. 夏玉麟、汪佃修纂《建宁府志》，厦门大学出版社，2009。
44. 李龙官、徐尚忠纂《连城县志》，厦门大学出版社，2008。
45. 苏民望：《永安县志》，方志出版社，2004。
46. 洪济：《泰宁县志》，厦门大学出版社，2007。
47. 黄许桂：《平和县志》，厦门大学出版社，2008。
48. 毛一波：《方志新论》，（台北）正中书局，1974。
49. 中国地方志指导小组办公室编《中国新编地方志目录》，方志出版社，1999年。
50. 福建省永春县志编纂委员会编《永春县志》，语文出版社，1990。
51. 郭凤岐主编《海峡两岸地方史志比较研究文集》，天津社会科学院出版社，1998。
52. 黄仲昭：《八闽通志》，福建人民出版社，1991。
53. 邢福泉：《台湾的佛教与佛寺》，（台北）台湾商务印书馆，1981。
54. 何绵山：《闽台佛教亲缘》，福建人民出版社，2010。
55. 慧严法师：《台湾与闽日佛教交流史》，（高雄）春晖出版社，2008。
56. 慧严法师：《台湾佛教史论文集》，（高雄）春晖出版社，2003。
57. 施懿琳等编《全台诗》，（台南）台湾文学馆，2004。
58. 张文彪：《台湾佛教研究》，中国文史出版社，2005。
59. 江灿腾：《台湾佛教史》，（台北）五南图书出版有限公司，2012。
60. 高贤治主编《台湾宗教》，（台北）众文图书公司，1995。
61. 阚正宗：《台湾佛教史论》，宗教文化出版社，2008。
62. 明旸主编《圆瑛法师年谱》，宗教文化出版社，1996。
63. 阚正宗：《台湾高僧》，（台北）菩提长青出版社，1996。
64. 于凌波：《中国近现代佛教人物志》，宗教文化出版社，1995。
65. 江灿腾：《台湾佛教百年史之研究》，（台北）南天书局，1997。
66. 释如斌：《近代中国佛教教育事业之研究——以闽南佛学院为例》，（桃园）圆光佛学研究所，1997。
67. 王见川、李世伟：《台湾的宗教文化》，（台北）博扬文化，1999。
68. 吴瀛涛：《台湾民俗》，（台北）众文图书公司，1992。
69. 尹章义：《台湾开发史的阶段论和类型论》，（台北）联经出版事业公司，1989。

70. 徐晓望：《福建民间信仰源流》，福建教育出版社，1993。

71. 林国平：《闽台民间信仰源流》，福建人民出版社，2003。

72. 凌志四主编《台湾民俗大观》，（台北）大威出版社，1995。

73. 泉州市鲤城区委员会文史资料委员会编《泉州鲤城文史资料》（第六、七合辑），1991。

74. 陈晓亮、万淳慧：《寻根揽胜话泉州》，华艺出版社，1991。

75. 刘子民主编《寻根揽胜漳州府》，华艺出版社，1990。

76. 〔日〕铃木清一郎著、高贤治编《台湾旧惯习俗信仰》，冯作民译，（台北）众文图书公司，1989。

77. 魏淑贞编《台湾庙宇文化大系·关圣帝君》，（台北）自立晚报社文化出版部，1994。

78. 黄文博：《台湾信仰传奇》，（台北）台原出版社，1989。

79. 何丙仲编纂《厦门碑志汇编》，中国广播电视出版社，2004。

80. 郑振满编《福建宗教碑铭汇编·泉州府分册》（上），福建人民出版社，2003。

81. 粘良图选注《晋江碑刻选》，厦门大学出版社，2002。

82. 周仪扬主编《谱牒研究与五缘文化》，中国文联出版社，2009。

83. 陈耕：《闽台民间戏曲的传承与变迁》，福建人民出版社，2005。

84. 连雅堂：《雅言》，（台北）实学社，2002。

85. 黄少龙：《泉州傀儡艺术概述》，中国戏剧出版社，1996。

86. 吕诉上：《台湾电影戏剧史》，（台北）银华出版部，1961。

87. 江武昌：《台湾的布袋戏认识与欣赏》，（台北）台湾艺术教育馆，1995。

88. 林勃仲、刘还月：《变迁中的台闽戏曲文化》，（台北）台原出版社，1990。

89. 林衡道主编《台湾史》，（南投）台湾省文献委员会，1977。

90. 徐亚湘：《日治时期中国戏班在台湾》，（台北）南天书局，2000。

91. 中国戏曲志编辑委员会编《中国戏曲志·福建卷》，文化艺术出版社，1993。

92. 叶龙彦：《日治时期台湾电影史》，（台北）玉山社，1998。

93. 叶龙彦：《光复初期台湾电影史》，台湾"电影资料馆"，1995。

94. 陈健铭：《野台锣鼓》，（台北）稻乡出版社，1995。

95. 李天禄口述、曾郁雯撰录《戏梦人生——李天禄回忆录》，（台北）远流出版公司，1991。

96. 罗丽容：《南戏·昆剧与台湾戏曲》，（台北）新文丰出版股份有限公司，2012。

97. 纪家琳：《台湾当代庙宇剧场戏台体制研究》，（台中）白象文化事业有限公司，2013。

98. 厦门市台湾艺术研究所编《歌仔戏资料汇编》，光明日报出版社，1997。

99. 陈耕、曾学文：《百年坎坷歌仔戏》，台湾幼狮文化事业股份有限公司，1995。

100. 周婉窈：《台湾历史图说》（增订本），（台北）联经出版事业公司，2009。

101. 《福建省厦门志》（清道光十九年刊本），（台北）成文出版社，1967。

102. 崔咏雪：《在水一方：1945年以前的台湾水墨画》，（台中）台湾美术馆，2004。

103. 林伯亭：《嘉义地区绘画之研究》，（台北）台湾历史博物馆，1995。

104. 方薰：《山静居画论》（1集5册），（台北）艺文印书馆，1966。

105. 秦祖永：《画学心印〈桐荫论画〉》，上海扫药山房，1946。

106. 秦领云：《扬州八家丛话》，上海人民出版社，1985。

107. 吴步乃、沈晖：《台湾美术简史》，时事出版社，1989。

108. 李钦贤：《台湾美术阅览》，（台北）玉山社，1996。

109. 王诗琅：《台湾人物志》（上），（高雄）德馨室出版社，1987。

110. 吴鼎仁：《西村吕世宜》，（金门）鼎轩画室，2004。

111. 颜娟英编《台湾近代美术大事年表》，（台北）雄狮图书股份有限公司，1998。

112. 梁桂元：《闽画史稿》，天津人民美术出版社，2001。

113. 吴文星：《日据时期在台"华侨"之研究》，（台北）台湾学生书局，1991。

114. 沈柔坚：《中国美术辞典》，（台北）雄狮图书股份有限公司，1989。

115. 李奕兴：《鹿港天后宫彩绘》，（彰化）凌汉出版社，1998。

116. 李奕兴：《彰化节孝祠》，（彰化）彰化县立文化中心，1995。

117. 李奕兴：《台湾传统彩绘》，（台北）艺术家出版社，1995。

118. 王嵩山：《集体知识、信仰与工艺》，（台北）稻乡出版社，1999。

119. 林会承：《传统建筑手册形式与做法篇》，（台北）艺术家出版社，1995。

120. 福建省地方志编纂委员会：《闽台关系志》，福建人民出版社，2008。

121. 福建省地方志编纂委员会编《福建省志》，方志出版社，1997。

122. 胡建伟：《台湾省澎湖纪略》（二），（台北）成文出版社，1984。

123. 万友正：《福建省马巷厅志》，（台北）成文出版社，1967。

124. 泉州市地方志编纂委员会编《泉州市志》，中国社会科学出版社，2000。

126. 蔡世钹修、林得震纂《福建省漳平县志》，（台北）成文出版社，1967。

127. 梁克家修纂《三山志》，海风出版社，2000。

128. 陈锳等修《海澄县志》（全一册），（台北）成文出版社，1968。

129. 漳州市地方志编纂委员会编《漳州府志》，中国社会科学出版社，1999。

130. 陈耕编著《闽南民系与文化》，（台北）河洛文化事业有限公司，2009。

131. 丁邦新：《台湾语言源流》，（台北）台湾学生书局，1979。

132. 臧汀生：《台湾闽南语歌谣研究》，（台北）台湾商务印书馆，1980。

133. 马重奇：《闽台方言的源流与嬗变》，福建人民出版社，2002。

134. 林国平、邱季端：《福建移民史》，方志出版社，2005。

135. 陈运栋：《台湾的客家人》，（台北）台原出版社，1989。

136. 钟荣富：《台湾客家语音导论》，（台北）五南图书出版公司，2004。

137. 张振兴：《台湾闽南方言记略》，福建人民出版社，1983。

138. 刘还月：《台湾客家风土志》，（台北）常民文化出版社，1999。

139. 洪惟仁：《台湾方言之旅》，（台北）前卫出版社，1994。

140. 臧汀生：《台湾闽南语歌谣研究》，（台北）台湾商务印书馆，1980。

141. 周长楫等编著《台湾闽南谚语》，（台北）自立晚报社，1992。

142. 徐晓望主编《福建通史》，福建人民出版社，2006。

二、论文

1. 李祖基：《冒籍：清代台湾的科举移民》，《厦门大学学报》2011年第1期。

2. 黄新宪：《闽台教育结缘对台湾社会的影响——以清代为中心》，

《教育评论》2000年第4期。

3. 黄新宪：《日据时期的闽台教育关系》，《河北师范大学学报》2000年第1期。

4. 黄新宪：《清代海峡两岸教育交融史论》，《教育研究》1998年第11期。

5. 黄冬富：《战后初期台北师范艺师科（1947－1963）》，（台北）《美育》2009年第168期。

6. 赵叶珠、郑蔚：《闽台高等教育生源互动的现状与问题》，《教育与考试》2012年第1期。

7. 许明等：《闽台高等职业教育交流与合作的政策探析》，《福建论坛》2011年第11期。

8. 叶宪允：《简论张伯行的教育成就——以鳌峰书院为例》，《河南师范大学学报》（教育科学版）2006年第3期。

9. 林朝成、卢其薇：《从鳌峰书院到海东书院：论清代台湾朱子学的二个向度》，（花莲）《东华汉学》2009年6月第9期。

10. 黄保万：《论郑光策与林则徐》，《福建学刊》1992年第3期。

11. 刘小新：《台湾文学研究中的殖民现代性幽灵》，《东南学术》2009年第5期。

12. 叶真铭：《福州人与清代台湾教育》，《炎黄纵横》2006年第10期。

13. 张鸿恺：《从〈东壁楼集〉及〈延平二王遗集〉看郑经其人及明郑王朝》，（花莲）《慈济大学人文社会科学学刊》2008年第7期。

14. 龚显宗：《从〈东壁楼集〉看郑经与台湾》，（台北）《历史月刊》2002年6月号。

15. 黄美娥：《北台文学之冠——清代竹堑地区的文人及其文学活动》，（台北）《台湾史研究》第5卷第1期，1999年11月。

16. 汪毅夫：《1945－1948：福建文人与台湾文学》，《福建论坛》（人文社会科学版）2001年第6期。

17. 刘登翰：《论海峡文化》，《福建论坛》（人文社会科学版）2007年第4期。

18. 魏然：《"海峡文化"概念的历史基础与实践意涵》，《福建论坛》（人文社会科学版）2007年第5期。

19. 柳浪：《清代台湾地方建置与方志编纂研究》，《中国地方志》2004

年第 3 期。

20. 陈汉光：《清初台湾府志纂修史略》，（台北）《台北文物》1953 年 8 月第 2 卷第 2 期。

21. 董希如：《方志资料反映的闽台文化交流》，《求索》1993 年第 3 期。

22. 许维勤：《论鳌峰书院及其对闽台教育文化的影响——兼及闽台学缘》，《福建论坛》，2000 年第 12 期。

23. 杜学知：《方志资料之征集方法》，《文献专刊》1951 年第 2 卷第 3、4 期。

24. 释慧严：《台湾佛教史前期》，（台北）《中华佛学学报》1995 年总第 8 期。

25. 杨惠南：《明郑时期台湾"名士佛教"的特质分析》，（南投）《台湾文献》2002 年第 53 卷第 3 期。

26. 黄兰翔：《清代台湾传统佛教伽蓝建筑在日治时期的延续》，（台北）《中华佛学学报》2005 年第 18 期。

27. 侯坤宏：《互动与互惠（1945—2011）：二战后台湾"汉传佛教"历史的新局开展及其在地转型问题》，（台北）《北台湾科技学院通识学报》2011 年第 7 期。

28. 高雅俐：《〈鼓山音〉的"想象"：战后台湾本土佛教音乐文化与其僧众群体意识之建构》，（台北）《台湾音乐研究》2006 年第 2 期。

29. 连心豪：《闽台民间信仰蠡测》，《台湾研究》1997 年第 4 期。

30. 范正义、林国平：《闽台宫庙间的分灵、进香、巡游及其文化意义》，《世界宗教研究》2002 年第 2 期。

31. 蔡相辉：《近百年妈祖研究概况》，（台北）《台北文献》2005 年直字第 152 期。

32. 陈元煦、黄永治：《闽台及东南亚之清水祖师信仰》，《福建师范大学学报》1995 年第 2 期。

33. 吴慧颖：《荷据时期台湾戏曲活动初探》，《戏曲研究》2008 年第 3 期。

34. 〔日〕竹内治：《台湾的在来演剧》，（台北）《文艺台湾》1942 年五卷一期。

35. 邱一峰：《宜兰傀儡与漳州、闽西提线木偶之比较初探》，（台中）

《岭东学报》第 26 期。

36. 张继光：《台湾北管与泉州惠安北管之关联试探》，（台南）《台南科技大学学报》2004 年第 29 期。

37. 曾学文《台湾戏曲发展的历史阶段》，《民族艺术》1994 年第 3 期。

38. 石光生：《自废墟升起的火凤凰——台湾戏剧教育百年》，（台北）《美育》2011 年第 180 期。

39. 徐亚湘：《论日治时期来台演出之福建戏班——以〈台湾日日新报〉为分析范围（1899—1936）》，（台北）《华冈艺术学报》2000 年第 5 期。

40. 何绵山：《试论日本侵占台湾时期福建戏曲对台湾戏曲的影响》，《中华戏曲》2008 年第 1 期。

41. 徐亚湘：《日治时期台湾内台戏班考》，（台北）《华冈艺术学报》2002 年第 6 期。

42. 陈龙廷《从台湾文化生态的角度来研究台北地区布袋戏商业剧场（1961—1971）》，（台北）《台湾文献》1995 年第 2 期。

43. 郑国瑞：《郭尚先书学观》，（高雄）《应华学报》2008 年第 4 期。

44. 庄素娥：《扬州八怪对台湾早期水墨画的影响》，《东南大学学报》（哲学社会科学版）2003 年第 1 期。

45. 周明聪：《刚直不屈一支笔：谢琯樵的艺术与人生之研究》，（台北）《史物论坛》，1989。

46. 卢嘉兴：《前清流寓台南的艺术家谢琯樵》，（台北）《雄狮美术》1973 年第 32 期。

47. 谢忠恒：《谢琯樵的绘画创作思想》，（台北）《2004 造型艺术学刊》。

48. 李国坤：《台湾早期绘画研究——以李金进为例》，（台北）《2003 造型艺术学刊》。

49. 蔡雅蕙、徐明福：《1910 至 1930 年代台湾传统建筑匠司谱系之探讨》，（台北）《民俗曲艺》2010 年第 169 期。

50. 谢世英：《妥协的现代性：日治时期台湾传统庙宇彩绘师潘春源》，（桃园）《艺术学研究》2008 年第 3 期。

51. 简士豪：《前石匠蒋九——在台生平与作品调查研究》，（台北）《艺术论文集刊》第 16、17 期合辑。

52. 朱天顺：《从台湾地名的文化要素看两岸的密切关系》，《台湾研究集刊》1992 年第 2 期。

53. 蔡雅蕙：《以客籍邱氏彩绘家族为主探讨日治时期台湾传统彩绘之源流》，台湾"行政院"客家委员会奖励客家学术研究计划，2009。

54. 侯淑姿主持《高雄市传统艺术普查委托研究计划期末报告修正版》，（台湾）高雄市政府文化局委托，2006。

55. 陈慧：《台湾内台戏舞台美术：源由、发展与实践》，（台北）台湾大学文学院戏剧学系研究所硕士学位论文，2012。

56. 陈新凤：《从歌仔到歌仔戏——歌仔戏唱腔音乐源流考》，福建师范大学音乐学院博士学位论文，2002。

57. 陈秀良：《许筠书画研究》，（彰化）明道大学国学研究所硕士学位论文，2011。

58. 高启斌：《新竹李、傅彩画匠派研究》，（台北）台北艺术大学文化资源学院建筑与古迹保存研究所硕士学位论文，2008。

59. 蓝芳兰：《从庙顶走来的匠师——林再兴交趾陶艺术研究》，（彰化）彰化师范大学艺术教育研究所硕士学位论文，2001。

60. 刘敬民《大木司傅叶金万、徐清及其派下之研究》，（台北）台北艺术大学传统艺术研究所硕士学位论文，2005。

61. 黄琪惠：《日治时期台湾传统绘画与近代美术潮流的冲击》，（台北）台湾大学文学院艺术史研究所博士学位论文，2012。

62. 邱圣杰：《北台地区石匠张木成作品之研究》，（台湾）台北科技大学建筑与都市设计研究所硕士论文，2009。

63. 邱一峰：《闽台偶戏研究》，（台北）政治大学中国文学系博士学位论文，2004。

64. 王燕琇：《北港地区木雕妆佛师傅之研究——以王清河师傅为例》，（台北）台北教育大学人文艺术学院硕士学位论文，2012。

65. 翁志承：《1895—1945 年闽台中国画传衍》，福建师范大学美术学院博士学位论文，2011。

66. 吴毓琪：《康熙时期台湾宦游诗之研究》，（台南）成功大学博士学位论文，2006。

67. 谢忠恒：《谢琯樵之艺术研究》，（台北）台湾艺术大学造型艺术研究所硕士学位论文，2009。

68. 叶郁枚：《吕世宜书学与书法研究》，（台北）台湾艺术大学美术学院造型艺术研究所书画艺术组硕士论文，2010。

69. 张启丰：《清代台湾戏曲活动与发展研究》，（台南）成功大学中国文学系博士学位论文，2004。

70. 张筱芬：《台湾〈陈三五娘〉今昔的演出差异与变化》，（花莲）东华大学民间文学研究所硕士学位论文，2010。

71. 张能杰：《论民族艺师张德成新编皮影戏》，（台北）台北大学人文学院民俗艺术研究所硕士学位论文，2008。

72. 赵文杰：《台湾传统匠师参与古迹修复之研究》，（桃园）中原大学建筑学系硕士学位论文，2002。

73. 郑丰穗：《台湾木雕神像之研究》，（台南）台南大学台湾文化研究所硕士学位论文，2008。

74. 庄曙绮：《从报纸广告看战后（1945—1949）台湾商业剧场的演剧生态》，（台北）台湾大学戏剧研究所硕士学位论文，2005。

75. 庄耀棋：《在台惠安峰前村蒋氏打石匠司群之研究》，（台北）台北艺术学院传统艺术研究所硕士学位论文，2002。

后　记

作为国家社会科学基金特别委托项目"闽台缘研究"子项目之一的最终成果，本书试图较为系统地梳理闽台文化交流与合作关系史，以闽台文化亲缘关系为中心，具体探讨闽台文化的传承、互动和认同建构的复杂关系。

"闽台文缘"是一个复杂的课题，涉及面十分广泛。福建社会科学院文学所、历史所等单位研究人员参与了本书的写作。本书撰稿人为：

第一章：许莹莹（福建社会科学院历史研究所）
第二章：陈舒劼（福建社会科学院文学研究所）
第三章：陈舒劼（福建社会科学院文学研究所）
第四章：黄洁琼（福建社会科学院历史研究所）
第五章：刘小新、陈舒劼（福建社会科学院文学研究所）
第六章：黄洁琼（福建社会科学院历史研究所）
第七章：郑海婷（福建师范大学文学院）
第八章：郑海婷（福建师范大学文学院）
第九章：潘健（福建社会科学院历史研究所）
第十章：刘桂茹（福建社会科学院文学研究所）

本书的完成凝聚着大家的心血，这里要特别感谢徐晓望教授对本书写作的热诚指导！感谢出版社编辑的辛苦工作！限于资料和研究能力，我们的描述和分析还是初步的，真正深入的研究有待日后的努力。

刘小新
2013 年 10 月 16 日

图书在版编目(CIP)数据

文化同根:闽台文缘/刘小新主编.—北京:社会科学文献出版社,2015.1

(闽台缘丛书)

ISBN 978-7-5097-5951-6

Ⅰ.①文… Ⅱ.①刘… Ⅲ.①文化史-研究-福建省 ②文化史-研究-台湾省 Ⅳ.①K295.7 ②K295.8

中国版本图书馆 CIP 数据核字(2014)第 078162 号

·闽台缘丛书·

文化同根——闽台文缘

主　　编／刘小新

出 版 人／谢寿光
项目统筹／王　绯
责任编辑／李兰生

出　　版／社会科学文献出版社·社会政法分社(010)59367156
　　　　　地址:北京市北三环中路甲29号院华龙大厦　邮编:100029
　　　　　网址:www.ssap.com.cn
发　　行／市场营销中心(010)59367081　59367090
　　　　　读者服务中心(010)59367028
印　　装／三河市东方印刷有限公司
规　　格／开 本:787mm×1092mm　1/16
　　　　　印 张:23.75　字 数:399千字
版　　次／2015年1月第1版　2015年1月第1次印刷
书　　号／ISBN 978-7-5097-5951-6
定　　价／96.00元

本书如有破损、缺页、装订错误,请与本社读者服务中心联系更换

▲ 版权所有 翻印必究